『照林坊史料集』正誤表

下記の通りご訂正をお願いいたします。謹んでお詫び申し上げます。

２８頁右側中段

誤　（14オ13ウは87頁）　→　正　（14オ13ウは88頁）

１４３頁右側

正

《近世二》行書六字名号（五歳名号）

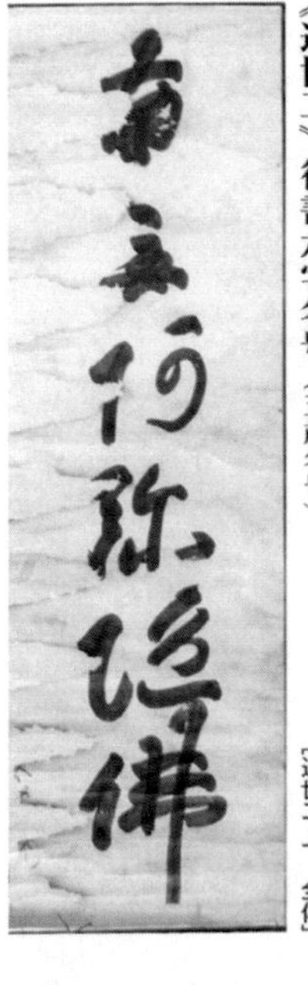

[近世二―一　全体]

[近世二―二　左下名乗]

誤

《近世二》行書六字名号（五歳名号）

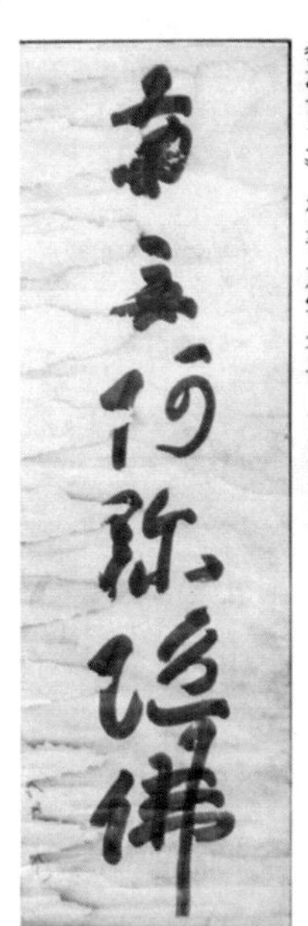

[近世二―一　全体]

[近世二―一　全体]

照林坊史料集

明鏡山照林坊

法藏館

『照林坊史料集』正誤表

下記の通りご訂正をお願いいたします。謹んでお詫び申し上げます。

28頁右側中段

誤　（14オ13ウは87頁）　→　正　（14オ13ウは88頁）

143頁右側

誤

《近世二》行書六字名号（五歳名号）

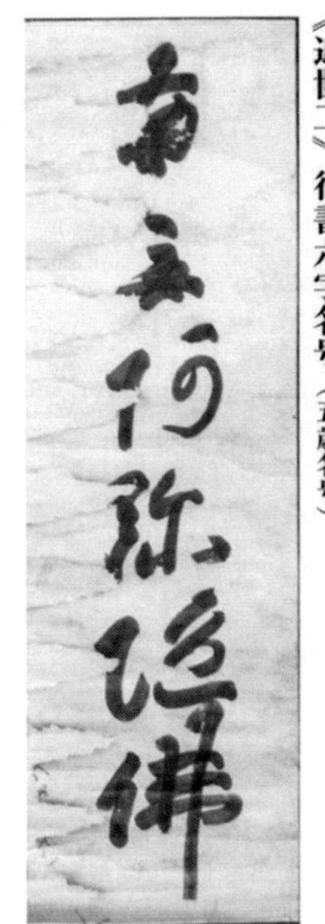

［近世二-一　全体］

［近世二-一　全体］

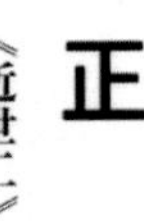

《近世二》行書六字名号（五歳名号）

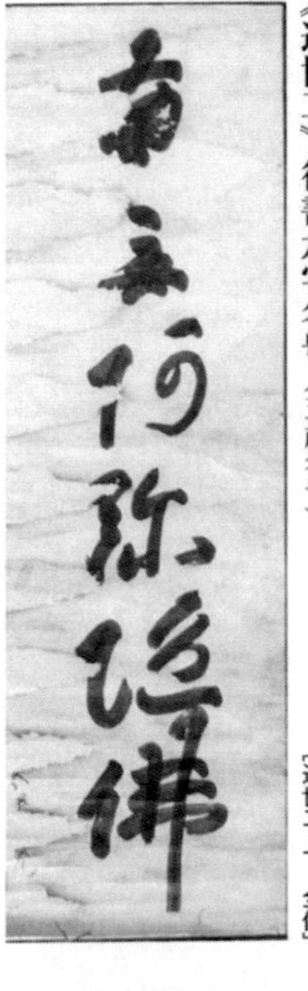

［近世二-一　全体］

［近世二-二　左下名乗］

照林坊史料集

照林坊本堂（平成23年国登録有形文化財指定）
嘉永５年（1852）再建
木造平屋建・建築面積629平方メートル・桁行20メートル（９間）・
梁行20.6メートル（９間）・向拝三間・一軒疎垂木・本瓦葺

ご挨拶

明鏡山　照林坊　二十三世住職　明山晃映

この度、中央仏教学院講師・元本願寺史料研究所副所長・北海道教区空知北組円満寺住職、金龍静先生　並びに真宗学寮教授・広島仏教学院講師、岡本法治先生の絶大なるご協力のもと『照林坊史料集』を発刊することが出来ましたこと心より御礼申し上げます。

さて、明鏡山照林坊の開基は建暦二年（一二一三）御開山親鸞聖人の師命を受け初代住職明光上人により山南ノ庄（現福山市沼隈町山南）に建立されました。その後各地へ寺基をかえ、慶長七年（一六〇二）現在の地へ移転して参りました。その間それぞれの時代において安芸門徒発祥の寺院、また西国の本山と呼称されてきた西国における真宗の中心的な寺院として、この間八〇〇年余りにわたり歴代住職また門信徒の皆様の御協力により、今日まで護持されております。

しかしながらその歴史の長さと数度にわたる寺基移転、また度々の災禍により法物や聖教そして史料は保存確認が断片的な物でしかございませんでした。折しも照林坊においては本堂の平成大修復を終え、親鸞聖人七五〇回大遠忌法要を厳修、それに合わせ本堂も含め寺内にある建造物八棟を国の登録有形文化財に指定を頂きました。この一連の修復事業により、「照林坊宝物目録」に記載があるものの所在が未確認だった等々、所蔵の聖教や史料の新たなる存在の確認を得る機会となったことでもありました。そうした中、ご縁あって金龍静先生より当山の貴重なる「古法物・古聖教・古由緒書」等の調査の申し出を頂くとともに、聖教についての調査のため岡本法治先生とご一緒に来坊賜わりました。その後約二年間にわたり詳細なる調査、撮影を数度の来坊にて実施頂き、それに基づき分析と研究を賜りました。

その概要は、一般的に言われてきた「明光集団」の南北期以後の実態、戦国初期から本願寺との関係が出来上がってきた過程が、この度の調査での諸史料を分析する中から、初めて具体的に明らかになる部分が多々ありました。従来の備後教団史・広島県教団史・中国教団史の通史的理解を突き破る事のできる史料群とも思われると存じます。そして、これを広く刊行し紹介する事は、今まで数々の困難の中、脈々と照林坊を護持し続けてこられた多くの有縁の方々に対しての最大の敬意と感謝になる事と信じて止みません。

おわりに、重ねて金龍先生、岡本先生、また調査にご同行されました先生方の御労苦に深く感謝を申し上げ、敬意を表し発刊のご挨拶といたします。

合掌

令和二年八月

序　文

金龍　静

この度、ありがたいご縁によって、『照林坊史料集』が刊行されることとなりました。

そもそもの発端は、平成三十年六月に広島真宗学寮の講演に呼ばれ、その折、岡本法治氏の選定で、三次市照林坊様の史料調査をさせていただく機会に恵まれました。調査後の解析作業・報告書作成の過程で、同坊所蔵史料は、南北朝期のものから始まり、戦国期や近世に及んで、法物・聖教・由緒書（縁起類）の三類が程よく具備している、県内はもとより中国・九州・四国一帯の中でも稀な史料群であることが、徐々にわかってきました。

照林坊は、備後の初期真宗の祖である明光の流れを汲む有力寺院として、古くから知られていましたが、この史料群を改めて読み込むことにより、同坊の発展過程・社会的基盤などの寺歴がかなり判然としてきました。さらには、照林坊を含む明光集団自体が、初期真宗の各門流・各集団内にまま散見される浄土宗との親和性という点で共通している可能性や、戦国初期の本願寺九代実如宗主以後、本願寺教団へ参画していった具体的な軌跡がわかってきました。これらの点は、今まで数十年間続いてきた、いわば紋切り型の備後教団史・中国教団史を、少なからず更新できるのではと思うに至りました。

上記の推測がほぼ確実になった段階で、岡本氏と相談し、これはひろく世に公表すべき価値があるとの結論に達しました。次にご住職様と相談させていただき、一般に散見される概説書的な寺史としてではなく、学界の最新の成果に立脚した研究書的な史料集として、刊行したい旨をご提案しました。ご住職様には快く許可を下さりました。それを受け、最後に、法藏館へ事の是非の相談に伺いました。編集長戸城三千代様は、同史料群の価値に耳を傾けられ、編集担当者として上山靖子様を紹介していただけました。

以上、本書が世に出ることとなった経緯等を記し、序文とさせていただきます。なお最後になりますが、照林坊様と関係のある三次市福泉坊様・安芸高田市高林坊様など、県内外の十三カ寺の調査もさせていただきました。ご厚意に深く感謝申し上げます。

合掌

令和二年八月

目次

※（　）内は本文編のページ

本文編

《法物一》絹本着色先徳連座紺地金泥六字名号

[法物一-一　全体]

[法物一-二　絹目]

[法物一-三　下讃]

［参考一］
照林坊
連座像

（了海）

（誓海）

（光尊）

（尊智）

（智俊）

（智願）

［参考二］
宝田院
連座像

了海聖人

釋誓海

釋信光

（良）誓

明尊か

性尊か

［参考三］
宝田院
光明本尊

了海聖人

誓海聖人

釋（信光）

良誓聖人

明尊聖人

釋性尊

《法物二》方便法身尊像

［法物二―一　表絵］

［法物二―二　裏書］

《法物三》紙本墨書草書　六字名号

［法物三―一　全体］

［法物三―二　黒点］

《法物四》紙本墨書　正信偈文

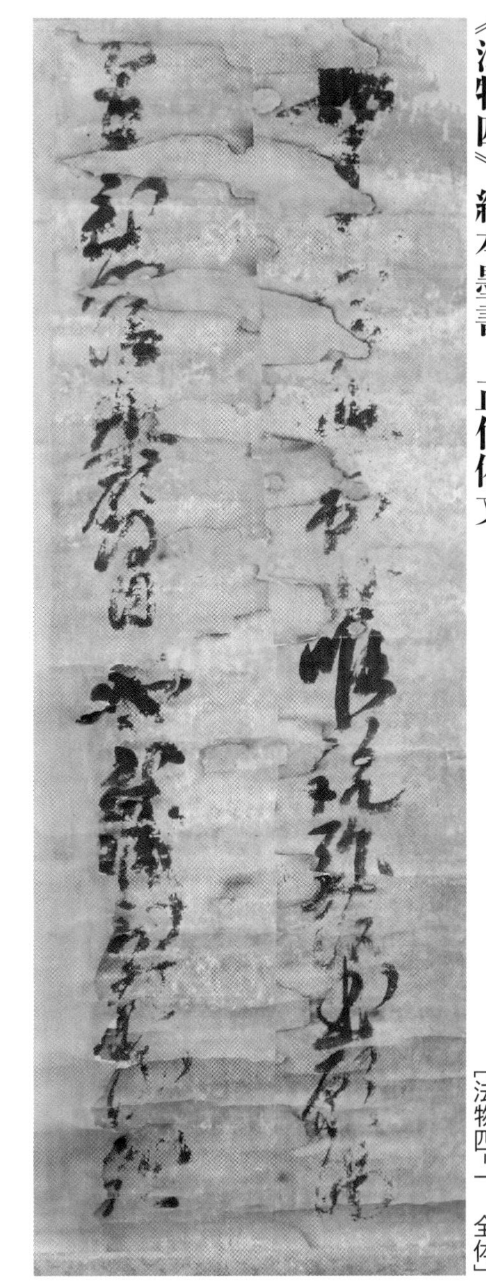

［法物四－一　全体］

《法物五》親鸞聖人御影

［法物五　表画］

［法物四－二　箱蓋裏墨書］

《法物六》実如上人御影

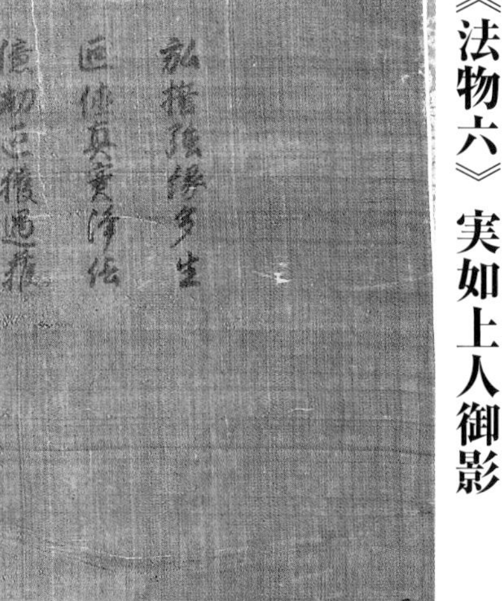

［法物六―一　表画］

［法物六―二　絹目］

［法物六―三　裏書］

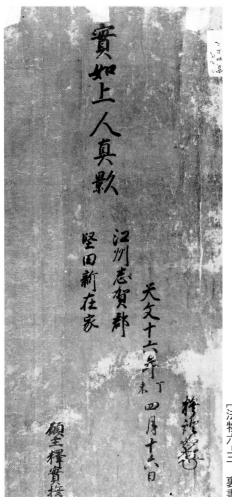

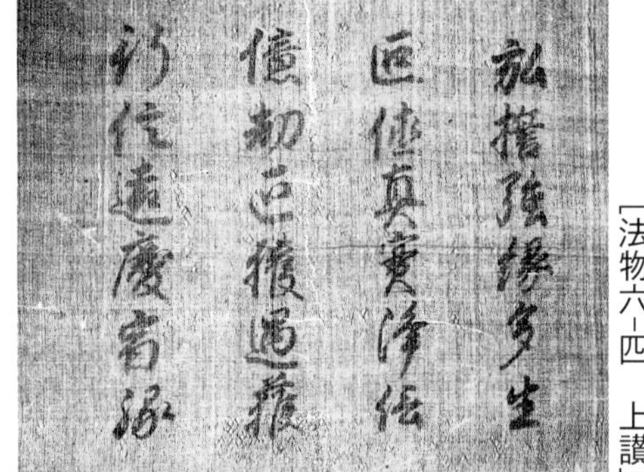

［法物六―四　上讃］

《法物七》顕如上人消息

［法物七-一　前半］

［法物七-二　後半］

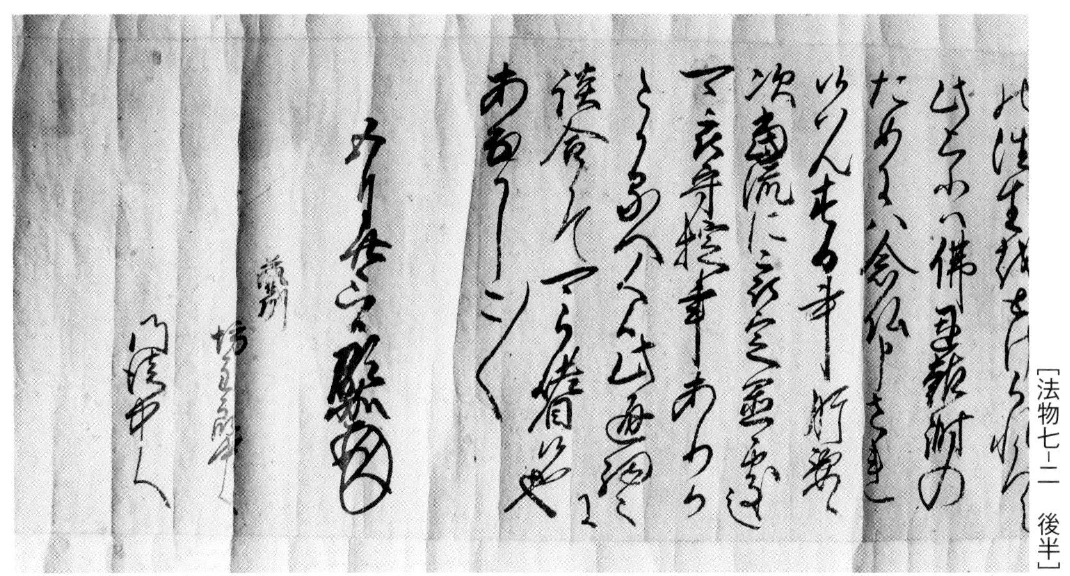

《法物八》蓮如上人御影

［法物八-一　表画］

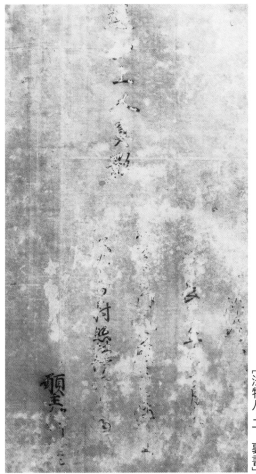

［法物八-二　裏書］

樹心弘誓佛地
流念難思法海
歸依意无他事
渇仰思无餘念

［法物八-三　上讃］

《聖教一》難易分別鈔

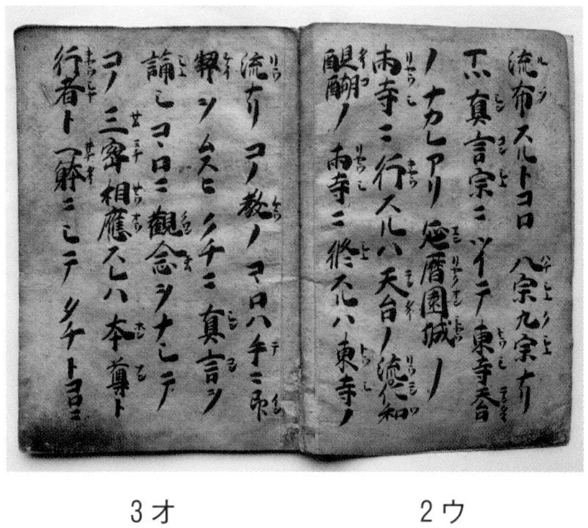

３オ　　２ウ

０表紙

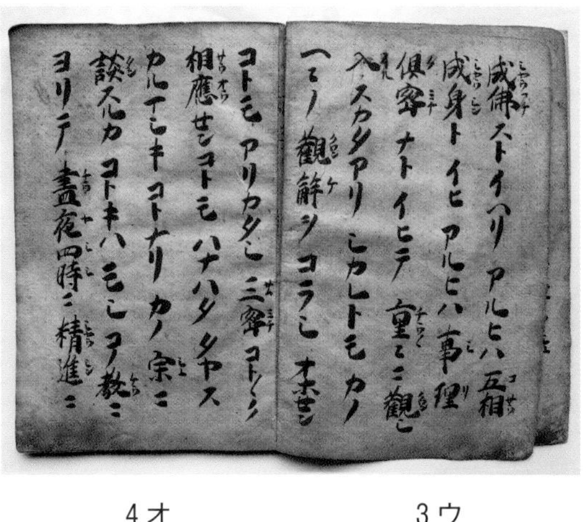

４オ　　３ウ

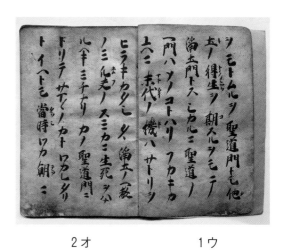

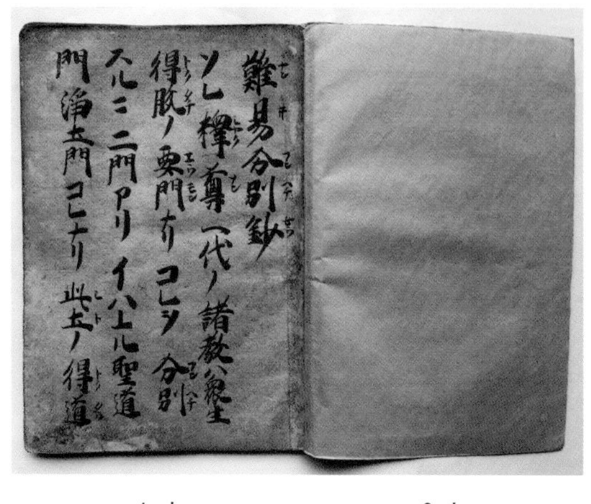

１オ　　０ウ

５オ　　４ウ

２オ　　１ウ

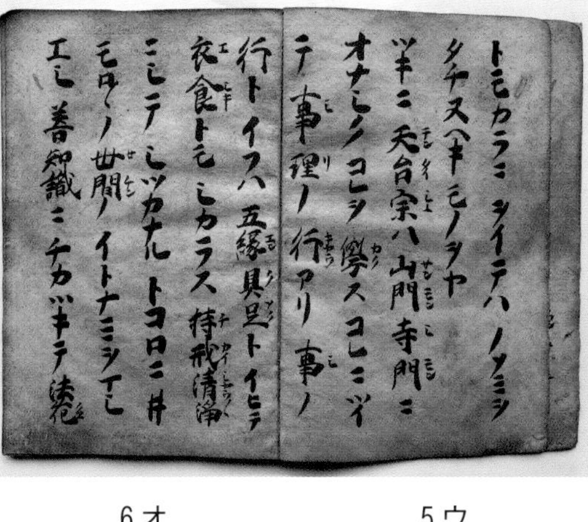
トモカラニシイテハノゾミシ
タチスヘキモノゾヤ
ツギニ天台宗ハ山門寺門ニ
オナジクコレヲ學スコレニヲイ
テ事理ノ行アリ事ノ
行トイフハ五縁具足トイヒテ
衣食トモニカカラス持戒清浄
ニシテシヅカナルトコロニ井
モロモロノ世間ノイトナミヲヤメ
エシ善知識ニチカツキテ[illegible]

6オ　5ウ

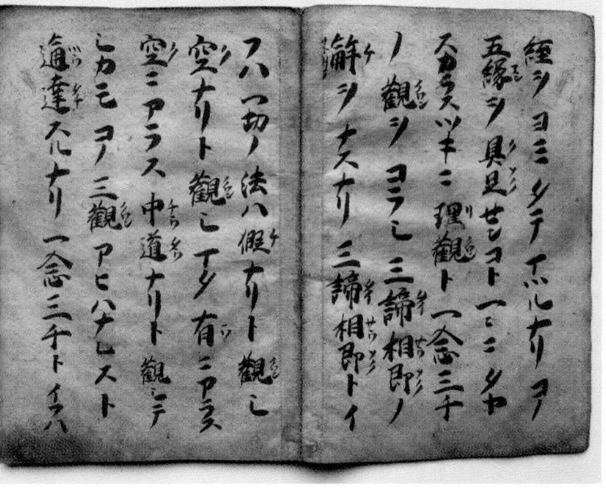
經ヲヨミタテ[illegible]ルナリヲ
五縁ヲ具足セシコト一ヽニタヤ
スカラスツギニ理觀ト一念三千
ノ觀ヲヨウシ三諦相即ノ
觧ヲナスナリ三諦相即トイ
フハ一切ノ法ハ假ナリト觀シ
空ナリト觀シ丁タ有ニアラス
空ニアラス中道ナリト觀シテ
シカモコノ三觀アヒハナレスト
道達スルナリ一念三千トイフハ

7オ　6ウ

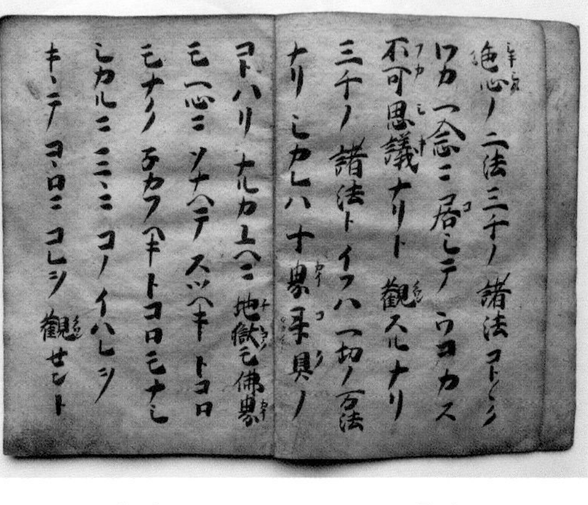
絶心ノ二法三千ノ諸法コトゴトク
ワカ一念ニ居シテウゴカス
不可思議ナリト觀スルナリ
三千ノ諸法トイフハ一切ノ万法
ナリシカレハ十界互具ノ
コトハリナルカユヘニ地獄モ佛界
モ一心ニソナヘテスツヘキトコロ
モナクモトムヘキトコロモナシ
シカルニミヽニコノイハレヲ
キヽテコヽロニコレヲ觀セント

8オ　7ウ

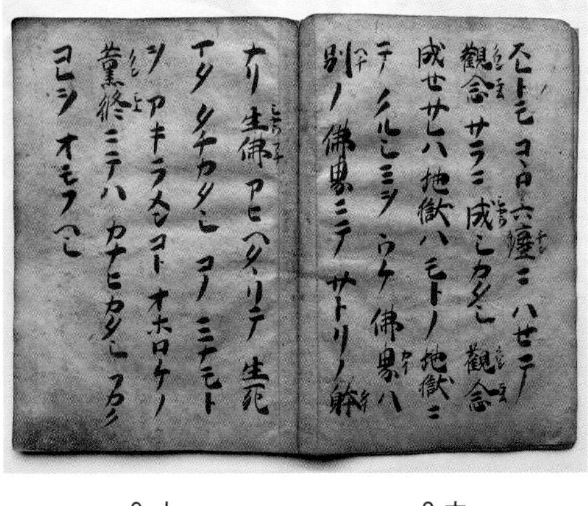
スレトモコヽロ六塵ニハセテ
觀念サラニ成シカタシ觀念
成セサレハ地獄ハモトノ地獄ニ
テクルシミヲウケ佛界ハ
別ノ佛界ニテサトリノ躰
ナリ生佛アヒヘダヽリテ生死
イタタチカタシコノミナモト
ヲアキラムルコトオホロケノ
薫修ニテハカナヒカタシフカク
コレヲオモフヘシ

9オ　8ウ

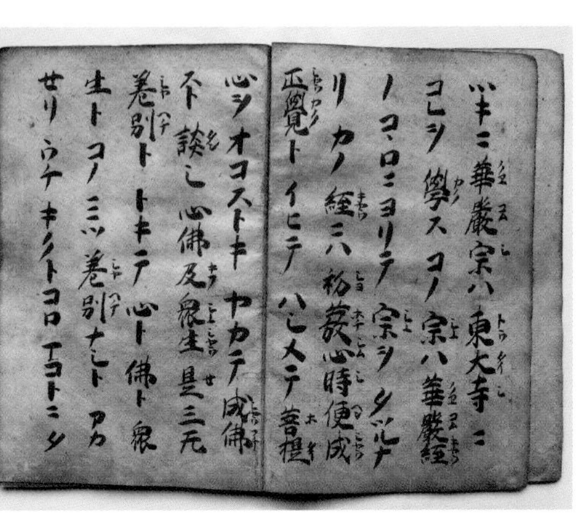
ツギニ華嚴宗ハ東大寺ニ
コレヲ學スコノ宗ハ華嚴經
ノコヽロニヨリテ宗ヲタツルナ
リカノ經ニハ初發心時便成
正覺トイヒテハシメテ菩提
心ヲオコストキヤカテ成佛
スト談シ心佛及衆生是三無
差別トトキテ心ト佛ト衆生
トコノミツ差別ナシトアカ
セリウケキクトコロ丁コトニタ

10オ　9ウ

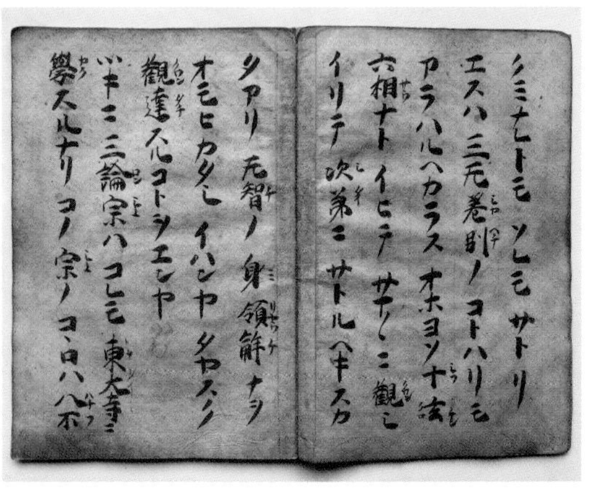
ノミナレトモソレモサトリ
エスハ三無差別ノコトハリモ
アラハルヘカラスオホヨソ十玄
六相ナトイヒテサマヽニ觀シ
イリテ次第ニサトルヘキスカ
タアリ無智ノ身領解ナヲ
オモヒカタシイハンヤタヤスク
觀達スルコトヲエンヤ
ツギニ三論宗ハコレモ東大寺ニ
學スルナリコノ宗ノコヽロハ八不

11オ　10ウ

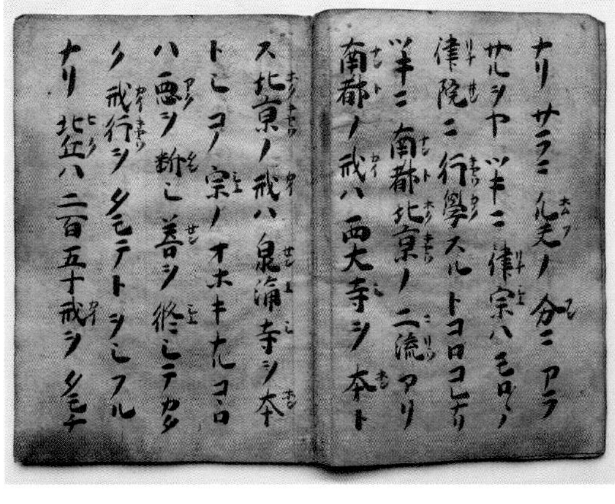

15オ　　14ウ

12オ　　11ウ

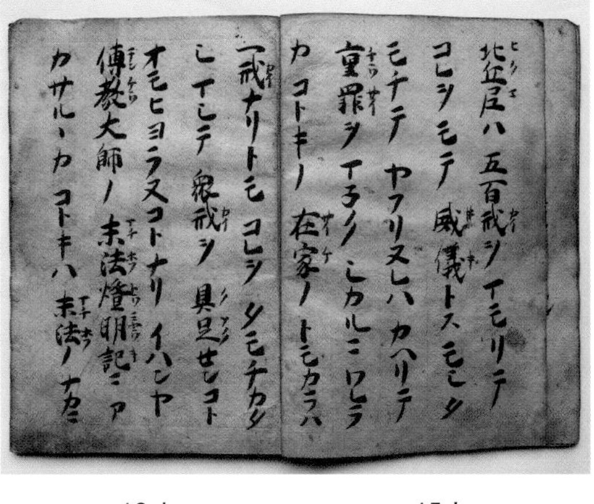

16オ　　15ウ

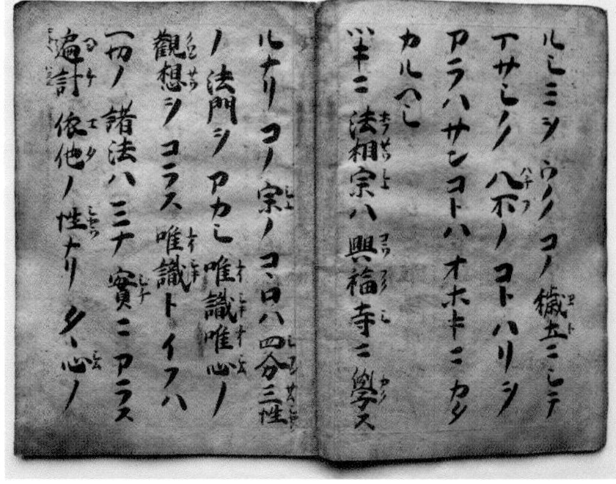

13オ　　12ウ

17オ　　16ウ

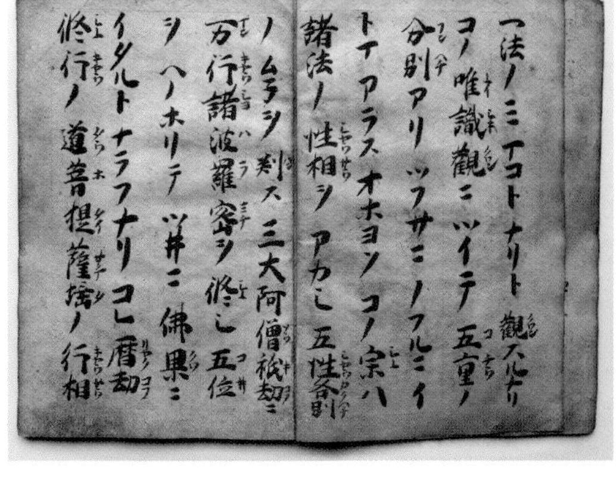

14オ　　13ウ

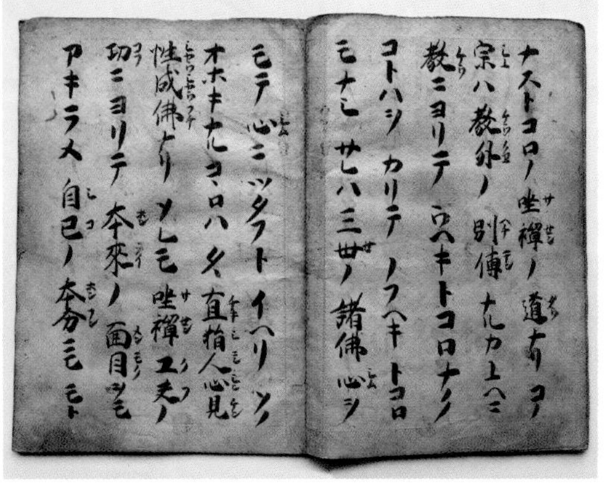

ナストコロノ坐禪ノ道ナリ。コノ
宗ハ教外ノ別傳ナルカ上ヘニ
教ニヨリテウヘキトコロナシ。ノ
コトハシカリテノフヘキトコロ
モナシ。サレハ三世ノ諸佛心ヲ
モテ心ニツタフトイヘリ。ソノ
オホキナルコヽロハ、タヽ直指人心見
性成佛ナリ。ソレモ坐禪工夫ノ
功ニヨリテ本來ノ面目ヲモ
アキラメ自己ノ本分ヲモ　モト

21オ　　20ウ

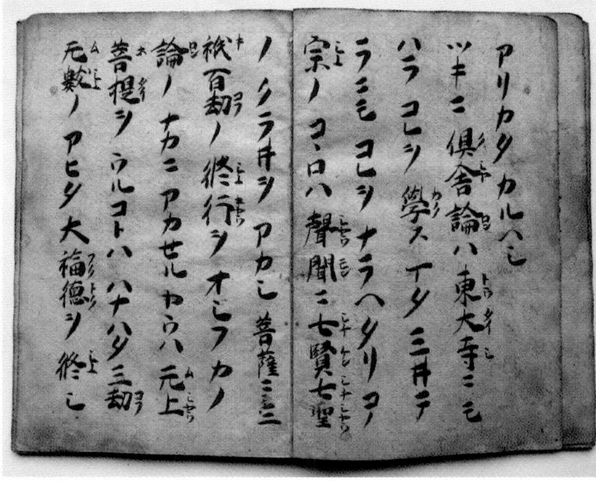

アリカタカルヘシ
ツキニ倶舎論ハ東大寺ニモ
ハラコレヲ學ス。イタ三井テ
ラニモコレヲナラヘタリ。コノ
宗ノコヽロハ聲聞ニ七賢七聖
ノクラヰヲアカシ菩薩ニ三
祇百劫ノ修行ヲオヽフ。カノ
論ノナカニアカセルヤウハ无上
菩提ヲウルコトハハナハタ三劫
无數ノアヒタ大福徳ヲ修シ

18オ　　17ウ

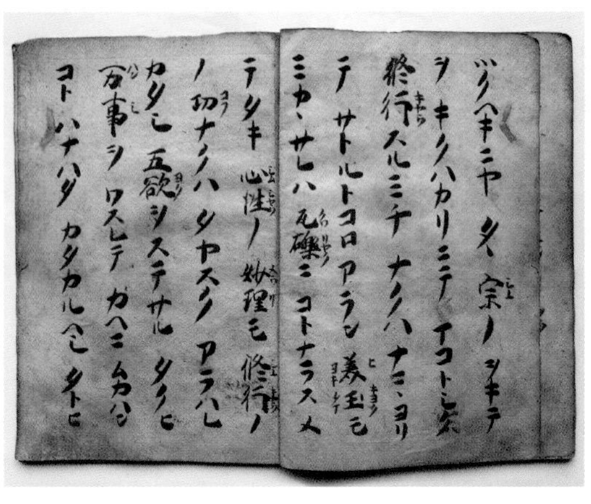

ツクヘキニヤ。タヽ宗ノシキテ
ヲキクハカリニテイコトヽ宗
修行スルニテナクハナニヽヨリ
テサトルトコロアラン。義理モ
ミナヽサレハ瓦礫ニコトナラス。又
テタキ心性ノ妙理モ修行ノ
ノ功ナクハタヤスクアラハレ
カタシ。五欲ヲステサルタクヒ
公事ヲワスレテカヘニムカハン
コトハナハタカタカルヘシ。タトヒ

22オ　　21ウ

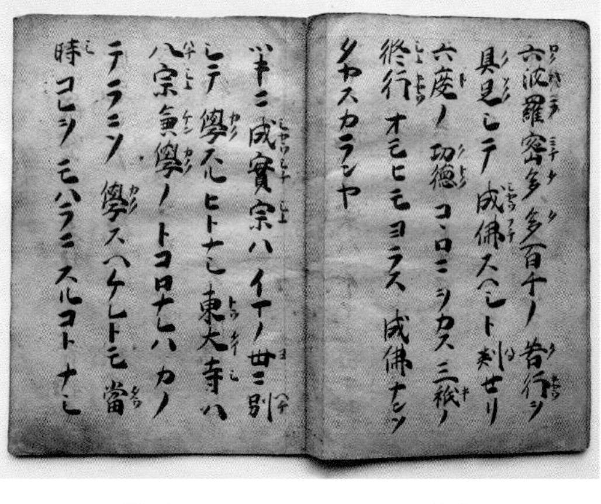

六波羅蜜多多百千ノ皆行ヲ
具足シテ成佛スヘシト判セリ
六度ノ功徳コヽロニシカス。三祇ノ
修行オモヒモヨラス。成佛ナシ
タヤスカラシヤ
ツキニ成實宗ハイナノ世ニ別
シテ學スルヒトナシ。東大寺ハ
八宗兼學ノトコロナレハカノ
テラニソ學スヘケレトモ當
時コレヲモハラニスルコトナシ

19オ　　18ウ

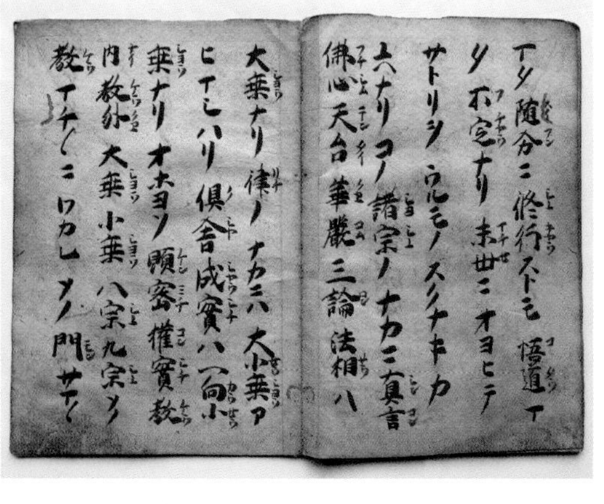

イタ随分ニ修行ストモ悟道イ
タ不定ナリ。末世ニオヨヒテ
サトリヲウルモノスクナキカ
ユヘナリ。コノ諸宗ノナカニ真言
佛心天台華嚴三論法相ハ
大乗ナリ。律ノナカニハ大小乗ア
ヒマシハリ。倶舎成實ハ一向小
乗ナリ。オホヨソ顯密權實教
内教外大乗小乗八宗九宗ソ
教イチ〳〵ニワカレソノ門サマ〳〵

23オ　　22ウ

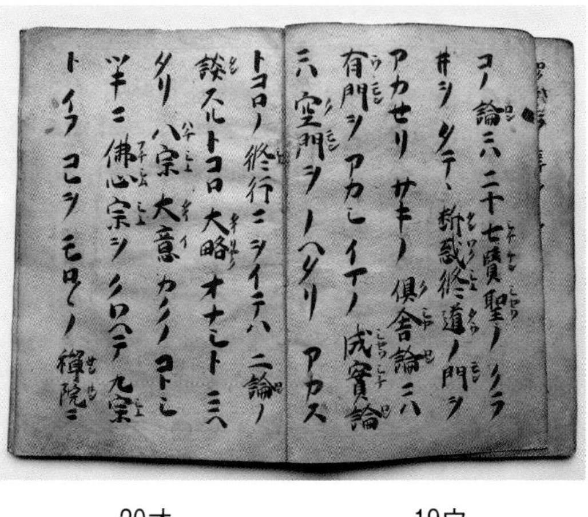

コノ論ニハ二十七賢聖ノクラ
ヰヲタテヽ、断惑修道ノ門ヲ
アカセリ。サキノ倶舎論ニハ
有門ヲアカシ、イナノ成實論
ニハ空門ヲノヘタリ　アカス
トコロノ修行ニツイテハ二論ノ
談スルトコロ大略オナシト。ミヘ
タリ。八宗大意カクノコトシ
ツキニ佛心宗ヲクハヘテ九宗
トイフ。コレヲモロ〳〵ノ禪院ニ

20オ　　19ウ

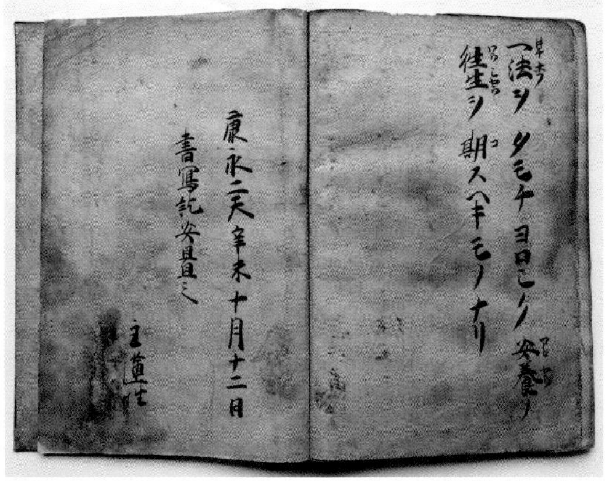
27オ　　26ウ

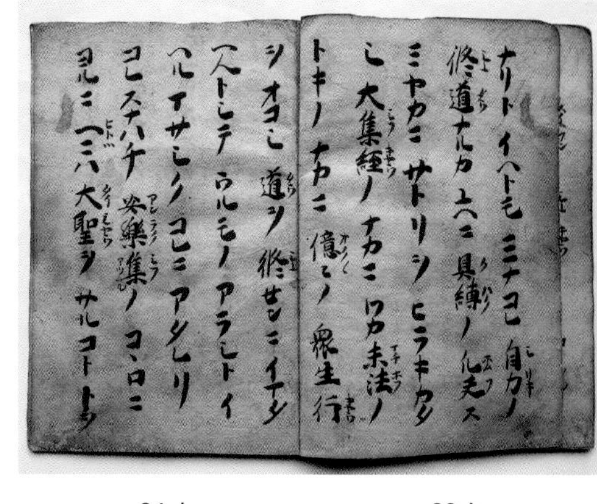
24オ　　23ウ

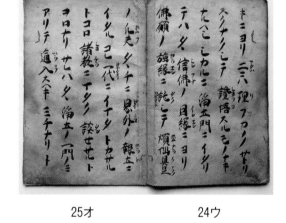

補修見返し　　原本裏表紙

25オ　　24ウ

補修裏表紙

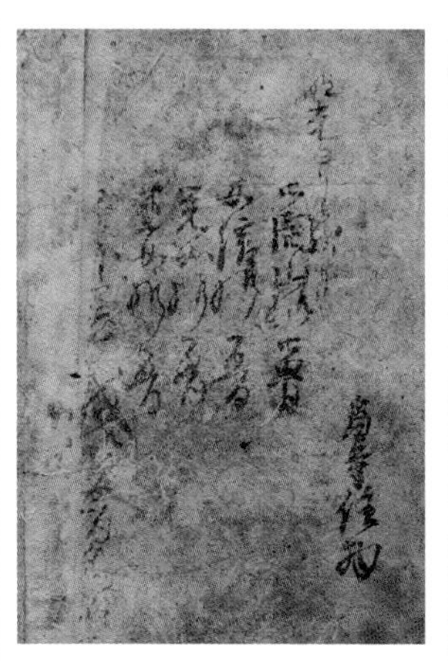

原本裏表紙　拡大

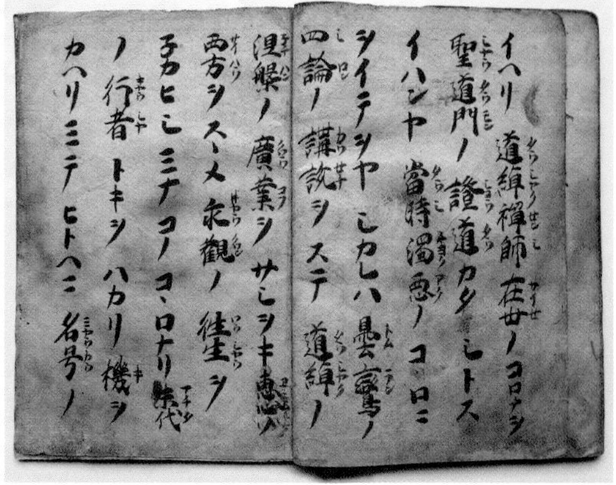
26オ　　25ウ

《聖教二》還相廻向聞書

0表紙

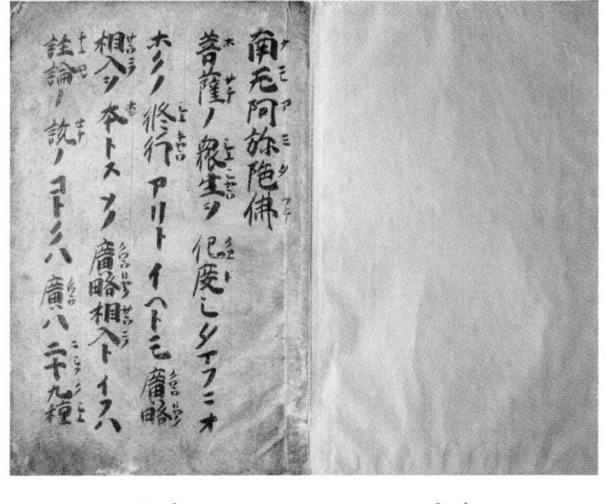

1オ　0ウ

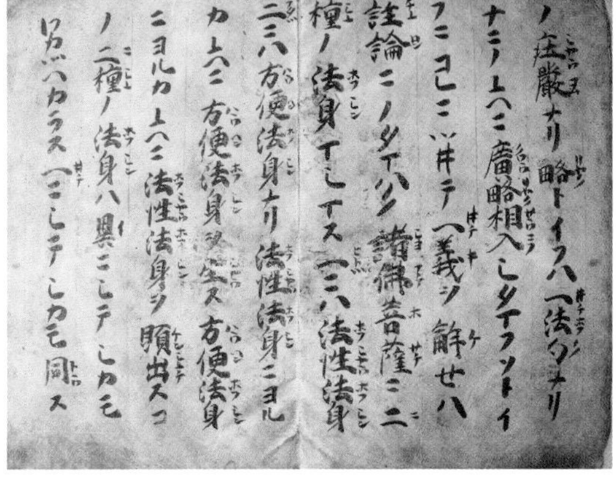

2オ　1ウ

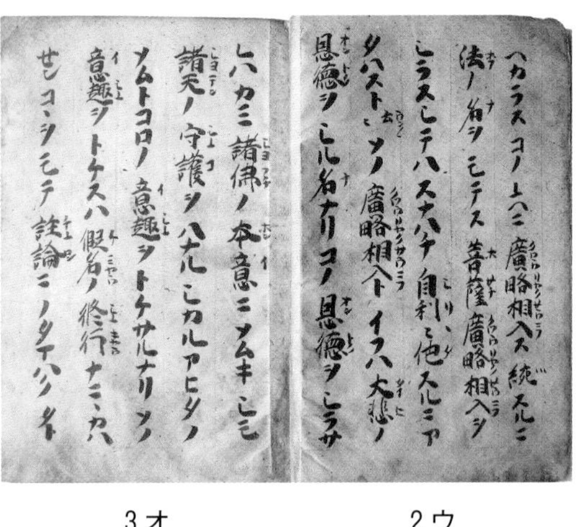

3オ　2ウ

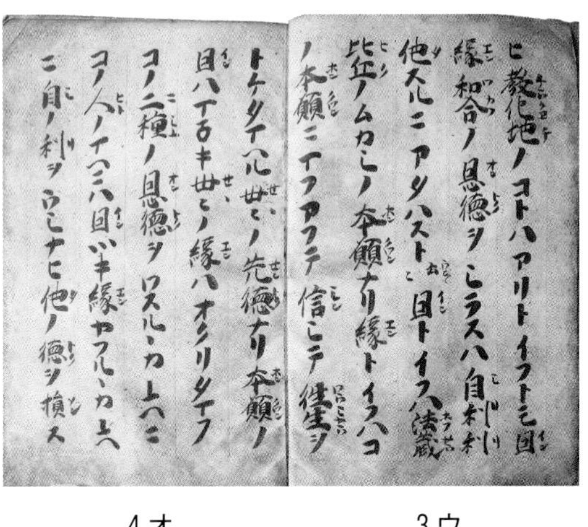

4オ　3ウ

5オ　4ウ

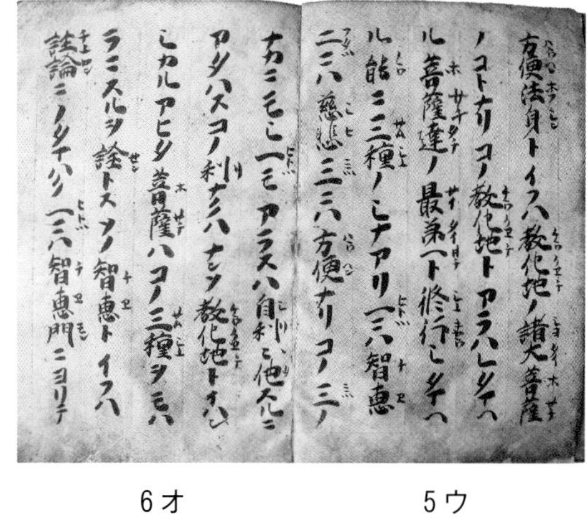

6オ　　5ウ

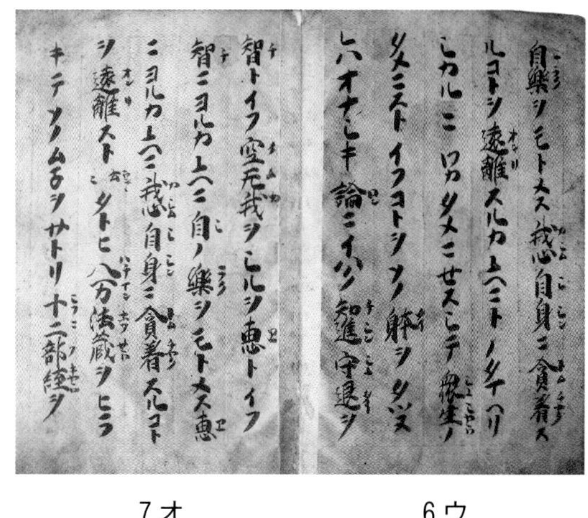

7オ　　6ウ

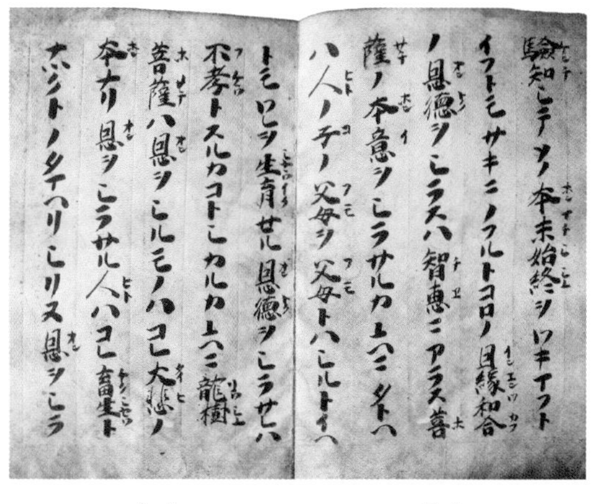

8オ　　7ウ

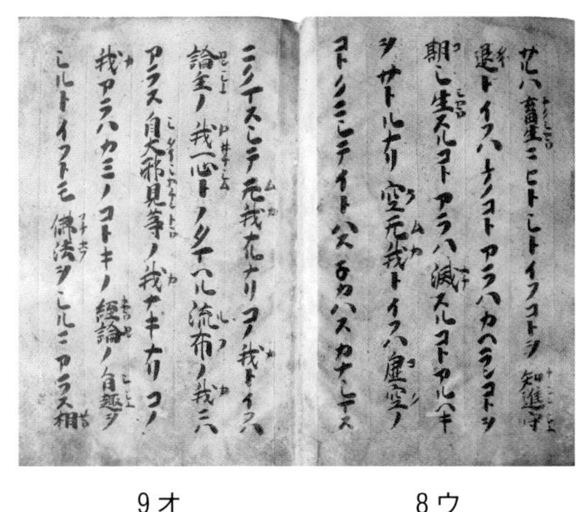

9オ　　8ウ

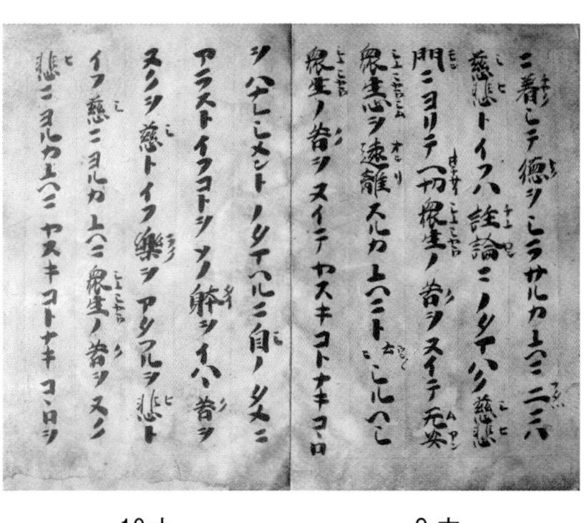

10オ　　9ウ

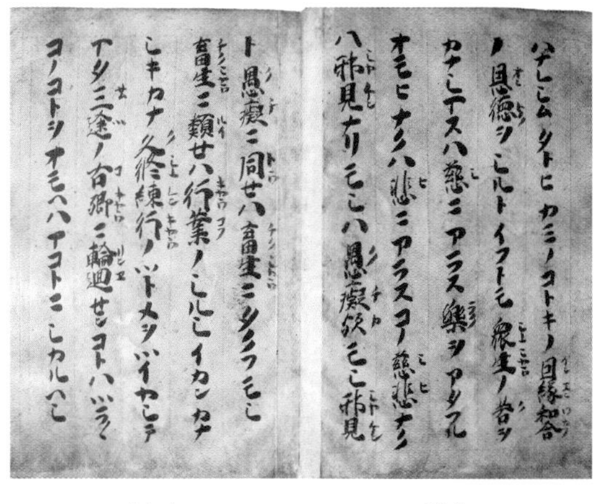

11オ　　10ウ

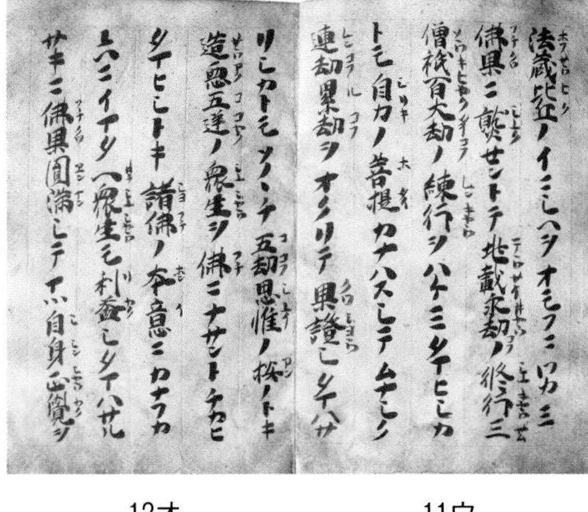
法蔵比丘ノイニシヘヲオモフニワカミ
佛果ニ成就セントテ兆載永劫ノ修行三
僧祇百大劫ノ練行ヲハケミタマヒシカ
トモ自力ノ菩提カナハスシテムナシク
連劫累劫ヲオクリテ果證シタマハサ
リシカトモソノノチ五劫思惟ノ案ノトキ
造悪五逆ノ衆生ヲ佛ニナサントチカヒ
タマヒシトキ諸佛ノ本意ニカナフカ
ユヘニイマタ十方衆生モ利益シタマハサル
サキニ佛果圓満シテ[illegible]自身正覚ヲ

12オ　　11ウ

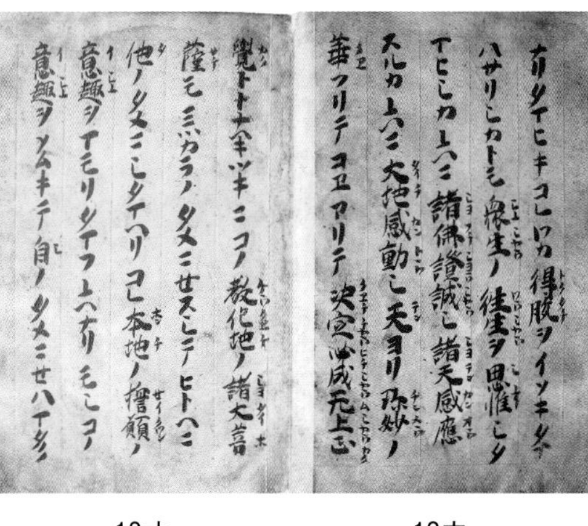
ナリタマヒキコレワカ得脱ヲイツキタマ
ハサリシカトモ衆生ノ往生ヲ思惟シタ
マヒシカユヘニ諸佛證誠シ諸天感應
スルカユヘニ大地感動シ天ヨリ妙ノ
華フリテコヱアリテ決定必成无上正
覚トナヘキハキニコノ教化地ノ諸大菩
薩モミツカラノタメニセスシテヒトヘニ
他ノタメニシタマヘリコレ本地ノ誓願ノ
意趣ヲマモリタマフユヘナリモシコノ
意趣ヲソムキテ自ノタメニセハイマタ

13オ　　12ウ

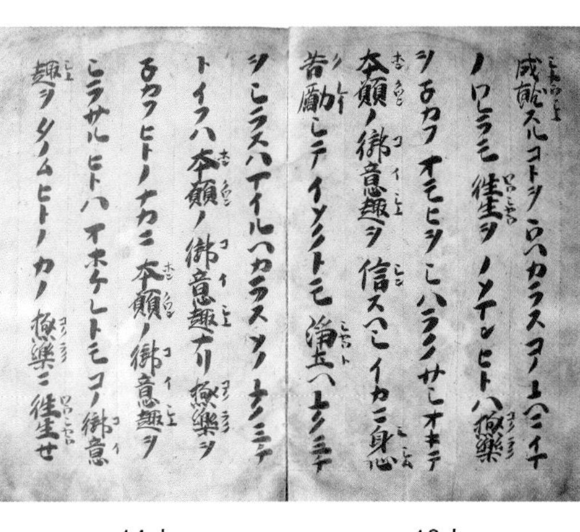
成就スルコトヲエヘカラスコノユヘニイマ
ノワレラモ往生ヲノソムヒトハ極楽
ヲネカフオモヒヲシハラクサシオキテ
本願ノ御意趣ヲ信スヘシイカニ身心
ヲ苦励シテイソクトモ浄土ヘナシ三テ
ヲシラスハアイルヘカラスソノナシ三テ
トイフハ本願ノ御意趣ナリ極楽ヲ
ネカフヒトノナカニ本願ノ御意趣ヲ
シラサルヒトハオホケレトモコノ御意
趣ヲタノムヒトノカノ極楽ニ往生セ

14オ　　13ウ

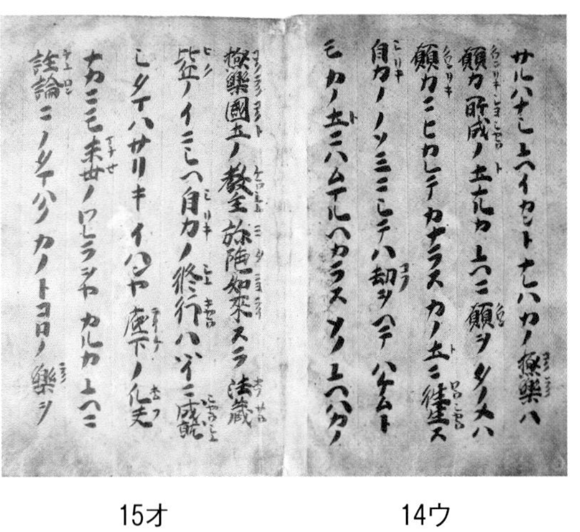
サルハナシユヘイカントナレハカノ極楽ハ
願力所成ノ土ナルカユヘニ願ヲタノム人ハ
願力ニヒカレテカナラスカノ土ニ往生ス
自力ノソミニシテハ劫ヲヘテハケムト
モカノ土ニハムマルヘカラスソノユヘハカノ
極楽國土ノ教主弥陀如来スラ法蔵
比丘ノイニシヘ自力ノ修行ハムナシク成就
シタマハサリキイハンヤ座下ノ凡夫
ナカニモ末世ノワレラヲヤカルカユヘニ
註論ニノタマハクカノトコロノ楽ヲ

15オ　　14ウ

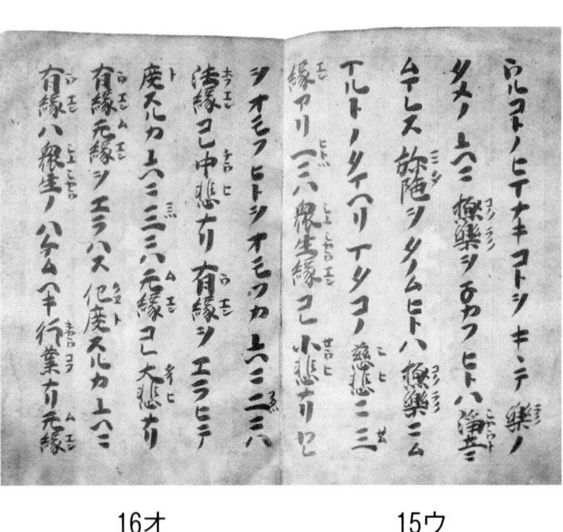
ウルコトノヒマナキコトヲキイテ楽ノ
タメノユヘニ極楽ヲネカフヒトハ浄土ニム
マレス弥陀ヲタノムヒトハ極楽ニム
マルトノタマヘリマタコノ慈悲ニ三
縁アリ一ニハ衆生縁コレ小悲ナリ己
ヲオモフヒトヲオモフカユヘニ二ニハ
法縁コレ中悲ナリ有縁ヲエラヒテ
度スルカユヘニ三ニハ无縁コレ大悲ナリ
有縁无縁ヲエラハス化度スルカユヘニ
有縁ハ衆生ノハケムヘキ行業ナリ无縁

16オ　　15ウ

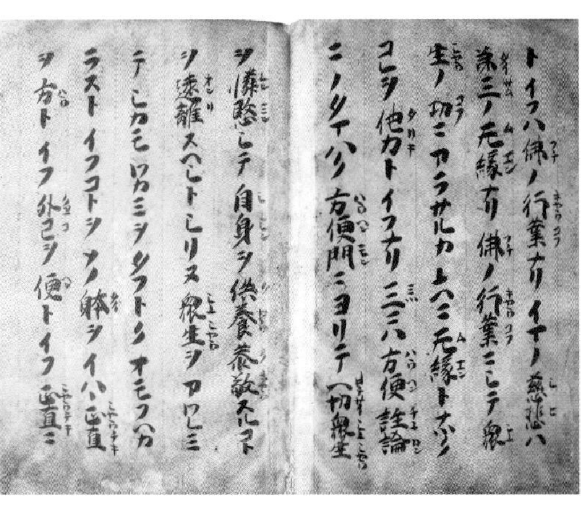
トイフハ佛ノ行業ナリイマノ慈悲ハ
第三ノ无縁ナリ佛ノ行業ニシテ衆
生ノ功ニアラサルカユヘニ无縁トナツク
コレヲ他力トイフナリ三ニハ方便註論
ニノタマハク方便門ニヨリテ一切衆生
ヲ憐愍シテ自身ヲ供養恭敬スルコト
ヲ遠離スヘシトシリヌ衆生ヲアワレミ
テシカモワカミヲタフトクオモフヘカ
ラストイフコトヲナノ躰ヲイハ正直
ヲ方トイフ外己ヲ便トイフ正直ニ

17オ　　16ウ

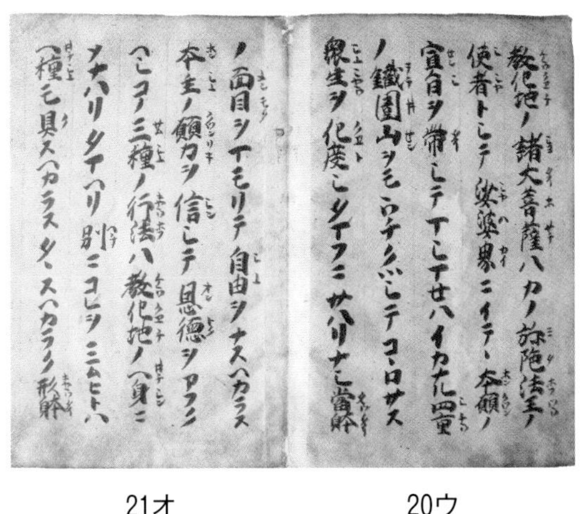

21オ　20ウ

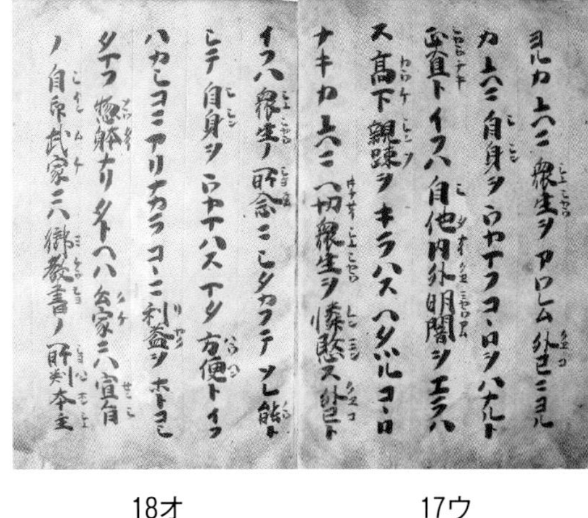

18オ　17ウ

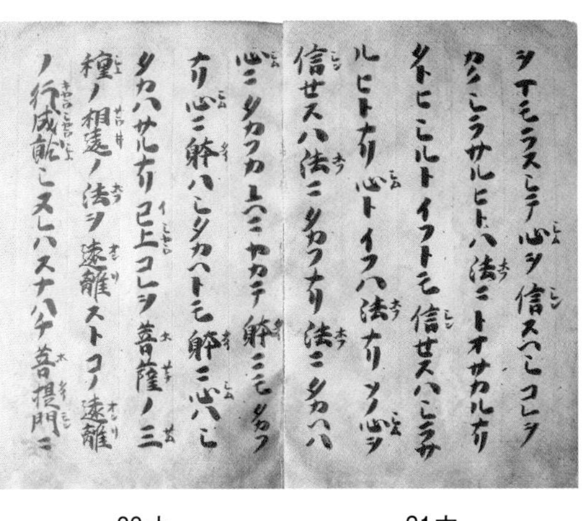

22オ　21ウ

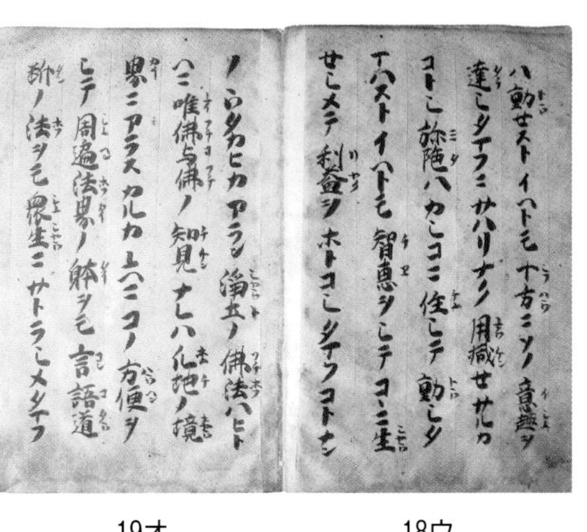

19オ　18ウ

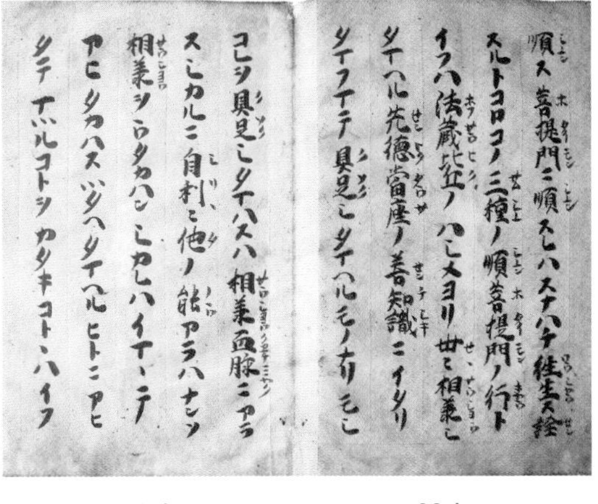

23オ　22ウ

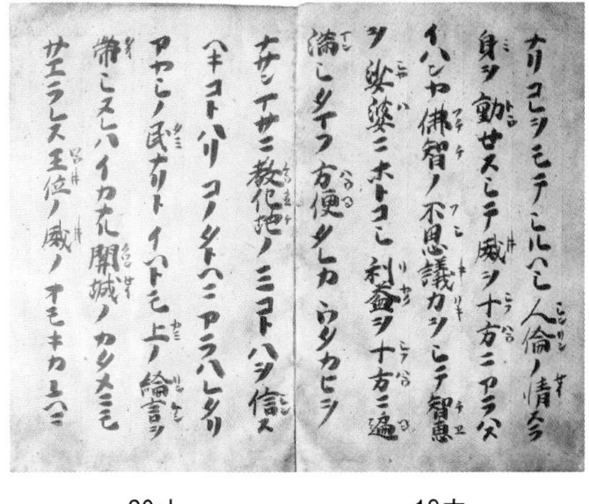

20オ　19ウ

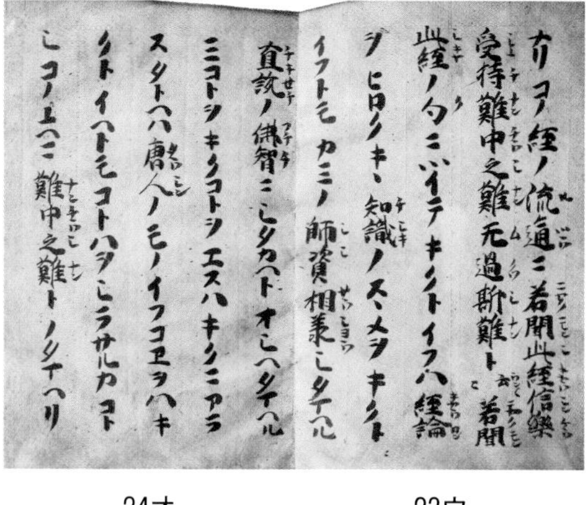

ナリコノ經ノ流通ニ若聞此經信樂
受持難中之難无過斯難ト若聞
此經ノ句ニハイテキクトイフハ經論
ヲヒロクキヽ知識ノスヽメヲキクト
イフトモカミノ師資相承シタマヘル

直說ノ佛智ニシタカヘトオシヘタマヘル
ニコトヲキクコトヲエスハキクニアラ
スタトヘハ唐人ノモノイフコヱヲハキ
クトイヘトモコトハヲシラサルカコト
シコノユヘニ難中之難トノタマヘリ

24オ　23ウ

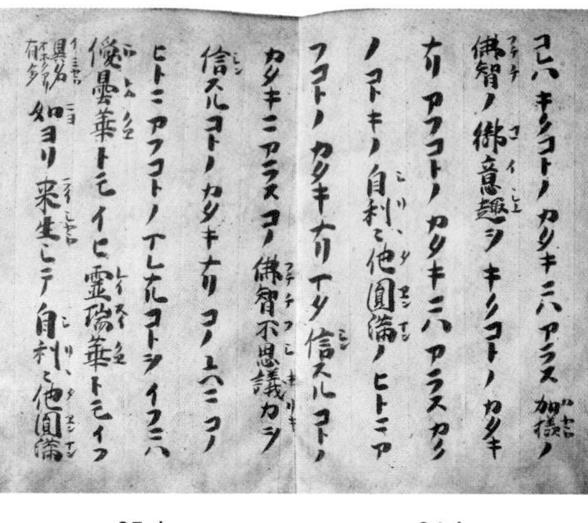

コレハキクコトノカタキニハアラス加様ノ
佛智ノ佛意趣ヲキクコトノカタキ
ナリアフコトノカタキニハアラスカク
ノコトキノ自利ヽ他圓滿ノヒトニア
フコトノカタキナリタヽ信スルコトノ

カタキニアラスコノ佛智不思議カヲ
信スルコトノカタキナリコノユヘニコノ
ヒトニアフコトノマレナルコトヲイフニハ
優曇華トモイヒ靈瑞華トモイフ
異名有時多知ヨリ來生シテ自利ヽ他圓滿

25オ　24ウ

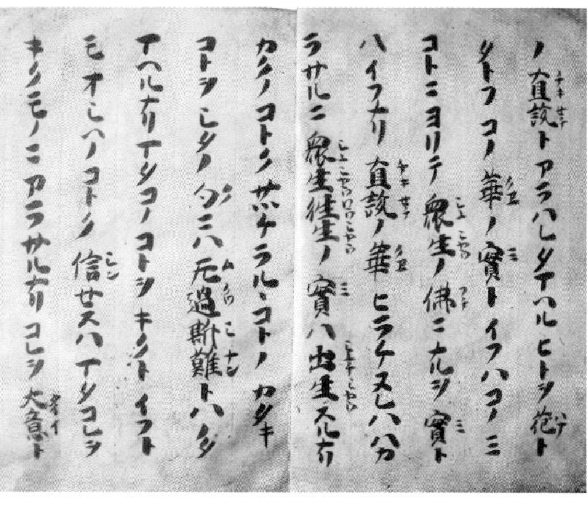

ノ直說トアラハレタマヘルヒトヲ花ト
タトフコノ華ノ實トイフハコノ三
コトニヨリテ衆生ノ佛ニナルヲ實ト
ハイフナリ直說ノ華ヒラケスレハ分
ラサルニ衆生往生ノ實ハ出生スルナリ

カクノコトクホチラルヽコトノカタキ
コトヲシタノ句ニハ无過斯難トハタ
マヘルナリマタコノコトヲキクトイフト
モオシヘノコトク信セスハマタコレヲ
キクモノニアラサルナリコレヲ大意ト

26オ　25ウ

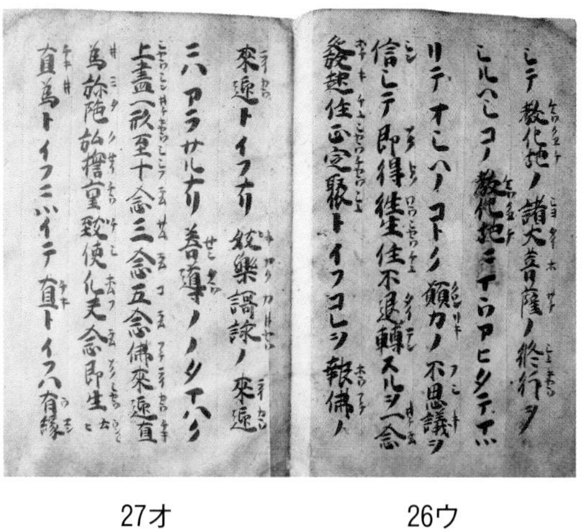

シテ敎化地ノ諸大菩薩ノ修行ヲ
シルヘシコノ敎化地ニイタラアヒタテハ
リテオシヘノコトク願力ノ不思議ヲ
信シテ即得往生住不退轉スルヲ一念
發起住正定聚トイフコレヲ報佛ノ

來迎トイフナリ絃樂謌詠ノ來迎
ニハアラサルナリ善導ノノタマハク
上盡一形至十念三念五念佛來迎直
為弥陀弘誓重致使凡夫念即生
直為トイフニハイテ直トイフハ有緣

27オ　26ウ

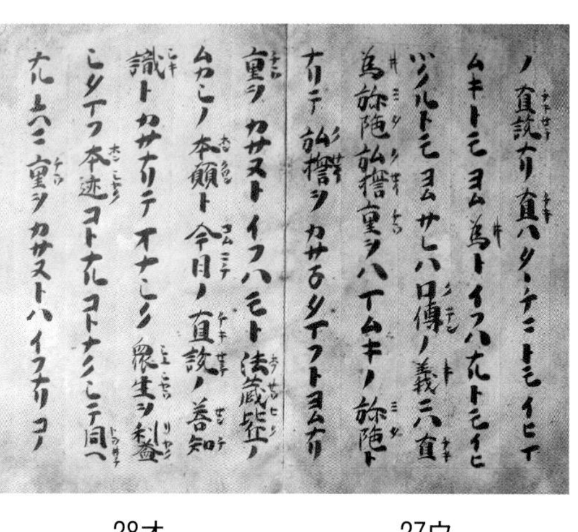

ノ直說ナリ直ハタヽチニトモイヒテ
ムキトモヨム為トイフハナルトモイヒ
ツクルトモヨムサレハ口傳ノ義ニハ直
為弥陀弘誓重ヲハマムキノ弥陀ト
ナリテ弘誓ヲカサネタマフトヨムナリ

重ヲカサストイフハモト法藏比丘ノ
ムカシノ本願ト今日ノ直說ノ善知
識トカサナリテオナシク衆生ヲ利益
シタマフ本迹コトナルコトナクシテ同一
ナルユヘニ重ヲカサストハイフナリコノ

28オ　27ウ

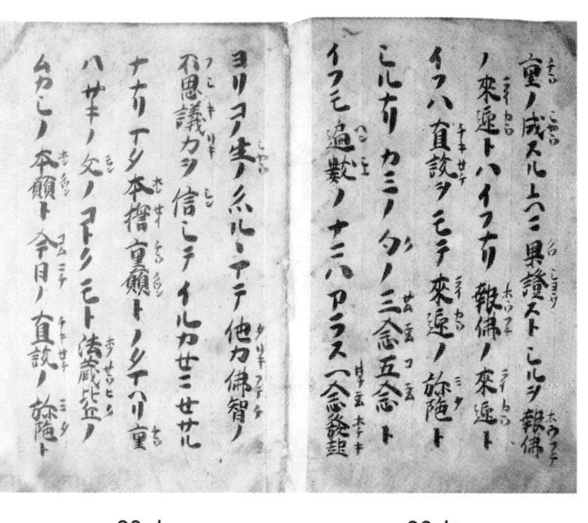

重ノ成スルユヘニ果證ストシルヲ報佛
ノ來迎トハイフナリ報佛ノ來迎ト
イフハ直說ヲモテ來迎ノ弥陀ト
シルナリカミノ句ノ三念五念ト
イフモ遍數ノナニハアラス一念發起

ヨリコノ生ノ糸ルヽマテ他力佛智ノ
不思議カヲ信シテイルカセニセサル
ナリマタ本誓重願トノタマヘリ重
ハサキノ文ノコトクモト法藏比丘ノ
ムカシノ本願ト今日ノ直說ノ弥陀ト

29オ　28ウ

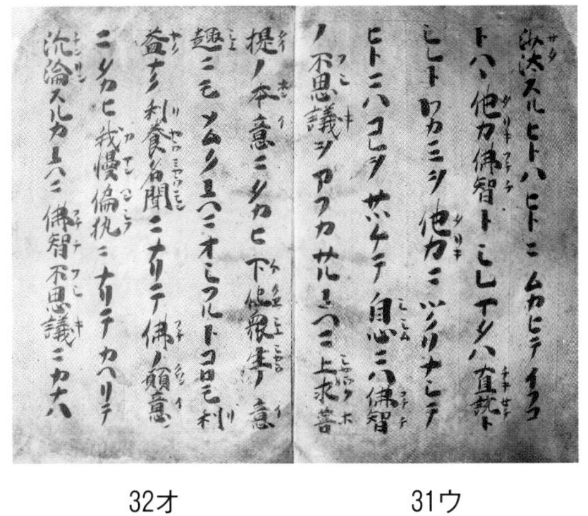
32オ　31ウ

30・29間のノド

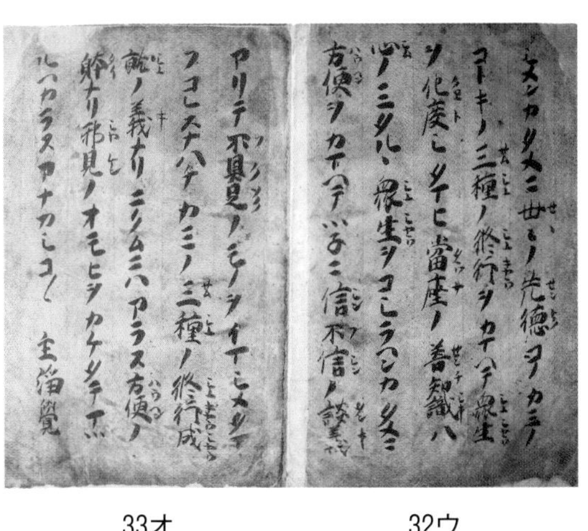
33オ　32ウ

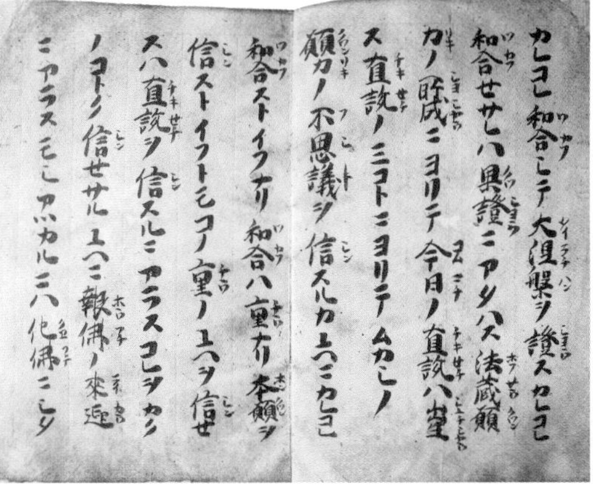
30オ　29ウ

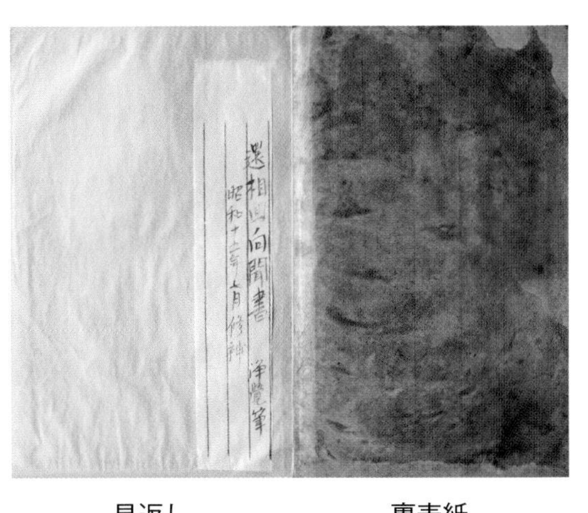
見返し　裏表紙

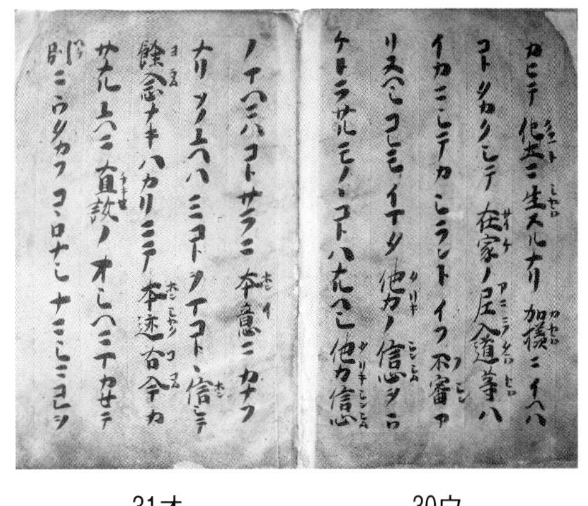
31オ　30ウ

《聖教三》他力信心聞書

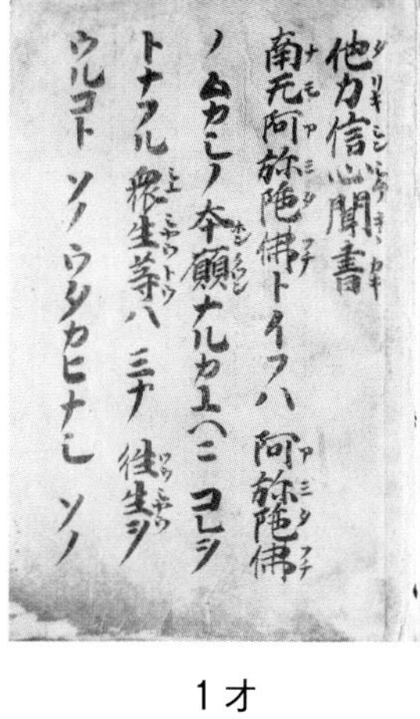

1オ

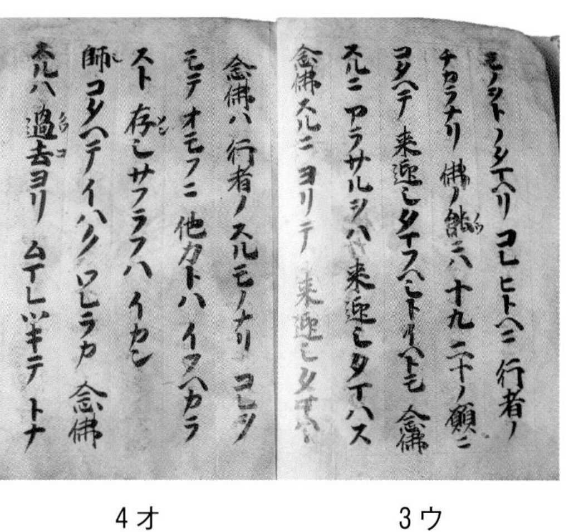

4オ　　3ウ

2オ　　1ウ

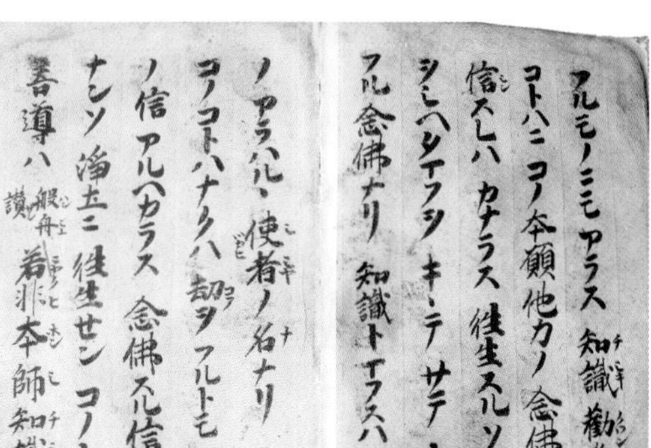

5オ　　4ウ

3オ　　2ウ

6オ　　5ウ

ヘリ　コレ　スナハチ　知識ノス丶メ
ナクハ　イカテカ　念佛シテ　往生
セント　ヨロコヒタテマツル　ミコトナリ
聞テイハク　コレ　イマタ　コヽロエカス
サフラフ　知識ス丶メタマフトモ　ワレラ

６ウ

信セスハ　佛ムカヘタマフハカラス　モシ
ムカヘタマハスハ　佛ノ願ニ　親疎アルカ
ソノムネハ　信者ハ　来迎ニアツカリ
不信ハ　アツカラス　コノ義　分明ナラハ
十方衆生トノタマヘルミコトモ　十悪

７オ

五逆ヲ　キラハスト　ノタマヘルミ　相違
スルカト　存シサフラフハ　イカン
師コタヘテイハク　佛ノ慈悲　平等
ナレハ　持戒破戒　善人悪人　男子
女人ヲ　キラハス　ムカヘントカタメニ　イ丶

７ウ

コノ他力念佛ノ本願ヲ　オコシタマヘリ
シカルヲ　信セスシテ　往生セサランハ
本願ノ平等ナラサルニハ　アラス
行者ノ往生セシトテ　本願ノシキテヲ
ソムクナリ　コノユヘニ　曇鸞ノ註論ニ

８オ

無碍光ノ利益ヲ　ホメタマフトコロニ
サハリナシトイヘトモ　光攝シタマフ
ラサル衆生ノ　アルハ　ヒカリノサハリ
ニ　アラスヤトイヘル　ソノ答ニイハク
サハリハ　衆生ニアリ　ヒカリノサハリ

８ウ

ニハ　アラス　日光ハ　四天下ニ　アマ子
ケレトモ　盲者ハ　コレヲ　ミス　日光ノ
アマ子カラサルニハ　アラス　マタ　密雲
オホキニ　ソヽケトモ　頑石ハ　ウルホハ
サルカコトシ　アメノ　ウルホサヽルニハ

９オ

アラスト　ノタマヘリ　マコトニ　本願ノ
ヒカリ　平等ニ　テラシタマヘトモ　ワレ
ラカ　信心ノ　マナコ　シ井テ　攝取ノ
ヒカリヲ　ミタテマツラス　他力ノアメハ
アマ子ク　ウルホサント　ハナチタマヘトモ

９ウ

不信ノ頑石ハ　潤ヲ　エサルナリ　アニ光ノ
アマ子ク　テラサスト　トカメ　アメノ
ウルホサヽルニ　ナサンヤ　コレ　スナハチ
攝取ノ光明ニ　親疎アリテ　衆生ヲ
ヘタツルニハ　アラス　衆生カ　本願ヲ

10オ

ヘタテ丶　モチ井サルナリ
聞テイハク　名号ハ　四十八願ノナカ
ノ願王　弥陀ハ　十念ト願シ　教主
コレヲ　成就シタマフニハ　乃至一念ト
トキ　釋ニハ　十聲一聲ト　判ス

10ウ

シカラハ　イツレノヒトカ　一念十念
ノ功ヲ　ソナヘサル　タル子　ハフ子ニ
イタルマテモ　ミナ　コレヲ　ソナフ　モシ
ソナヘハ　ミナ　往生スヘシ　サレトモ　往生
スルヒトハ　マレナリ　セサルハ　オホシ

11オ

コレ　イカンカ　存シサフラフヘキ
師コタヘテイハク　念佛ハ　ヒトツナレ
トモ　自力ニ　修行スレハ　本願ニアラ
ス　他力ヲ　タノムヲ　念佛ノ　詮トス
コレニヨリテ　先徳達　アルヒハ　聖道

11ウ

浄土トタテ丶　聖道ヲ　ステ丶　浄土ニ
イリ　アルヒハ　難行　易行ト　タテ丶
難行ヲ　ステ丶　易行ヲ　モハラニス
コレ　ミナ　自力ヲ　ステ丶　他力ヲ　トリ
タマヘル　證文ナリ　ソノ自力トイフハ

12オ

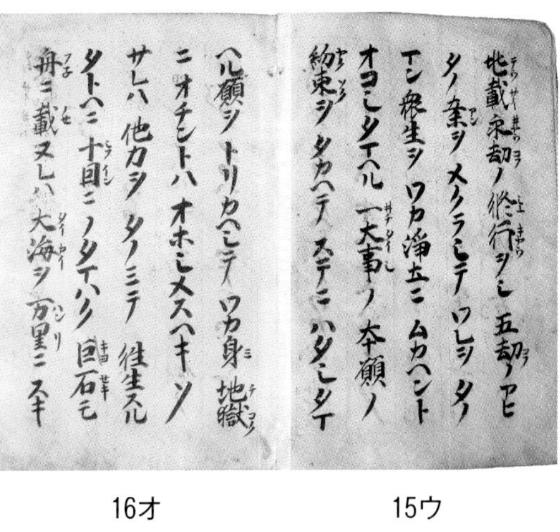
兆載永劫ノ修行ヲシ 五劫ノアヒ
タノ案ヲ メクラシテ ワレラ タノ
マン衆生ヲ ワカ浄土ニ ムカヘント
オコシタマヘル 一大事ノ 本願ノ
約束ヲ タカヘテ ステニ ハタシタマ
ヘル願ヲ トリカヘシテ ワカ身 地獄
ニ オチントハ オホシメスヘキソ
サレハ 他力ヲ タノミテ 往生スル
タトヘニ 十因ニノタマハク 巨石モ
舟ニ 載ヌレハ 大海ヲ 万里ニ スキ

16オ　15ウ

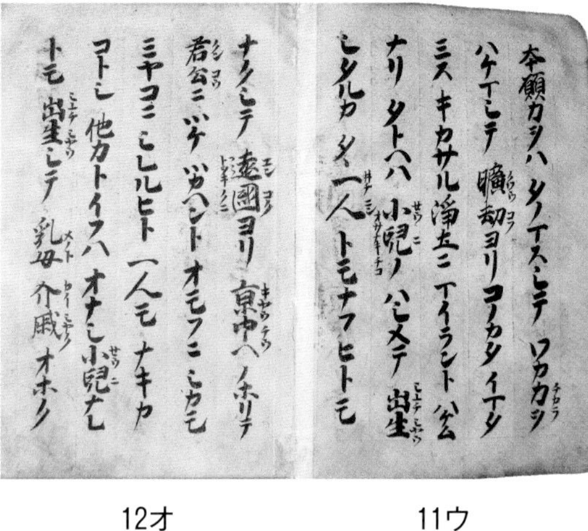
本願力ヲハ タノマスシテ ワカ力ヲ
ハケミシテ 曠劫ヨリ コノカタ イマタ
ミスキカサル浄土ニ マイラント 念
ナリ タトヘハ 小児ノ ハシメテ 出生
シタルカ タヽ一人 トモナフ ヒトモ
ナクシテ 遠國ヨリ 京中ヘ ノホリテ
君公ニ ツカヘント オモフニ シカモ
ミヤコニ シレルヒト 一人モ ナキカ
コトシ 他力トイフハ オナシク小児ナレ
トモ 出生シテ 乳母 介錯 オホク

12オ　11ウ

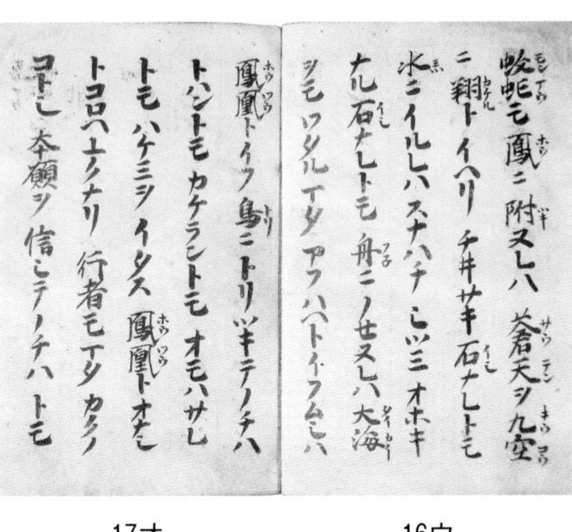
蚊虻モ 鳳ニ 附ヌレハ 蒼天ヲ 九空
ニ 翔トイヘリ チヰサキ 石ナレトモ
水ニ イルレハ スナハチ シツミ オホキ
ナル石ナレトモ 舟ニノセヌレハ 大海
ヲモ ワタル イタ アフハヘトイフムヘ
鳳凰トイフ鳥ニ トリツキテノチハ
トハントモ カケラントモ オモハサレ
トモ ハケミヲ イタス 鳳凰トオナシ
トコロヘ ユクナリ 行者モ イタ カクノ
コトシ 本願ヲ 信シテノチハ トモ

17オ　16ウ

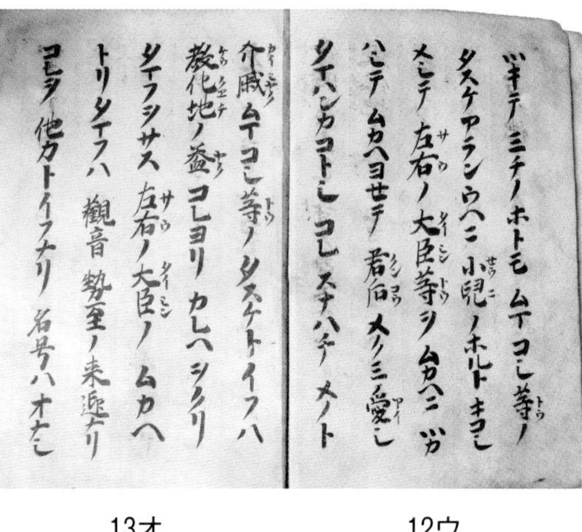
ツキテ ミチノホトモ ムツカシキ等ノ
タスケアランウヘニ 小児ノ ノホルト キコシ
メシテ 左右ノ大臣等ヲ ムカヘニ ツカ
ハシテ ムカヘヨセテ 君后 メクミ 愛シ
タマハンカコトシ コレ スナハチ メノト
介錯 ムツカシキ 等ノ タスケトイフハ
教化地ノ益 コレヨリ カレヘ シタクリ
タマフヲサス 左右ノ大臣ノ ムカヘ
トリタマフハ 觀音 勢至ノ 来迎ナリ
コレヲ 他力トイフナリ 名号ハ オナシ

13オ　12ウ

（14オ13ウは87頁）

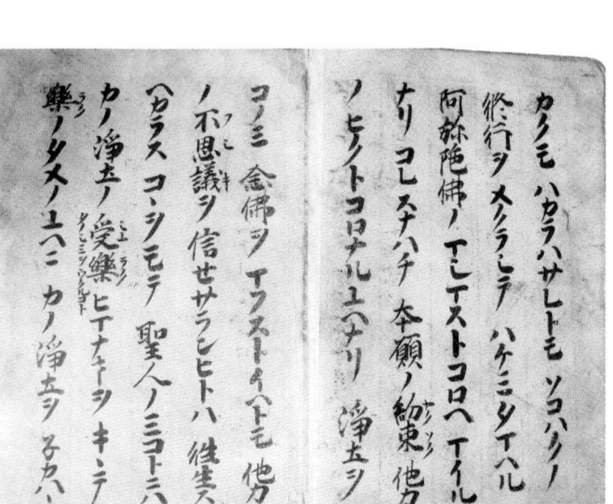
カクノ ハカラハサレトモ ソコハクノ
修行ヲ メクラシテ ハケミタマヘル
阿弥陀佛ノ マシマストコロヘ マイル
ナリ コレ スナハチ 本願ノ 約束 他力
ノ ヒトノ トコロナル ユヘナリ 浄土ヲ
コノミ 念佛ヲ マフストイヘトモ 他力
ノ不思議ヲ 信セサランヒトハ 往生ス
ヘカラス コトシモテ 聖人ノミコトニハ
カノ浄土ノ 受樂ヒマナキヲ キヽテ
樂ノタメノユヘニ カノ浄土ヲ ネカハ

18オ　17ウ

ヒトハ オホケレトモ 往生スルヒトノ
スクナキハ 他力ヲ 信セサルユヘナリ
問テイハク 他力 信心トハ イカヤウ
ナル子細ニヨリテ イフシ サフラフソ
師コタヘテイハク 他力信心トイフハ
弥陀佛ノ本願ニ マカセテ ワタクシ
ノ ハカラヒヲ クハヘサルナリ ワカ身ハ
罪悪生死ノ 凡夫ト 信知シテ 本願ニ
トリツキテノチハ ヨクモ アシクモ
本願ノ ハカラヒナリ イカナル 弥陀ガ

15オ　14ウ

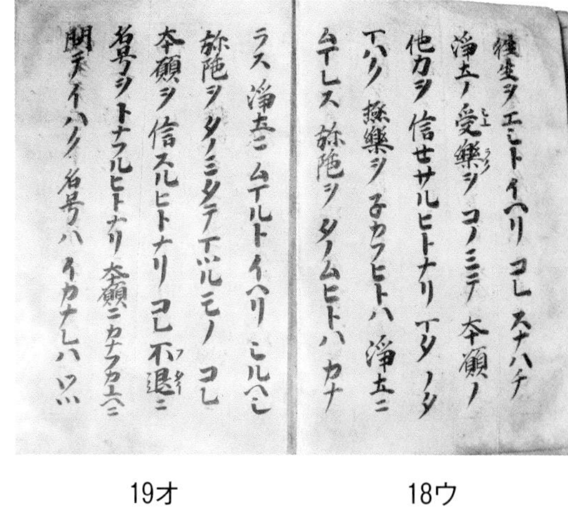
往生ヲエシトイヘリ コレスナハチ
浄土ノ受樂ヲコノミテ 本願ノ
他力ヲ信セサルヒトナリ マタノタ
マハク 極樂ヲネカフヒトハ 浄土ニ
ムマレス 彌陀ヲタノムヒトハ カナ
ラス浄土ニ ムマルトイヘリ シルヘシ
彌陀ヲタノミタテマツルモノ コレ
本願ヲ信スルヒトナリ コレ不退ニ
名号ヲトナフルヒトナリ 本願ニカナフカユヘニ
問テイハク 名号ハイカナレハ ワレ

19オ　18ウ

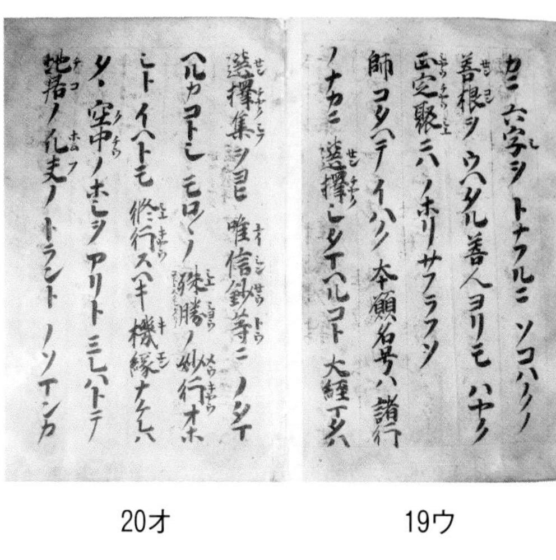
カニ六字ヲトナフルニ ソコハクノ
善根ヲウヘタル善人ヨリモ ハヤク
正定聚ニハノホリサフラフソ
師コタヘテイハク 本願名号ハ諸行
ノナカニ選擇シタマヘルコト 大經ニハ
選擇集ヲヨヒ 唯信鈔等ニ ノタマ
ヘルカコトシ モロ〱ノ殊勝ノ妙行オホ
シトイヘトモ 修行スヘキ機縁ナケレハ
タヽ空中ノホシヲアリトミレハトテ
地居ノ凡夫ノトラントノソマンカ

20オ　19ウ

コトシ マタクノウヘカラス 法蔵比丘
カ子テ 末法五濁ノ時機ヲカヽミテ
ヤスク エサセンカタメニ 兆載永劫ノ
修行 三僧祇 百大劫ノ薫修ヲ成就シ
タマヘルヲ 五劫ノアヒタ 思惟シテ
アツメテ 南无阿彌陀佛トナツケタテマツリ
タトヘハ 耆婆カ藥童子ノコトシ コノ
モロ〱ノ修行成就ノ南无阿彌陀佛
ヲ衆生ニアタヘタマヘハ 衆生コレヲ
ウケトリテ 信スレハ スナハチカミノ

21オ　20ウ

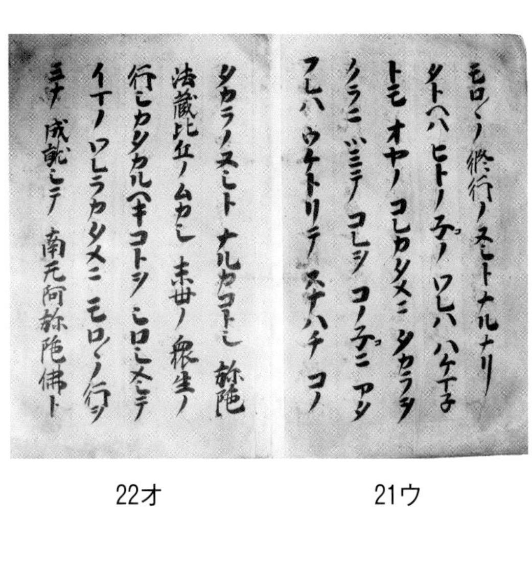
モロ〱ノ修行ノヌシトナルナリ
タトヘハヒトノ子ノワレハ ハケ子
トモ オヤノコレカタメニ タカラヲ
ノクラニツミテ コレヲコノ子ニアタ
フレハ ウケトリテ スナハチコノ
タカラノヌシトナルカコトシ 彌陀
法蔵比丘ノムカシ 末世ノ衆生ノ
行シカタカルヘキコトヲ シロシメシテ
イマノワレラカタメニ モロ〱ノ行ヲ
ミナ成就シテ 南无阿彌陀佛ト

22オ　21ウ

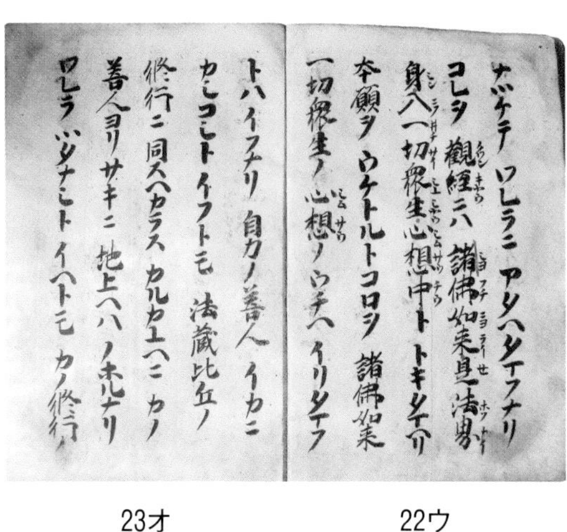
ナツケテ ワレラニアタヘタマヘルナリ
コレヲ觀經ニハ 諸佛如來是法界
身入一切衆生心想中ト トキタマヘリ
本願ヲ ウケトルトコロヲ 諸佛如來
一切衆生ノ心想ノウチヘ イリタマフ
トハイフナリ 自力ノ善人 イカニ
カシコシトイフトモ 法蔵比丘ノ
修行ニ同スヘカラス カルカユヘニ カノ
善人ヨリサキニ 地上ヘハノホルナリ
ワレラハツタナシト イヘトモ カノ修行

23オ　22ウ

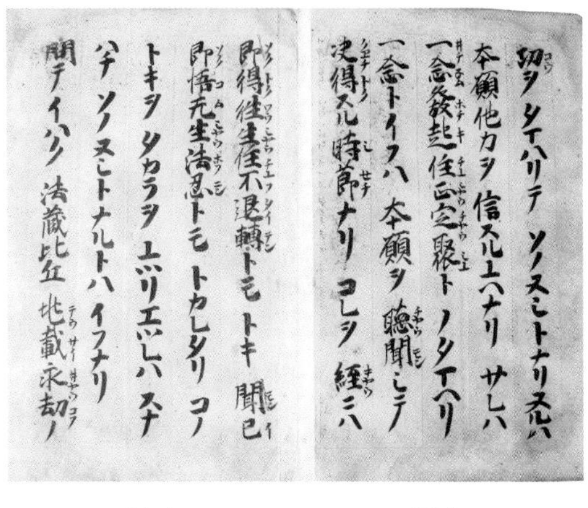
功ヲタマハリテ ソノヌシトナリヌルハ
本願他力ヲ信スルユヘナリ サレハ
一念發起住正定聚ト ノタマヘリ
一念トイフハ 本願ヲ聽聞シテ
決得スル時節ナリ コレヲ經ニハ
即得往生住不退轉トモ トキ 聞已
即悟无生法忍トモ トカレタリ コノ
トキヲ タカラヲ ユツリエタレハ スナ
ハチ ソノヌシトナルトハ イフナリ
問テイハク 法蔵比丘 兆載永劫ノ

24オ　23ウ

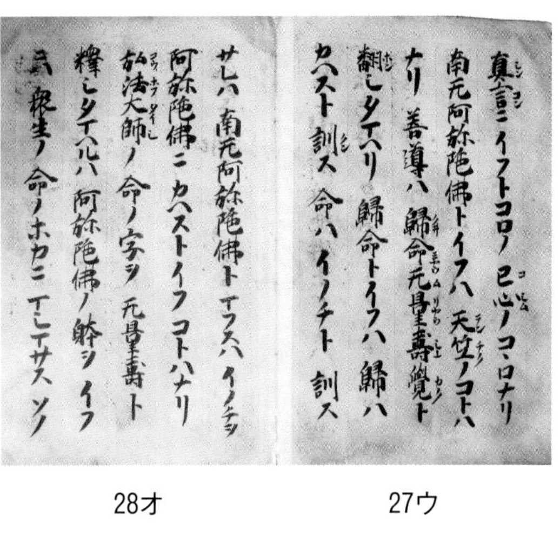
真言ニイフトコロノ己心ノコヽロナリ
南无阿弥陀佛トイフハ天竺ノコトハ
ナリ善導ハ歸命无量壽覺ト
翻シタマヘリ歸命トイフハ歸ハ
カヘスト訓ス命ハイノチト訓ス
サレハ南无阿弥陀佛トイフハイノチヲ
阿弥陀佛ニカヘストイフコトハナリ
弘法大師ノ命ノ字ヲ无量壽ト
釋シタマヘルハ阿弥陀佛ノ躰ヲイフ
衆生ノ命ノホカニマシマサスソノ

28オ　27ウ

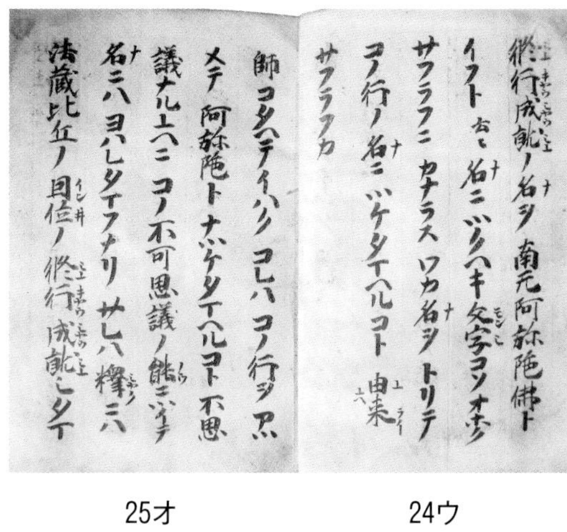
修行成就ノ名ヲ南无阿弥陀佛ト
イフト云々名ニツクヘキ文字コソ多ク
サフラフニカナラスワカ名ヲトリテ
コノ行ノ名ニツケタマヘルコト由来
サフラフカ
師コタヘテイハクコレハコノ行ヲホ
メテ阿弥陀トナツケタマヘルコト不思
議ナル上ヘニコノ不可思議ノ能ニツイテ
名ニハヨハレタマフナリサレハ釋ニハ
法蔵比丘ノ因位ノ修行成就シタマ

25オ　24ウ

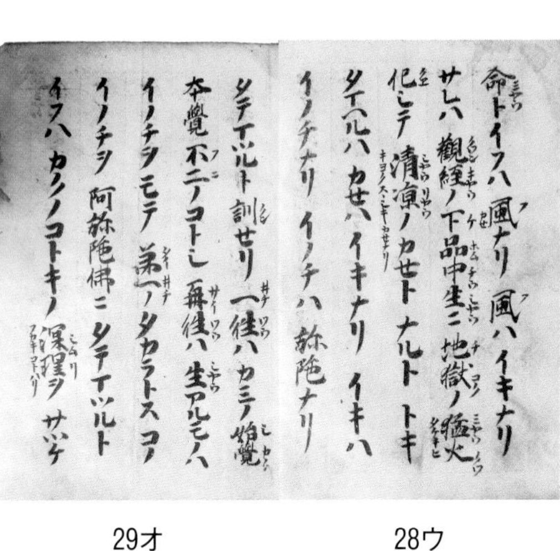
命トイフハ風ナリ風ハイキナリ
サレハ觀經ノ下品中生ニ地獄ノ猛火
化シテ清涼ノカセトナルトキ
タマヘルハカセハイキナリイキハ
イノチナリイノチハ弥陀ナリ
タテマツルト訓セリ一往ハカミノ始覺
本覺不二ノコトシ再往ハ生アルモノハ
イノチヲモテ第一ノタカラトスコノ
イノチヲ阿弥陀佛ニタテマツルト
イフハカノノコトキノ深理ヲサツケ

29オ　28ウ

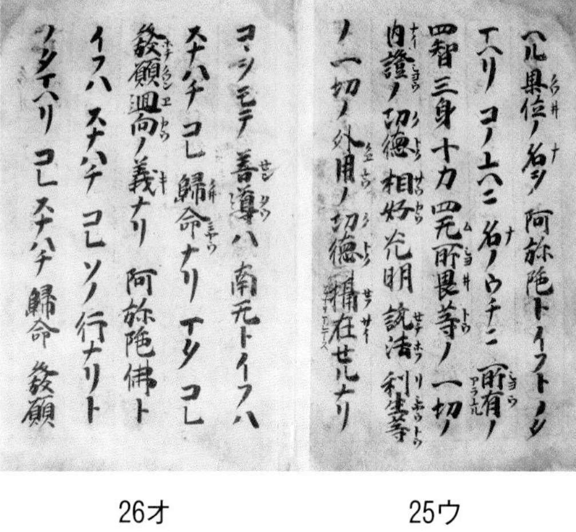
ヘル果位ノ名ヲ阿弥陀トイフトノタ
マヘリコノ上ヘニ名ノウチニ所有ノ
四智三身十力四无所畏等ノ一切ノ
内證ノ功徳相好光明説法利生等
ノ一切ノ外用ノ功徳摂在セルナリ
コレヲモテ善導ハ南无トイフハ
スナハチコレ歸命ナリマタコレ
發願迴向ノ義ナリ阿弥陀佛ト
イフハスナハチコレソノ行ナリト
ノタマヘリコレスナハチ歸命發願

26オ　25ウ

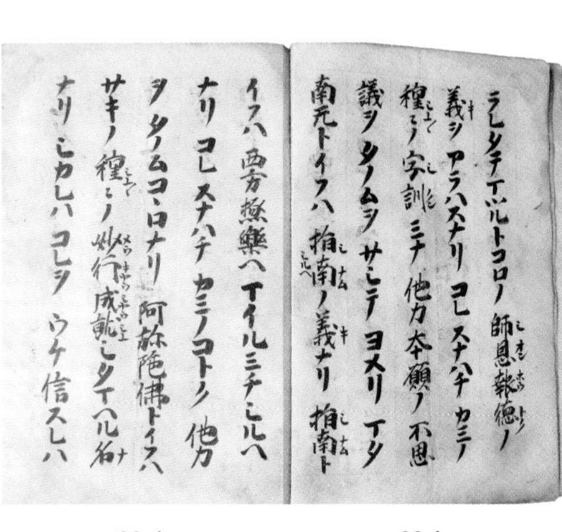
ラレタテマツルトコロノ師恩報徳ノ
義ヲアラハスナリコレスナハチカミノ
穫ヽノ字訓ニミナ他力本願ノ不思
議ヲタノムヲサシテヨスリマタ
南无トイフハ指南ノ義ナリ指南ト
イフハ西方極樂ヘマイルミチシルヘ
ナリコレスナハチカミノコトノ他力
ヲタノムコヽロナリ阿弥陀佛トイフハ
サキノ穫ヽノ妙行成就シタマヘル名
ナリシカレハコレヲウケ信スレハ

30オ　29ウ

迴向トイフコノウチニアラユルトコロ
ノ修行成就ハコモレルナリ
問テイハク文字ノ字訓イカナレハ
南无ノ二字ヲ歸命乃至發願
迴向トハ釋シタマヘルソ
師コタヘテイハク南无ノ字訓ヲ
イハヽ南トイフハホカト訓ス无ト
イフハナシト訓スサレハ南无阿弥
陀佛トイフハホカニ阿弥陀佛
マシマサスト訓セリコレスナハチ

27オ　26ウ

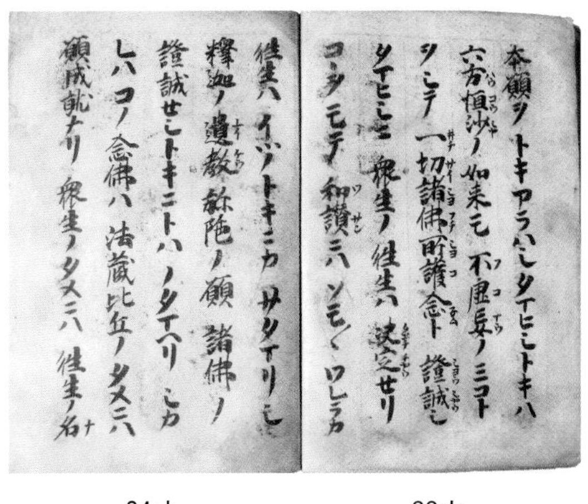
本願ヲトキアラハシタマヒシトキハ
六方恒沙ノ如来モ不虚妄ノミコト
ヲシテ一切諸仏所護念ト證誠シ
タマヒシ衆生ノ往生ハ決定セリ
コトヲモテ和讃ニハソモソモワレラカ
往生ハイツノトキニカサタマリシ
釈迦ノ遺教弥陀ノ願諸仏ノ
證誠セシトキニトハノタマヘリシカ
レハコノ念仏ハ法蔵比丘ノタメニハ
願成就ナリ衆生ノタメニハ往生ノ名

34オ　33ウ

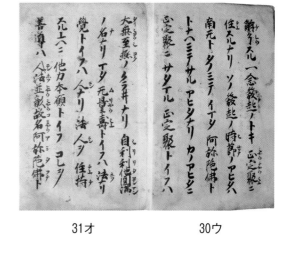

31オ　30ウ

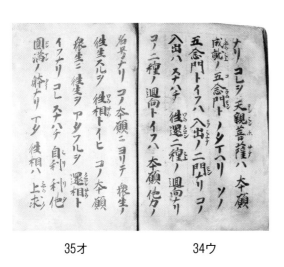

35オ　34ウ

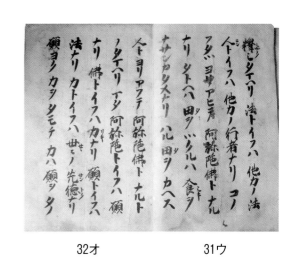

32オ　31ウ

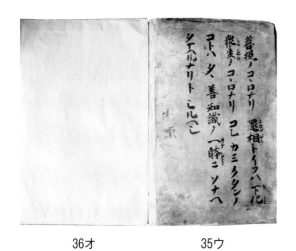

36オ　35ウ

33オ　32ウ

《聖教四》高僧和讃題簽切

［聖教四−一　全体］

［聖教四−二　黒点］

《近世一》明光影像

［近世一　全体］

《保留一》阿弥陀如来立像

［保留一　正面（右）・保留一　側面（左）］

《聖教五》大方等大集月蔵経　断簡

［聖教五　全体］

《聖教六》選択本願念仏集延書

0表紙

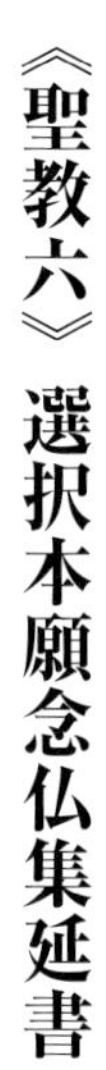

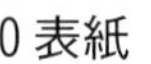

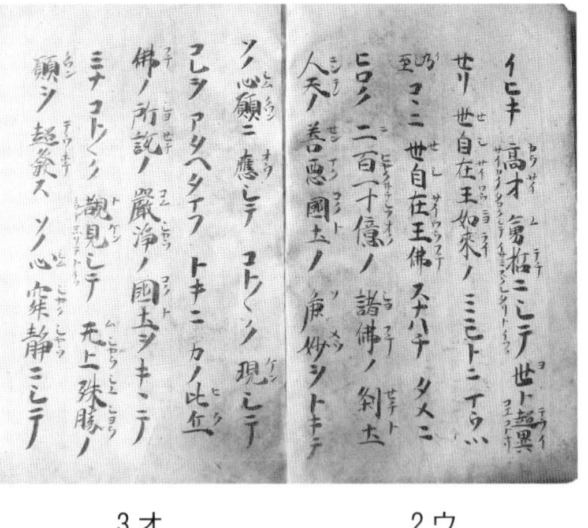

3オ　2ウ

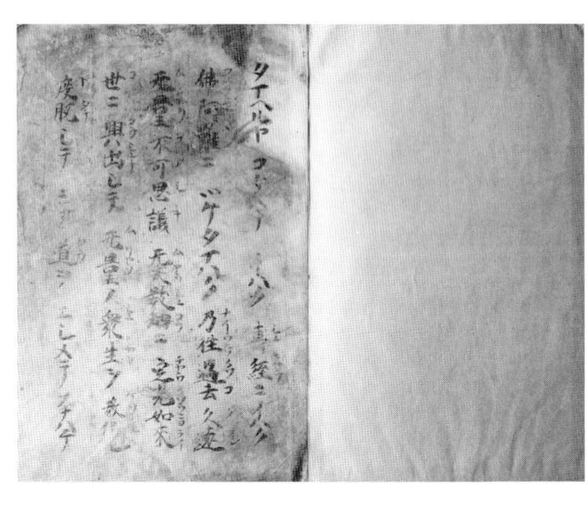

1オ　0ウ

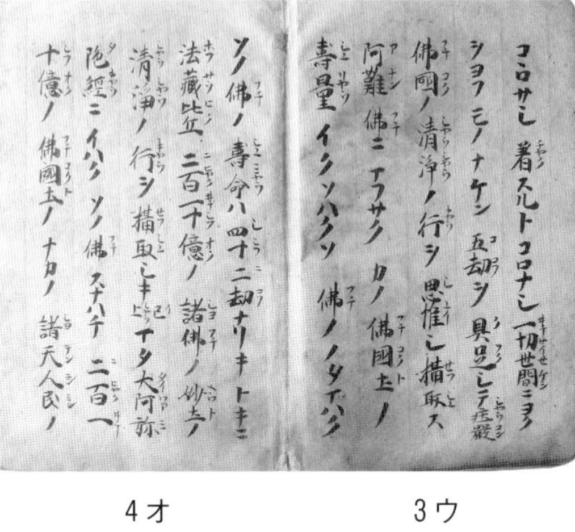

4オ　3ウ

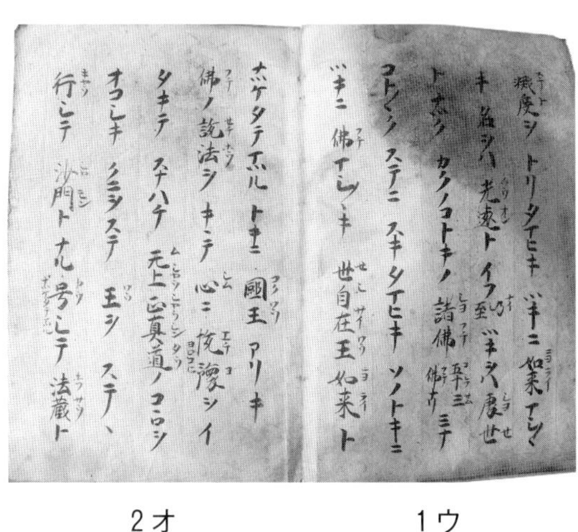

2オ　1ウ

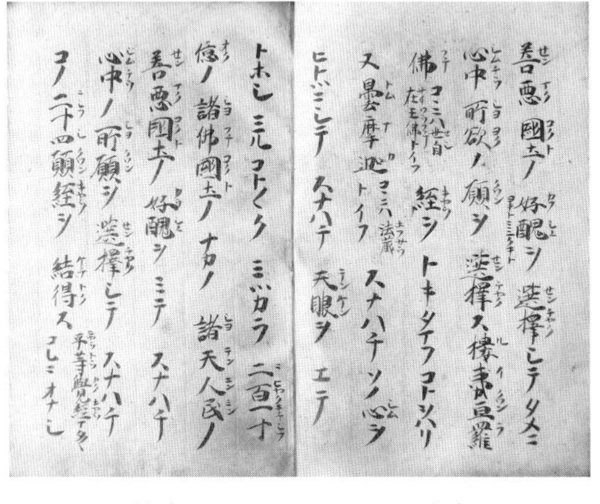

5オ　4ウ

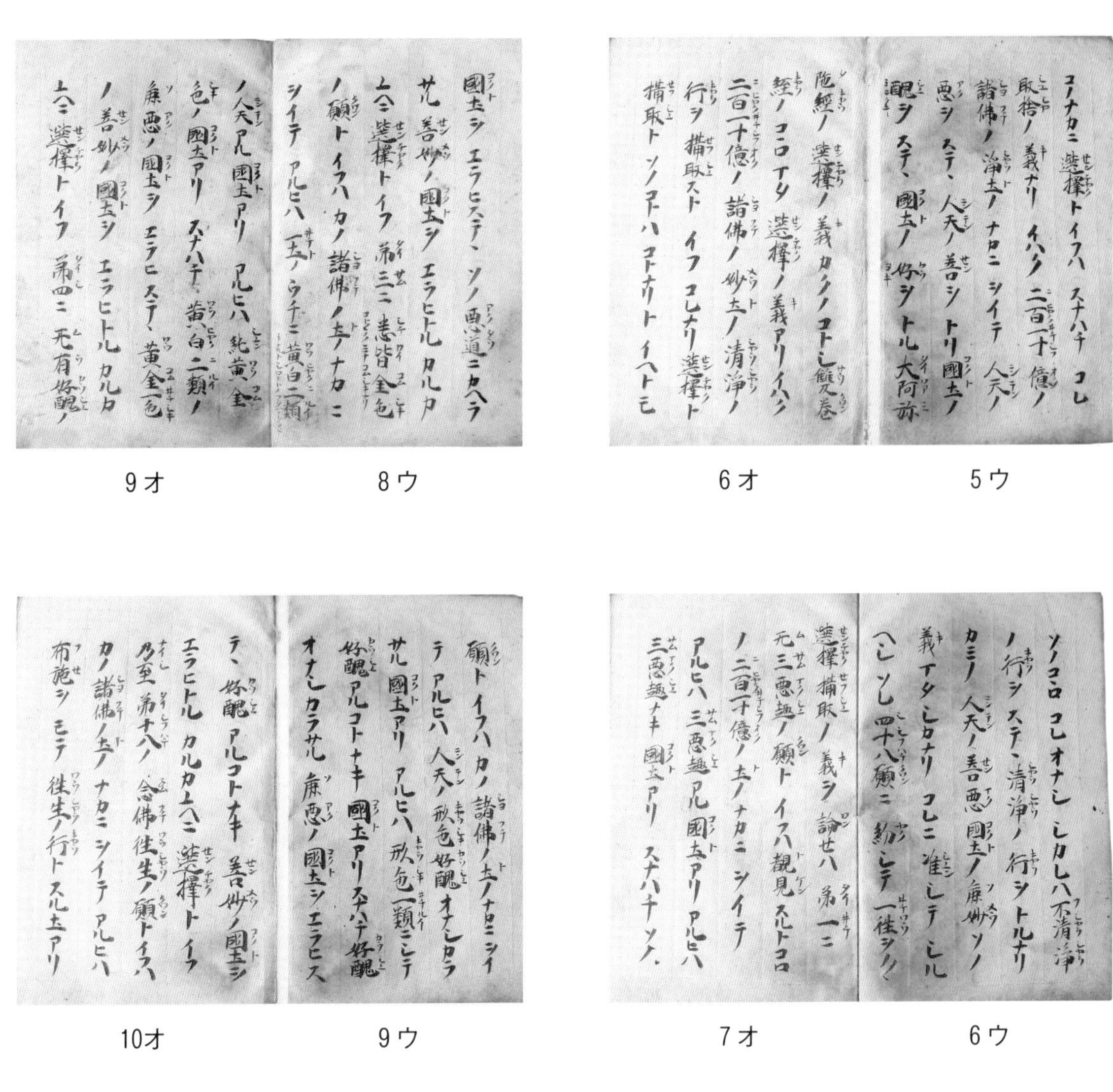

5ウ

コノナカニ選擇トイフハスナハチコレ
取捨ノ義ナリイハク二百一十億ノ
諸佛ノ淨土ノナカニシイテ人天ノ
悪ヲステ、人天ノ善ヲトリ國土ノ
醜ヲステ、國土ノ好ヲトル大阿彌

6オ

陀經ノ選擇ノ義カクノコトシ雙巻
經ノコ、ロマタ選擇ノ義アリイハク
二百一十億ノ諸佛ノ妙土ノ清淨ノ
行ヲ攝取ストイフコレナリ選擇ト
攝取トソノコトハコトナリトイヘトモ

6ウ

ソノコ、ロコレオナシシカレハ不清淨
ノ行ヲステ、清淨ノ行ヲトルナリ
カミノ人天ノ善悪國土ノ麁妙ソノ
義マタシカナリコレニ准シテシル
ヘシソレ四十八願ニ約シテ一往ヲノ〱

7オ

選擇攝取ノ義ヲ論セハ第一ニ
无三悪趣ノ願トイフハ覩見スルトコロ
ノ二百一十億ノ土ノナカニシイテ
アルヒハ三悪趣アル國土アリアルヒハ
三悪趣ナキ國土アリスナハチソノ、

8ウ

國土ヲエラヒステ、ソノ悪道ニカヘラ
サル善妙ノ國土ヲエラヒトルカルカ
ユヘニ選擇トイフ第三ニ悉皆金色
ノ願トイフハカノ諸佛ノ土ノナカニ
シイテアルヒハ一土ノウチニ黄白二類

9オ

ノ人天アル國土アリアルヒハ純黄金
色ノ國土アリスナハチ黄白二類ノ
麁悪ノ國土ヲエラヒステ、黄金色
ノ善妙ノ國土ヲエラヒトルカルカ
ユヘニ選擇トイフ第四ニ无有好醜ノ

9ウ

願トイフハカノ諸佛ノ土ノナカニシイ
テアルヒハ人天ノ形色好醜オナシカラ
サル國土アリアルヒハ形色一類ニシテ
好醜アルコトナキ國土アリスナハチ好醜
オナシカラサル麁悪ノ國土ヲエラヒス

10オ

テ、好醜アルコトナキ善妙ノ國土ヲ
エラヒトルカルカユヘニ選擇トイフ
乃至第十八ノ念佛往生ノ願トイフハ
カノ諸佛ノ土ノナカニシイテアルヒハ
布施ヲモテ往生ノ行トスル土アリ

9オ　8ウ　6オ　5ウ

10オ　9ウ　7オ　6ウ

7ウ

三悪趣アル麁悪ノ國土ヲエラヒステ、
ソノ三悪趣ナキ善妙ノ國土ヲエラヒ
トルカルカユヘニ選擇トイフ第二ニ
不更悪趣ノ願トイフハカノ諸佛ノ
土ノナカニシイテアルヒハタトヒクニ

8オ

ノウチニ三悪道ナシトイヘトモソノ
クニノ人天イノチヲハリテノチソノ
クニヨリサリテマタ三悪趣ニカヘル
土アリアルヒハ悪道ニカヘラサル土アリ
スナハチソノ悪道ニカヘル麁悪ノ

10ウ

アルヒハ持戒ヲモテ往生ノ行トスル
土アリアルヒハ忍辱ヲモテ往生ノ
行トスル土アリアルヒハ精進ヲモテ
往生ノ行トスル土アリアルヒハ禅定
ヲモテ往生ノ行トスル土アリアルヒハ

11オ

般若（第一義ヲ信スル等コレナリ）ヲモテ往生ノ行ト
スル土アリアルヒハ菩提心ヲモテ
往生ノ行トスル土アリアルヒハ六念ヲ
モテ往生ノ行トスル土アリアルヒハ
持經ヲモテ往生ノ行トスル土アリ

11オ　10ウ　8オ　7ウ

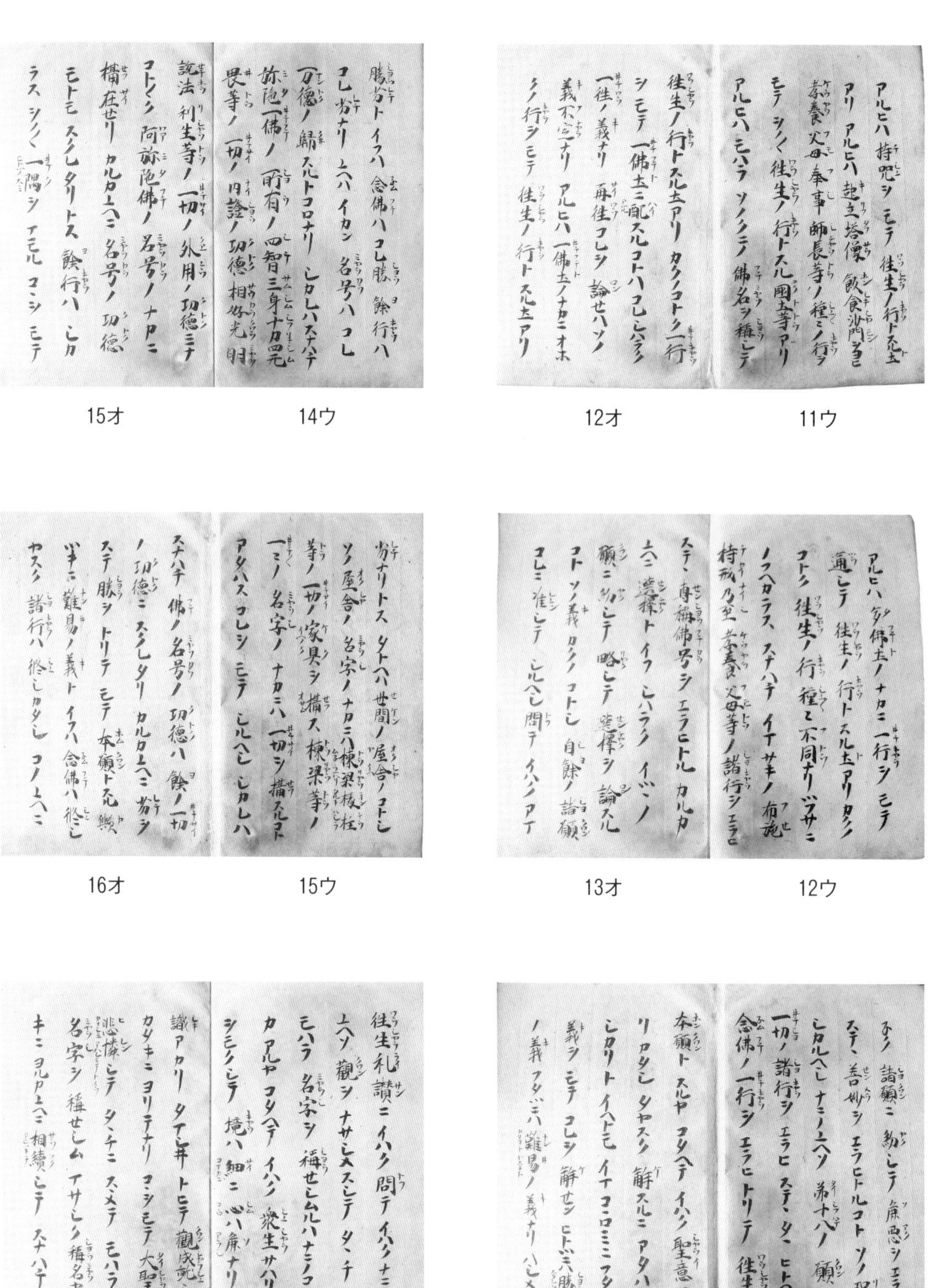

アルヒハ持咒ヲモテ往生ノ行トスル土
アリアルヒハ起立塔像飯食沙門及ヒ
孝養父母奉事師長等ノ種々ノ行ヲ
モテオノオノ往生ノ行トスル國土等アリ
アルヒハモハラソノクニノ佛名ヲ稱シテ

11ウ

往生ノ行トスル土アリカクノコトク一行
ヲモテ一佛土ニ配スルコトハコレケタシ
一往ノ義ナリ再往コレヲ論セハソノ
義不定ナリアルヒハ一佛土ノナカニオホ
クノ行ヲモテ往生ノ行トスル土アリ

12オ

アルヒハ多佛土ノナカニ一行ヲモテ
通シテ往生ノ行トスル土アリカクノ
コトク往生ノ行種々不同ナリツフサニ
ノフヘカラススナハチイマサキノ布施
持戒乃至孝養父母等ノ諸行ヲエラヒ

12ウ

ステヽ専稱佛号ヲエラヒトルカルカ
ユヘニ選擇トイフシハラクイマノ
願ニ約シテ略シテ選擇ヲ論スル
コトソノ義カクノコトシ自餘ノ諸願
コレニ准シテシルヘシ問テイハクアマ

13オ

ネク諸願ニ約シテ麁悪ヲエラヒ
ステヽ善妙ヲエラヒトルコトソノ理
シカルヘシナニノユヘソ第十八ノ願ニ
一切ノ諸行ヲエラヒステヽタヽヒトヘニ
念佛ノ一行ヲエラヒトリテ往生ノ

13ウ

本願トスルヤコタヘテイハク聖意ハカ
リカタシタヤスク解スルニアタハス
シカリトイヘトモイマコヽロミニフタツノ
義ヲモテコレヲ解セハヒトツニハ勝劣
ノ義フタツニハ難易ノ義ナリハシメニ

14オ

勝劣トイフハ念佛ハコレ勝餘行ハ
コレ劣ナリユヘハイカン名号ハコレ
万徳ノ帰スルトコロナリシカレハスナハチ
弥陀一佛ノ所有ノ四智三身十力四無畏
等ノ一切ノ内證ノ功徳相好光明

14ウ

説法利生等ノ一切ノ外用ノ功徳ミナ
コトコトク阿弥陀佛ノ名号ノナカニ
摂在セリカルカユヘニ名号ノ功徳
モトモスクレタリトス餘行ハシカ
ラスオノオノ一隅ヲマモルコヽヲモテ

15オ

劣ナリトスタトヘハ世間ノ屋舎ノコトシ
ソノ屋舎ノ名字ノナカニハ棟梁椽柱
等ノ一切ノ家具ヲ摂ス棟梁等ノ
一々ノ名字ノナカニハ一切ヲ摂スルコト
アタハスコレヲモテシルヘシシカレハ

15ウ

スナハチ佛ノ名号ノ功徳ハ餘ノ一切
ノ功徳ニスクレタリカルカユヘニ劣ヲ
ステヽ勝ヲトリテモテ本願トスルカ
ツキニ難易ノ義トイフハ念佛ハ修シ
ヤスク諸行ハ修シカタシコノユヘニ

16オ

往生礼讃ニイハク問テイハクナニノ
ユヘソ観ヲナサシメスシテタヽチニ
モハラ名字ヲ稱セシムルハナニノコヽロ
カアルヤコタヘテイハク衆生サハリ
オモクシテ境ハ細ニ心ハ麁ナリ

16ウ

識アカリタマヰトヒテ観成就シ
カタキニヨリテナリコヽヲモテ大聖
悲憐シテタヽチニスヽメテモハラ
名字ヲ稱セシムマサシク稱名ヤスキ
ニヨルカユヘニ相續シテスナハチ

17オ

18オ　17ウ

19オ　18ウ

20オ　19ウ

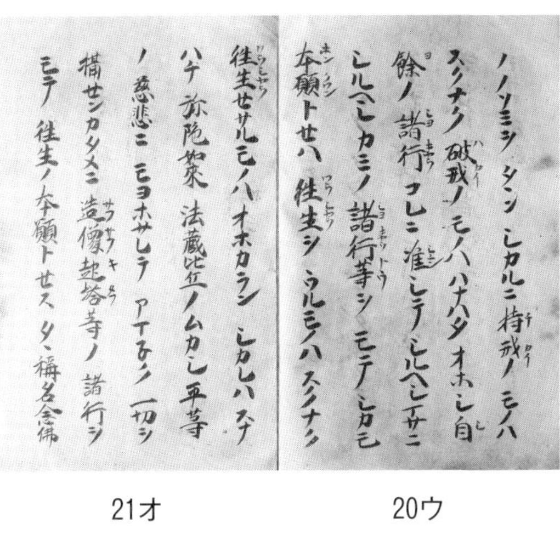

21オ　20ウ

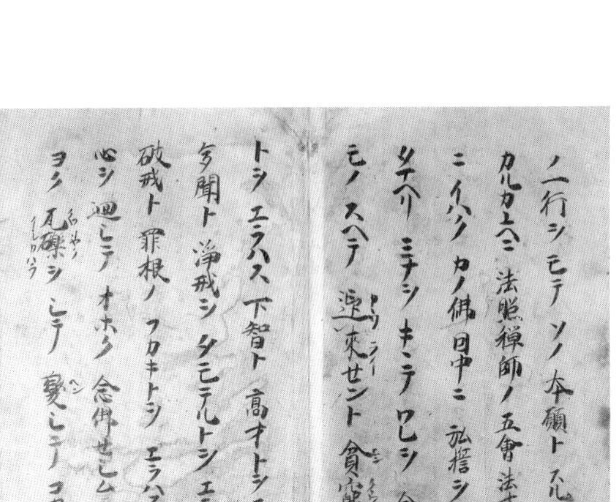

22オ　21ウ

23オ　22ウ

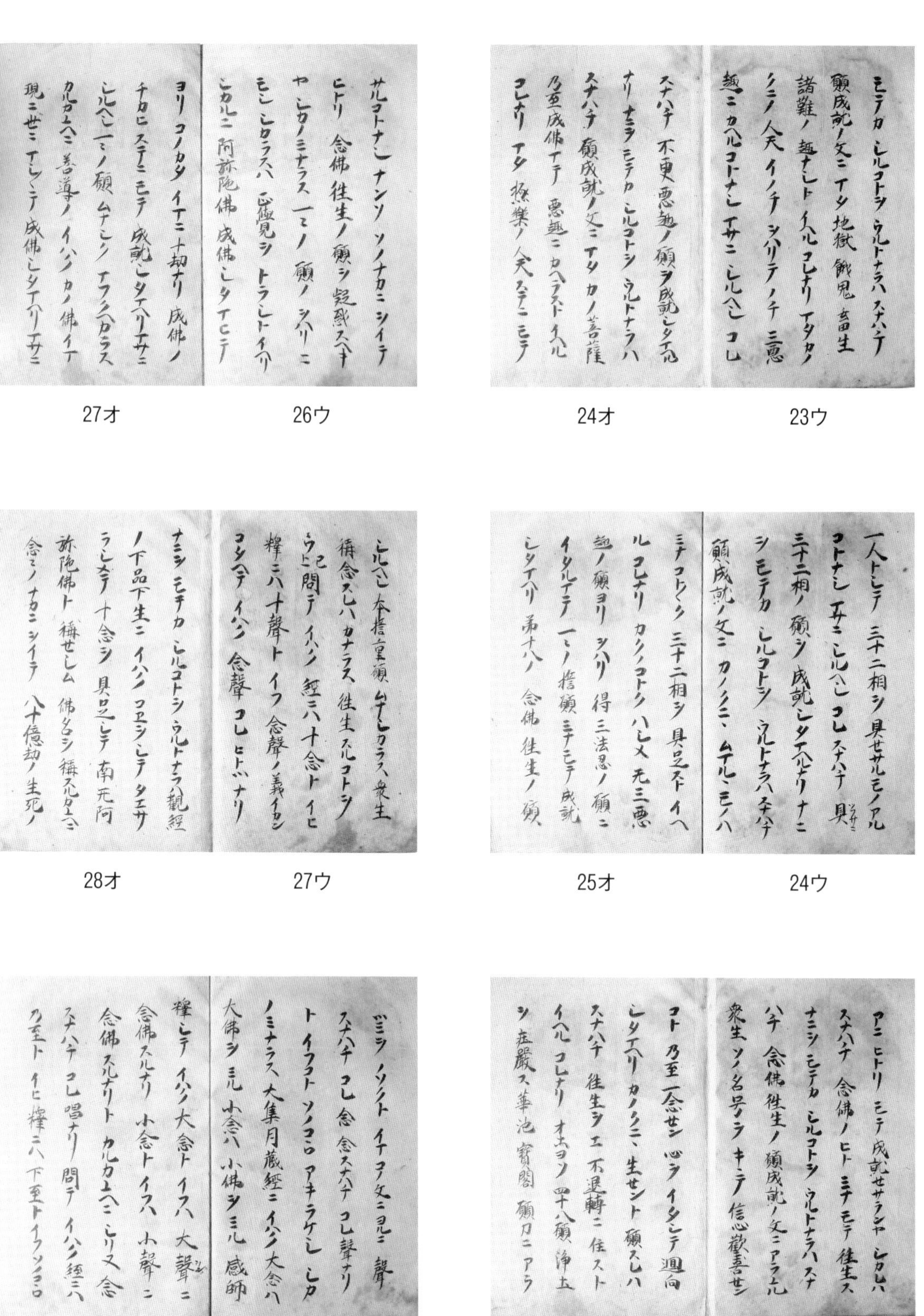

23ウ

ミモテカ シルコトヲ ウルトナラハ スナハチ
願成就ノ文ニ イハク 地獄 餓鬼 畜生
諸難ノ趣ナシト イヘル コレナリ イハク カノ
クニノ人天 イノチ ヲハリテノチ 三悪
趣ニ カヘルコトナシ イサニ シルヘシ コレ

24オ

スナハチ 不更悪趣ノ願ヲ 成就シタマヘル
ナリ オナシク ミモテカ シルコトヲ ウルトナラハ
スナハチ 願成就ノ文ニ イハク カノ菩薩
乃至成佛マテ 悪趣ニ カヘラスト イヘル
コレナリ イハク 極楽ノ人天 オナシク ミモノ

24ウ

一人トシテ 三十二相ヲ 具セサルモノアル
コトナシ イサニ シルヘシ コレ スナハチ 具
三十二相ノ願ヲ 成就シタマヘルナリ ナニ
ヲ ミモテカ シルコトヲ ウルトナラハ スナハチ
願成就ノ文ニ カノクニヽ ムマルヽ モノハ

25オ

ミナコトヽク 三十二相ヲ 具足ストイヘ
ル コレナリ カクノコトク ハシメ 无三悪
趣ノ願ヨリ ヲハリ 得三法忍ノ願ニ
イタルマテ 一〻ノ誓願 ミナモテ 成就
シタマヘリ 第十八ノ 念佛往生ノ願

25ウ

アニ ヒトリ モテ成就セサランヤ シカレハ
スナハチ 念佛ノ ヒト ミナモテ 往生ス
ナニヲ ミモテカ シルコトヲ ウルトナラハ スナ
ハチ 念佛往生ノ願成就ノ文ニ アラユル
衆生 ソノ名号ヲ キヽテ 信心歓喜セン

26オ

コト 乃至一念セン 心ヲ イタシテ 迴向
シタマヘリ カノクニヽ 生セント 願スレハ
スナハチ 往生ヲエ 不退転ニ 住スト
イヘル コレナリ オホヨソ 四十八願 浄土
ヲ 荘厳ス 華池 宝閣 願力ニ アラ

26ウ

サルコトナシ ナンソ ソノナカニ シイテ
ヒトリ 念佛往生ノ願ヲ 疑惑スヘキ
ヤ シカノミナラス 一〻ノ 願ノ ヲハリニ
モシ シカラスハ 正覚ヲ トラシトイヘリ
シカルニ 阿弥陀佛 成佛シタマヒテ

27オ

ヨリ コノカタ イマニ 十劫ナリ 成佛ノ
チカヒ ステニ モテ 成就シタマヘリ イサニ
シルヘシ 一〻ノ願 ムナシカルヘカラス
カルカユヘニ 善導ノ イハク カノ佛イマ
現ニ世ニ マシマシテ 成佛シタマヘリ イサニ

27ウ

シルヘシ 本誓重願 ムナシカラス 衆生
稱念スレハ カナラス 往生スルコトヲ
ウヒ 問テ イハク 経ニハ 十念トイヒ
釈ニハ 十声トイフ 念声ノ義イカン
コタヘテ イハク 念声 コレ ヒトツナリ

28オ

ナニヲ ミモテカ シルコトヲ ウルトナラハ 観経
ノ下品下生ニ イハク コヱヲシテ タエサ
ラシメテ 十念ヲ 具足シテ 南无阿
弥陀佛ト 稱セシム 佛名ヲ 稱スルカユヘニ
念〻ノ ナカニ シイテ 八十億劫ノ生死ノ

28ウ

ツミヲ ノソクト イマコノ文ニヨルニ 声
スナハチ コレ 念 念スナハチ コレ 声ナリ
ト イフコト ソノコヽロ アキラケシ シカ
ノミナラス 大集月蔵経ニ イハク 大念ハ
大佛ヲ ミル 小念ハ 小佛ヲ ミル 感師

29オ

釈シテ イハク 大念トイフハ 大声ニ
念佛スルナリ 小念トイフハ 小声ニ
念佛スルナリト カルカユヘニ シリヌ 念
スナハチ コレ 唱ナリ 問テ イハク 経ニハ
乃至ト イヒ 釈ニハ 下至トイフ ソノコヽロ

29ウ

イカンコタヘテイハク乃至ト下至ト
ソノコヽロコレヒトツナリ経ニ乃至トイフ
ハ多ヨリ少ニムカフコトハナリ多ト
イフハカミ一形ヲツクスナリ少ト
イフハシモ十聲一聲等ニイタル

30オ

マテナリ釋ニ下至トイフハ下トイフ
ハ上ニ對スルコトハナリ下トイフハシモ
十聲一聲等ニイタルマテナリ上ト
イフハカミ一形ヲツクスマテナリ上下
相對ノ文ソノ例コレオホシ宿命通

30ウ

ノ願ニイハクタトヒワレ佛ヲエタランニ
クニノウチノ人天宿命ヲサトラスシテ
シモ百千億那由他ノ諸劫ノ事ヲシラ
サルニイタラハ正覺ヲトラシカクノ
コトクノ五神通ヲヨヒ光明壽命等ノ

31オ

願ノナカニ一ヽニ下至ノコトハヲオケリ
コレスナハチ多ヨリ少ニイタリ下ヲ
モテ上ニ對スル義ナリカミノ八種ノ願
ニ例スルニイマコノ願ノ乃至トイフハ
スナハチコレ下至ナリコノユヘニイマ

31ウ

善導ヒキ釋スルトコロノ下至ノコトハ
ソノコヽロ相違セスタヽシ善導ト諸
師トソノコヽロオナシカラス諸師ノ
釋ニハ別シテ十念往生ノ願トイヒ
善導ハヒトリ總シテ念佛往生ノ

32オ

願トイヘリ諸師ノ別シテ十念往生
ノ願トイヘルハソノコヽロスナハチアマネ
カラスシカルユヘハカミ一形ヲステシモ
一念ヲスツルカユヘナリ善導ノ總シテ
念佛往生ノ願トイヘルハソノコヽロスナ

32ウ

ハチアマネシシカルユヘハカミ一形ヲ
トリシモ一念ヲトルカユヘナリ
三輩念佛往生ノ文
佛阿難ニツケタマハク十方世界ノ諸
天人民ソレ心ヲイタシテカノクニヽ

33オ

生セント願スルコトアランオホヨソ三輩
アリソノ上輩トイフハイヘヲステ欲ヲ
ステヽ沙門トナリテ菩提心ヲオコシ
一向ニモハラ无量壽佛ヲ念シモロヽ
ノ功徳ヲ修シテカノクニヽ生セント願

33ウ

センコレラノ衆生イノチヲハラントキニ
ノソミテ无量壽佛モロヽノ大衆トヽモ
ニソノヒトノマヘニ現センスナハチカノ佛ニシタ
カヒテソノクニヽ往生センスナハチ七寶
華ノナカヨリ自然ニ化生シテ不退轉

34オ

ニ住セン智恵勇猛ニシテ神通自在
ナランコノユヘニ阿難ソレ衆生
アリテ今世ニヲイテ无量壽佛ヲ
ミタテマツラントオモハヽ无上菩提ノ心
ヲオコシ功徳ヲ修行シテカノクニヽ

34ウ

生セント願スヘシ
佛阿難ニカタリタマハクソノ中輩ト
イフハ十方世界ノ諸天人民ソレ心ヲ
イタシテカノクニヽ生セント願スルコト
アラン行シテ沙門トナリオホキニ功徳

35オ

ヲ修スルコトアタハストイフトモマサニ
无上菩提ノ心ヲオコシ一向ニモハラ
无量壽佛ヲ念シ多少善ヲ修シ
齋戒ヲ奉持シ塔像ヲ起立シ沙門ニ
飯食セシメ繒ヲカケ燈ヲトモシ

ハナヲ散シ香ヲタクヘシコレヲモテ
廻向シテカノクニヽ生セント願セン ソノ
ヒトヲハリニノソミテ无量壽佛ソノ
身ヲ化現セン光明相好ツフサニ真佛
ノコトシモロヽノ大衆トソノヒトノマヘニ

35ウ

現セン スナハチ化佛ニシタカヒテソノクニヽ
往生シテ不退轉ニ住セン功徳智恵
ヲイテ上輩ノモノヽコトクナラン
佛阿難ニツケタマハク ソノ下輩トイフハ
十方世界ノ諸天人民ソレ心ヲイタシテ

36オ

カノクニヽ生セントオモフコトアラン タトヒ
モロヽノ功徳ヲナスニアタハストモマサニ
无上菩提ノ心ヲオコスヘシ一向ニコヽロヲ
モハラニシテ乃至十念无量壽佛ヲ
念シタテマツリテソノクニヽ生セント願

36ウ

セヨ モシ深法ヲキヽテ歓喜信樂
シテ疑惑ヲ生セス乃至一念カノ佛
ヲ念シタテマツリテ至誠心ヲモテソノ
クニヽ生セント願セン コノヒトヲハリニ
ノソミテユメノコトクニカノ佛ヲミタテ

37オ

マツリテマタ往生ヲエン功徳智恵
ヲイテ中輩ノモノヽコトクナラン
ワタクシニ問テイハク上輩ノ文ノ
ナカニ念佛ノホカニマタ捨家棄欲
等ノ餘行アリ中輩ノ文ノナカニマタ

37ウ

起立塔像等ノ餘行アリ下輩ノ文ノ
ナカニマタ菩提心等ノ餘行アリ
ナニユヘソタヽ念佛往生トイフヤ
コタヘテイハク善導和尚ノ觀念法門
ニイハクマタコノ經ノ下巻ノハシメニ

38オ

イハク佛トキタマハク一切衆生根性
不同ニシテ上中下アリソノ根性ニ
シタカヒテ佛ミナスヽメテモハラ
无量壽佛ノミナヲ念セシムソノ
ヒトイノチヲハラントスルトキニ佛

38ウ

聖衆トミツカラキタリテ迎接シテ
コトヽク往生ヲエシムトコノ釋ノ
コヽロニヨリテ三輩トモニ念佛
往生トイフナリ問テイハクコノ
釋イマタサキノ難ヲ遮セスナンソ

39オ

餘行ヲステヽタヽ念佛トイフヤ
コタヘテイハクコレニミツノコヽロアリ
ヒトツニハ諸行ヲ廢シテ念佛ニ歸
センカタメニシカモ諸行ヲトクフタツ
ニハ念佛ヲ助成センカタメニシカモ

39ウ

諸行ヲトクミツニハ念佛ト諸行ト
ノ二門ニ約シテヲノヽ三品ヲタテン
カタメニシカモ諸行ヲトクナリヒトツ
ニハ諸行ヲ廢シテ念佛ニ歸センカ
タメニシカモ諸行ヲトクトイフハ

40オ

善導ノ觀經ノ疏ノナカニカミヨリコノ
カタ定散両門ノ益ヲトクトイヘトモ
佛ノ本願ニノソムレハコヽロ衆生ヲシテ
一向ニモハラ弥陀佛ノミナヲ稱セシム
ルニアリトイヘル釋ノコヽロニツイテ

40ウ

シハラクコレヲ解セハ上輩ノナカニ菩
提心等ノ餘行ヲトクトイヘトモカミ
ノ本願ノコヽロニノソムレハタヽ衆生
ヲシテモハラ弥陀ノミナヲ稱セシム
ルニアリシカルニ本願ノナカニハサラニ

41オ

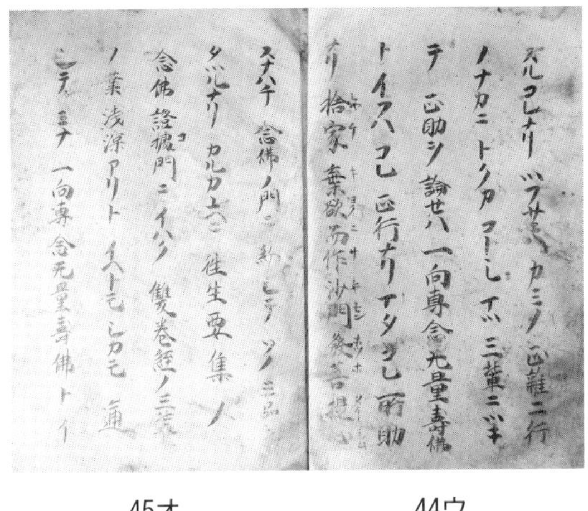

スルコレナリ ツフサニハ カミノ正雑二行
ノナカニ トクカコトシ イマ 三輩ニツキ
テ 正助ヲ論セハ 一向専念无量壽佛
トイフハ コレ正行ナリ マタコレ 所助
ナリ 捨家棄欲而作沙門發菩提
スナハチ 念佛ノ門ニ 約シテ ソノ三品
タテルナリ カルカユヘニ 往生要集ノ
念佛證據門ニイハク 雙巻經ノ三輩
ノ業浅深アリト イヘトモ シカモ 通
シテ ミナ 一向専念无量壽佛トイ

45オ　44ウ

42オ　41ウ

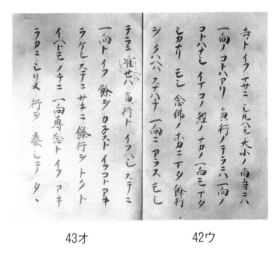

45オ　44ウ　ノド

43オ　42ウ

46オ　45ウ

44オ　43ウ

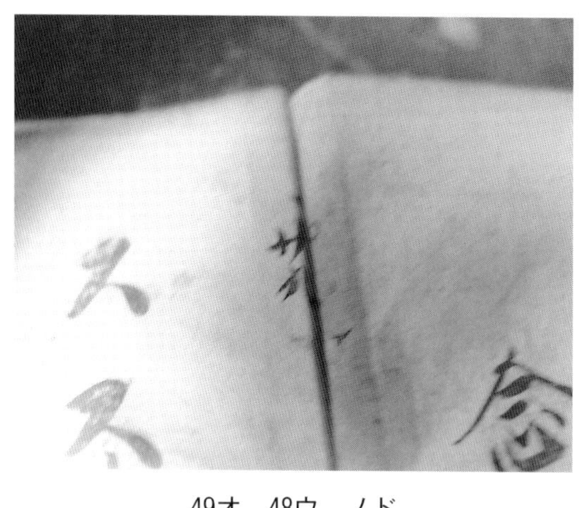

49オ　48ウ　ノド

シカモトク念佛ハ立ノタメニシカモトク
ツキノ義ハスナハチコレ助正ノタメニシカモ
トクイハク念佛ノ正業ヲタスケンカタメ
ニシカモ諸行ノ助業ヲトクノチノ義
ハスナハチコレ傍正ノタメニシカモトク

46ウ

イハク念佛諸行ノ二門ヲトクトイヘトモ
念佛ヲモテシカモ正トシ諸行ヲモテ
シカモ傍トス カルカユヘニ三輩通シテミナ
念佛トイフナリ タヽシコレラノ三ノ義
殿最シリカタシコフモロヽノ學者取捨

47オ

コヽロニアルヘシ イナモシ善導ニヨラハヽシメ
シモテ正トス ナクノ三問テイハク三輩
ノ業ミナ念佛トイフコトソノ義シカル
ヘシ タヽシ觀經ノ九品ト壽經ノ三輩ト
モトコレ開合ノ異ナリ モシシカラハ

47ウ

ナンソ壽經ノ三輩ノナカニハミナ念佛
トイヒテ觀經ノ九品ニイタリテ上中
ニ品ニ念佛ヲトカスシテ下品ニイタリ
テハシメテ念佛ヲトクヤコタヘテイハク
コレニ二義アリ ヒトツニハ問端ニイフカ

48オ

コトク雙巻ノ三輩觀經ノ九品開合ノ
異ナラハコレヲモテシルヘシ九品ノナカニ
ミナ念佛アルヘシトイフコトヲナニヲモテ
カシルコトヲウルトナラハ三輩ノナカニミナ
念佛アリ九品ノナカニナンソ念佛ナカ

48ウ

ス スナハチコレ无上ノ功徳ヲ具足ス[illegible]
善導ノ礼讃ニイハクソレカノ彌陀佛
ノ名号ヲキクコトヲエテ歓喜シテ一念
ニイタルコトアランミナマサニカシコニ生ス
コトヲウヘシ

49オ

ワタクシニ問テイハクカミノ三輩ノ文
ニ准スルニ念佛ノホカニ菩提心等ノ
功徳ヲアケタリナンソカレラノ功徳ヲ
歎セスシテタヽヒトリ念佛ノ功徳ヲ
讃スルヤコタヘテイハク聖意ハカリ

49ウ

カタシサクメテフカキコヽロアランシカモ
善導ノヒトツノコヽロニヨリテシカモ
シイハヽ[illegible]ソレ佛意ハ正直ニ
タヽ念佛ノ一行ヲトカントホツストイヘ
トモ機ニシタカヒテ一往菩提心等ノ

50オ

諸行ヲトキテ三輩浅深ノ不同ヲ分別
シタマフシカルニイマ諸行ニヲイテハ
ステニステヽ歎セスシキテ論スヘカラ
サルモノナリタヽ念佛ノ一行ニツイテ
ステニエラヒテ讃歎スオモヒテ分別

50ウ

ヘキモノナリモシ念佛ニ約シテ三輩
ヲ分別セハコレニフタツノコヽロアリヒトツ
ニハ觀念ノ浅深ニシタカヒテコレヲ分別
シフタツニハ念佛ノ多少ヲモテコレヲ
分別ス浅深トイフハカミニヒクトコロノ

51オ

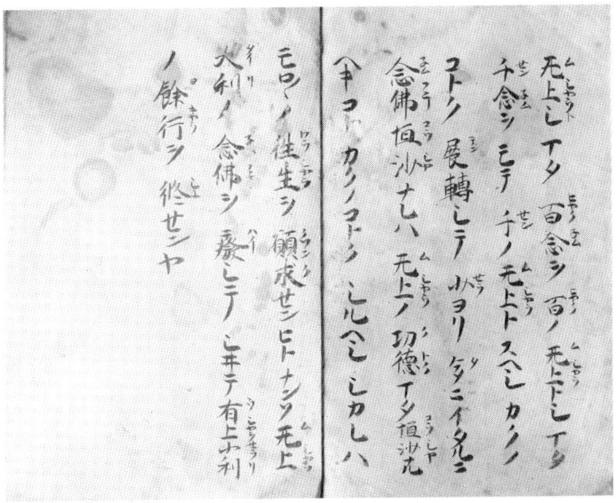

55オ　54ウ 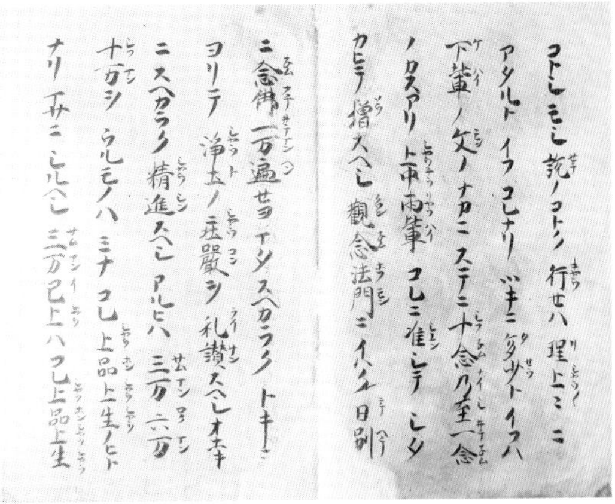　52オ　51ウ

補修裏表紙の表 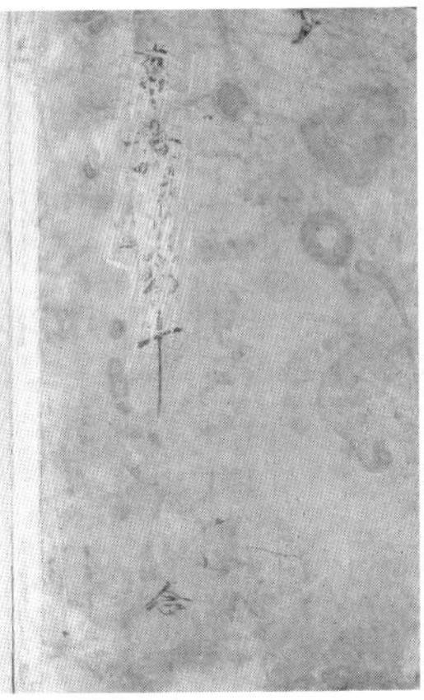　原本裏表紙 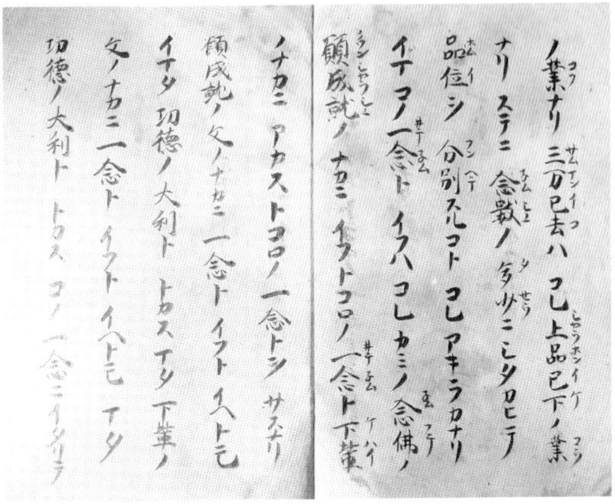　53オ　52ウ

補修裏表紙

原本裏表紙　赤外線

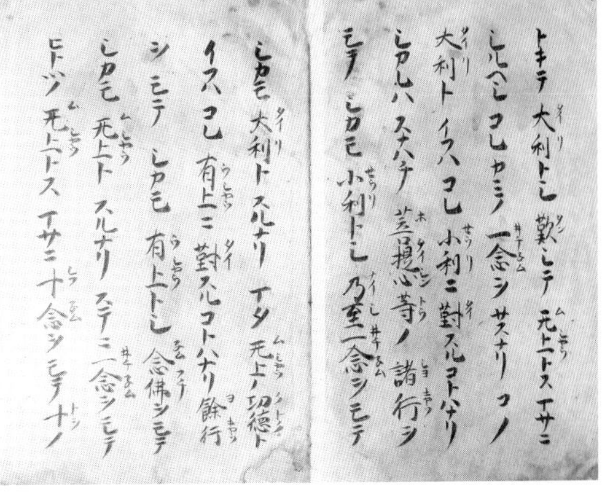

トキテ大利トシ歎シテ无上トスイサニ
シルヘシコレカミノ一念ヲサスナリコノ
大利トイフハコレ小利ニ對スルコトハナリ
シカレハスナハチ菩提心等ノ諸行ヲ
モテシカモ小利トシ乃至一念ヲモテ

シカモ大利トスルナリイタ无上功徳ト
イフハコレ有上ニ對スルコトハナリ餘行
ヲモテシカモ有上トシ念佛ヲモテ
シカモ无上トスルナリステニ一念ヲモテ
ヒトツ无上トスイサニ十念ヲモテ十ノ

54オ　53ウ

《聖教七》尊号真像銘文

0表紙

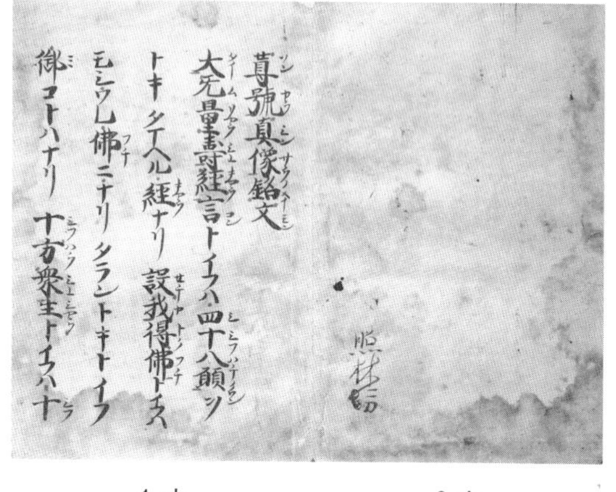

尊號真像銘文
大无量壽經言トイフハ四十八願ノ
トキタマヘル經ナリ設我得佛トイフ
モシワレ佛ニナリタラントキトイフ
御コトハナリ　十方衆生トイフハ十

照林坊

1オ　　0ウ

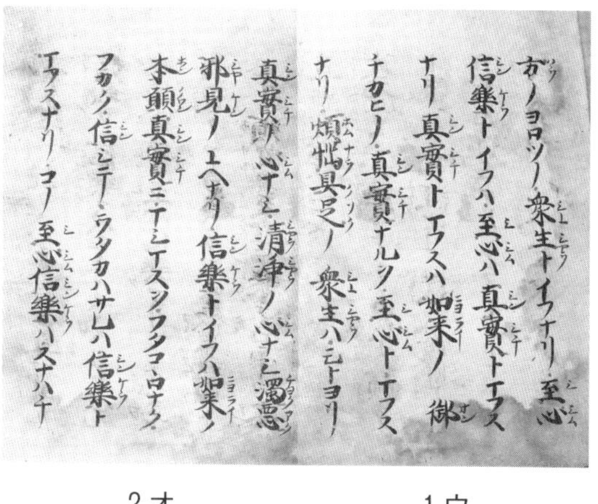

方ノヨロツノ衆生トイフナリ至心
信楽トイフハ至心ハ真實トイフ
ナリ真實トイフハ如来ノ御
チカヒノ真實ナルヲ至心トイフ
ナリ煩悩具足ノ衆生ハモトヨリ
真實ノ心ナシ清浄ノ心ナシ濁悪
邪見ノユヘナリ信楽トイフハ如来ノ
本願真實ニテマシマスヲフタコヽロナク
フカク信シテウタカハサルハ信楽ト
イフナリコノ至心信楽ハスナハチ

2オ　　1ウ

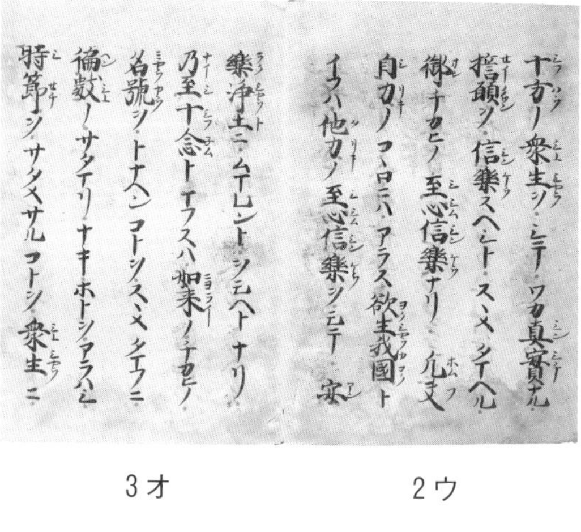

十方ノ衆生ヲシテワカ真實ナル
誓願ヲ信楽スヘシトスヽメタマヘル
御チカヒノ至心信楽ナリ凡夫
自力ノコヽロニハアラス欲生我國ト
イフハ他力ノ至心信楽ノコヽロヲモテ安
楽浄土ニムマレントオモヘトナリ
乃至十念トマフスハ如来ノチカヒノ
名號ヲトナヘンコトヲスヽメタマフニ
徧數ノサタメナキホトヲアラハシ
時節ヲサタメサルコトヲ衆生ニ

3オ　　2ウ

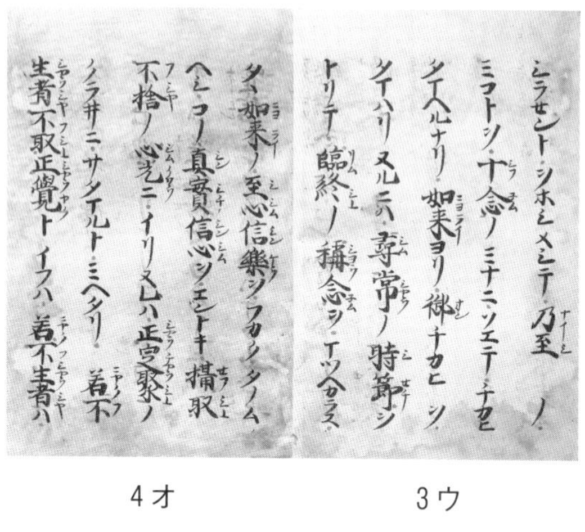

シラセントオホシメシテ乃至ノ
ミコトヲ十念ノミナニツケテチカヒ
タマヘルナリ如来ヨリ御チカヒヲ
タマハリヌルニハ尋常ノ時節ヲ
トリテ臨終ノ稱念ヲマツヘカラス
タヽ如来ノ至心信楽ヲフカクタノム
ヘシコノ真實信心ヲエントキ摂取
不捨ノ心光ニイリヌレハ正定聚ノ
クラヰニサタマルトミヘタリ　若不
生者不取正覺トイフハ　若不生者ハ

4オ　　3ウ

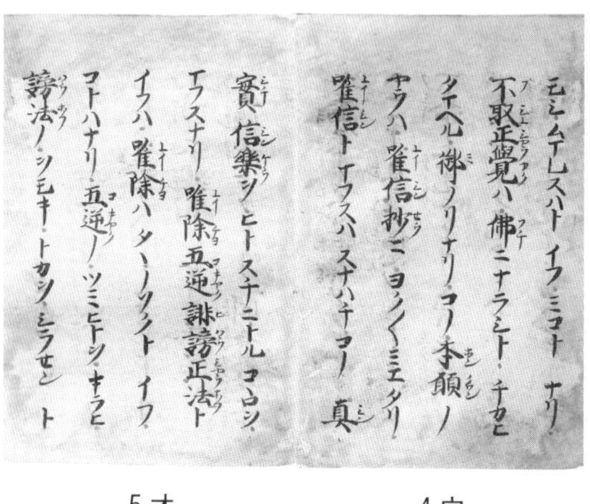

モシムマレスハトイフミコトナリ
不取正覺ハ佛ニナラシトチカヒ
タマヘル御ノリナリコノ本願ノ
ヤウハ唯信抄ニヨクヽミヘタリ
唯信トイフハスナハチコノ真
實信楽ヲヒトスチニトルコヽロナリ
マフスナリ唯除五逆誹謗正法ト
イフハ唯除ハタヽノソクトイフ
コトハナリ五逆ノツミヒトヲキラヒ
謗法ノオモキトカヲシラセントナリ

5オ　　4ウ

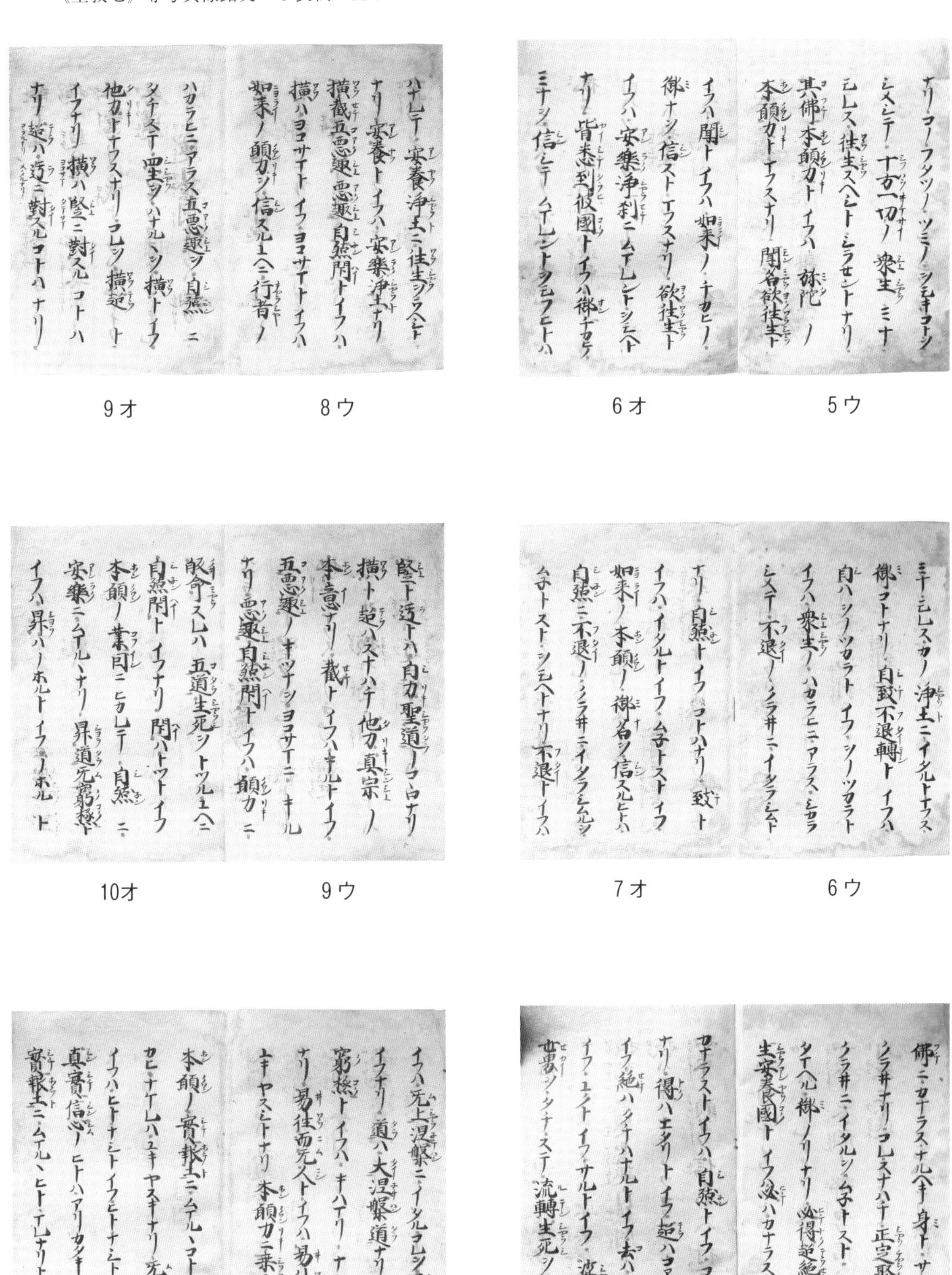

5ウ

ナリコノフタツノツミノヲモキコトヲ
シメシテ十方一切ノ衆生ミナ
モレズ往生スヘシトシラセントナリ
其佛本願力トイフハ弥陀ノ
本願力トマフスナリ聞名欲往生ト

6オ

イフハ聞トイフハ如来ノチカヒノ
御ナヲ信ストマフスナリ欲往生ト
イフハ安楽浄刹ニムマレントヲモヘト
ナリ皆悉到彼國トイフハ御チカヒ
ノミチニ信シテムマレントヲモフヒトハ

6ウ

ミナモレズカノ浄土ニイタルトマフス
御コトナリ自致不退轉トイフハ
自ハヲノツカラトイフヲノツカラト
イフハ衆生ノハカラヒニアラスシカラ
シメテ不退ノクラヰニイタラシムト

7オ

ナリ自然トイフコトハナリ致ト
イフハイタルトイフムネトストイフ
如来ノ本願ノ御ナヲ信スルヒトハ
自然ニ不退ノクラヰニイタラシムル
ヲムネトストシルヘシトナリ不退トイフハ

7ウ

佛ニカナラスナルヘキ身トサタマル
クラヰナリコレスナハチ正定聚ノ
クラヰニイタルヲムネトストトキ
タマヘル御ノリナリ必得超絶去往
生安養國トイフ必ハカナラストイフ

8オ

カナラストイフハ自然トイフコヽロ
ナリ得ハエタリトイフ超ハコエテト
イフ絶ハタチハナルトイフ去ハスツト
イフユクトイフサルトイフ娑婆
世界ヲタチステ流轉生死ヲコエ

8ウ

ハナレテ安養浄土ニ往生スヘシト
ナリ安養トイフハ安楽浄土ナリ
横截五悪趣悪趣自然閉トイフハ
横ハヨコサマトイフヨコサマトイフハ
如来ノ願力ヲ信スルユヘニ行者ノ

9オ

ハカラヒニアラス五悪趣ヲ自然ニ
タチステ四生ヲハナルヽヲ横トイフ
他力トマフスナリコレヲ横超ト
イフナリ横ハ竪ニ對スルコトハ
ナリ超ハ迂ニ對スルコトハナリ

9ウ

竪ト迂トハ自力聖道ノコヽロナリ
横超ハスナハチ他力真宗ノ
本意ナリ截トイフハキルトイフ
五悪趣ノキツナヲヨコサマニキル
ナリ悪趣自然閉トイフハ願力ニ

10オ

帰命スレハ五道生死ヲトツルユヘニ
自然閉トイフナリ閉ハトツトイフ
本願ノ業因ニヒカレテ自然ニ
安楽ニムマルヽナリ昇道无窮極ト
イフハ昇ハノホルトイフノホルト

10ウ

イフハ无上涅槃ニイタルコレヲ昇ト
イフナリ道ハ大涅槃道ナリ无
窮極トイフハキハマリナシト
ナリ易往而无人トイフハ易往ハ
ユキヤスシトナリ本願力ニ乗スレハ

11オ

本願ノ實報土ニムマルヽコトウタ
カヒナケレハユキヤスキナリ无人ト
イフハヒトナシトイフヒトナシトイフハ
真實信心ノヒトハアリカタキユヘニ
實報土ニムマルヽヒトマレナリトナリ

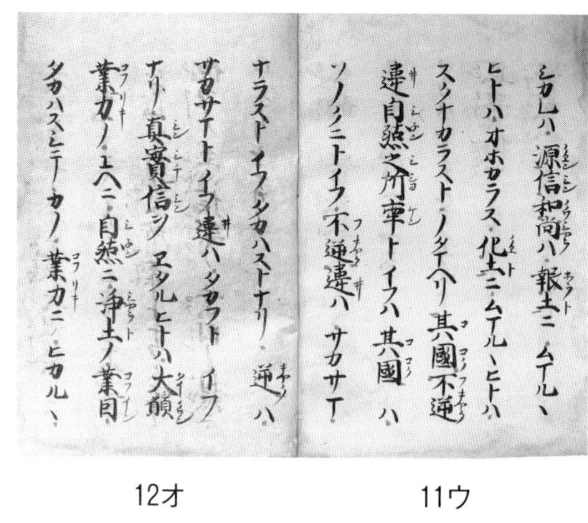

シカレハ源信和尚ハ報土ニムマル丶
ヒトハオホカラス化土ニムマル丶ヒトハ
スクナカラストノタマヘリ其國不逆
違自然之所牽トイフハ其國ハ
ソノクニトイフ不逆違ハサカサマ

ナラストイフタカハストナリ逆ハ
サカサマトイフ違ハタカフトイフ
ナリ真實信ヲエタル人ハ大願
業力ノユヘニ自然ニ浄土ノ業因
タカハスミテカノ業力ニヒカル丶

12オ　11ウ

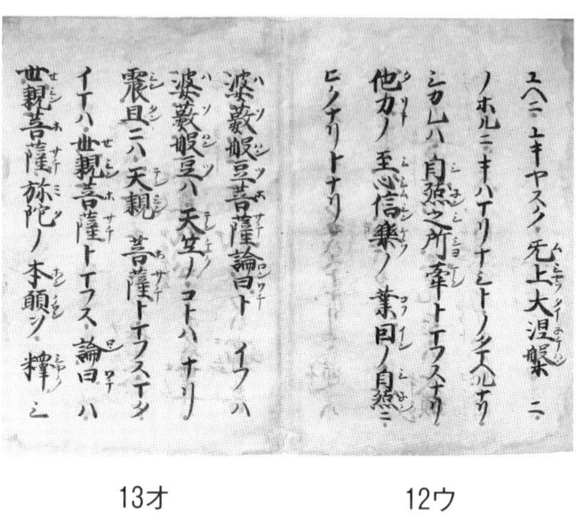

ユヘニユキヤスクシテ无上大涅槃ニ
ノホルニキハマリナシトノタマヘルナリ
シカレハ自然之所牽トマフスナリ
他力ノ至心信楽ノ業因ノ自然ニ
ヒクナリトナリ

婆藪般豆菩薩論曰トイフハ
婆藪般豆ハ天竺ノコトハナリ
震旦ニハ天親菩薩トマフスマタ
イマハ世親菩薩トマフス論曰ハ
世親菩薩弥陀ノ本願ヲ釋シ

13オ　12ウ

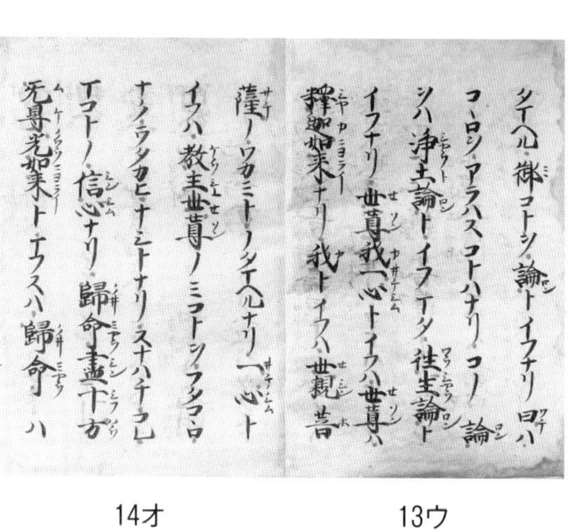

タマヘル御コトヲ論トイフナリ曰ハ
コ丶ロヲアラハスコトハナリコノ論
ヲハ浄土論トイフマタ往生論トイフ
ナリ世尊我一心トイフハ世尊ハ
釋迦如来ナリ我トイフハ世親菩

薩ノワカミトノタマヘルナリ一心ト
イフハ教主世尊ノミコトヲフタコ丶ロ
ナクウタカヒナシトナリスナハチコレ
マコトノ信心ナリ歸命盡十方
无导光如来トマフスハ歸命ハ

14オ　13ウ

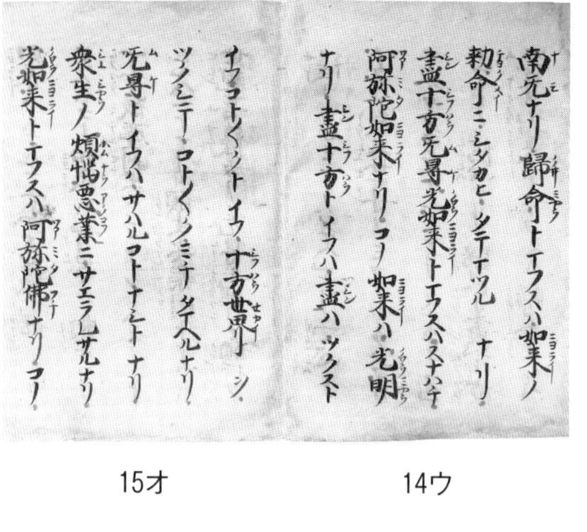

南无ナリ歸命トマフスハ如来ノ
勅命ニシタカヒタテマツルナリ
盡十方无导光如来トマフスハスナハチ
阿弥陀如来ナリコノ如来ハ光明
ナリ盡十方トイフハ盡ハツクスト

イフコト〳〵クトイフ十方世界ヲシ
ツクシテコト〳〵クミチタマヘルナリ
无导トイフハサハルコトナシトナリ
衆生ノ煩悩悪業ニサヘラレサルナリ
光如来トマフスハ阿弥陀佛ナリコノ

15オ　14ウ

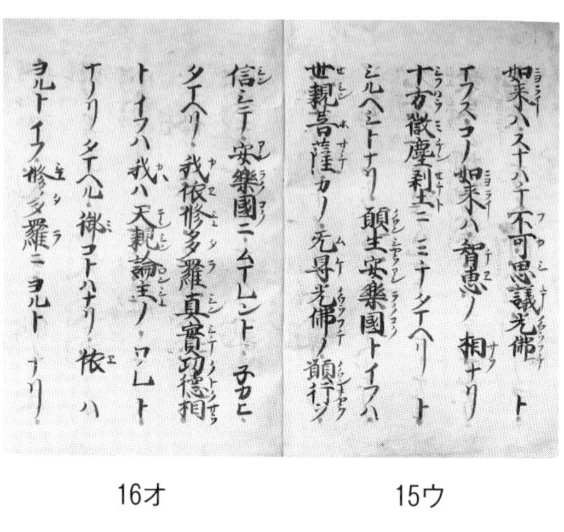

如来ハスナハチ不可思議光佛ト
マフスコノ如来ハ智恵ノ相ナリ
十方微塵刹土ニミチタマヘリト
シルヘシトナリ願生安楽國トイフハ
世親菩薩カノ无导光佛ノ願行ヲ

信シテ安楽國ニムマレントネカヒ
タマヘリ我依修多羅真實功徳相
トイフハ我ハ天親論主ノワレト
ナリタマヘル御コトハナリ依ハ
ヨルトイフ修多羅ニヨルトナリ

16オ　15ウ

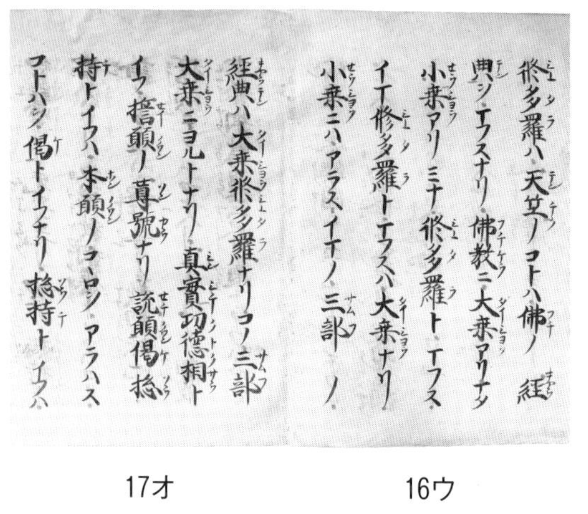

修多羅ハ天竺ノコトハ佛ノ経
典ヲイフナリ佛教ニ大乗アリマタ
小乗アリミナ修多羅トマフス
イマ修多羅トマフスハ大乗ナリ
小乗ニハアラスイマノ三部ノ

経典ハ大乗修多羅ナリコノ三部
大乗ニヨルトナリ真實功徳相ト
イフ誓願ノ尊號ナリ説願偈總
持トイフハ本願ノコ丶ロヲアラハス
コトハヲ偈トイフナリ總持トイフハ

17オ　16ウ

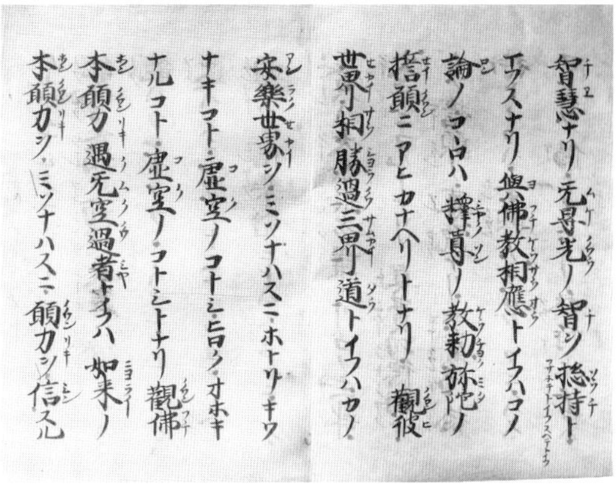

智慧ナリ 无㝵光ノ智ヲ摂持ト
イフスナリ 與佛教相應トイフハコノ
論ノコヽロハ 釋尊ノ教勅弥陀ノ
誓願ニアヒカナヘリトナリ 觀彼
世界相勝過三界道トイフハカノ

安樂世界ヲミソナハスニホトリキワ
ナキコト 虚空ノコトシヒロクオホキ
ナルコト 虚空ノコトシトナリ 觀佛
本願力遇无空過者トイフハ 如来ノ
本願力ヲミソナハスニ 願力ヲ信スル

18オ　17ウ

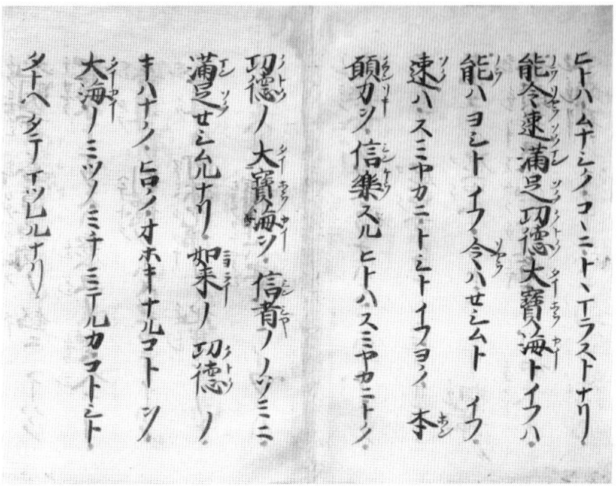

ヒトハムナシクコヽニトヽマラストナリ
能令速満足功德大寶海トイフハ
能ハヨクトイフ 令ハセシムトイフ
速ハスミヤカニトシトイフヨク 本
願力ヲ信樂スル ヒトハスミヤカニトク

功德ノ大寶海ヲ 信スル人ノソノミニ
満足セシムルナリ 如来ノ功德ノ
キハナクヒロクオホキナルコト
大海ノミツノミチミテルカコトシト
タトヘタテマツルナリ

19オ　18ウ

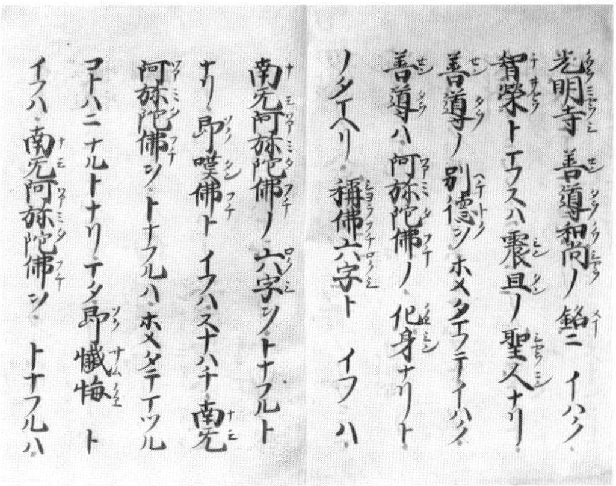

光明寺善導和尚ノ銘ニイハク
智榮トイフハ震旦ノ聖人ナリ
善導ノ別德ヲホメタテマツリテイハク
善導ハ阿弥陀佛ノ化身ナリト
ノタマヘリ 稱佛六字トイフハ

南无阿弥陀佛ノ六字ヲトナフルト
ナリ 即嘆佛トイフハスナハチ南无
阿弥陀佛ヲトナフルハホメタテマツル
コトハニナルトナリ 又即懺悔ト
イフハ 南无阿弥陀佛ヲトナフルハ

20オ　19ウ

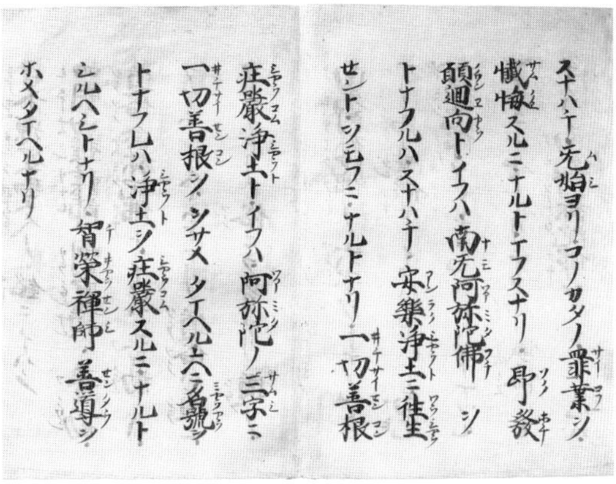

スナハチ无始ヨリコノカタノ罪業ヲ
懺悔スルニナルトイフスナリ 即發
願廻向トイフハ 南无阿弥陀佛ヲ
トナフルハスナハチ安樂淨土ニ往生
セントオモフニナルトナリ 一切善根

荘嚴淨土トイフハ 阿弥陀ノ三字ニ
一切善根ヲオサメタマヘルユヘニ名號ヲ
トナフルハ 淨土ヲ荘嚴スルニナルト
シルヘシトナリ 智榮禅師善導ヲ
ホメタマヘルナリ

21オ　20ウ

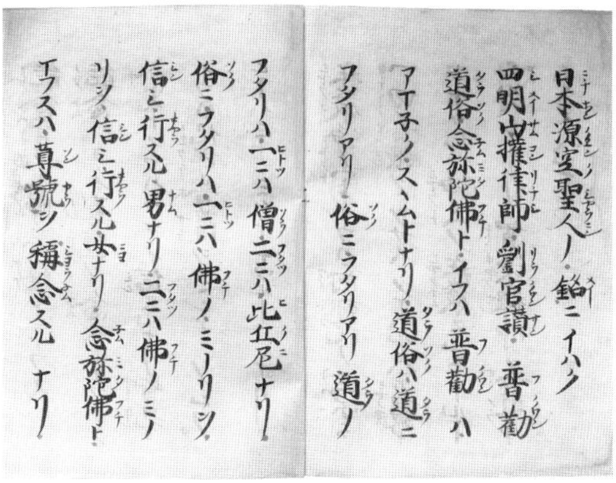

日本源空聖人ノ銘ニイハク
四明山權律師劉官讃 普勸
道俗念弥陀佛トイフハ 普勸ハ
アマネクスヽムトナリ 道俗ハ道ニ
フタリアリ 俗ニフタリアリ 道ノ

フタリハ一ニハ僧二ニハ比丘尼ナリ
俗ニフタリハ 一ニハ佛ノミノリヲ
信シ行スル男ナリ 二ニハ佛ノミノ
リヲ信シ行スル女ナリ 念弥陀佛ト
イフスハ 尊號ヲ稱念スルナリ

22オ　21ウ

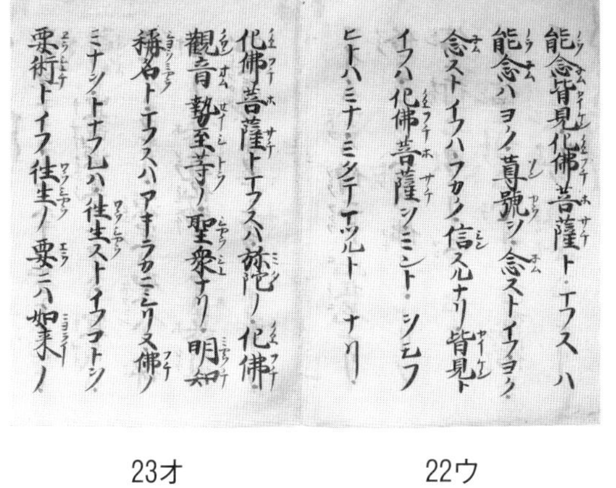
能念皆見化佛菩薩トイフスハ
能念ハヨクノ尊號ヲ念ストイフヨク
念ストイフハフカク信スルナリ 皆見ト
イフハ 化佛菩薩ヲミントオモフ
ヒトハミナミタテマツルトナリ

化佛菩薩トイフスハ弥陀ノ化佛
觀音勢至等ノ聖衆ナリ 明知
稱名トイフスハ アキラカニシリヌ佛ノ
ミナヲトナフルハ往生ストイフコトヲ
要術トイフ 往生ノ要ニハ如来ノ

23オ　22ウ

ミナシトナフルニスギタルコトナシト
ナリ。宜哉トイフスハ。宜哉ハ
ヨシトイフナリ。源空ハ聖人ノ御
名ナリ。慕道化物トイフハ慕道ハ
无上道ヲネカヒ。シタフトイフナリ

23ウ

化物トイフハ。衆生ヲ利益ストイフス
ナリ。信珠在心トイフハ金剛ノ信
心ヲ。メデタキ。タマニ。タトヘ タテフ。
信心ノ。タイシ。コヽロニ。ヱタルヒトハ
生死ノヤミニイトハサル。ユヘニ。心照

24オ

迷境トイフナリ。心照迷境トイフハ
信心ノタマヲモテ。愚癡ノヤミヲ
ハラヒアキラカニテラスト ナリ
疑雲永晴トイフハ 疑雲ハ願カシ
ラタカフ コヽロノクモニタトヘタルナリ

24ウ

永晴トイフハ。ワタカフコヽロノクモヲ
ナカクハラヒヌルハ。安樂浄土ヘカナラス
ムマルヽナリ。无㝵光佛ノ。攝取不
捨ノ光ヲモテ。信心ヲヱタルヒトヲ
ツネニテラシタマフ。ユヘニ。佛光圓頂ト

25オ

イヘリ。佛光圓頂トイフハ。佛心ノ
ヒカリ。アキラカニ信心ノヒトノ。イタ
タキヲ。ツネニテラシタマフトホメタマ
ヘルナリ。
善導和尚ノ ノタマハク。言南无者ト

25ウ

イフハ。南无ハ。スナハチ。歸命トマウス
コトナリ。歸命ハスナハチ釋迦弥陀
ノ二尊ノ勅命ニシタカヒ。メシニ
カナフト。マウスコトハナリ。コノユヘニ
即是歸命トノタマヘリ。亦是發

26オ

願迴向之義トイフハ。二尊ノメシニ
シタカフテ。安樂浄土ニムマレムトネカフ
コヽロナリト ノタマヘルナリ。言阿弥陀佛
者トイフハ。即是其行ト。ノタマヘリ。
即是其行ハ。コレスナハチ法藏菩

26ウ

薩ノ選擇ノ本願ナリ。安養浄
土ノ正定ノ業因ナリトノタマヘルコヽロ
ナリ。以斯義故トイフハ。コノ義ヲ
モテノユヘニトイヘルコヽロナリ。必得
往生トイフハカナラス往生ヲエシムト

27オ

イフナリ。必ハカナラストイフ。カナラスト
イフハ。自然ノコヽロヲアラハス。自然ハ
ハシメテハカラハストナリ。
又曰言攝生増上縁者トイフハ攝生ハ
十方衆生ヲ。誓願ニオサメトリタマフト

27ウ

イフコヽロナリ。如无量壽經。四十八願
中説トイフハ。如来ノ本願ヲトキタマヘル
ミコトナリトシルヘシトナリ。若我成佛
トイフスハ。法藏菩薩チカヒタマハク
モシワレ佛ニナリタラントキトナリ

28オ

十方衆生トイフハ。十方ノヨロツノ衆生
ナリ。スナハチワレラナリ。願生我國ト
イフハ安養浄刹ニムマレムトネカヘト
ナリ。稱我名字トイフハワレ。佛ノ名ニ
ナムラシニワカナシトナヘラムトナリ

28ウ

下至十聲トイフハ。名字ヲトナヘラム
コトヽモニトコヱセムモノトナリ。下至ト
イフハ十聲ニアマルモノ一念二念
聞名ノモノヲ。往生ニモラサスキラハヌ
コトヲ。アラハシヽメストナリ。求我

29オ

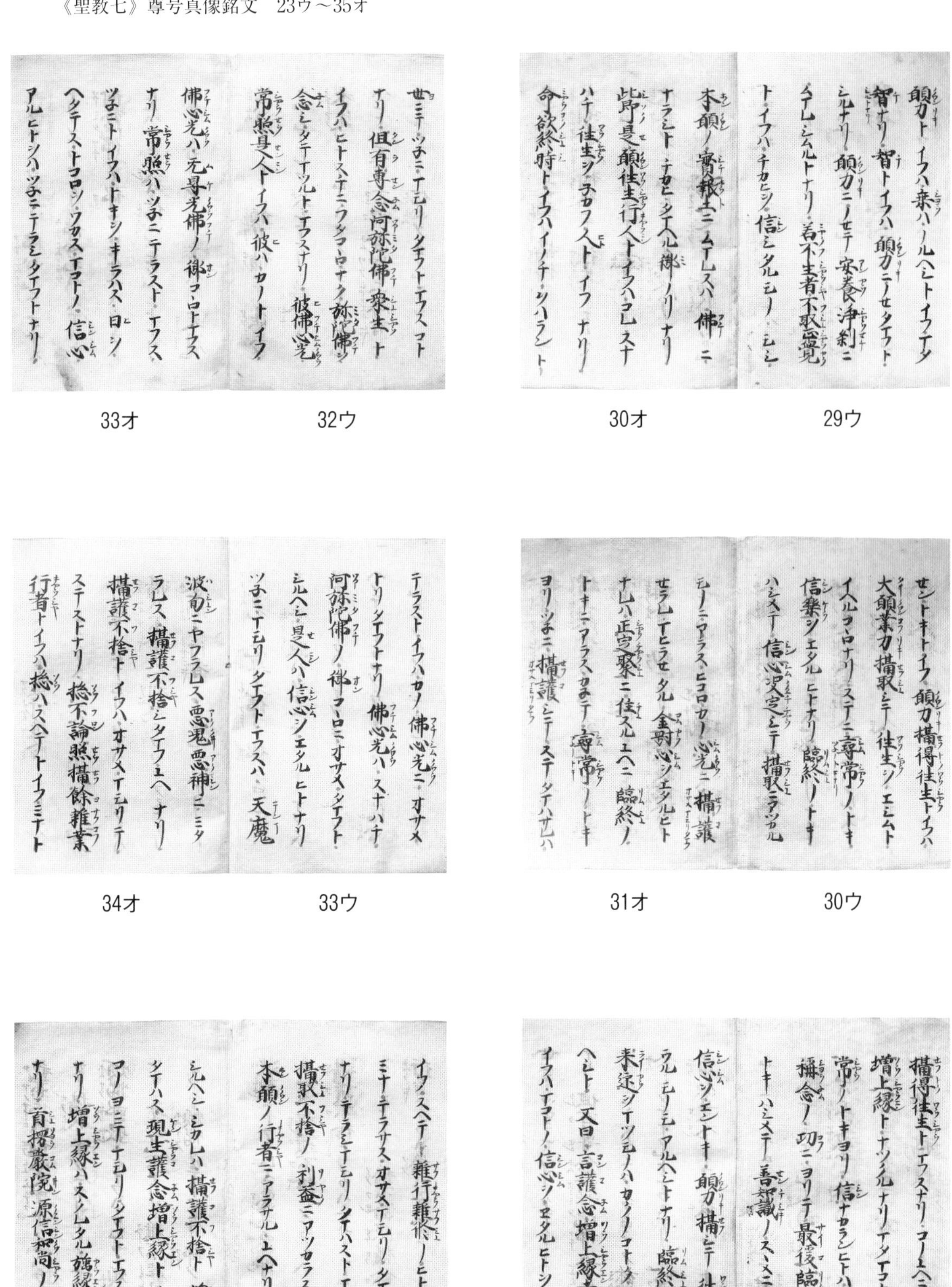

33オ　32ウ　30オ　29ウ

34オ　33ウ　31オ　30ウ

35オ　34ウ　32オ　31ウ

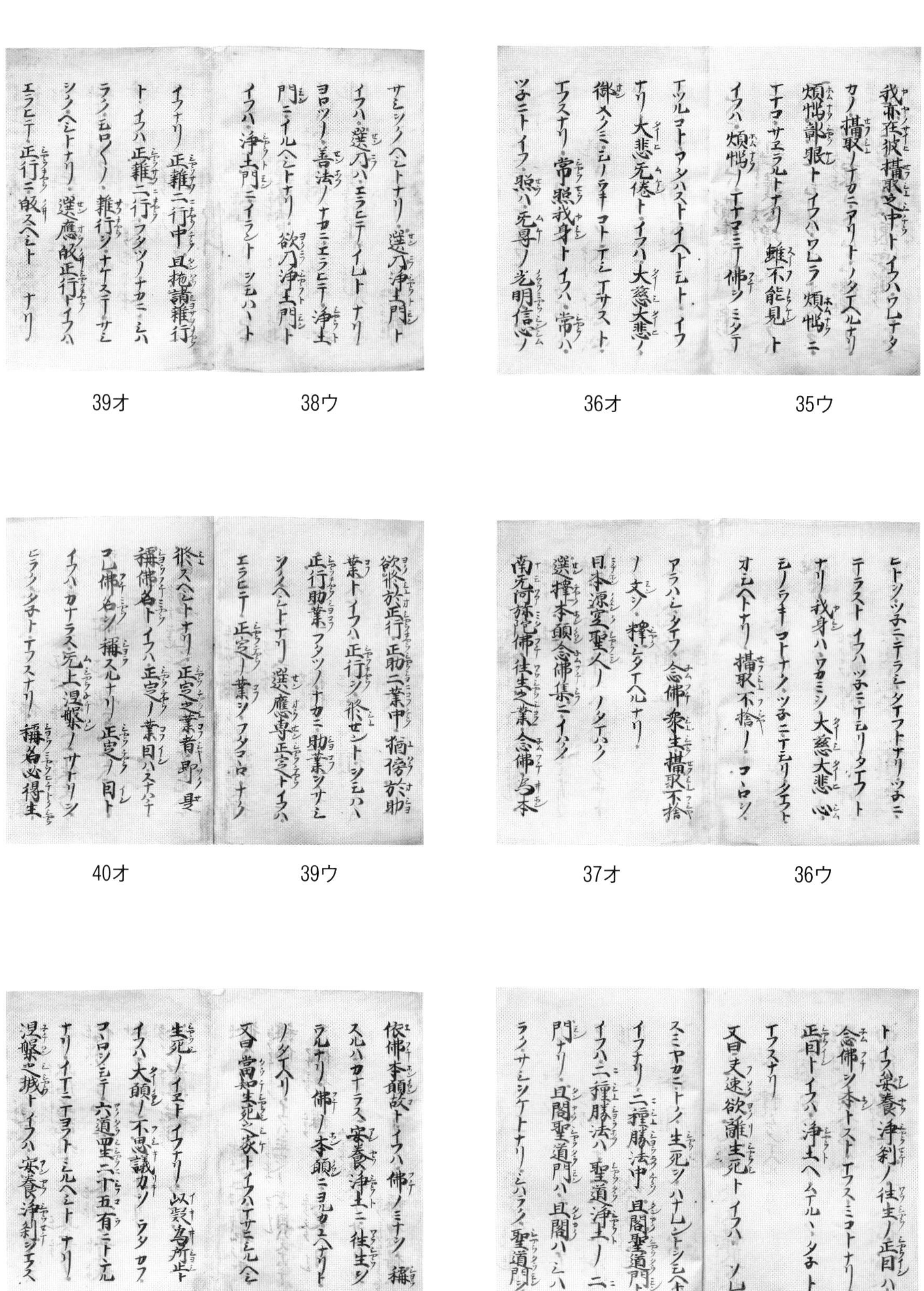

我亦在彼攝取之中トイフハワレマタ
カノ攝取ノナカニアリトノタマヘルナリ
煩惱鄣眼トイフハワレラ煩惱ニ
マナコサヘラルトナリ　雖不能見ト
イフハ煩惱ノマナコニテ佛ヲミタテ

35ウ

マツルコトアタハストイヘトモトイフ
ナリ大悲无倦トイフハ大慈大悲ノ
御メクミニモノウキコトマシマサスト
マフスナリ常照我身トイフハ常ハ
ツネニトイフ照ハ无导ノ光明信心ノ

36オ

ヒトヲツネニテラシタマフトナリツネニ
テラストイフハツネニマモリタマフト
ナリ我身ハワカミヲ大慈大悲心
モノウキコトナクツネニマモリタマフト
オモヘトナリ攝取不捨ノコヽロヲ

36ウ

アラハシタマフ念佛衆生攝取不捨
ノ文ヲ釋シタマヘルナリ
日本源空聖人ノタマハク
選擇本願念佛集ニイハク
南无阿弥陀佛往生之業念佛為本

37オ

トイフ安養淨刹ノ往生ノ正因ハ
念佛ヲ本トストマフスミコトナリ
正因トイフハ淨土ヘムマルヽタネト
マフスナリ
又曰夫速欲離生死トイフハ　ソレ

37ウ

スミヤカニトクノ生死ヲハナレムトオモヘト
イフナリ二種勝法中且閣聖道門ト
イフハ二種勝法ハ聖道淨土ノ二
門ナリ且閣聖道門ハ且閣ハシハ
ラクサシオケトナリシハラクノ聖道門ヲ

38オ

サシオクヘシトナリ選入淨土門ト
イフハ選入ハエラヒテイレトナリ
ヨロツノ善法ノナカニエラヒテ淨土
門ニイルヘシトナリ欲入淨土門ト
イフハ淨土門ニイラント　オモハヽト

38ウ

イフナリ正雜二行中且抛諸雜行
トイフハ正雜二行フタツノナカニシハ
ラクモロヽノ雜行ヲナケステサシ
オクヘシトナリ選應歸正行トイフハ
エラヒテ正行ニ歸スヘシト　ナリ

39オ

欲修於正行正助二業中猶傍於助
業トイフハ正行ヲ修セントオモハヽ
正行助業フタツノナカニ助業ヲサシ
ヲクヘシトナリ選應專正定トイフハ
エラヒテ正定ノ業ヲ　フタコヽロナク

39ウ

修スヘシトナリ正定之業者即是
稱佛名トイフハ正定ノ業因ハスナハチ
コレ佛名ヲ稱スルナリ正定ノ因ト
イフハカナラス无上涅槃ノサトリヲ
ヒラクタネトマフスナリ稱名必得生

40オ

依佛本願故トイフハ佛ノミナヲ稱
スルハカナラス安養淨土ニ往生ヲ
ウルナリ佛ノ本願ニヨルカユヘナリト
ノタマヘリ
又曰當知生死之家トイフハマサニシルヘシ

40ウ

生死ノイエトイフナリ以疑為所止
トイフハ大願ノ不思議ヲウタカフ
コヽロヲモテ六道四生二十五有ニトヽ[illegible]
ナリイマニマヨフトシルヘシト　ナリ
涅槃之城トイフハ安養淨刹ヲイフ(?)

41オ

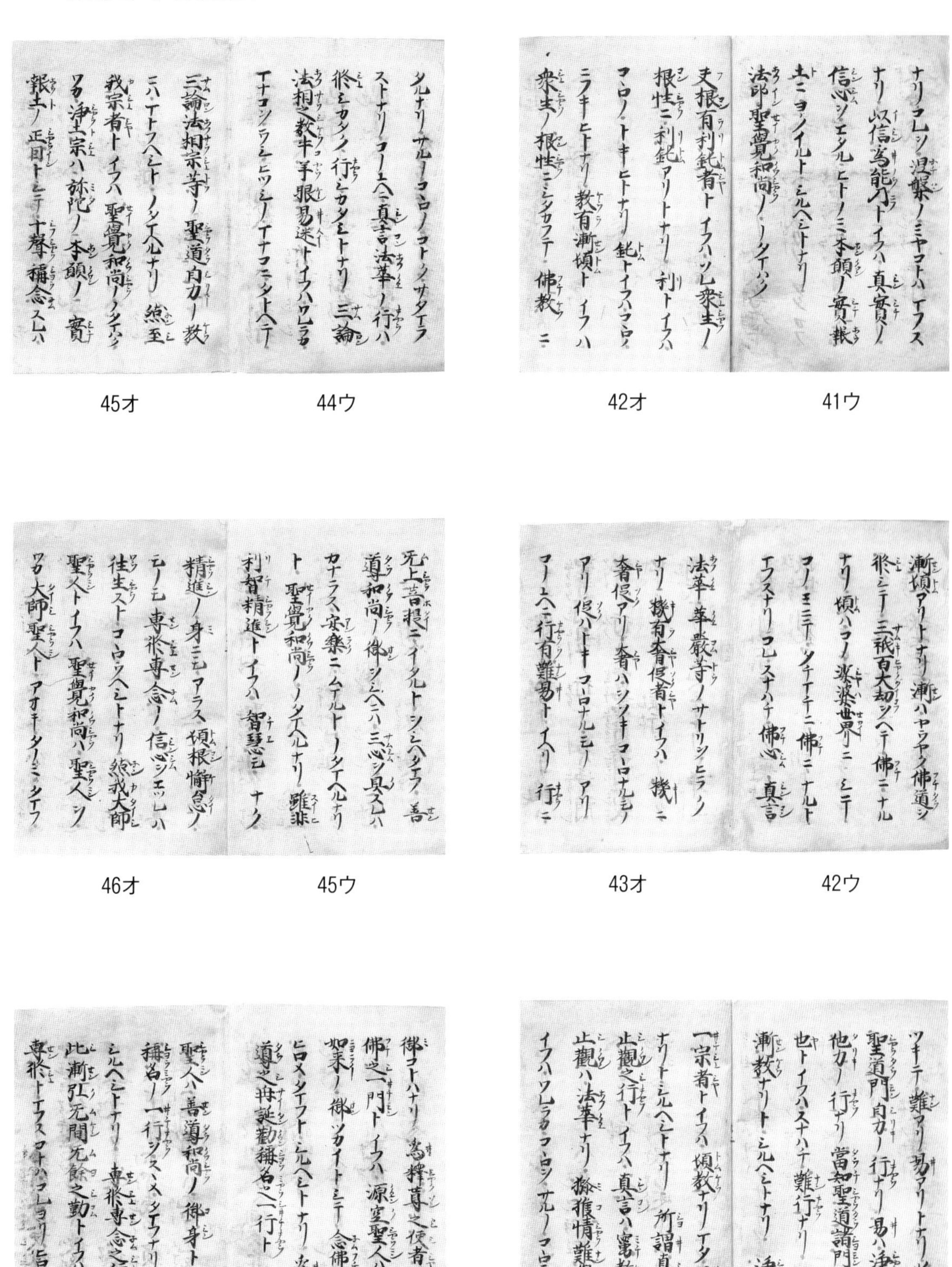

ナリコレハ涅槃ノミヤコトハイフス
ナリ以信為能入トイフハ眞實ノ
信心ヲエタル人ノミ本願ノ實報
土ニヨクイルトシルヘシトナリ
法師聖覺和尚ノノタマハク

41ウ

夫根有利鈍者トイフハソレ衆生ノ
根性ニ利鈍アリトナリ利トイフハ
コヽロノトキヒトナリ鈍トイフハコヽロノ
ニフキヒトナリ教有漸頓トイフハ
衆生ノ根性ニシタカテ佛教ニ

42オ

漸頓アリトナリ漸ハヤウヤク佛道ヲ
修シテ三祇百大劫ヲヘテ佛ニナル
ナリ頓ハコノ娑婆世界ニシテ
コノミヲモテタチマチニ佛ニナルト
イフナリコレスナハチ佛心眞言

42ウ

法華華嚴等ノサトリヲヒラクノ
ナリ機有奢促者トイフハ機ニ
奢促アリ奢ハオソキコヽロナルモノ
アリ促ハトキコヽロナルモノアリ
コレユヘニ行有難易トイヘリ行ニ

43オ

ツキテ難アリ易アリトナリ難ハ
聖道門自力ノ行ナリ易ハ淨土門
他力ノ行ナリ當知聖道諸門漸教
也トイフハスナハチ難行ナリ又タ
漸教ナリトシルヘシトナリ淨土

43ウ

一宗者トイフハ頓教ナリ又タ易行
ナリトシルヘシトナリ所謂眞言
止觀之行トイフハ眞言ハ密教ナリ
止觀ハ法華ナリ猿猴情難學ト
イフハソレサルノコヽロヲヒトニタトヘ

44オ

タルナリサルノコヽロノコトクサタマラ
ストナリコレユヘニ眞言法華ノ行ハ
修シカタクノ行シカタシトナリ三論
法相之教牛羊眼易迷トイフハワレラカ
マナコソウシヒツシノマナコニタトヘテ

44ウ

三論法相宗等ノ聖道自力ノ教
ニハマトフヘシトノタマヘルナリ總至
我宗者トイフハ聖覺和尚ノノタマハク
ワカ淨土宗ハ彌陀ノ本願ノ實
報土ノ正因トシテ十聲稱念スレハ

45オ

无上菩提ニイタルトシルヘシトノタマフ善
導和尚ノ御シメシニハ三心ヲ具スレハ
カナラス安樂ニムマルトノタマヘルナリ
ト聖覺和尚ノノタマヘルナリ雖非
利智精進トイフハ智慧モナク

45ウ

精進ノ身ニモアラス頓根懈怠ノ
モノモ專修專念ノ信心ヲエツレハ
往生ストコロウヘシトナリ總我大師
聖人トイフハ聖覺和尚ハ聖人ヲ
ワカ大師聖人トアヲキタノミタマフ

46オ

御コトハナリ爲釋尊之使者弘念
佛之一門トイフハ源空聖人ハ釋迦
如來ノ御ツカヒトシテ念佛ノ一門ヲ
ヒロメタマフトシルヘシトナリ爲善
導之再誕勸稱名之一行トイフハ

46ウ

聖人ハ善導和尚ノ御身トシテ
稱名ノ一行ヲスヽメタマフナリト
シルヘシトナリ專修專念之行自
此漸弘无間无餘之勤トイフハ一向
專修トイフコトハコレヨリヒロマルト

47オ

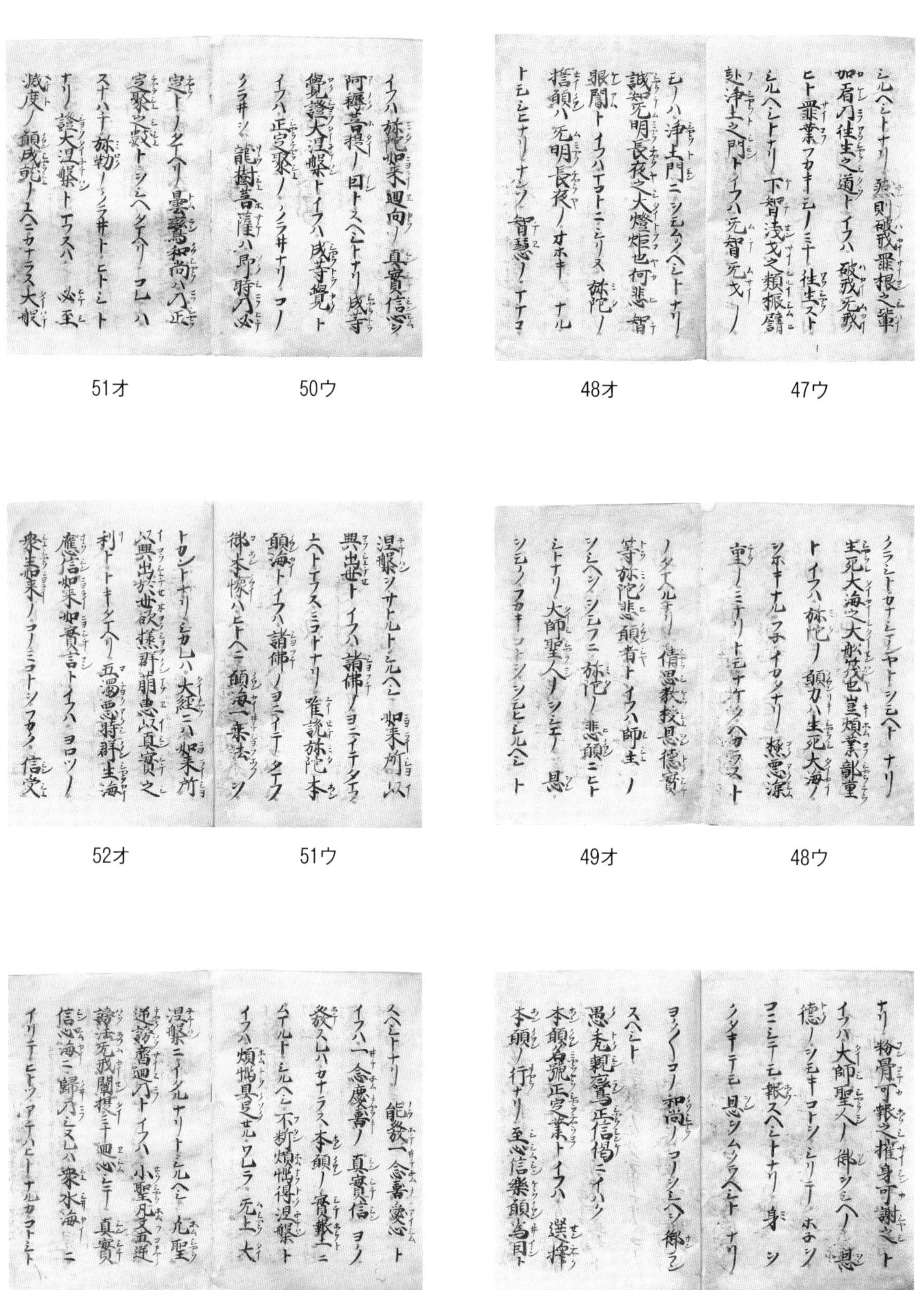

シルヘシトナリ然則破戒罪根之輩
加肩乃往生之道トイフハ破戒无戒
ヒト罪業フカキモノミナ往生スト
シルヘシトナリ下智浅才之類振臂
赴浄土之門トイフハ无智无才ノ

47ウ

モノハ浄土門ニオモムクヘシトナリ
誠知无明長夜之大燈炬也何悲智
眼闇トイフハマコトニシリヌ弥陀ノ
誓願ハ无明長夜ノオホキナル
トモシヒナリナソ智慧ノマナコ

48オ

クラシトカナシムヤトシルヘトナリ
生死大海之大船筏也豈煩業障
トイフハ弥陀ノ願力ハ生死大海ノ
オホキナルフネイカタナリ極悪深
重ノミナリトモナケクヘカラスト

48ウ

ノタマヘルナリ倩思教授恩徳實
等弥陀悲願者トイフハ師主ノ
ヲシヘヲシツカニ弥陀ノ悲願ニヒト
シトナリ大師聖人ノヲシヘノ恩
シモノフカキコトヲオモヒシルヘシト

49オ

ナリ粉骨可報之摧身可謝之ト
イフハ大師聖人ノ御ヲシヘノ恩
徳ノヲモキコトヲシリテホネヲ
コニシテモ報スヘシトナリ身ヲ
クタキテモ恩ヲムクフヘシトナリ

49ウ

ヨクヨクコノ和尚ノコノヲシヘヲ御ミ
スヘシト
愚禿親鸞正信偈ニイハク
本願名號正定業トイフハ選擇
本願ノ行ナリ至心信楽願為因ト

50オ

イフハ弥陀如来迴向ノ真實信心
阿耨菩提ノ因トスヘシトナリ成等
覺證大涅槃トイフハ成等覺ト
イフハ正定聚ノクラヰナリコノ
クラヰヲ龍樹菩薩ハ即時入必

50ウ

定トノタマヘリ曇鸞和尚ハ入正
定聚之數トヲシヘタマヘリコレハ
スナハチ弥勒ノクラヰトヒトシト
ナリ證大涅槃トマフスハ必至
滅度ノ願成就ノユヘニカナラス大般

51オ

涅槃ヲサトルトシルヘシ如来所以
興出世トイフハ諸佛ノヨニイテタマフ
ユヘトマフスミコトナリ唯説弥陀本
願海トイフハ諸佛ノヨニイテタマフ
御本懐ハヒトヘニ願海一乗法ヲ

51ウ

トカントナリシカレハ大經ニハ如来所
以興出於世欲拯群萌恵以真實之
利トトキタマヘリ五濁悪時群生海
應信如来如實言トイフハヨロツノ
衆生如来ノコノミコトヲフカク信受

52オ

スヘシトナリ能發一念喜愛心ト
イフハ一念慶喜ノ真實信ヨク
發スレハカナラス本願ノ實報土ニ
ムマルトシルヘシ不断煩悩得涅槃ト
イフハ煩悩具足セルワレラ无上大

52ウ

涅槃ニイタルナリトシルヘシ凡聖
逆謗齊迴入トイフハ小聖凡夫五逆
謗法无戒闡提ミナ迴心シテ真實
信心海ニ帰入シヌレハ衆水海ニ
イリテヒトツアチハヒトナルカコトシト

53オ

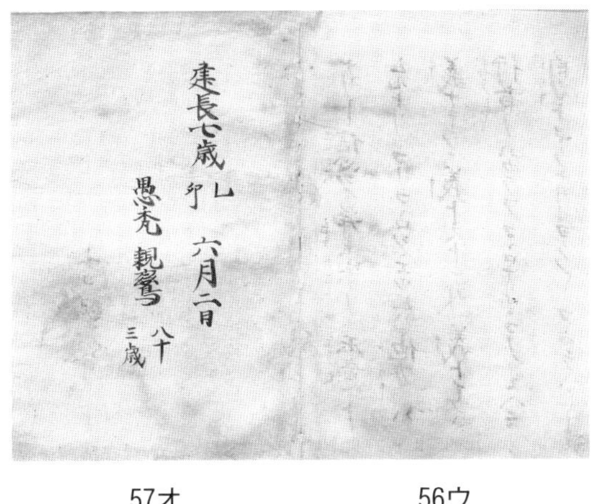

57オ　　56ウ

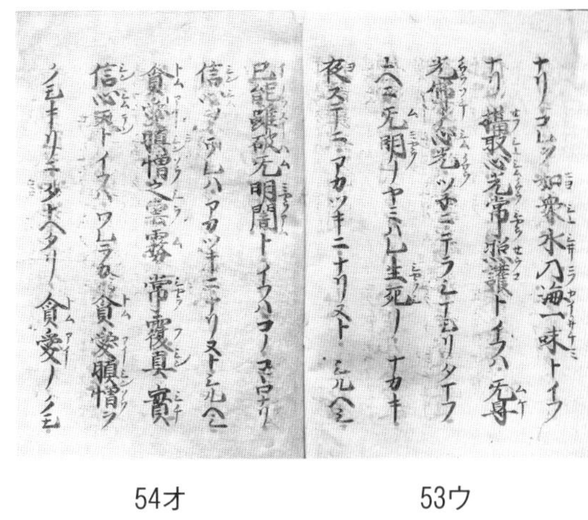

54オ　　53ウ

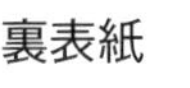

裏表紙

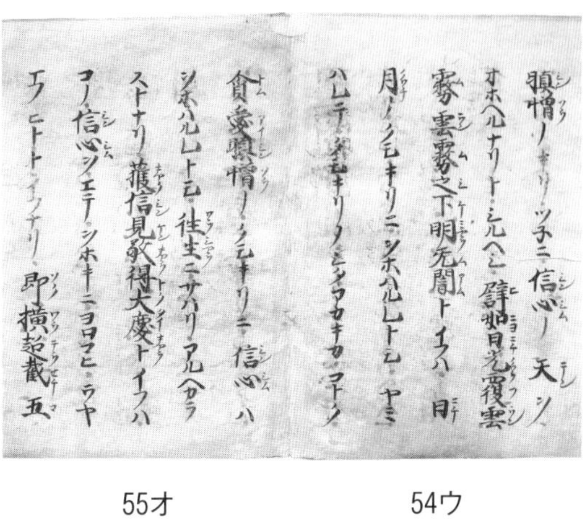

55オ　　54ウ

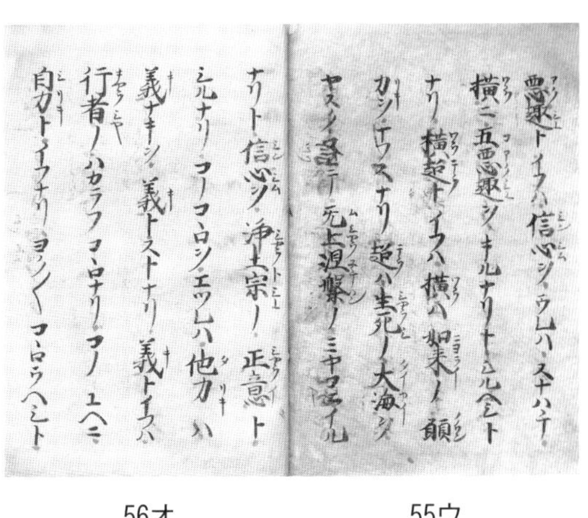

56オ　　55ウ

《聖教八》浄土文類聚鈔

0表紙

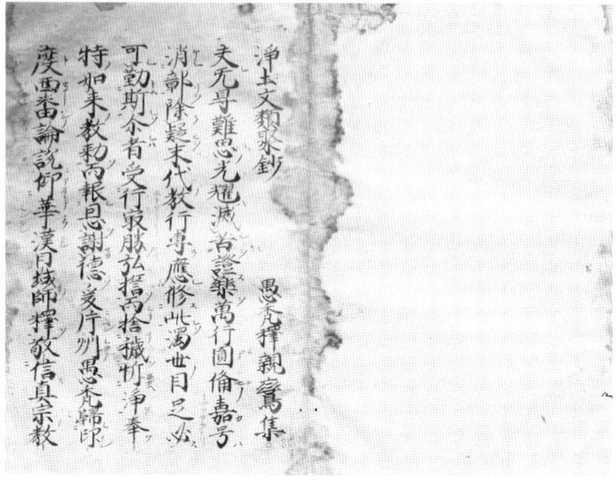

1オ　　0ウ

2オ　　1ウ

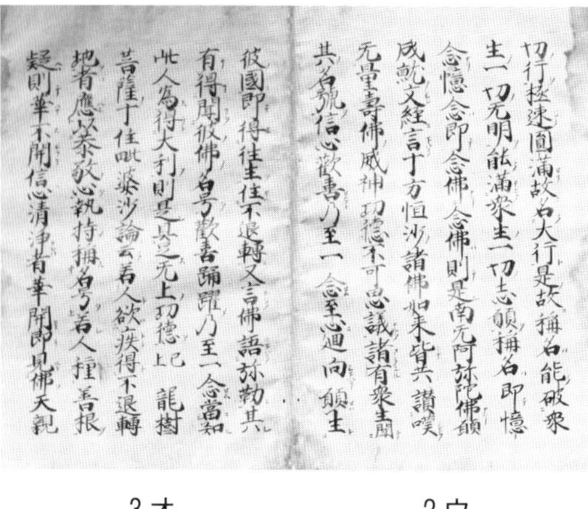

3オ　　2ウ

4オ　　3ウ

5オ　　4ウ

5ウ

神方極速圓融之真詮長生不死之妙術威
德廣大之浄信也尓者若行若信无有一事
非阿弥陀如来清浄願心之所廻向成就非
无因他因有也應知言證者則利他圓滿妙
果也即是出於必至滅度之願亦名證大涅
槃之願亦可名往相證果之願即是清浄真

6オ

實至極畢竟无生无上涅槃願成就文經言
其有衆生生彼國者皆悉住於正定之聚所
以者何彼佛國中无諸邪聚及不定聚又言
但因順餘方故有天人之名顔貌端正超世
希有容色微妙非天非人皆受自然虚无之
身无極之体又言必得超絶去往生安養國

6ウ

横截五悪趣悪趣自然閉昇道无窮極易往
而无人其國不逆違自然之所牽 已上聖言明
知煩惱成就凡夫生死罪濁群萌獲往相心
行即住大乘正定之聚住正定聚必至滅度
必至滅度即是常樂常樂即是大涅槃即是
利他教化地果是身即是无為法身无為法

7オ

身即是畢竟平等身畢竟平等身即是寂滅
寂滅即是實相實相即是法性法性即是真
如真如即是一如也尓者若因若果无有一
事非阿弥陀如来清浄願心之所廻向成就
因浄故果亦浄也應知二言還相廻向者則
利他教化地益也即是出於必至補處之願

7ウ

亦名一生補處之願亦可名還相廻向之願
願成就文經言彼國菩薩皆當究竟一生補
處除其本願為衆生故以弘誓功德而自莊
嚴普欲度脱一切衆生 已上聖言明知大慈大
悲弘誓廣大難思利益乃入煩惱稠林開導
諸有則遵普賢之德悲引群生尓者若往若

8オ

還无有一事非如来清浄願心之所廻向成
就也應知是以浄土縁熟調達闍王興逆害
濁世機悶釋迦韋提選安養偏思彼静念誦
達多闍世悔施仁慈弥陀釋迦深顯素懐依
之論主宣布廣大无㝵浄信普徧開化雜善
堪忍群生師顯示往還大悲廻向慇懃弘

8ウ

宣他利利他深義聖權化益偏為利一切凡
愚廣大心行唯欲引逆悪闡提痕道俗等大
悲願船清浄信心而為順風无明闇夜功德
寶珠而為大炬心昏識寡敬勉斯道悪重郭
多深崇斯信噫弘誓強縁多生難値真實浄
信億劫叵獲遇獲信心遠慶宿縁若也此廻

9オ

覆蔽疑網更必逕歴曠劫多生攝取不捨之
真理超捷易往之教勅聞思莫遅慮慶哉愚
禿仰惟樹心弘誓佛地流情難思法海嘆所
聞慶所獲採集真言鈔出師釋專念无上尊
特報廣大恩因茲披閲曇鸞菩薩註論曰
菩薩歸佛如孝子之歸父母忠臣之歸君后

9ウ

取　乗

動静非己出沒必由知恩報德理宜先啓
信知恩深重作念佛正信偈曰
西方不可思議尊　法藏菩薩因位中
超発殊勝本弘誓　建立无上大悲願
思惟攝取經五劫　菩提妙果酬上願
満足本誓歴十劫　壽命延長莫能量

10オ

慈悲深遠如虚空　智慧圓満如巨海
清浄微妙无邊刹　廣大莊嚴等具足
種種功德悉成満　超踰十方諸佛國
普放難思无㝵光　能破无明大夜闇
智光明朗開慧眼　名聲靡不聞十方
如来功德唯佛知　集佛法藏施凡愚

10ウ

弥陀佛日普照耀　已能雖破无明闇
貪愛瞋嫌之雲霧　常覆清浄信心天
譬猶如日月星宿　雖覆煙霞雲霧等
其雲霧下明无闇　信知超日月光益
必至无上浄信暁　三有生死之雲晴
清浄无㝵光遐朗　一如法界真身顯

11オ

發信稱名光攝護　亦獲現生无量德
无邊難思光不斷　更无別時處諸縁
諸佛讃念真實義　十方同稱讃悦可
惑深逆悪廣皆生　謗法闡提廻皆往
當来之世經道滅　特留此經住百歳
如何疑惑斯大願　唯信釋迦如實言

11ウ

印度西天之論家　中夏日域之高僧
開大聖世雄正意　如来本誓明應機
釈迦如来楞伽山　為衆告命南天竺
龍樹菩薩興出世　悉能摧破有无見
宣説大乗无上法　證歓喜地生安楽

12オ

造十住毘婆沙論　難行陸路特悲憐
易往大道廣開示　應以恭敬心執持
称名号疾得不退　信心清浄即見佛
天親菩薩作論説　依修多羅顕真實
光闡横超本弘誓　演暢不可思議願
由本願力廻向故　為度具縛彰一心
帰入功徳大寶海　必獲入大會衆数

12ウ

得至蓮華蔵世界　即證寂滅平等身
遊煩悩林現神通　入生死園示應化
曇鸞大師梁天子　常向鸞處菩薩礼
三蔵流支授浄教　焚焼仙経帰楽邦
天親菩薩論註解　如来本願顕称名
往還廻向由本誓　煩悩成就凡夫人

13オ

信心開發即獲忍　證知生死即涅槃
必到无量光明土　諸有衆生皆普化
道綽決聖道難證　唯明浄土可通入
萬善自力貶勤修　圓満徳号勧専称
三不三信誨慇懃　像末法滅同悲引
一生造悪遇弘誓　至安養界證妙果

13ウ

善導独明佛正意　深藉本願興真宗
矜哀定散與逆悪　光明名号示因縁
入涅槃門値真心　必獲於信喜悟忍
得難思議往生人　即證法性之常楽
源信廣開一代教　偏帰安養勧一切
依諸経論撰教行　誠是為濁世目足

14オ

決判得失於専雑　廻入念佛真實門
唯定浅深於執心　報化二土正辨立
源空[illegible][illegible]諸聖典　憐愍善悪凡夫人
真宗教證興片州　選擇本願施濁世
還来生死流轉家　決以疑情為所止
速入寂静无為楽　必以信心為能入

14ウ

論説師釈共同心　拯濟无邊極濁悪
道俗時衆皆共　唯可信斯高僧説
六十行一百二十句偈頌已畢
問念佛往生願已發三心論主何以故言一
心答愚鈍衆生覚知為令易故論主合三為
一歟言三心者一者至心二者信楽三者欲

15オ

生私以字訓闚論意合三應一其意何者一
者至心至者真誠心者種實二者信楽信者
真實誠満極成用重審験楽者欲願慶喜楽
三者欲生欲者願楽覚知生者成興也尓者
至心即是誠種真實之心故无有疑心信楽
即是真實誠満之心極成用重之心欲願審

15ウ

験之心慶喜楽之心故无有疑心欲生即是
願楽之心覚見知成興之心故三心皆共真實
而无疑心故三心即一心字訓如斯可思擇
之復言三心者一者至心斯心即是如来至
徳圓修満足真實之心阿弥陀如来以真實
功徳廻施一切即以名号為至心骵然十方

16オ

衆生穢悪汚染无清浄心虚仮雑毒无真實
心是以如来因中行菩薩行時三業所修乃
至一念一刹那无有非清浄真實心如来以
清浄真心廻向諸有衆生経言不生欲覚瞋
覚害覚不起欲想瞋想害想不着色聲香
之法忍力成就不計衆苦少欲知足无染恚

16ウ

癡三昧常寂智慧无㝵无有虚偽諂曲之心
和顔愛語先意承問勇猛精進志願无倦専
求清白之法以恵利群生恭敬三寶奉事師
長以大荘厳具足衆行令諸衆生功徳成就
抄出 聖言明知今斯心是如来清浄廣大至心
是名真實心至心即是大悲心故无有疑心

17オ

二者信楽即是以真實心為信楽骵然具縛
群萌穢濁凡愚无清浄信心无真實信心是
故真實功徳難値清浄信楽難獲得依之
闚釈意愛心常起能汚善心瞋嫌之心能焼
法財苦励身心日夜十二時急走急作如灸
頭燃衆名雑毒之善亦名虚仮之行不名真

實業也以此雜毒之善迴向彼淨土此必不
可也何以故正由彼如来行菩薩行時乃至
一念一刹那三業所修皆是真實心中作故
疑蓋无雜如来以清淨真實信樂迴向諸有
衆生本願成就文經言諸有衆生聞其名号
信心歡喜 抄出 聖言明知今斯心即是本願圓

17ウ

滿清淨真實信樂是名信心信心即是大悲
心故无有疑蓋三者欲生即以清淨真實信
心爲欲生胖然流轉輪廻凡夫曠劫多生群
生无清淨迴向心亦无真實迴向心是以如
来因中行菩薩行時三業所修乃至一念一
刹那无有非迴向爲首得成就大悲心故如

18オ

来以清淨真實欲生心迴向諸有衆生本願
成就文經言至心迴向願生彼國即得往生
住不退轉 取要 聖言明知今斯心是如来大悲
招喚諸有衆生之教勅即以大悲之欲生心
是名迴向三心皆是大悲迴心故清淨真
實疑蓋无雜故一心也依之披師釋云西岸

18ウ

上有人喚言汝一心正念直来我能護汝衆
不畏墮於水火之難又言中間白道者即喩
貪瞋煩惱中能生清淨願往生心也仰蒙釋
迦發遣又籍弥陀招喚不顧水火二河乗彼
願力之道 略出 是知能生清淨願心是非凡夫
自力心大悲迴向心故言清淨願心尒者一

19オ

心正念者正念即是稱名稱名即是念佛一
心即是深心深心即是堅固深信堅固深信
即是真心真心即是金剛心金剛心即是无
上心无上心即是淳一相續心淳一相續心
即是大慶喜心獲大慶喜心是心違三不是
心順三信是心即是大菩提心大菩提心即

19ウ

是真實信心真實信心即是願作佛心願作
佛心即是度衆生心度衆生心即是攝取衆
生生安樂淨土心是心即是畢竟平等心是
心即是大悲心是心作佛是心是佛是名如
實修行相應也應知三心即一心之義答竟
又問大經三心与觀經三心一異云何答兩

20オ

經三心即是一也何以得知宗師釋云至誠
心中云至者真誠者實歡久所行名信中云
下專念弥陀名号是名正定之業又云深
心即是真實信心迴向發願心中云此心深
信由若金剛明知一心是信心專念即正業
一心之中攝在至誠迴向之二心向問中答

20ウ

竟
又問已前二經三心与小經執持一異云何
答經言執持名号執者心堅牢而不移持者
名不散不失故曰不乱執持即一心一心即
信心然則執持名号之真說一心不乱之誠
言必可歸之特可仰之論家宗師開淨土真

21オ

宗導濁世邪僞三經大綱雖有隱顯一心爲
能入故經始稱如是論主建言一心即是彰
如是之義今披宗師解云言如意者有二種
一者如衆生意隨彼心念皆應度之二者如
弥陀之意五眼圓照六通自在觀機可度者
一念之中无前无後身心等起三輪開悟各

21ウ

益不同也又言敬白一切往生知識等大須
慚愧釋迦如来實是慈悲父母種種方便發
起我等无上信心已明知緣二尊大悲獲一
心佛因當知斯人希有人最勝人也然流轉
愚夫輪迴群生信心无起真心无起是以經
言若聞斯經信樂受持難中之難无過此難

22オ

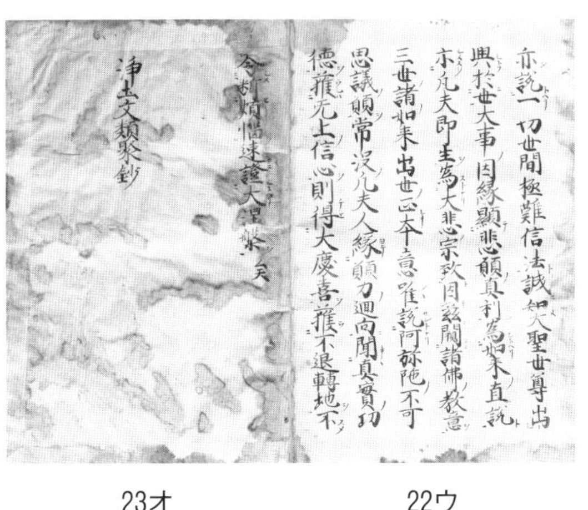

亦說一切世間極難信法誠知大聖世尊出
興於世大事因緣顯悲願真利爲如来直說
示凡夫即生爲大悲宗致因玆開諸佛教意
三世諸如来出世正本意唯說阿弥陀不可
思議願常没凡夫人緣願力迴向聞真實功
徳獲无上信心則得大慶喜獲不退轉地不

22ウ

令斷煩惱速證大涅槃矣

淨土文類聚鈔

23オ

《聖教九》愚禿鈔

愚禿鈔　上

上０表紙

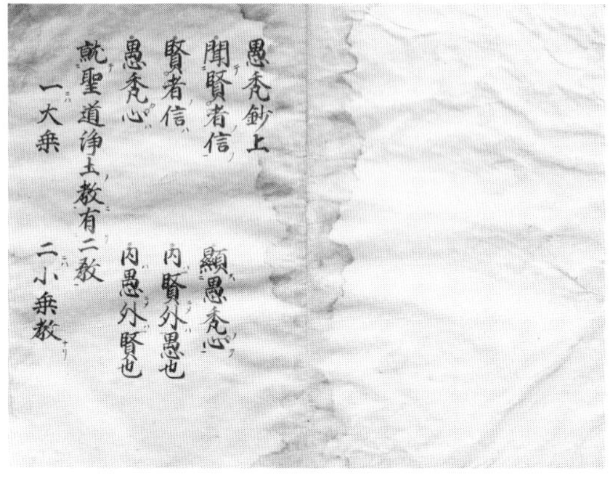

愚禿鈔上
聞賢者信　顕愚禿心
賢者信　内賢外愚也
愚禿心　内愚外賢也
就聖道浄土教有二教
一大乗　二小乗教

上１オ　　上０ウ

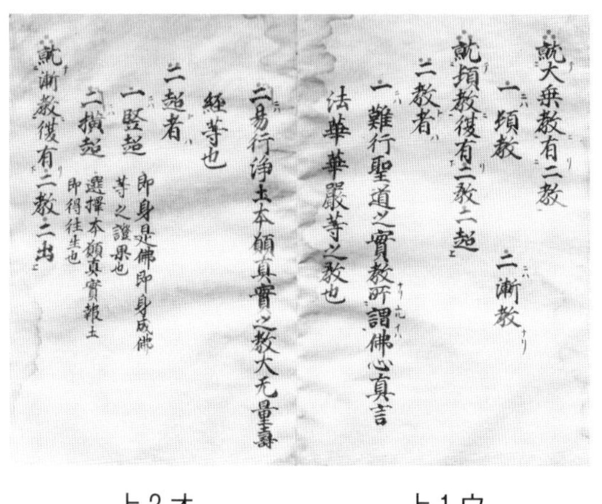

就大乗教有二教
一頓教　二漸教
就頓教復有二教二超
二教者
一難行聖道之實教所謂佛心真言
法華華厳等之教也
二易行浄土本願真實之教大无量壽
経等也
二超者
一竪超　即身是佛即身成佛等之證果也
二横超　選擇本願真實報土即得往生也
就漸教復有二教二出

上２オ　　上１ウ

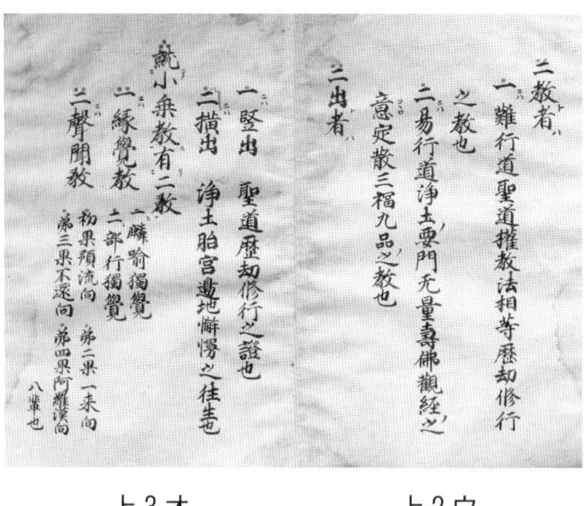

二教者
一難行道聖道權教法相等歴劫修行
之教也
二易行道浄土要門无量壽佛觀經之
意定散三福九品之教也
二出者
一竪出　聖道歴劫修行之證也
二横出　浄土胎宮邊地懈慢之往生也
就小乗教有二教
一縁覺教　一麟喩獨覺　二部行獨覺
二聲聞教　初果預流向　第二果一来向　第三果不還向　第四果阿羅漢向　八輩也

上３オ　　上２ウ

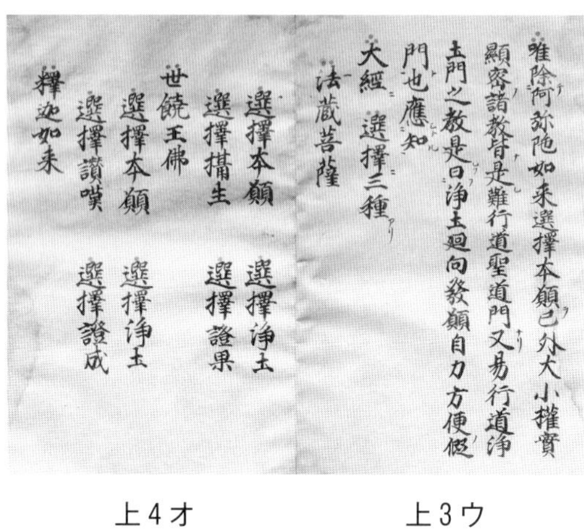

唯除阿弥陀如来選擇本願已外大小權實
顕密諸教皆是難行道聖道門又易行道浄
土門之教是曰浄土廻向發願自力方便假
門也應知
大經　選擇二種
法蔵菩薩
選擇本願　選擇浄土
選擇攝生　選擇證果
世饒王佛
選擇本願　選擇浄土
選擇讃嘆　選擇證成
釋迦如来

上４オ　　上３ウ

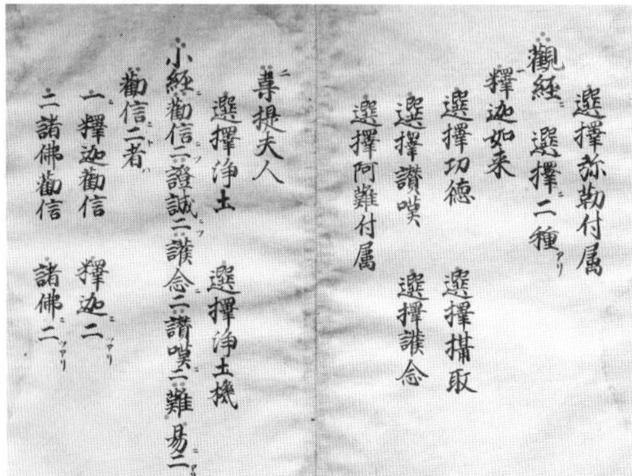

選擇弥勒付属
觀經　選擇二種
釋迦如来
選擇功徳　選擇攝取
選擇讃嘆　選擇讃念
選擇阿難付属
韋提夫人
選擇浄土　選擇浄土機
小經勸信二證誠二讃念二讃嘆二難易二
勸信二者
一釋迦勸信　釋迦二
二諸佛勸信　諸佛二

上５オ　　上４ウ

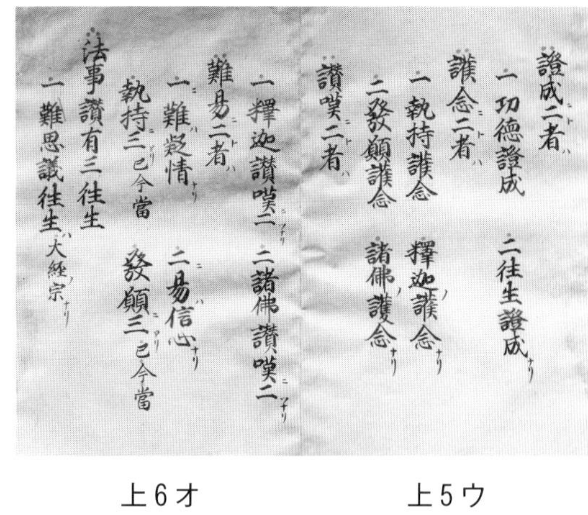

證成二者
一功徳證成　二往生證成
護念二者
一執持護念　釋迦護念
二發願護念　諸佛護念
讃嘆二者
一釋迦讃嘆　二諸佛讃嘆
難易二者
一難疑情　二易信心
執持三已今當　發願三已今當
法事讃有三往生
一難思議往生大經宗

上６オ　上５ウ

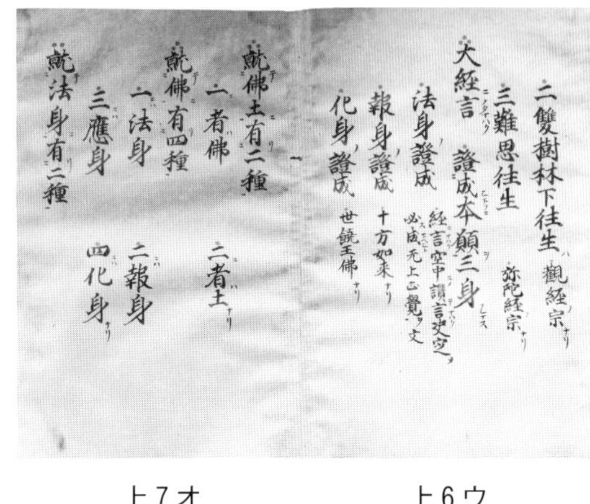

二雙樹林下往生觀經宗
三難思往生弥陀經宗
大經言
法身證成　證成本願三身
報身證成　經言空中讃言決定必成无上正覺文
化身證成　十方如來
世饒王佛
就佛土有二種
一者佛　二者土
就佛有四種
一法身　二報身
三應身　四化身
就法身有二種

上７オ　上６ウ

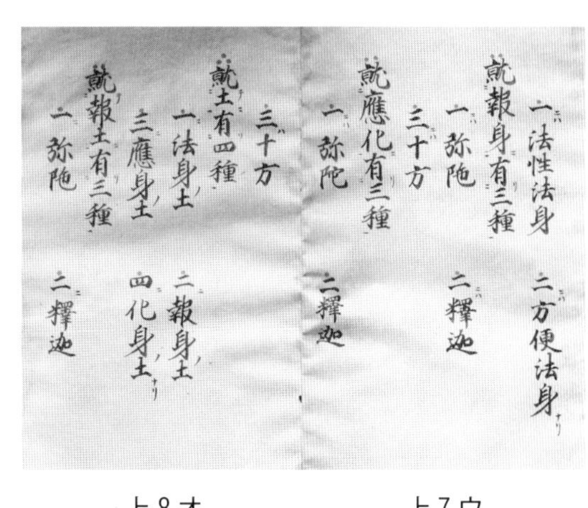

一法性法身　二方便法身
就報身有三種
一弥陀　二釋迦
三十方
就應化有三種
一弥陀　二釋迦
三十方
就土有四種
一法身土　二報身土
三應身土　四化身土
就報土有三種
一弥陀　二釋迦

上８オ　上７ウ

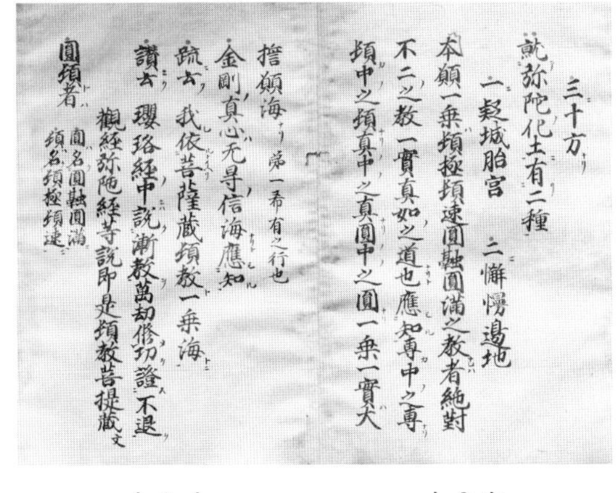

三十方
就弥陀化土有二種
一疑城胎宮　二懈慢邊地
本願一乗頓極頓速圓融圓滿之教者絶對
不二之教一實真如之道也應知專中之專
頓中之頓真中之真圓中之圓一乘一實大
誓願海第一希有之行也
金剛真心无㝵信海應知
疏云我依菩薩藏頓教一乘海
讃云瓔珞經中説漸教萬劫修功證不退
觀經弥陀經等説即是頓教菩提藏文
圓頓者　圓名圓融圓滿　頓名頓極頓速

上９オ　上８ウ

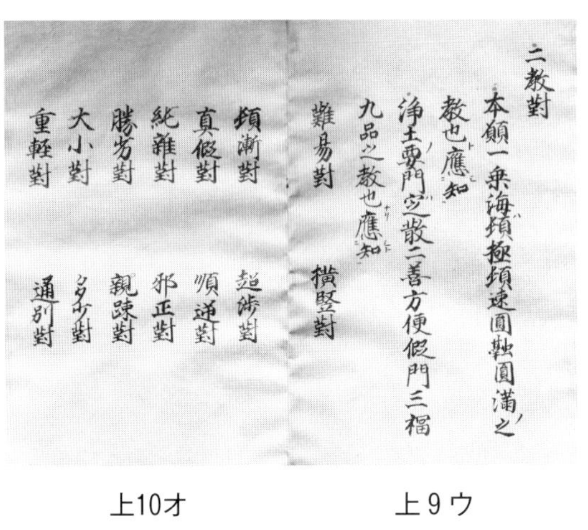

二教對
本願一乗海頓極頓速圓融圓滿之
教也應知
淨土要門定散二善方便假門三福
九品之教也應知
難易對　横竪對
頓漸對　超渉對
真假對　順逆對
純雜對　邪正對
勝劣對　親踈對
大小對　多少對
重輕對　通別對

上10オ　上９ウ

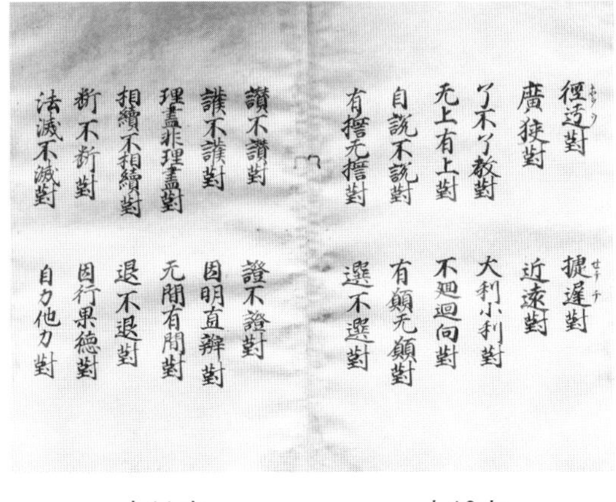

徑迂對　捷遲對
廣狹對　近遠對
了不了教對　大利小利對
无上有上對　不迴迴向對
自説不説對　有願无願對
有誓无誓對　選不選對
讃不讃對　證不證對
護不護對　因明直辨對
理盡非理盡對　无間有間對
相續不相續對　退不退對
斷不斷對　因行果徳對
法滅不滅對　自力他力對

上11オ　上10ウ

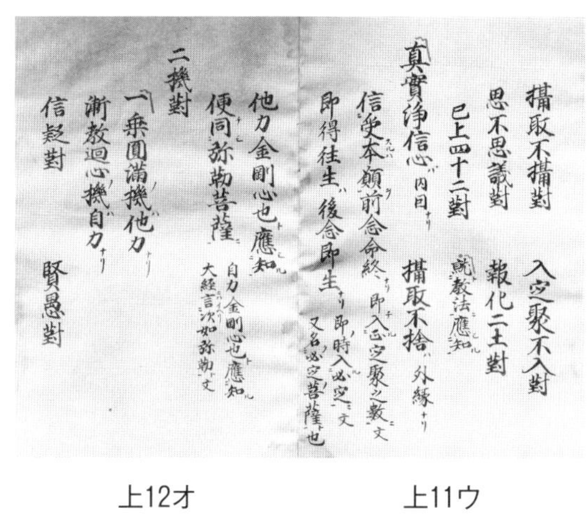
攝取不攝對　入定聚不入對
思不思議對　報化二土對
已上四十二對　就教法應知
真實淨信心 内因なり　攝取不捨 外縁なり
信受本願前念命終 即入正定聚之數 文
即得往生後念即生 即時入必定 文 又名必定菩薩也
他力金剛心也應知
便同弥勒菩薩　自力金剛心也應知 大經言次如弥勒 文
二機對
一乘圓滿機他力
漸教廻心機自力
信疑對　賢愚對

上12オ　上11ウ

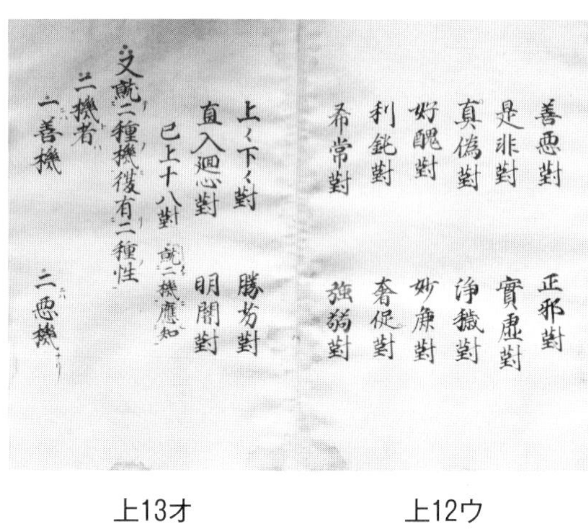
善悪對　正邪對
是非對　實虚對
真偽對　淨穢對
好醜對　妙麁對
利鈍對　奢促對
希常對　強弱對
上々下々對　勝劣對
直入廻心對　明闇對
已上十八對　就二機應知
又就二種機復有二種性
二機者
一善機　二悪機

上13オ　上12ウ

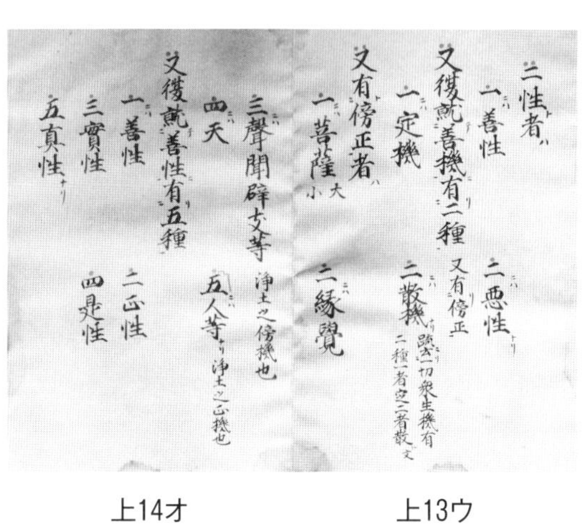
二性者
一善性　二悪性
又復就善機有二種　又有傍正
一定機　二散機　就此一切衆生機有二種 一者定二者散 文
又有傍正者
一菩薩 大小　二縁覺
三聲聞辟支等　淨土之傍機也
四天　五人等 淨土之正機也
又復就善性有五種
一善性　二正性
三實性　四是性
五真性

上14オ　上13ウ

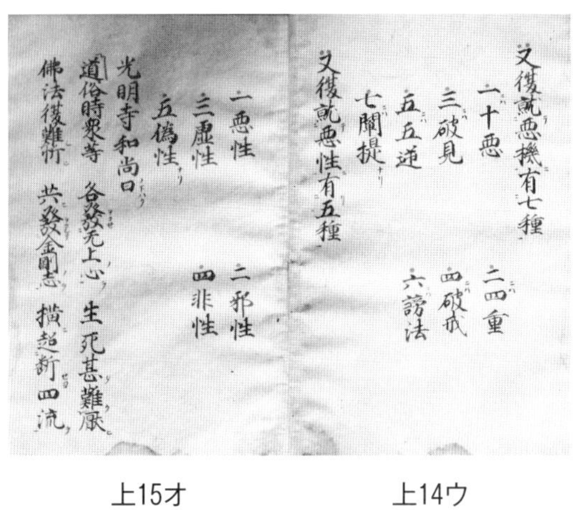
又復就悪機有七種
一十悪　二四重
三破見　四破戒
五五逆　六謗法
七闡提
又復就悪性有五種
一悪性　二邪性
三虚性　四非性
五偽性
光明寺和尚曰
道俗時衆等　各發无上心　生死甚難厭
佛法復難欣　共發金剛志　横超斷四流

上15オ　上14ウ

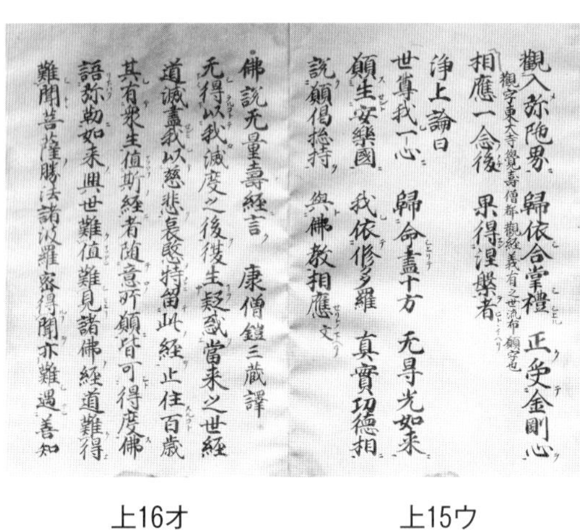
願入弥陀界　歸依合掌禮　正受金剛心
相應一念後　果得涅槃者　觀字東大寺覺香僧都觀經義有之
淨土論曰
世尊我一心　歸命盡十方　无导光如来
願生安樂國　我依修多羅　真實功徳相
説願偈總持　與佛教相應 文
佛説无量壽經言　康僧鎧三藏譯
无得以我滅度之後復生疑惑當来之世經
道滅盡我以慈悲哀愍特留此經止住百歳
其有衆生値斯經者隨意所願皆可得度佛
語弥勒如来興世難値難見諸佛經道難得
難聞菩薩勝法諸波羅蜜得聞亦難遇善知

上16オ　上15ウ

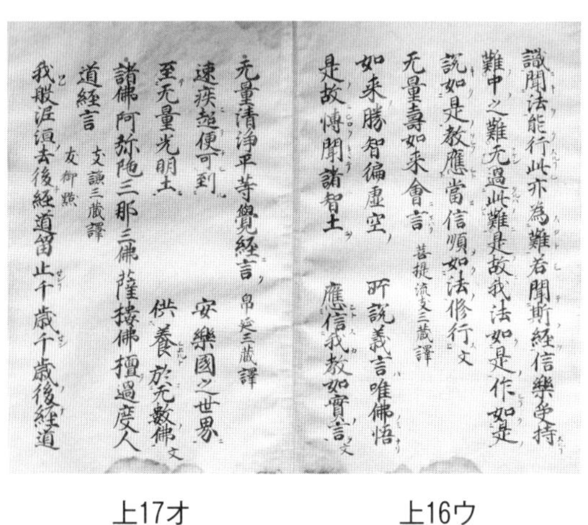
識聞法能行此亦為難若聞斯經信樂受持
難中之難无過此難是故我法如是作如是
説如是教應當信順如法修行 文
无量壽如来會言　菩提流支三藏譯
如来勝智徧虚空　所説義言唯佛悟
是故博聞諸智士　應信我教如實言 文
无量清淨平等覺經言　帛延三藏譯
速疾超便可到　安樂國之世界
至无量光明土　供養於无數佛 文
諸佛阿弥陀三耶三佛薩樓佛檀過度人
道經言　支謙三藏譯
我般泥洹去後經道留止千歳千歳後經道

上17オ　上16ウ

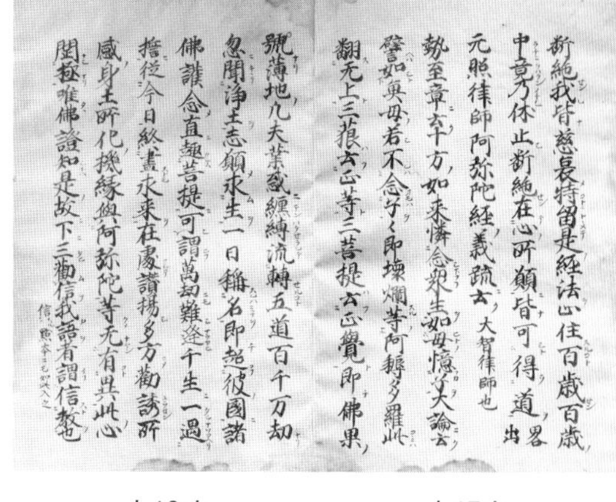

斷絶我皆慈長特留是經法止住百歳百歳
中竟乃休止斷絶在心所願皆可得道　略出
元照律師阿弥陀經義疏云　大智律師也
勢至章云十方如来憐念衆生如母憶子大論云
譬如與母若不念子子即壊爛等阿耨多羅此
翻无上三藐云正等三菩提云正覺即佛果
號薄地凡夫業惑纏縛流轉五道百千万劫
忽聞淨土志願求生一日稱名即超彼國諸
佛讃念直趣菩提可謂萬劫難逢千生一遇
捨從今日終盡未来在處讃揚多方勸誘所
感身土所化機縁與阿弥陀等无有異此心
聞極唯佛證知是故下三勸信我語者謂信難也
信ハ照本ニモ如此入之

上18オ　上17ウ

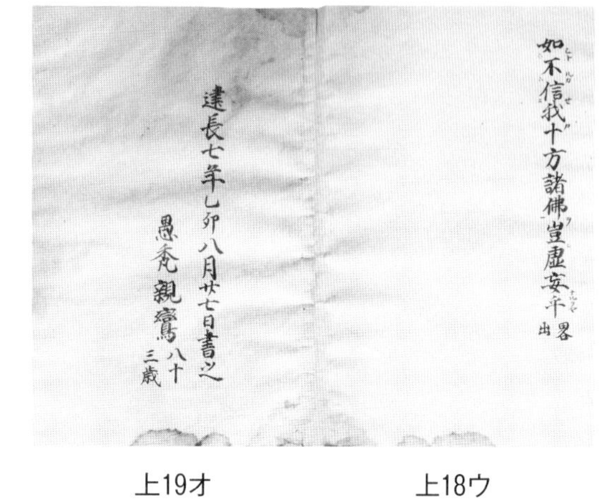

如不信我十方諸佛豈虚妄乎　略出
建長七年乙卯八月廿七日書之
愚禿親鸞　八十三歳

上19オ　上18ウ

愚禿鈔　下

下０表紙

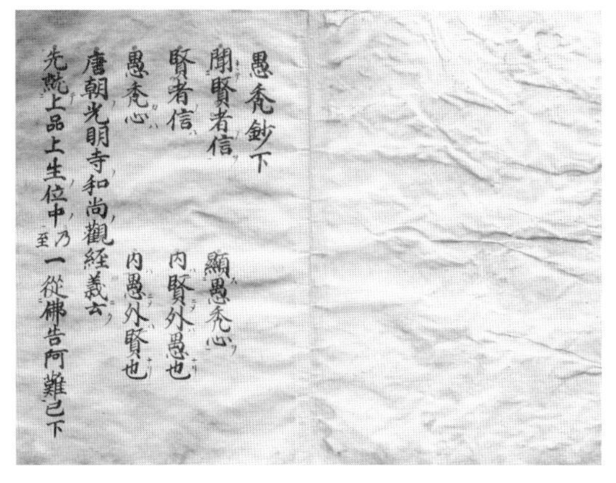

愚禿鈔下
聞賢者信　顯愚禿心
賢者信　内賢外愚也
愚禿心　内愚外賢也
唐朝光明寺和尚觀經義云
先就上品上生位中乃至一從佛告阿難已下

下１オ　下０ウ

即雙標二意一明告命二明辨定其位此即
修學大乗上善凡夫人也三從若有衆生下
至即便往生已来正明揔擧有生之類即
有其四一明能信之人二求願往生三明
發心多少四明得生之益四從何等為三下
至必生彼國已来正明辨定三心以為正因
即有二一明世尊隨機顯益意密難知非佛
自問自徴无由得解二明如来還自荅前三
心之數經云一者至誠心至者真誠者實欲
明一切衆生身口意業所修解行必須真實
心中作不得外現賢善精進之相内懐虚假
貪瞋邪偽奸詐百端悪性難侵事同蛇蝎雖

下２オ　下１ウ

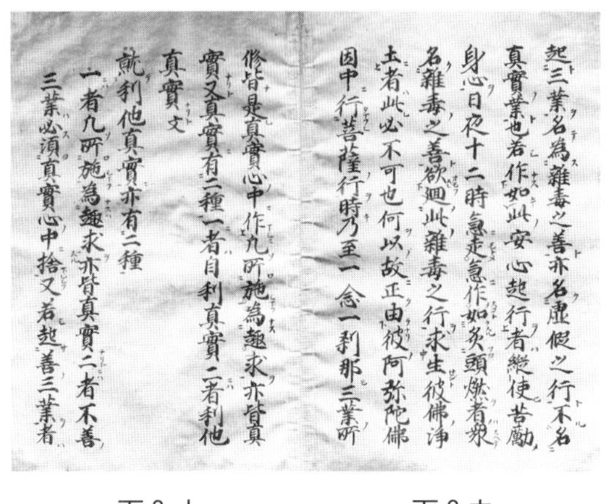

起三業名為雜毒之善亦名虚假之行不名
真實業也若作如此安心起行者縦使苦勵
身心日夜十二時急走急作如炙頭燃者衆
名雜毒之善欲廻此雜毒之行求生彼佛淨
土者此必不可也何以故正由彼阿弥陀佛
因中行菩薩行時乃至一念一刹那三業所
修皆是真實心中作凡所施為趣求亦皆真
實又真實有二種一者自利真實二者利他
真實文
就利他真實亦有二種
一者凡所施為趣求亦皆真實二者不善
三業必須真實心中捨又若起善三業者

下３オ　下２ウ

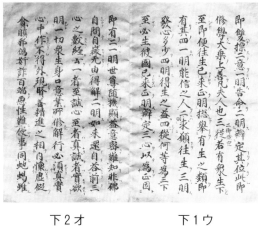

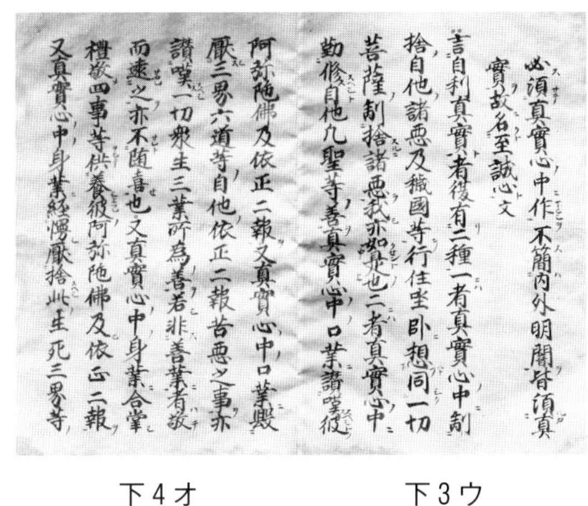

必須真實心中作不簡內外明闇皆須眞實故名至誠心文

言自利眞實者復有二種一者眞實心中制捨自他諸惡及穢國等行住坐臥想同一切菩薩制捨諸惡我亦如是也二者眞實心中勤修自他凡聖等善眞實心中口業讃嘆彼阿弥陀佛及依正二報又眞實心中口業毀厭三界六道等自他依正二報苦惡之事亦讃嘆一切衆生三業所為善若非善業者敬而遠之亦不隨喜也又眞實心中身業合掌禮敬四事等供養彼阿弥陀佛及依正二報又眞實心中身業輕慢厭捨此生死三界等

下4オ　　下3ウ

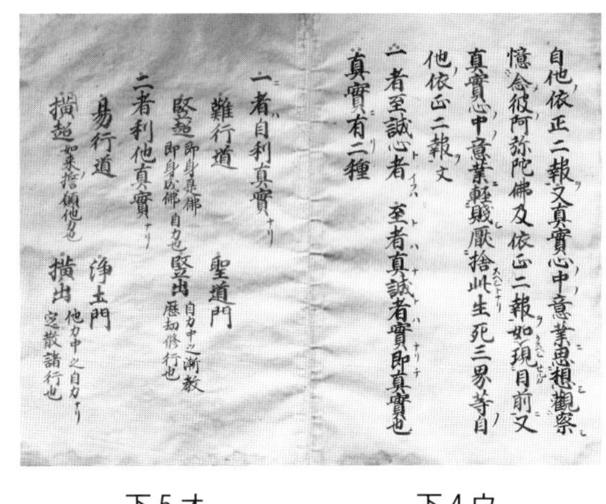

自他依正二報又眞實心中意業思想觀察憶念彼阿弥陀佛及依正二報如現目前又眞實心中意業輕賤厭捨此生死三界等自他依正二報文

一者至誠心者　至者眞誠者實即眞實也

眞實有二種

一者自利眞實

難行道　聖道門

竪超 即身是佛 即身成佛 自力也　竪出 自力中之漸教 歷劫修行也

二者利他眞實

易行道　浄土門

横超 如来誓願他力也　横出 他力中之自力 定散諸行也

下5オ　　下4ウ

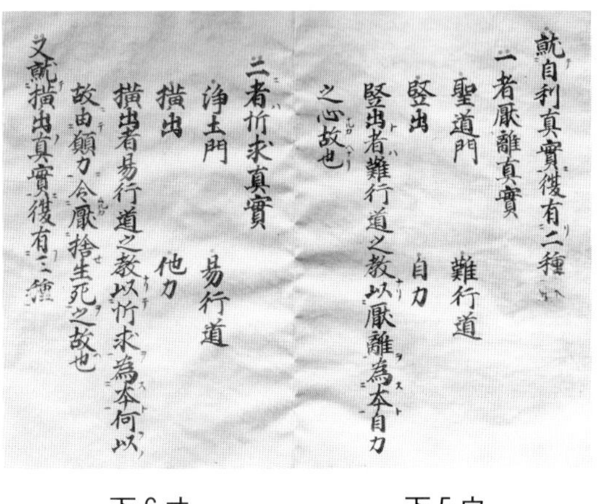

就自利眞實復有二種

一者厭離眞實

聖道門　難行道

竪出　自力

竪出者難行道之教以厭離為本自力之心故也

二者忻求眞實

浄土門　易行道

横出　他力

横出者易行道之教以忻求為本何以故由願力令厭捨生死之故也

又就横出眞實復有三種

下6オ　　下5ウ

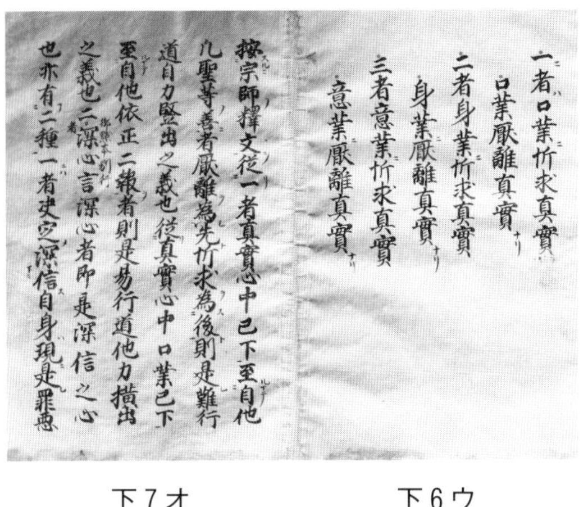

一者口業忻求眞實

口業厭離眞實

二者身業忻求眞實

身業厭離眞實

三者意業忻求眞實

意業厭離眞實

按宗師釋文從一者眞實心中已下至自他凡聖等善者厭離為先忻求為後則是難行道自力竪出之義也從眞實心中口業已下至自他依正二報者則是易行道他力横出之義也二深心言深心者即是深信之心也亦有二種一者決定深信自身現是罪悪

下7オ　　下6ウ

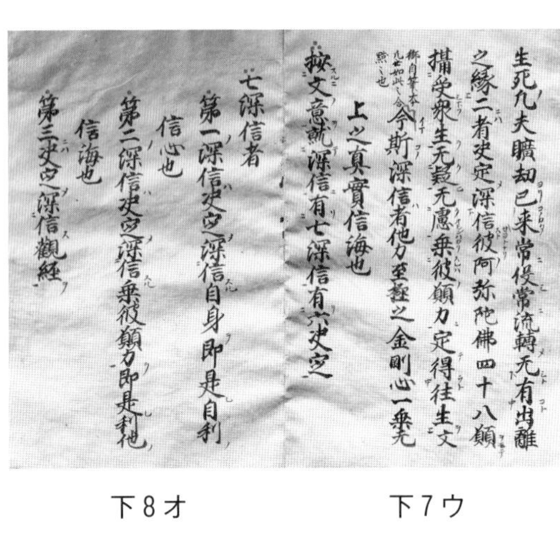

生死凡夫曠劫已来常没常流轉无有出離之縁二者決定深信彼阿弥陀佛四十八願攝受衆生无疑无慮乘彼願力定得往生文

今斯深信者他力至極之金剛心一乘无上之眞實信海也

按文意就深信有七深信有六決定

七深信者

第一深信決定深信自身即是自利信心也

第二深信決定深信乘彼願力即是利他信海也

第三決定深信觀經

下8オ　　下7ウ

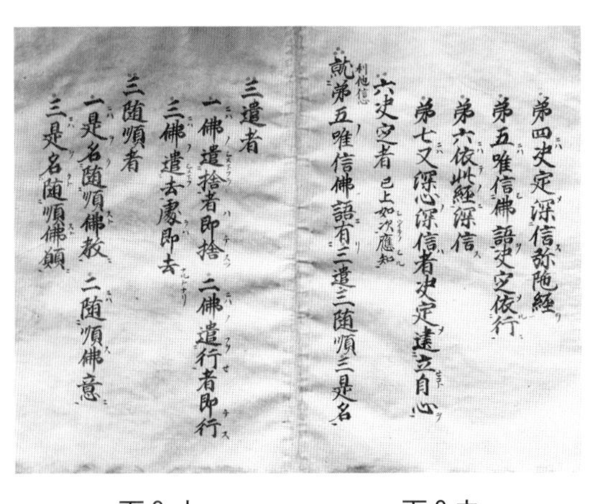

第四決定深信弥陀經

第五唯信佛語決定依行

第六依此經深信

第七又深心深信者決定建立自心

六決定者　已上如次應知

就第五唯信佛語有三遣三随順三是名

三遣者

一佛遣捨者即捨　二佛遣行者即行

三佛遣去處即去

三随順者

一是名随順佛教　二随順佛意

三是名随順佛願

下9オ　　下8ウ

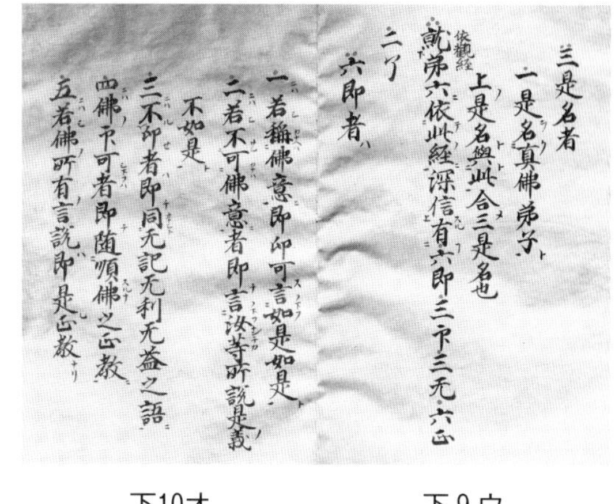
三是名者
一是名真佛弟子
上是名與此合三是名也
依觀經
就第六依此經深信有六即 三卩三无六正
二了
六即者
一若稱佛意即印可言如是如是
二若不可佛意者即言汝等所說是義不如是
三不印者即同无記无利无益之語
四佛卩可者即隨順佛之正教
五若佛所有言說即是正教

下９ウ　下10オ

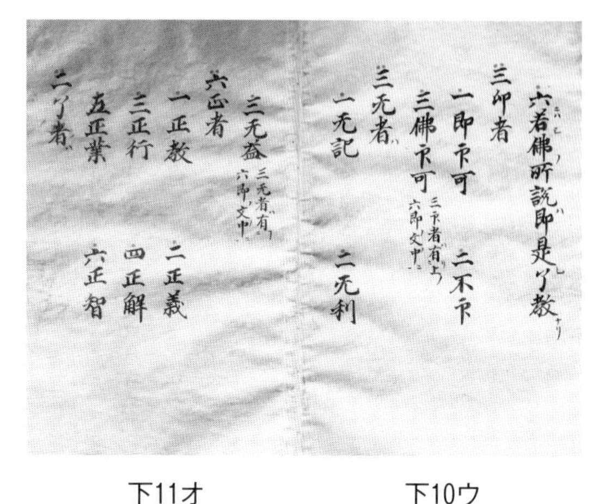
六若佛所說即是了教
三印者
一即卩可　二不卩
三佛卩可 三卩者有六即文中
三无者
一无記　二无利
三无益 三无者有六即文中
六正者
一正教　二正義
三正行　四正解
五正業　六正智
二了者

下10ウ　下11オ

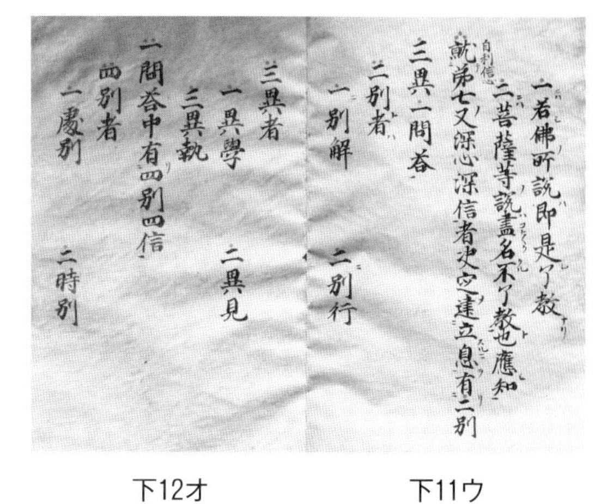
一若佛所說即是了教
二菩薩等說盡名不了教也應知
就第七又深心深信者決定建立自有二別
三異一問答
二別者
一別解　二別行
三異者
一異學　二異見
三異執
四別者
一問答中有四別四信
一處別　二時別

下11ウ　下12オ

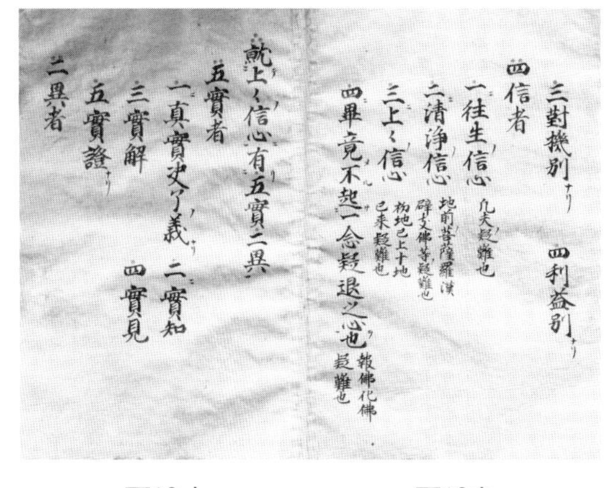
三對機別　四利益別
四信者
一往生信心 凡夫疑難也
二清淨信心 地前菩薩羅漢辟支佛等疑難也
三上上信心 初地已上十地已來疑難也
四畢竟不退一念疑退之心也 報佛化佛疑難也
就上上信心有五實二異
五實者
一真實決了義　二實知
三實解　四實見
五實證
二異者

下12ウ　下13オ

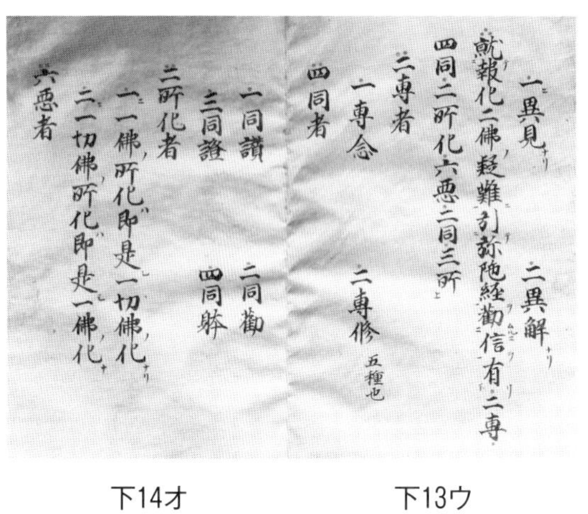
一異見　二異解
就報化二佛疑難引彌陁經勸信有二專
四同二所化六惡二同三所
二專者
一專念　二專修 五種也
四同者
一同讃　二同勸
三同證　四同躰
二所化者
一一佛所化即是一切佛化
二一切佛所化即是一佛化
六惡者

下13ウ　下14オ

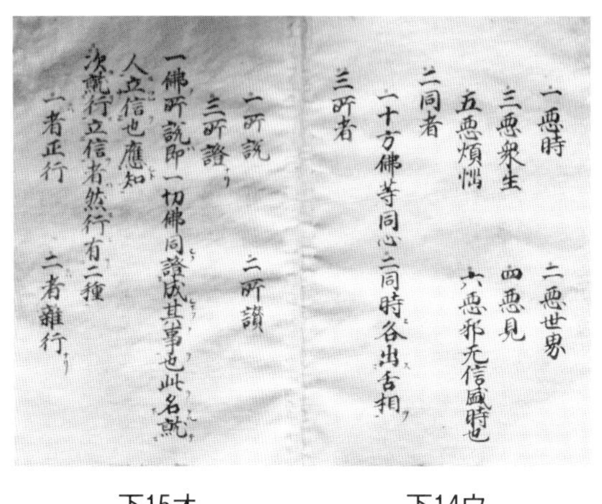
一惡時　二惡世界
三惡衆生　四惡見
五惡煩惱　六惡邪无信盛時也
二同者
一十方佛等同心二同時各出舌相
三所者
一所說　二所讃
三所證
一佛所說即一切佛同證成其事也此名就人立信也應知
次就行立信者然行有二種
一者正行　二者雜行

下14ウ　下15オ

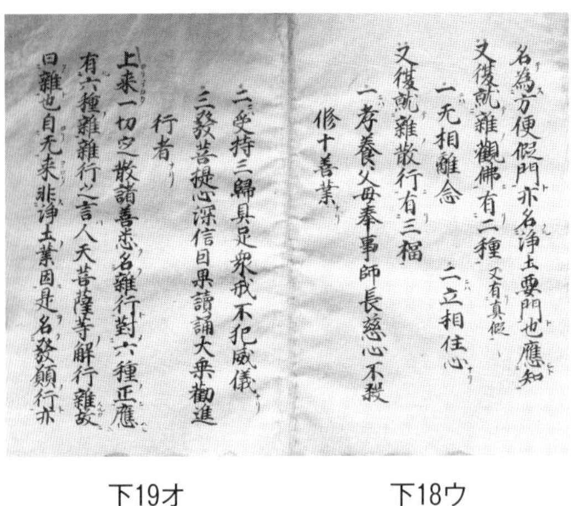

下19オ　　下18ウ

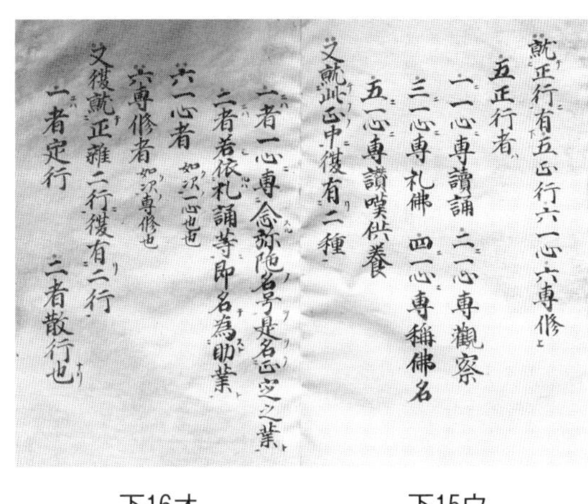

下16オ　　下15ウ

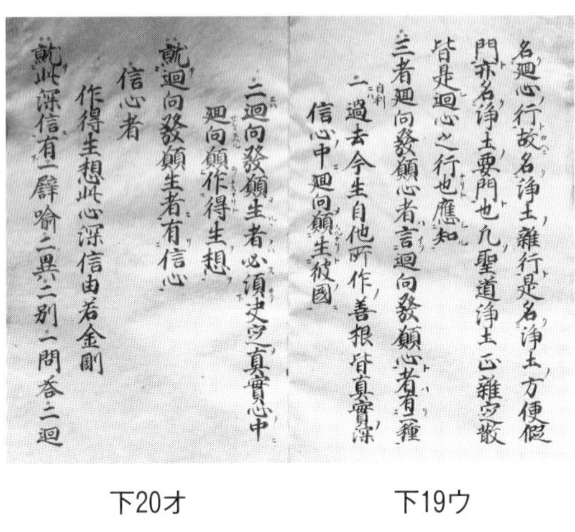

下20オ　　下19ウ

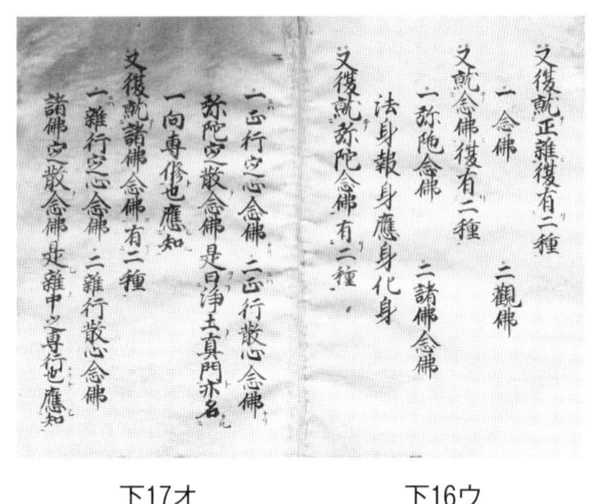

下17オ　　下16ウ

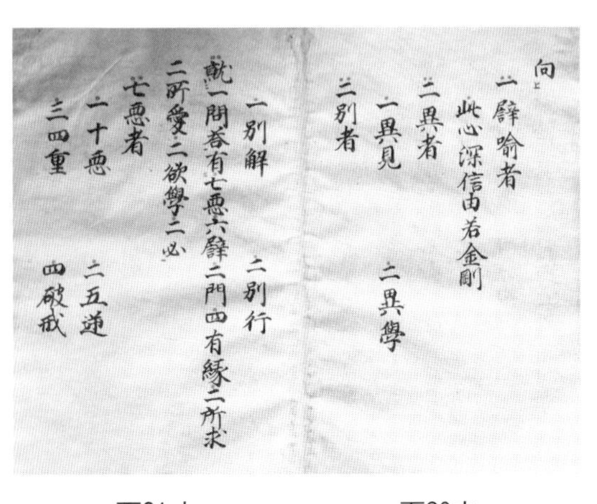

下21オ　　下20ウ

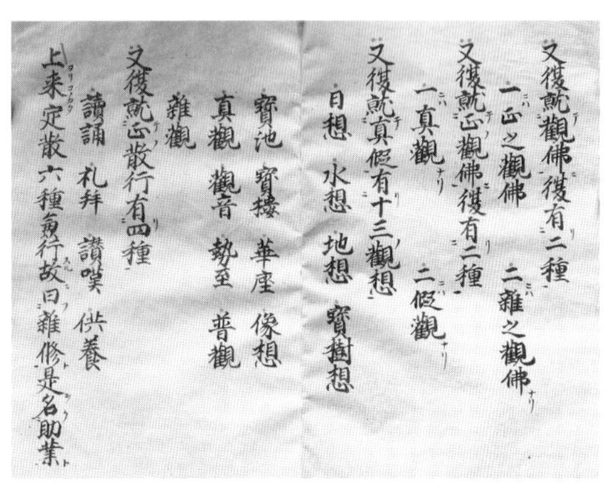

下18オ　　下17ウ

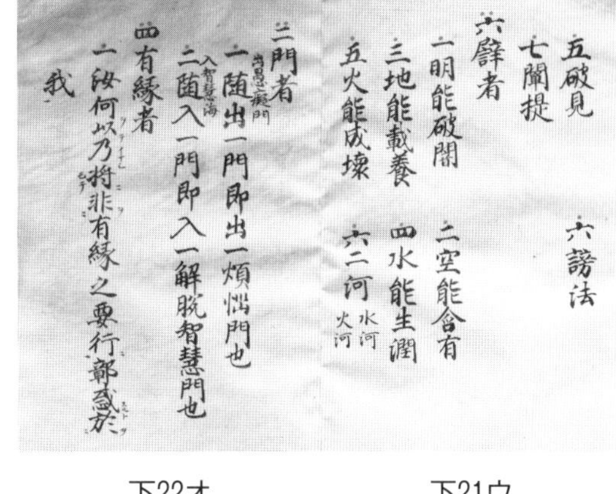

五破見　六謗法
七闡提
六譬者
一明能破闇　二空能含有
三地能載養　四水能生潤
五火能成壞　六二河 水河 火河
二門者
一随出一門即出一煩悩門也
二随入一門即入一解脱智慧門也
四有縁者
一汝何以乃將非有縁之要行鄣惑於
我

下22オ　　下21ウ

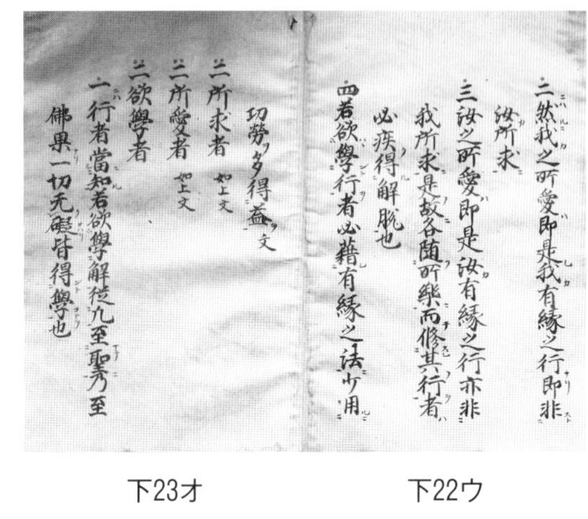

二然我之所愛即是我有縁之行即非
汝所求
三汝之所愛即是汝有縁之行亦非
我所求是故各随所樂而修其行者
必疾得解脱也
四若欲學行者必藉有縁之法少用
功勞多得益 文
二所求者 如上文
三所愛者 如上文
二欲學者
一行者當知若欲學解從凡至聖乃至
佛果一切无礙皆得學也

下23オ　　下22ウ

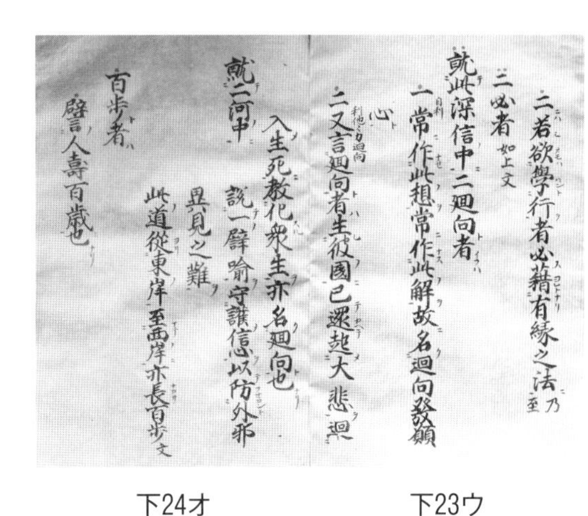

二若欲學行者必藉有縁之法 乃至
二必者 如上文
就此深信中二廻向者
一常作此想常作此解故名廻向發願
心
二又言廻向者生彼國已還起大悲廻
入生死教化衆生亦名廻向也
就二河中
説一譬喩守護信心以防外邪
異見之難
此道從東岸至西岸亦長百歩文
百歩者
譬言人壽百歳也

下24オ　　下23ウ

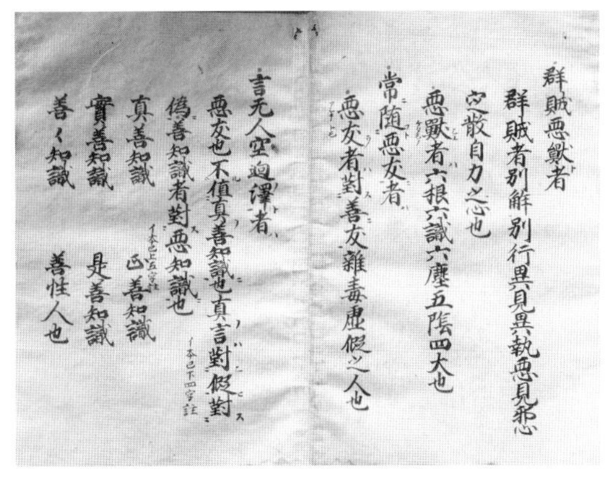

群賊悪獸者
群賊者別解別行異見異執悪見邪心
定散自力之心也
悪獸者六根六識六塵五陰四大也
常随悪友者
悪友者對善友雜毒虚假之人也
言无人空迥澤者
悪友也不值真善知識也真言對假對
偽善知識者對悪知識也
真善知識　正善知識
實善知識　是善知識
善々知識　善性人也

下25オ　　下24ウ

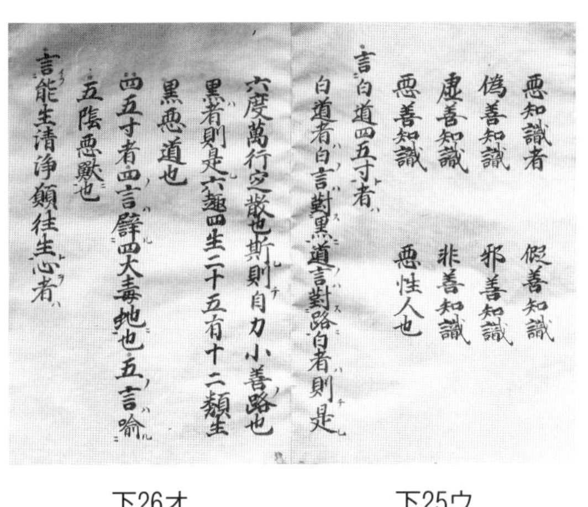

悪知識者　假善知識
偽善知識　邪善知識
虚善知識　非善知識
悪善知識　悪性人也
言白道四五寸者
白道者白言對黒道言對路白者則是
六度萬行定散也斯則自力小善路也
黒者則是六趣四生二十五有十二類生
黒悪道也
四五寸者四言譬四大毒蛇也五言喩
五陰悪獸也
言能生清浄願往生心者

下26オ　　下25ウ

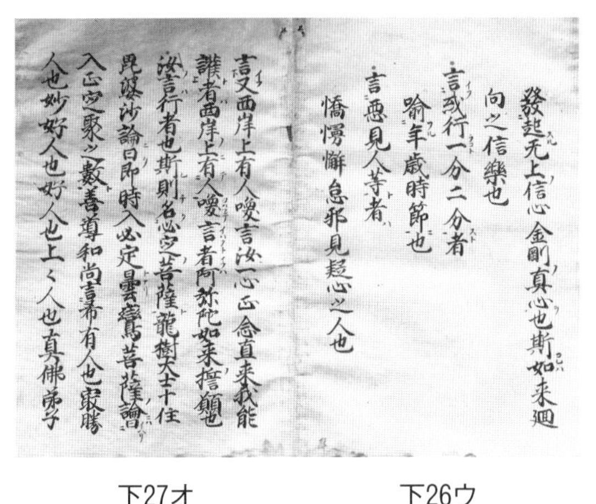

發起无上信心金剛真心也斯如来廻
向之信樂也
言或行一分二分者
喩年歳時節也
言悪見人等者
憍慢懈怠邪見疑心之人也
言又西岸上有人喚言汝一心正念直来我能
護者西岸上有人喚言者阿弥陀如来誓願也
汝言行者也斯則名必定菩薩龍樹大士十住
毘婆沙論曰即時入必定曇鸞菩薩讃
入正定聚之數善導和尚言希有人也最勝
人也妙好人也好人也上々人也真佛弟子

下27オ　　下26ウ

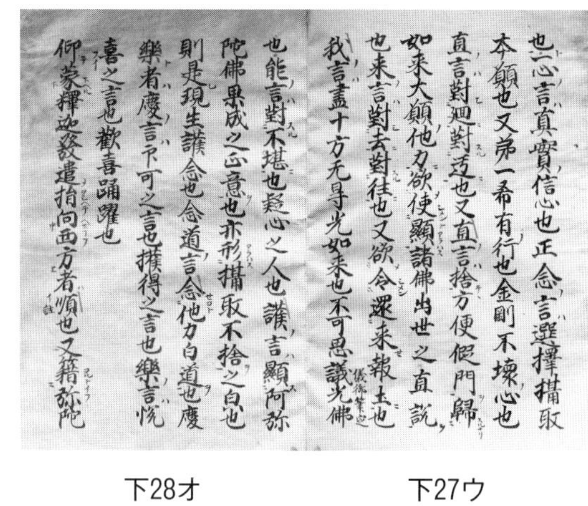
也一心言真實信心也正念言選擇攝取
本願也又第一希有行也金剛不壞心也
直言對廻對迂也又直言捨方便假門歸
如来大願他力欲使顯諸佛出世之直說
也来言對去對往也又欲令還来報土也
我言盡十方无导光如来也不可思議光佛
也能言對不堪也疑心之人也讚言顯阿彌
陀佛果成之正意也亦形攝取不捨之白也
則是現生讚念也念道言念他力白道也慶
樂者慶言卜可之言也獲得之言也樂言悅
喜之言也歡喜踊躍也
仰蒙釋迦發遣指向西方者順也又藉彌陀

下28オ　　下27ウ

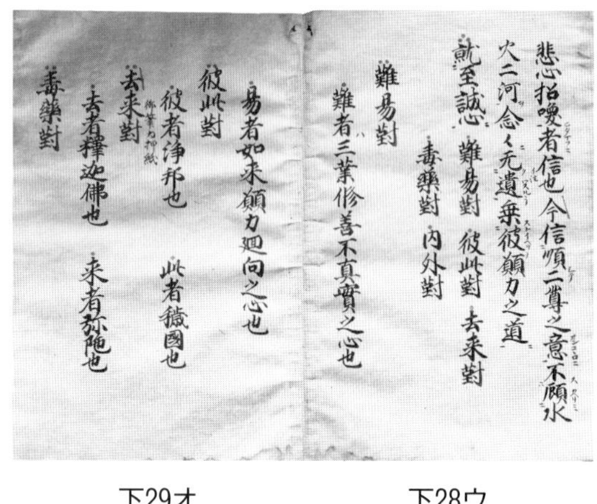
悲心招喚者信也今信順二尊之意不顧水
火二河念々无遺乘彼願力之道
就至誠心　難易對　彼此對　去来對
毒藥對　内外對
難易對
難者三業修善不真實之心也
易者如来願力廻向之心也
彼此對
彼者淨邦也　此者穢國也
去来對
去者釋迦佛也　来者彌陀也
毒藥對

下29オ　　下28ウ

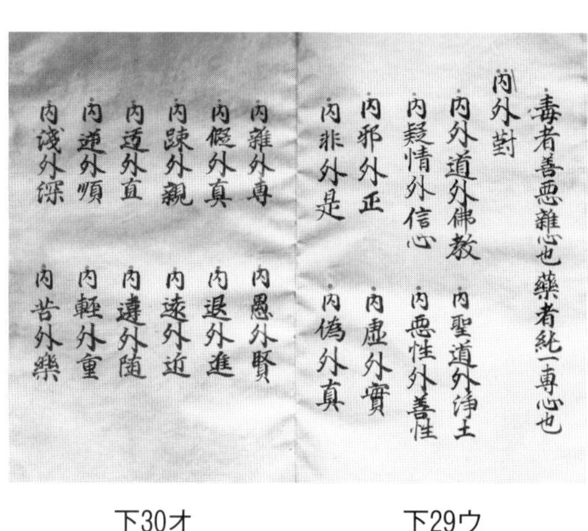
毒者善悪雜心也藥者純一專心也
内外對
内外道外佛教　内聖道外淨土
内疑情外信心　内悪性外善性
内邪外正　内虚外實
内非外是　内僞外真
内雜外專　内愚外賢
内假外真　内退外進
内疎外親　内遠外近
内迂外直　内違外隨
内逆外順　内輕外重
内淺外深　内苦外樂

下30オ　　下29ウ

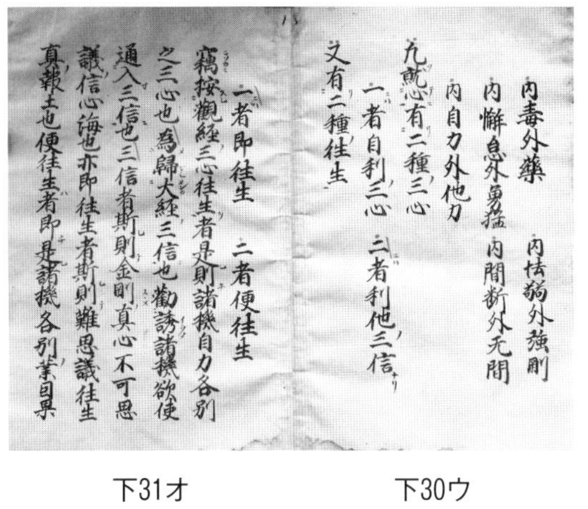
内毒外藥　内怯弱外強剛
内懈怠外勇猛　内間斷外无間
内自力外他力
凡就心有二種三心
一者自利三心　二者利他三信
又有二種往生
一者即往生　二者便往生
竊按觀經三心往生者是則諸機自力各別
之三心也為歸大經三信也勸誘諸機欲使
通入三信也三信者斯則金剛真心不可思
議信心海也亦即往生者斯則難思議往生
真報土也便往生者即是諸機各別業因果

下31オ　　下30ウ

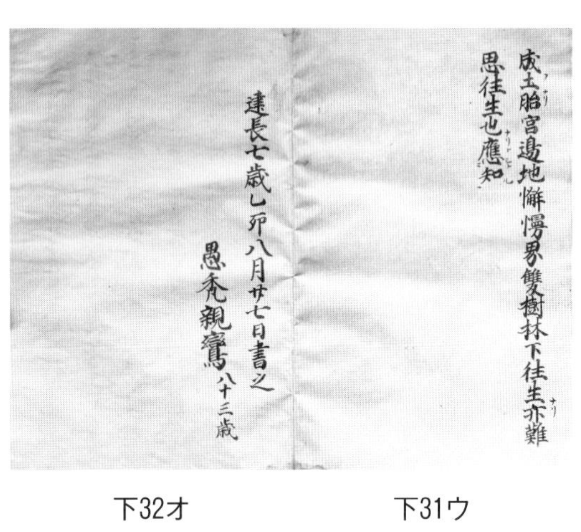
成土胎宮邊地懈慢界雙樹林下往生亦難
思往生也應知
建長七歳乙卯八月廿七日書之
愚禿親鸞八十三歳

下32オ　　下31ウ

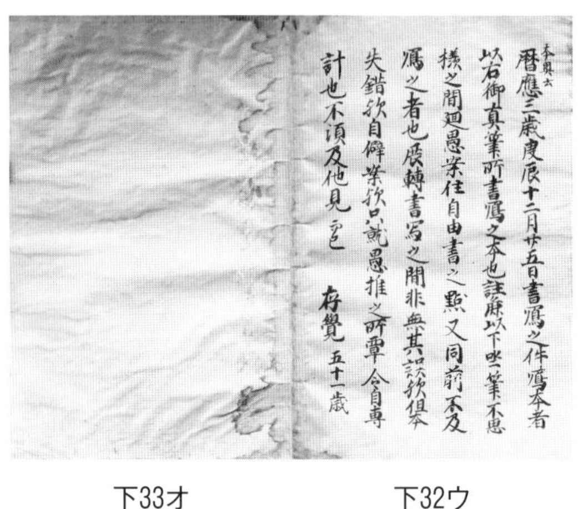
暦應三歳庚辰十二月廿五日書寫之件寫本者
以岩御真筆所書寫之本也註康以下此一筆不思
擬之間廻愚案任自由書之之點又同前不及
寫之者也展轉書寫之間非無其誤欲但參
失錯欲自僻案欲只就愚推之所覃令自專
計也不須及他見矣　存覺　五十一歳

下33オ　　下32ウ

《聖教十》教行証文類

齊救濟苦悩群萌世雄悲正欲恵逆謗闡提欲
知圓融至德嘉號轉惡成德正智難信金剛
信樂除疑獲證眞理也介者凡小易修眞教
愚鈍易往捷徑大聖一代教無如是之德海
捨穢忻淨迷行惑信心昏識寡惡重障多特
仰如来發遣必歸最勝直道專奉斯行唯崇
斯信噫弘誓強緣多生叵值眞實淨信億劫
叵獲遇獲行信遠慶宿緣若也此廻覆蔽疑網
更復逕歷曠劫誠哉攝取不捨眞言超世希
有正法聞思莫遲慮爰愚禿釋親鸞慶哉西
蕃月支聖典東夏日域師釋難遇今得遇難
聞已得聞敬信眞宗教行證特知如来恩德

総序・教文類　2オ　　　　1ウ

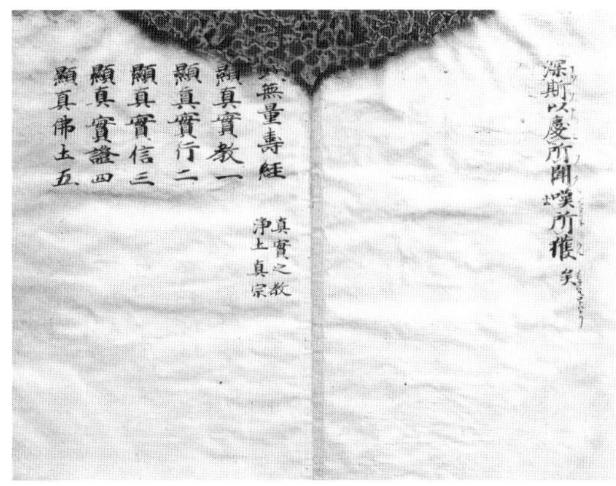
深斯以慶所聞嘆所獲矣
大無量壽經　眞實之教　淨土眞宗
顯眞實教一
顯眞實行二
顯眞實信三
顯眞實證四
顯眞佛土五

総序・教文類　3オ　　　　2ウ

総序・教文類

総序・教文類　0表紙

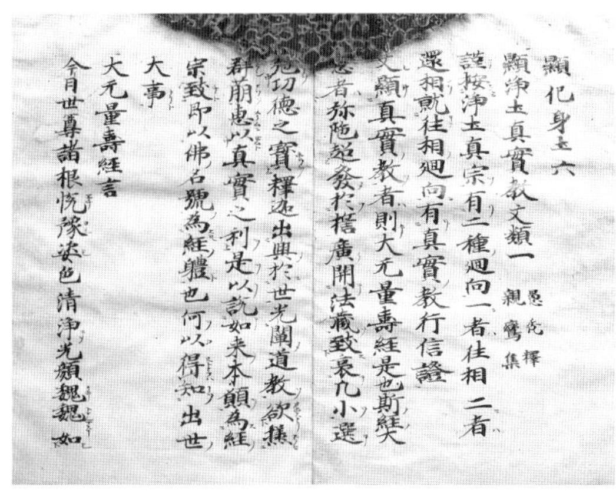
顯化身土六
顯淨土眞實教文類一　愚禿釋親鸞集
謹按淨土眞宗有二種廻向一者往相二者
還相就往相廻向有眞實教行信證
夫顯眞實教者則大無量壽經是也斯經大
意者弥陀超發於誓廣開法藏致哀凡小選
施功德之寶釋迦出興於世光闡道教欲拯
群萌恵以眞實之利是以說如来本願為經
宗致即以佛名號為經體也何以得知出世
大事
大無量壽經言
今日世尊諸根悅豫姿色清淨光顏巍巍如

総序・教文類　4オ　　　　3ウ

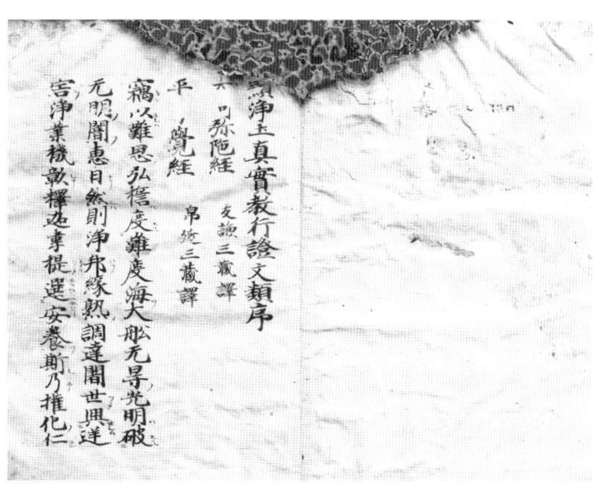
顯淨土眞實教行證文類序
大阿弥陀經　支謙三藏譯
平等覺經　帛延三藏譯
竊以難思弘誓度難度海大船无㝵光明破
无明闇惠日然則淨邦緣熟調達闍世興逆
害淨業機彰釋迦韋提選安養斯乃權化仁

総序・教文類　1オ　　　　0ウ

総序・教文類　5オ　　4ウ

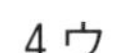

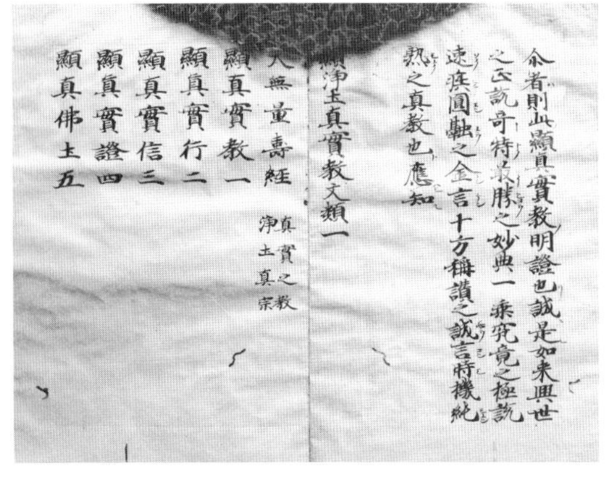

総序・教文類　8オ　　7ウ

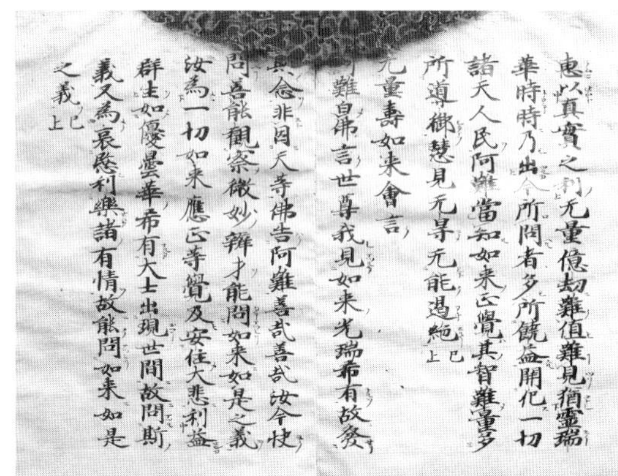

総序・教文類　6オ　　5ウ

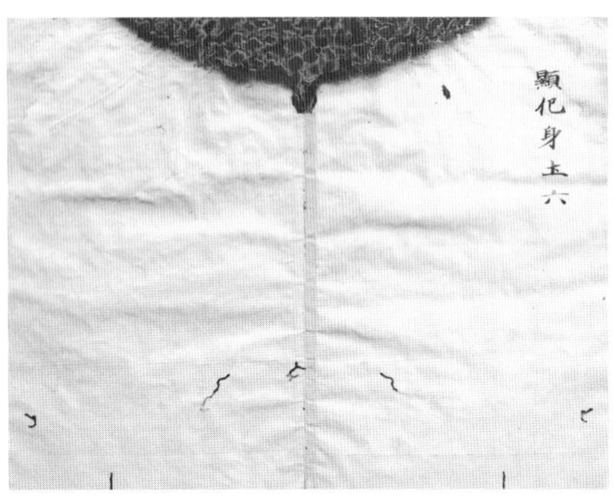

総序・教文類　9オ　　8ウ

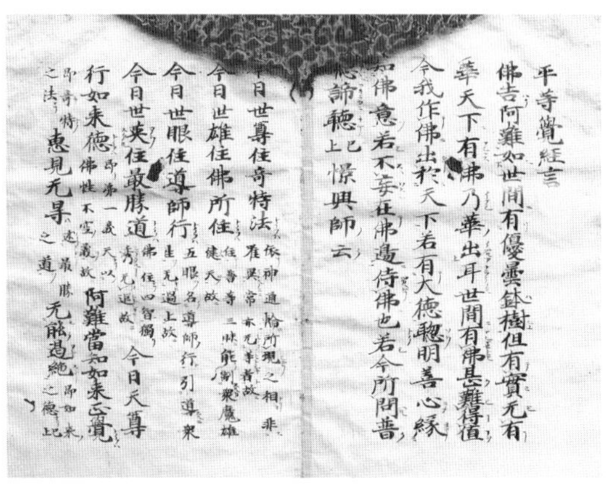

総序・教文類　7オ　　6ウ

総序・教文類　裏表紙

行文類

行文類　3オ　　2ウ

行文類　0表紙

行文類　4オ　　3ウ

行文類　1オ　　0ウ

行文類　5オ　　4ウ

行文類　2オ　　1ウ

一切人聞説法　皆悉来生我國
吾所願皆具足　従衆國来生者
皆悉来到此國　一生得不退轉
速疾超便可到　安樂國之世界
無量光明土　供養於無數佛
有是功德人　不得聞是経名

有清淨戒者　乃還聞斯正法
憍慢弊懈怠　難以信於此法
宿世時見佛者　樂聽聞世尊教
人之命希可得　佛在世甚難値
有信恵不可致　若聞見精進求
聞是法而不忘　便見敬得大慶

行文類　6オ　　5ウ

則我之善親厚　以是故發道意
設令満世界火　過此中得聞法
會當作世尊將　度一切生老死
已悲華経大施品之二巻言　曇無讖三藏譯　願我成
耨多羅三藐三菩提已無量無邊阿僧祇
佛世界所有衆生聞我名者修諸善本欲

界願其捨命之後必定得生唯除五逆
誹謗聖人破壊正法已上　今者稱名能破衆生
一切無明能満衆生一切志願稱名則是最
勝真妙正業正業則是念佛念佛則是南無
阿弥陀佛南無阿弥陀佛即是正念也可知
十住毗婆沙論曰有人言般舟三昧及大悲

行文類　7オ　　6ウ

名諸佛家従此二法生諸如来此中般舟三
昧為父又大悲為母復次般舟三昧是父無
生法忍是母如助菩提中説般舟三昧父大
悲無生母一切諸如来従是二法生家無過
咎者家清淨故清淨者六波羅蜜四功德處
般若波羅蜜善恵般舟三昧大悲諸忍

諸法清淨無有過故名家清淨是菩薩以
諸法為家故無有過咎轉於世間道入出
世上道者世間道名即是凡夫所行道轉名
休息凡夫道者不能究竟至涅槃常往来生
死是名凡夫道出世間者因是道得出三界
故名出世間道上者妙故名為上入者正行

行文類　8オ　　7ウ

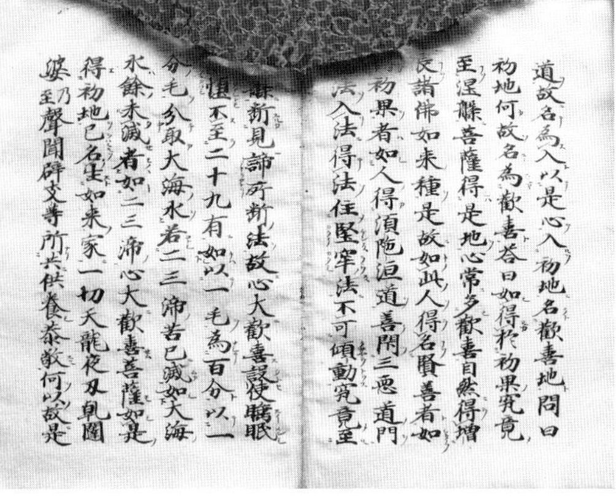

道故名為入以是心入初地名歡喜地問曰
初地何故名為歡喜答曰如得於初果究竟
至涅槃菩薩得是地心常多歡喜自然得增
長諸佛如来種是故如此人得名賢善者如
初果者如人得須陀洹道善閉三悪道門
法入法得法住堅牢法不可傾動究竟至

涅槃斷見諦所斷法故心大歡喜設使睡眠
懶堕不至二十九有如以一毛為百分以一
分毛分取大海水若二三渧苦已滅如大海
水餘未滅者如二三渧心大歡喜菩薩如是
得初地已名生如来家一切天龍夜叉乾闥
婆乃至聲聞辟支等所共供養恭敬何以故是

行文類　9オ　　8ウ

家無有過咎故轉世間道入出世間道但樂
敬佛得四功德處得六波羅蜜果報滋味不
斷諸佛種故心大歡喜是菩薩所有餘苦如
二三水渧雖百千億劫得阿耨多羅三藐三
菩提於無始生死苦如二三水渧所可滅苦
如大海水是故此地名為歡喜問曰初歡喜

地菩薩在此地中名多歡喜為得諸功德故
歡喜為地法應歡喜以何而歡喜答曰常念
於諸佛及諸佛大法必定希有行是故多歡
喜如是等歡喜因縁故菩薩在初地中心多
歡喜念諸佛者念然燈等過去諸佛阿弥陀
等現在諸佛弥勒等将来諸佛常念如是諸

行文類　10オ　　9ウ

佛世尊如現在前三界第一無能勝者是故
多歡喜念諸佛大法者略説諸佛四十不共
法一自在飛行随意二自在變化無邊三自
在所聞無閡四自在以無量種門知一切衆
心乃至念必定諸菩薩者若菩薩得阿耨多
三藐三菩提記入法位得無生忍千萬億

魔之軍衆不能壊乱得大悲心成大人法
是名念必定菩薩念希有行者念必定菩
薩第一希有行令心歡喜一切凡夫所不能
及一切聲聞辟支佛所不能行開示佛法無
閡解脱及薩婆若智又念十地諸所行法名
為心多歡喜是故菩薩得入初地名為歡喜

行文類　11オ　　10ウ

行文類　15オ　　14ウ

行文類　12オ　　11ウ

行文類　16オ　　15ウ

行文類　13オ　　12ウ

行文類　17オ　　16ウ

行文類　14オ　　13ウ

行文類　18オ　17ウ

行文類　19オ　18ウ

行文類　20オ　19ウ

行文類　21オ　20ウ

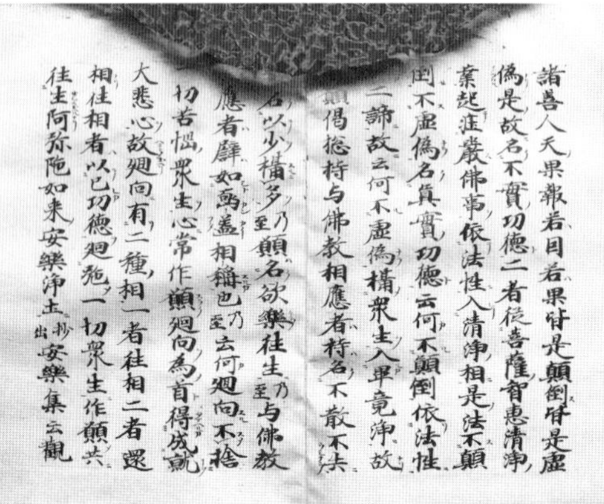

行文類　22オ　21ウ

行文類　23オ　22ウ

行文類　26オ　　25ウ

行文類　23オ　拡大図

行文類　27オ　　26ウ

行文類　24オ　　23ウ

行文類　28オ　　27ウ

行文類　25オ　　24ウ

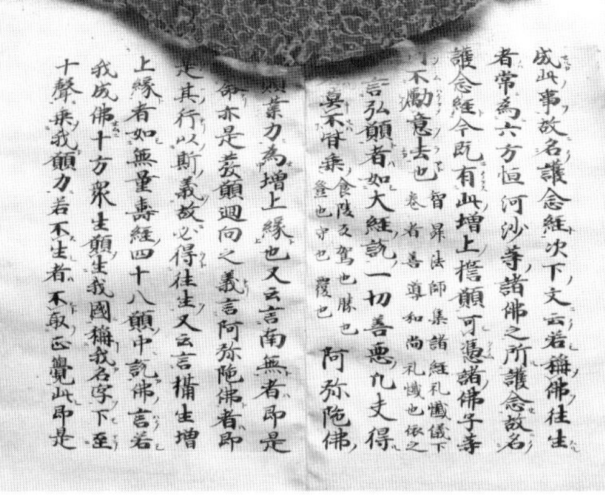
成此事故名護念經次下文云若稱佛往生
者常為六方恒河沙等諸佛之所護念故名
護念經今既有此增上誓願可憑諸佛子等
何不勵意去也智昇法師集諸經礼懺儀下巻者善導和尚礼懺也依之
言弘願者如大經說一切善惡凡夫得
生者莫不皆乘食陵反駕也勝也登也守也覆也阿弥陀佛
大願業力為增上緣也又云言南無者即是
歸命亦是發願迴向之義言阿弥陀佛者即
是其行以斯義故必得往生又云言攝生增
上緣者如無量壽經四十八願中說佛言若
我成佛十方衆生願生我國稱我名字下至
十聲乘我願力若不生者不取正覺此即是

行文類　32オ　31ウ

行文類　29オ　28ウ

行文類　33オ　32ウ

行文類　30オ　29ウ

行文類　34オ　33ウ

行文類　31オ　30ウ

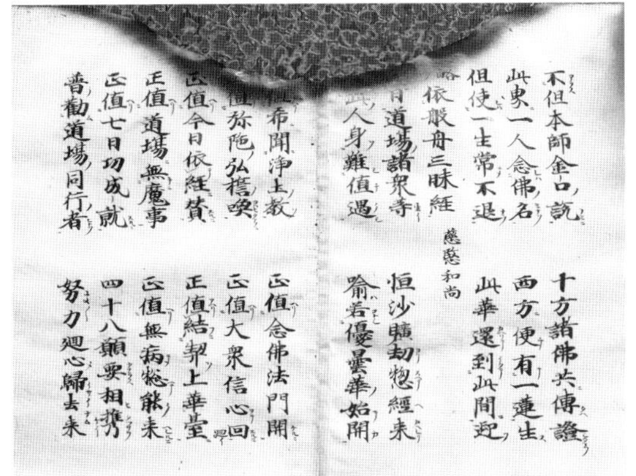
不但本師金口説　十方諸佛共傳證
此界一人念佛名　西方便有一蓮生
但使一生常不退　此華還到此間迎
略 依般舟三昧經　慈愍和尚
日道場諸衆等　恒沙曠劫惣經来
此人身難値遇　喩若優曇華始開
正値希聞淨土教　正値念佛法門開
正値弥陀弘誓喚　正値大衆信心回
正値今日依經讃　正値結契上華臺
正値道場無魔事　正値無病惣能来
正値七日功成就　四十八願要相携
普勸道場同行者　努力廻心歸去来

行文類　37オ　　36ウ

應生於濁世阿弥陀出現於淨土方雖穢淨
兩殊利益應一若易修易證眞唯淨土教門
然彼西方殊妙難比其國土也嚴以百寶蓮
次九品以収人其佛名号也乃至依稱讃淨土
擇法照
衆尊号甚分明　十方世界普流行
但有稱名皆得往　觀音勢至自来迎
彌陀本願特超殊　慈悲方便引凡夫
一切衆生皆度脱　稱名即得罪消除
凡夫若得到西方　曠劫塵沙罪消已
具六神通得自在　永除老病離無常
依佛本行經 法照　何者名之為正法

行文類　35オ　　34ウ

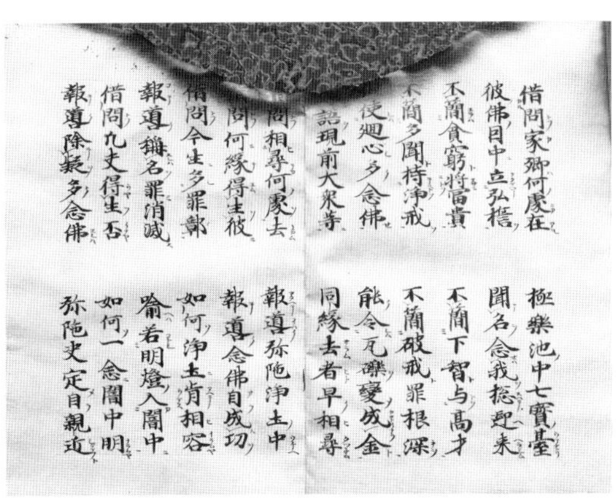
借問家郷何處在　極樂池中七寶臺
彼佛因中立弘誓　聞名念我惣迎来
不簡貧窮將富貴　不簡下智与高才
不簡多聞持淨戒　不簡破戒罪根深
但使廻心多念佛　能令瓦礫變成金
語現前大衆等　同縁去者早相尋
借問相尋何處去　報道弥陀淨土中
借問何縁得生彼　報道念佛自成功
借問今生多罪鄣　如何淨土肯相容
報道稱名罪消滅　喩若明燈入闇中
借問凡夫得生否　如何一念闇中明
報道除疑多念佛　弥陀決定自親近

行文類　38オ　　37ウ

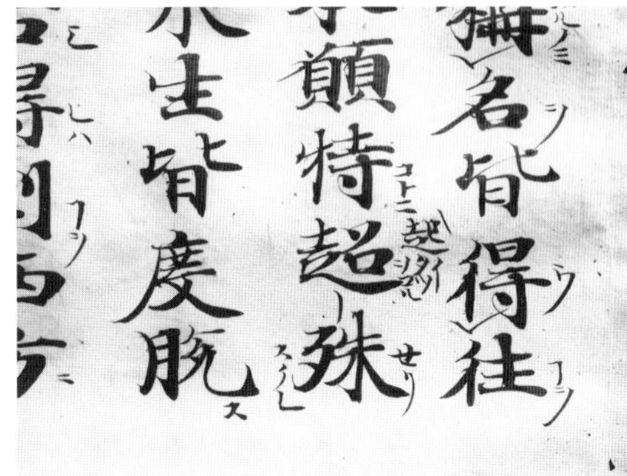
稱名皆得往
願特超殊
衆生皆度脱
得到西方

行文類　35オ　拡大

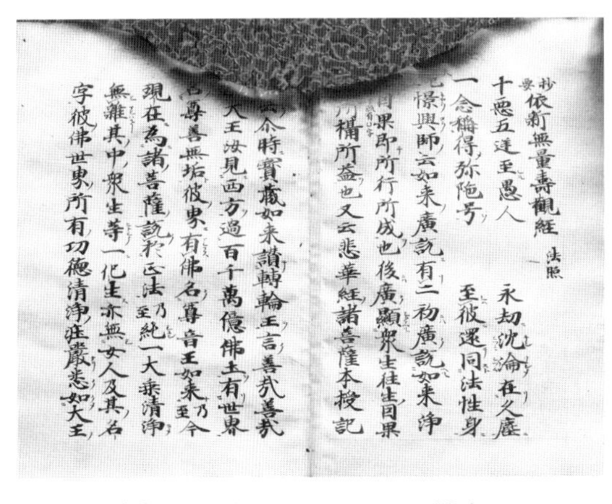
抄要 依新無量壽觀經 法照
十悪五逆至愚人　永劫沈淪在久塵
一念稱得弥陀号　至彼還同法性身
已上 憬興師云如来廣説有二初廣説如来淨
土因果即所行所成也後廣顯衆生往生因果
即所攝所益也又云悲華經諸菩薩本授記
品云爾時寶藏如来讃轉輪王言善哉善哉
大王汝見西方過百千萬億佛土有世界
名尊善無垢彼界有佛名尊音王如来乃至今
現在為諸菩薩説於正法乃至純一大乘清淨
無雜其中衆生等一化生亦無女人及其名
字彼佛世界所有功徳清淨莊嚴悉如大王

行文類　39オ　　38ウ

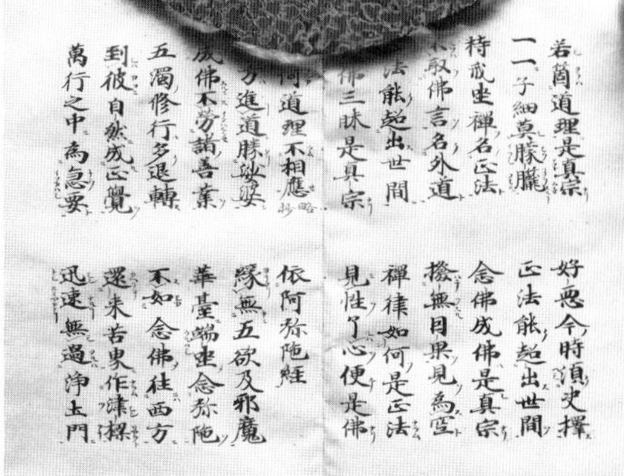
若爲道理是眞宗　好悪今時須决擇
一一子細莫朦朧　正法能超出世間
持戒坐禅名正法　念佛成佛是眞宗
不取佛言名外道　撥無因果見爲空
正法能超出世間　禅律如何是正法
念佛三昧是眞宗　見性了心便是佛
如何道理不相應 略抄　依阿弥陀經
衆生進道勝娑婆　縁無五欲及邪魔
成佛不勞諸善業　華臺端坐念弥陀
五濁修行多退轉　不如念佛往西方
到彼自然成正覺　還来苦界作津梁
萬行之中為急要　迅速無過淨土門

行文類　36オ　　35ウ

行文類　40オ　39ウ

行文類　41オ　40ウ

行文類　42オ　41ウ

行文類　43オ　42ウ

行文類　44オ　43ウ

行文類　45オ　44ウ

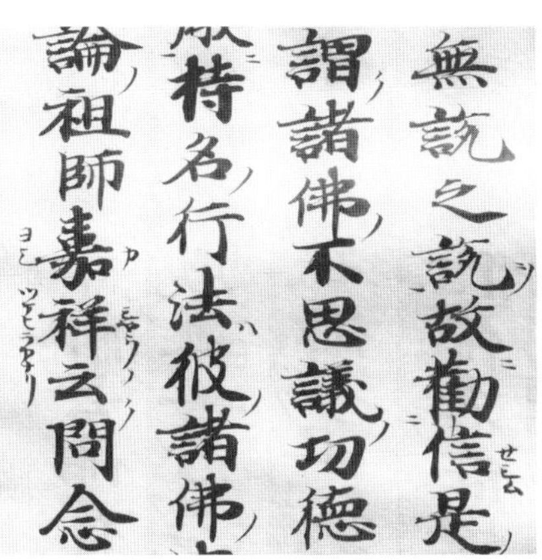

行文類　47オ　拡大

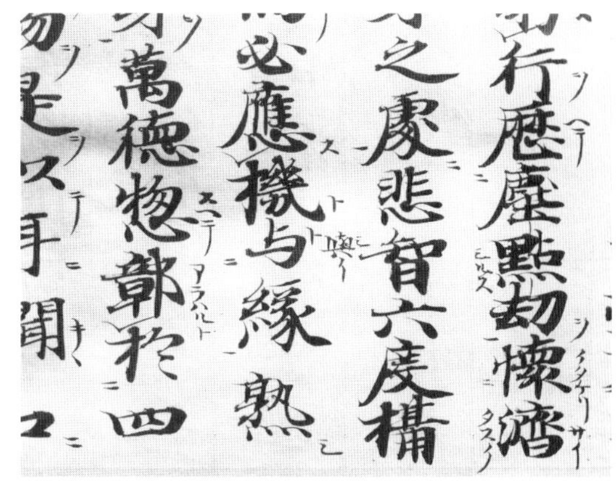

行文類　44ウ　拡大

行文類　48オ　　47ウ

行文類　46オ　　45ウ

行文類　49オ　　48ウ

行文類　47オ　　46ウ

爲徳尊已上又云波利質多樹華一日熏衣瞻
蔔華波師迦華雖千歳熏所不能及已上又云
如一斤石汁能變千斤銅爲金雪山有草名
爲忍辱牛若食者即得醍醐月利沙具昇量
爲兼實已上選擇本願念佛集源空云南無
阿彌陀佛往生之業念佛爲本又云夫速欲離生死二
種勝法中且閣聖道門選入淨土門欲入淨
土門正雜二行中且抛諸雜行選應歸正行
欲修於正行正助二業中猶傍於助業選應
專正定正定之業者即是稱佛名稱名必得
生依佛本願故已上明知是非凡聖自力之行
故名不廻向之行也大小聖人重輕惡人皆

行文類　50オ　　49ウ

同齋應歸選擇大寶海念佛成佛是以論註
曰彼安樂國土莫非阿彌陀如來正覺淨華
之所化生同一念佛無別道故已上今者獲眞
實行信者心多歡喜故是名歡喜地是喩初
果者初果聖者尚睡眠懶惰不至二十九有
況十方群生海歸命斯行信者攝取不捨
故名阿彌陀佛是曰他力是以龍樹大士曰
即時入必定曇鸞大師云入正定聚之數仰
可憑斯專可行斯也良知無徳号慈父能生
因闕無光明悲母所生緣乖能所因緣雖可
和合非信心業識無到光明土眞實信業識
斯則爲内因光明名父母斯則爲外緣内外

行文類　51オ　　50ウ

因緣和合得證報土眞身故宗師言以光明
名号攝化十方但使信心求念又云念佛成
佛是眞宗又云眞宗叵遇也可知凡就往相
廻向行信行則有一念亦信有一念言行之
一念者謂就稱名徧數顯開選擇易行至極
故大本言佛語彌勒其有得聞彼佛名号歡
喜踊躍乃至一念當知此人爲得大利則是
具足無上功徳已上光明寺和尚云下至一念
又云一聲一念又云專心專念已上智昇師集
諸經禮懺儀下卷云深心即是眞實信心信
知自身是具足煩惱凡夫善根薄少流轉三
界不出火宅今信知彌陀本弘誓願及稱名

行文類　52オ　　51ウ

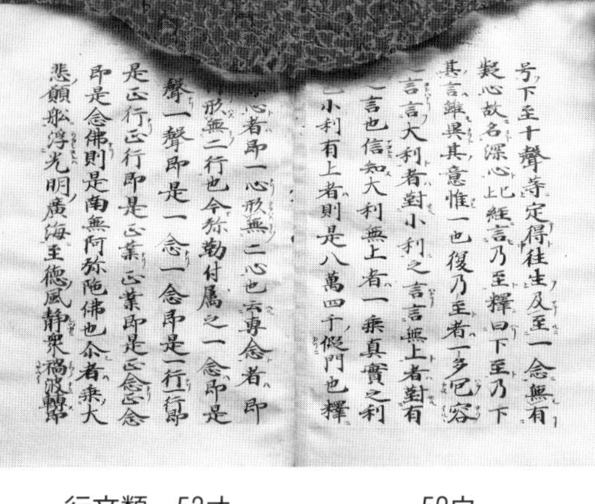
号下至十聲等定得往生乃至一念無有
疑心故名深心已上經言乃至釋曰下至乃下
其言雖異其意惟一也復乃至者一多包容
之言言大利者對小利之言言無上者對有
上之言也信知大利無上者一乘眞實之利
益小利有上者則是八萬四千假門也釋
云專心者即一心形無二心也云專念者即
一行形無二行也今彌勒付屬之一念即是
一聲一聲即是一念一念即是一行一行即
是正行正行即是正業正業即是正念正念
即是念佛則是南無阿彌陀佛也今者乘大
悲願船浮光明廣海至徳風靜衆禍波轉

行文類　53オ　　52ウ

破無明闇速到無量光明土證大般涅槃遵
普賢之徳也可知安樂集云十念相續者是
聖者一數之名耳即能積念凝思不緣他事
使業道成辦便罷亦不勞記之頭數也又云
若久行人念多應依此若始行人念者記數
亦好此亦依聖教已上斯乃顯眞實行明證誠
選擇攝取之本願超世希有之勝行圓融
至妙之正法至極無㝵之大行也可知
言他力者如來本願力也論曰言本願力者
示大菩薩於法身中常在三昧而現種種身
種種神通種種說法皆以本願力起譬如阿
修羅琴雖無鼓者而音曲自然是名教化地

行文類　54オ　　53ウ

第五功徳相乃至菩薩入四種門自利行成就
應知成就者謂自利滿足也應知者謂應知
由自利故則能利他非是不能自利而能利
他也菩薩出第五門廻向利益他行成就應
知成就者謂以廻向因證教化地果若因若
果無有一事不能利他也應知者謂應知由
利他故則能自利非是不能利他而能自利
也菩薩如是修五門行自利利他速得成就
阿耨多羅三藐三菩提故佛所得法名爲阿
耨多羅三藐三菩提以得此菩提故名爲佛
今言速得阿耨多羅三藐三菩提是得早作
佛也阿名無耨多羅名上三藐名正三名徧

行文類　55オ　　54ウ

行文類　59オ　　58ウ

行文類　56オ　　55ウ

行文類　60オ　　59ウ

行文類　57オ　　56ウ

行文類　61オ　　60ウ

行文類　58オ　　57ウ

行文類　62オ　61ウ

行文類　63オ　62ウ

行文類　64オ　63ウ

行文類　65オ　64ウ

行文類　66オ　65ウ

行文類　67オ　66ウ

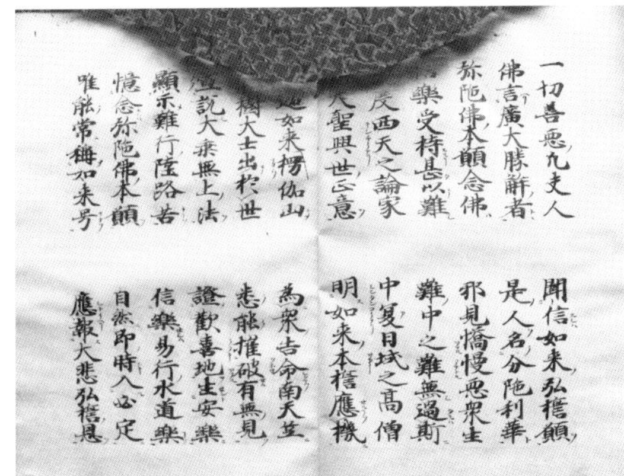

一切善惡凡夫人　聞信如來弘誓願
佛言廣大勝解者　是人名分陀利華
彌陀佛本願念佛　邪見憍慢惡衆生
信樂受持甚以難　難中之難無過斯
印度西天之論家　中夏日域之高僧
顯大聖興世正意　明如來本誓應機
釋迦如來楞伽山　爲衆告命南天竺
龍樹大士出於世　悉能摧破有無見
宣說大乘無上法　證歡喜地生安樂
顯示難行陸路苦　信樂易行水道樂
憶念彌陀佛本願　自然即時入必定
唯能常稱如來號　應報大悲弘誓恩

行文類　70オ　　69ウ

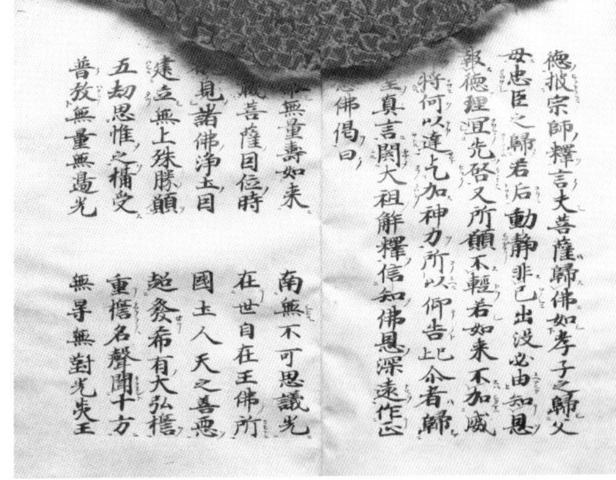

德披宗師釋言大菩薩歸佛如孝子之歸父
母忠臣之歸君后動靜非己出沒必由知恩
報德理宜先啓又所願不輕若如來不加威
神將何以達乞加神力所以仰告上已介者歸
大聖真言閲大祖解釋信知佛恩深遠作正
信念佛偈曰
歸命無量壽如來　南無不可思議光
法藏菩薩因位時　在世自在王佛所
覩見諸佛淨土因　國土人天之善惡
建立無上殊勝願　超發希有大弘誓
五劫思惟之攝受　重誓名聲聞十方
普放無量無邊光　無碍無對光炎王

行文類　68オ　　67ウ

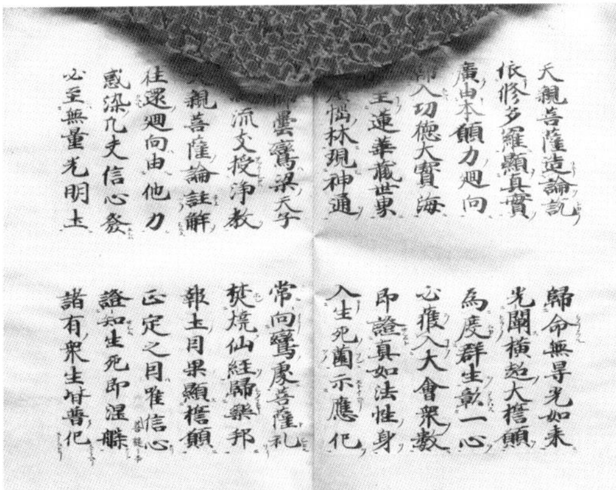

天親菩薩造論說　歸命無碍光如來
依修多羅顯眞實　光闡橫超大誓願
廣由本願力廻向　爲度群生彰一心
歸入功德大寶海　必獲入大會衆數
得至蓮華藏世界　即證眞如法性身
遊煩惱林現神通　入生死園示應化
本師曇鸞梁天子　常向鸞處菩薩禮
三藏流支授淨教　焚燒仙經歸樂邦
天親菩薩論註解　報土因果顯誓願
往還廻向由他力　正定之因唯信心
惑染凡夫信心發　證知生死即涅槃
必至無量光明土　諸有衆生皆普化

行文類　71オ　　70ウ

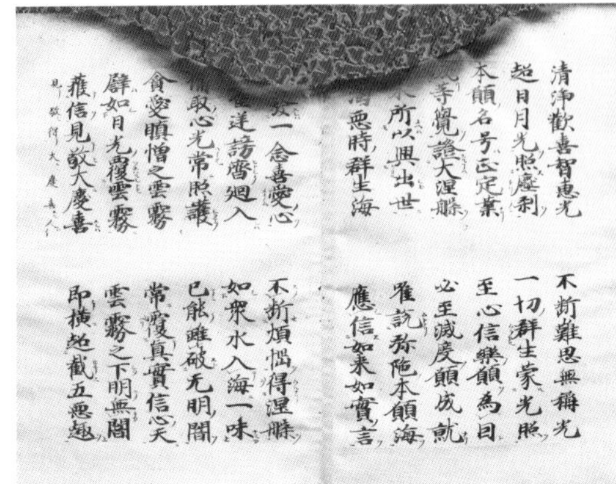

清淨歡喜智慧光　不斷難思無稱光
超日月光照塵刹　一切群生蒙光照
本願名號正定業　至心信樂願爲因
成等覺證大涅槃　必至滅度願成就
如來所以興出世　唯說彌陀本願海
五濁惡時群生海　應信如來如實言
能發一念喜愛心　不斷煩惱得涅槃
凡聖逆謗齊廻入　如衆水入海一味
攝取心光常照護　已能雖破無明闇
貪愛瞋憎之雲霧　常覆眞實信心天
譬如日光覆雲霧　雲霧之下明無闇
獲信見敬大慶喜　即橫超截五惡趣
見敬得大慶喜人

行文類　69オ　　68ウ

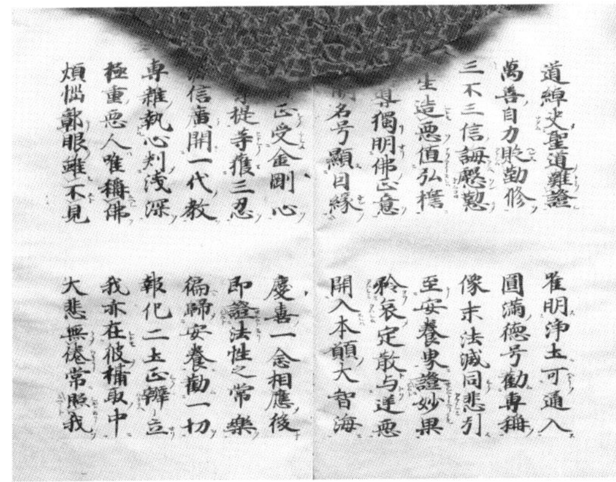

道綽決聖道難證　唯明淨土可通入
萬善自力貶勤修　圓滿德號勸專稱
三不三信誨慇懃　像末法滅同悲引
一生造惡値弘誓　至安養界證妙果
善導獨明佛正意　矜哀定散與逆惡
光明名號顯因緣　開入本願大智海
行者正受金剛心　慶喜一念相應後
與韋提等獲三忍　即證法性之常樂
源信廣開一代教　偏歸安養勸一切
專雜執心判淺深　報化二土正辨立
極重惡人唯稱佛　我亦在彼攝取中
煩惱障眼雖不見　大悲無倦常照我

行文類　72オ　　71ウ

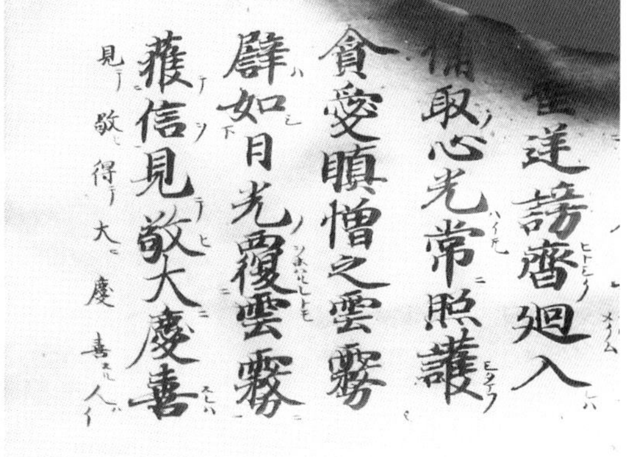

凡聖逆謗齊廻入
攝取心光常照護
貪愛瞋憎之雲霧
譬如日光覆雲霧
獲信見敬大慶喜
見敬得大慶喜人

行文類　69オ　拡大

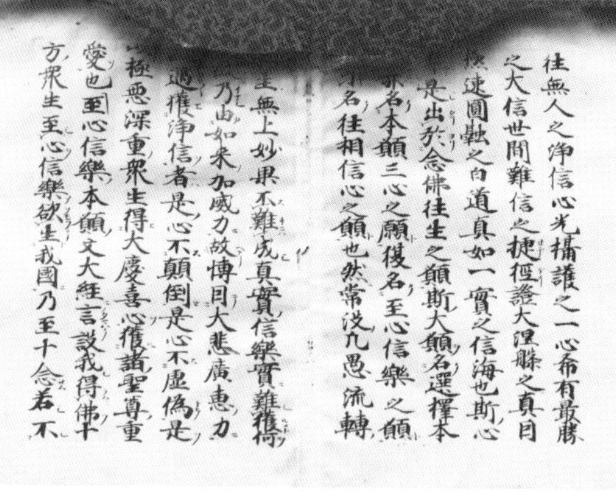

信文類　本　3オ　　　　2ウ

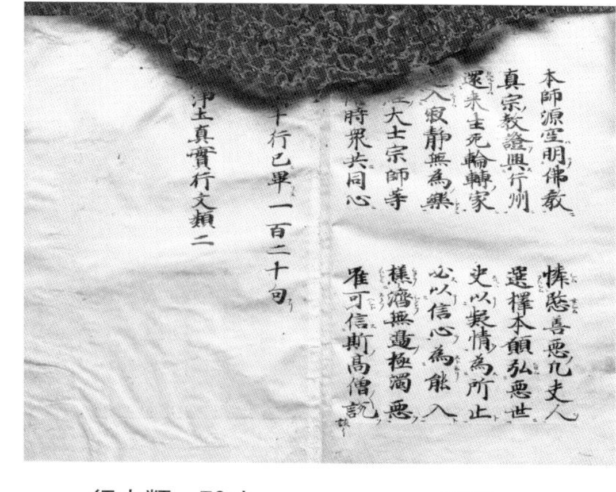
行文類　73オ　　　　72ウ

信文類　本

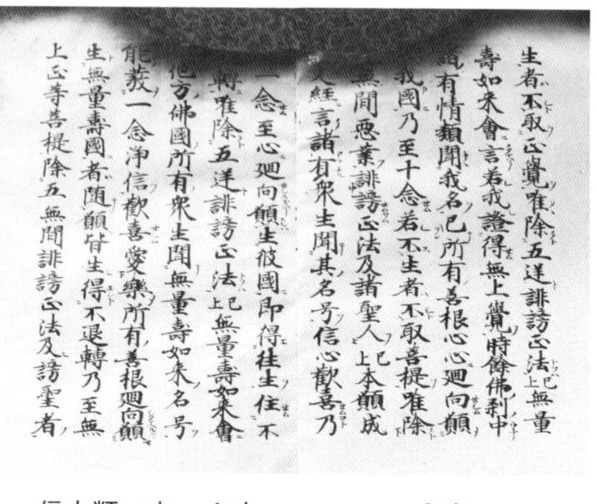
信文類　本　4オ　　　　3ウ

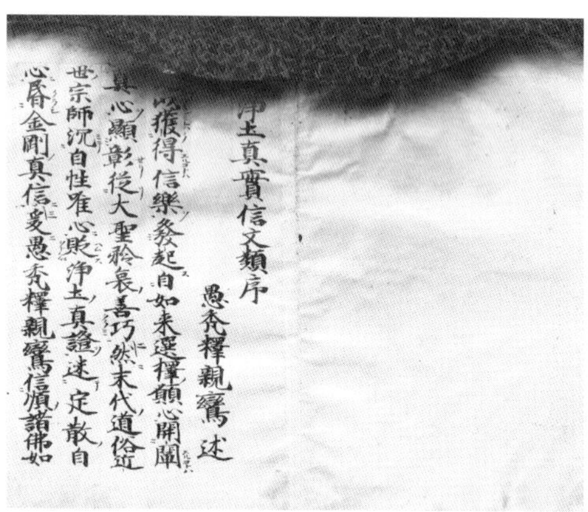
信文類　本　1オ　　　　0ウ

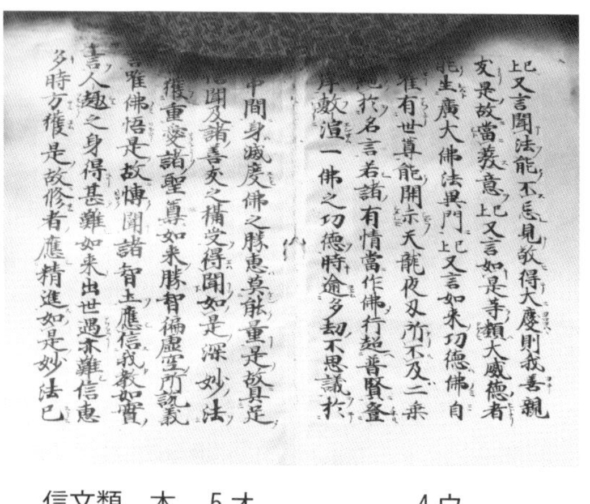
信文類　本　5オ　　　　4ウ

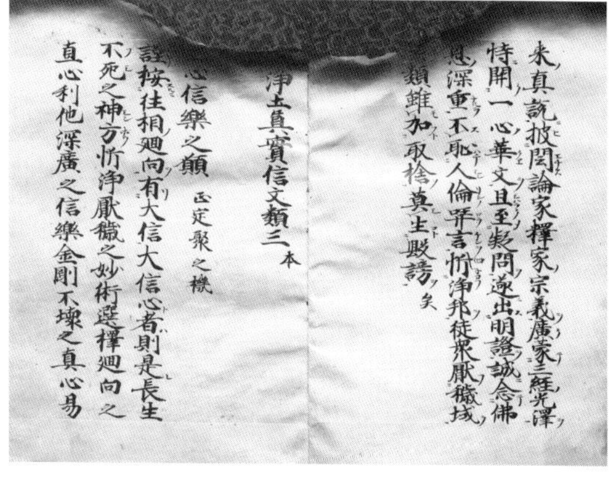
信文類　本　2オ　　　　1ウ

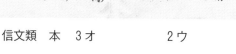

信文類　本　6オ　　5ウ

信文類　本　7オ　　6ウ

信文類　本　8オ　　7ウ

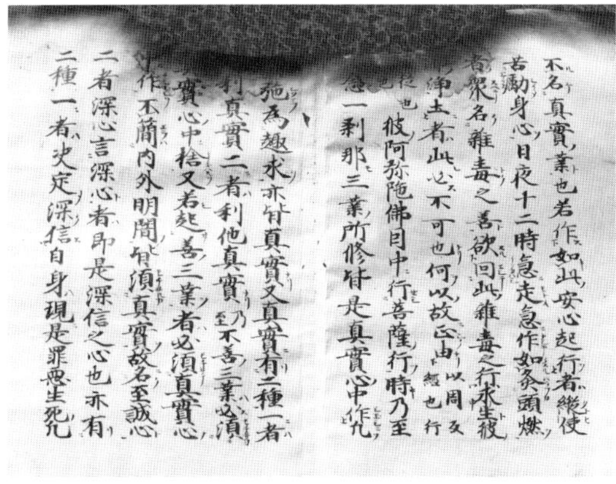

信文類　本　9オ　　8ウ

信文類　本　10オ　　9ウ

信文類　本　11オ　　10ウ

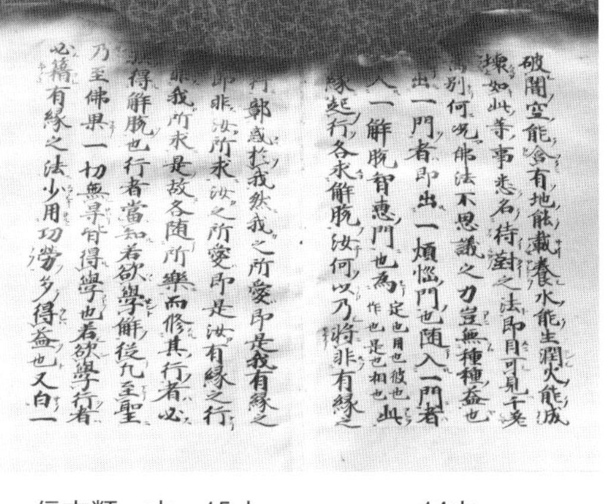
破闇空能含有地能載養水能生潤火能成
壊如此等事悉名待對之法即目可見千差
萬別何况佛法不思議之力豈無種種益也
隨出一門者即出一煩惱門也隨入一門者
入一解脱智恵門也為（定也用也彼也此作也是也相也）
縁起行各求解脱汝何以乃將非有縁之
要行鄣惑於我然我之所愛即是我有縁之
行即非汝所求汝之所愛即是汝有縁之行
亦非我所求是故各随所樂而修其行者必
疾得解脱也行者當知若欲學解從凡至聖
乃至佛果一切無㝵皆得學也若欲學行者
必藉有縁之法少用功労多得益也又白一

信文類　本　15オ　　14ウ

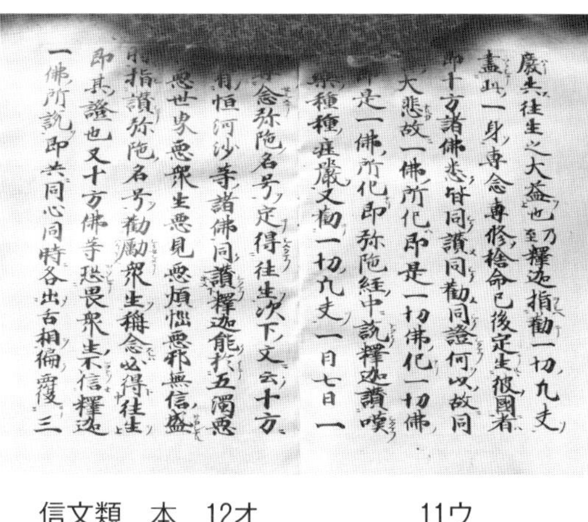
嚴共往生之大益也（乃至）釋迦指勧一切凡夫
盡此一身專念專修捨命已後定生彼國者
即十方諸佛悉皆同讃同勧同證何以故同
體大悲故一佛所化即是一切佛化一切佛
化即是一佛所化即弥陀経中説釋迦讃嘆
極樂種種莊嚴又勧一切凡夫一日七日一
心専念弥陀名号定得往生次下文云十方
各有恒河沙等諸佛同讃釋迦能於五濁悪
時悪世界悪衆生悪見悪煩惱悪邪無信盛
時指讃弥陀名号勧勵衆生稱念必得往生
即其證也又十方佛等恐畏衆生不信釋迦
一佛所説即共同心同時各出舌相徧覆三

信文類　本　12オ　　11ウ

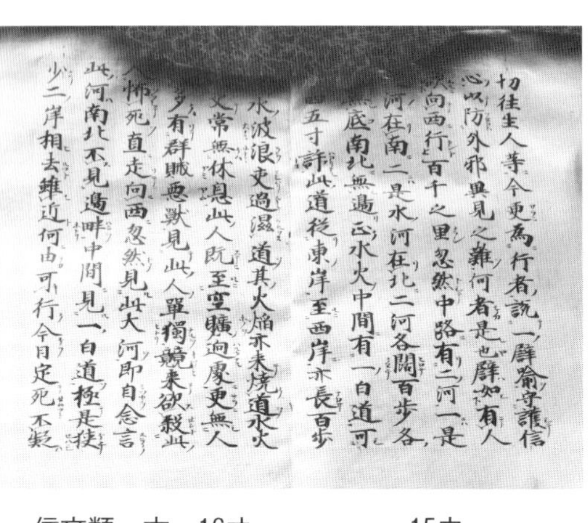
切往生人等今更為行者説一譬喩守護信
心以防外邪異見之難何者是也譬如有人
欲向西行百千之里忽然中路有二河一是
火河在南二是水河在北二河各闊百歩各
深無底南北無邊正水火中間有一白道可
闊四五寸許此道從東岸至西岸亦長百歩
其水波浪交過濕道其火焔亦来燒道水火
相交常無休息此人既至空曠迥處更無人
物多有群賊悪獣見此人單獨競来欲殺此
人怖死直走向西忽然見此大河即自念言
此河南北不見邊畔中間見一白道極是狭
少二岸相去雖近何由可行今日定死不疑

信文類　本　16オ　　15ウ

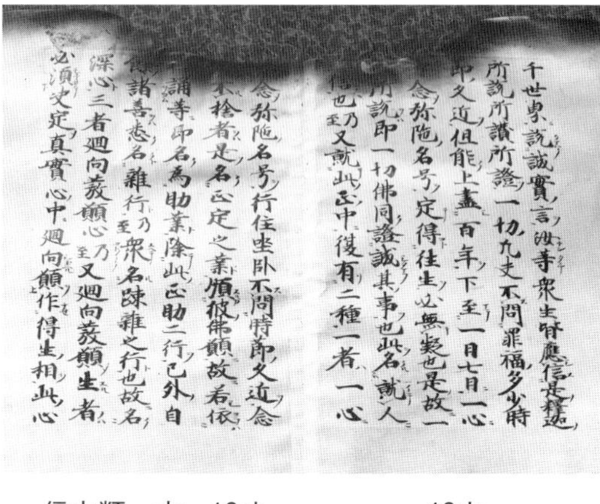
千世界説誠實言汝等衆生皆應信是釋迦
所説所讃所證一切凡夫不問罪福多少時
節久近但能上盡百年下至一日七日一心
專念弥陀名号定得往生必無疑也是故一
佛所説即一切佛同證誠其事也此名就人
立信也（乃至）又就此正中復有二種一者一心
專念弥陀名号行住坐臥不問時節久近念
念不捨者是名正定之業順彼佛願故若依
禮誦等即名為助業除此正助二行已外自
餘諸善悉名雜行（乃至）衆名疎雜之行也故名
深心三者廻向發願心（乃至）又廻向發願生者
必須决定真實心中廻向願作得生想此心

信文類　本　13オ　　12ウ

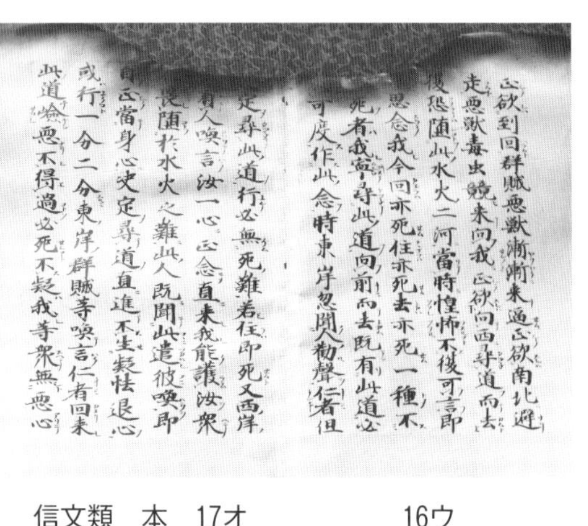
正欲到回群賊悪獣漸漸来逼正欲南北避
走悪獣毒虫競来向我正欲向西尋道而去
復恐堕此水火二河當時惶怖不復可言即
自思念我今回亦死住亦死去亦死一種不
免死者我寧尋此道向前而去既有此道必
應可度作此念時東岸忽聞人勧聲仁者但
决定尋此道行必無死難若住即死又西岸
上有人喚言汝一心正念直来我能護汝衆
不畏堕於水火之難此人既聞此遣彼喚即
自正當身心决定尋道直進不生疑怯退心
或行一分二分東岸群賊等喚言仁者回来
此道嶮悪不得過必死不疑我等衆無悪心

信文類　本　17オ　　16ウ

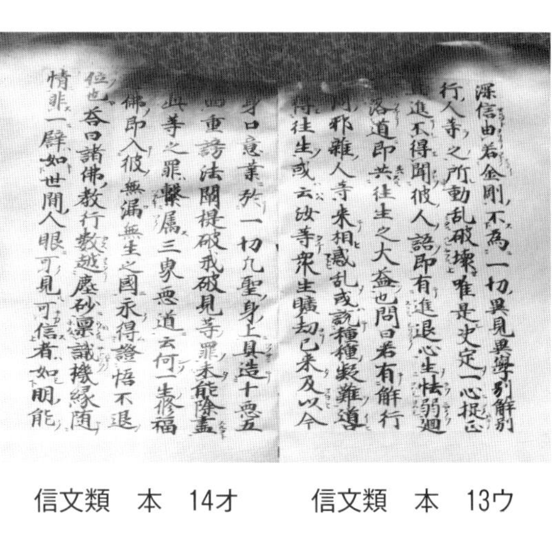
深信由若金剛不為一切異見異學別解別
行人等之所動乱破壊唯是决定一心投正
直進不得聞彼人語即有進退心生怯弱廻
顧落道即失往生之大益也問曰若有解行
不同邪雜人等来相惑乱或説種種疑難道
不得往生或云汝等衆生曠劫已来及以今
生身口意業於一切凡聖身上具造十悪五
逆四重謗法闡提破戒破見等罪未能除盡
然此等之罪繋屬三界悪道云何一生修福
念佛即入彼無漏無生之國永得證悟不退
位也答曰諸佛教行數越塵沙稟識機縁隨
情非一譬如世間人眼可見可信者如明能

信文類　本　14オ　　信文類　本　13ウ

相向此人雖聞喚聲亦不回顧一心直進念
道而行須臾即到西岸永離諸難善友相見
慶樂無已此是喩也次合喩者言東岸者即
此娑婆之火宅也言西岸者即喩極樂寶
也言群賊惡獸詐親者即喩衆生六根六
六塵五陰四大也言無人空迥澤者即喩
随惡友不値眞善知識也言水火二河者
衆生貪愛如水瞋憎如火也言中間白
四五寸者即喩衆生貪瞋煩惱中能生清
淨願往生心也乃由貪瞋強故即喩如水火
善心微故喩如白道又水波常濕道者即喩
愛心常起能染汙善心也又火焔常燒道者

信文類　本　18オ　　17ウ

即喩瞋嫌之心能燒功徳之法賊也言人行
道上直向西者即喩迴諸行業直向西方也
東岸聞人聲勸遣尋道直西進者即喩釋
已滅後人不見由有教法可尋即喩之如
也言或行一分二分群賊等喚回者即喩
解別行惡見人等妄說見解迭相惑亂及
造罪退失也言西岸上有人喚者即喩弥
陀願意也言須臾到西岸善友相見喜者即
衆生久沈生死曠劫輪回迷倒自纏無由
解脱仰蒙釋迦發遣指向西方又藉弥陀悲
心招喚今信順二尊之意不顧水火二河念
念無遺乘彼願力之道捨命已後得生彼國

信文類　本　19オ　　18ウ

与佛相見慶喜何極也又一切行者行住坐
臥三業所修無問晝夜時節常作此解常作
此想故名迴向發願心又言迴向者生彼國
還起大悲回入生死教化衆生亦名迴向
一心既具無行不成願行既成若不生者
有是處也又此三心亦通攝定善之義應
知 又云敬白一切往生知識等大須慚愧
迦如來實是慈悲父母種種方便發起我
無上信心 已上 貞元新定釋教目録巻第十
一云集諸經禮懺儀上下 大唐西崇福寺沙門
智昇撰也 准貞元十五年十月廿三日勅
編入 云云 懺儀上巻智昇依諸經造懺儀中

信文類　本　20オ　　19ウ

依觀經引善導禮懺日中時禮下巻者比丘
善導集記云云依彼懺儀鈔要文云二者深
心即是真實信心信知自身是具足煩惱凡
善根薄少流轉三界不出火宅今信知弥
本弘誓願及稱名号下至十聲聞等定得
及至一念無有疑心故名深心 乃至 其有
聞彼弥陀佛名号歡喜至一心念皆當得生
抄出 往生要集云入法界品言譬如有人得
壊藥一切怨敵不得其便菩薩摩訶薩
復如是得菩提心不可壊法藥一切煩惱
諸魔怨敵所不能壊譬如有人得住水寶珠
瓔珞其身入深水中而不沒溺得菩提心住

信文類　本　21オ　　20ウ

水寶珠入生死海而不沈沒譬如金剛於百
千劫處於水中而爛壊亦無異變菩提之心
亦復如是於無量劫處生死中諸煩惱業不
斷滅亦無損減 已上 又云我亦在彼攝取之
煩惱鄣眼雖不能見大悲無倦常照我
已上 介者若行若信無有一事非阿弥陀如來
淨願心之所迴向成就非無因他因有也
如來本願已發至心信樂欲生誓何以故
主言一心也答愚鈍衆生解了為令易弥
陀如來雖發三心涅槃真因唯以信心是故
論主合三為一歟私闚三心字訓三即合一

信文類　本　22オ　　21ウ

其意何者言至心者至者即是真也實也誠
也心者即是種也實也言信樂者信者即是
真也實也誠也滿也極也成也用也重也審
也驗也宣也忠也樂者即是欲也願也愛也
也歡也喜也賀也慶也言欲生者欲者即
願也樂也覺也知也生者即是成也作
蕩落反 蔵落反 為也 行也 始也 役也 生也 也為也興也明知至心
是真實誠種之心故疑蓋無雜也信樂即
真實誠滿之心極成用重之心審驗宣忠
心欲願愛悦之心歡喜賀慶之心故疑蓋
無雜也欲生即是願樂覺知之心成作為興
之心大悲迴向之心故疑蓋無雜也今按三

信文類　本　23オ　　22ウ

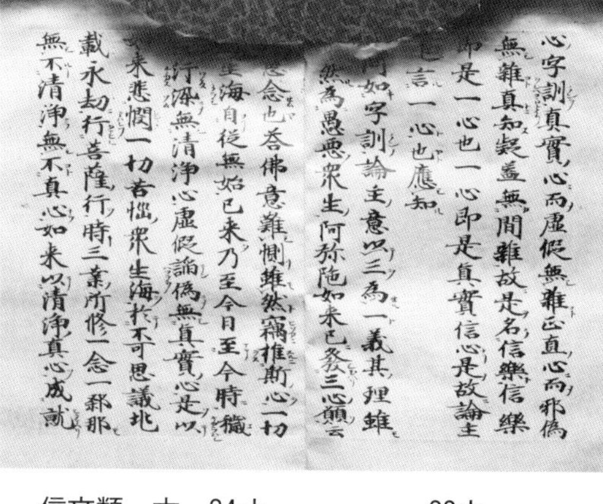

信文類　本　24オ　　　　23ウ

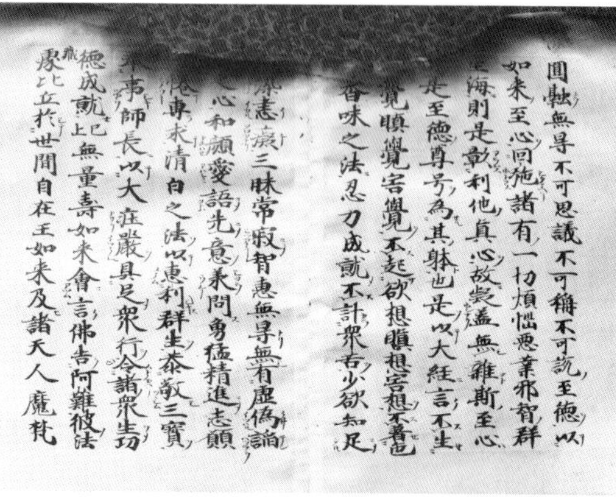

信文類　本　25オ　　　　24ウ

信文類　本　26オ　　　　25ウ

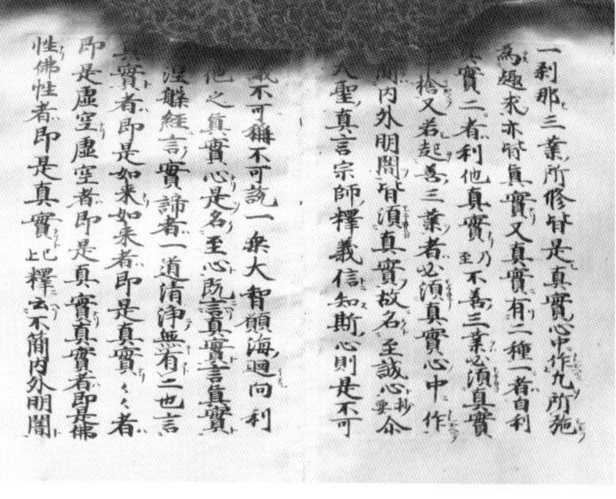

信文類　本　27オ　　　　26ウ

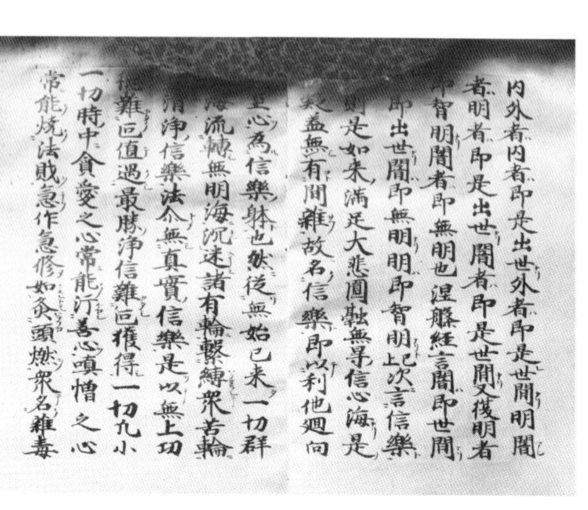

信文類　本　28オ　　　　27ウ

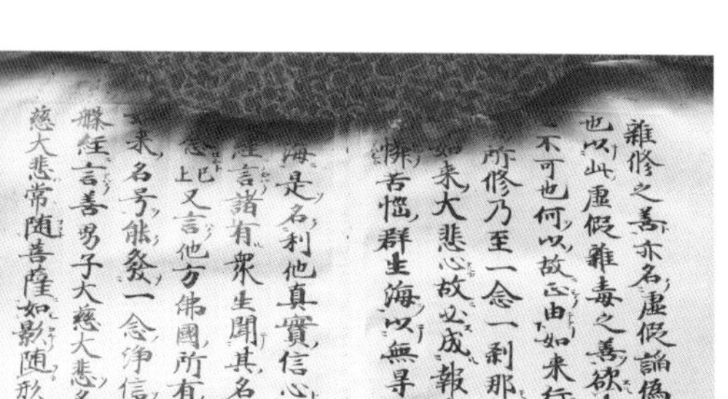

信文類　本　29オ　　　　28ウ

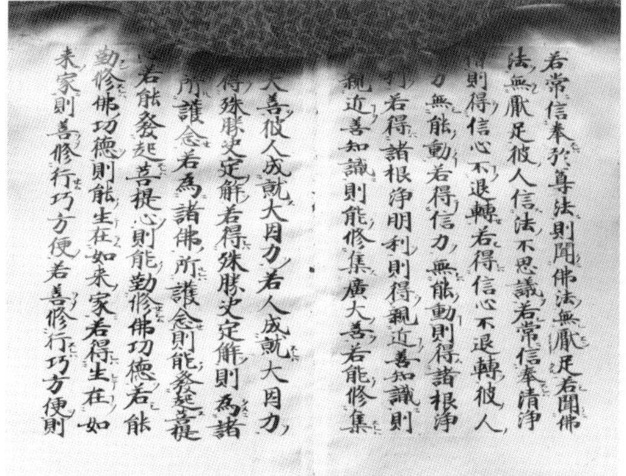
若常信奉於尊法則聞佛法無厭足若聞佛
法無厭足彼人信法不思議若常信奉清淨
僧則得信心不退轉若得信心不退轉彼人
信力無能動若得信力無能動則得諸根淨
明利若得諸根淨明利則得親近善知識則
能近善知識則能修集廣大善若能修集
廣大善彼人成就大因力若人成就大因力
得殊勝決定解若得殊勝決定解則為諸
佛所護念若為諸佛所護念則能發起菩提
心若能發起菩提心則能勤修佛功德若能
勤修佛功德則能生在如來家若得生在如
來家則善修行巧方便若善修行巧方便則

信文類　本　33オ　　　32ウ

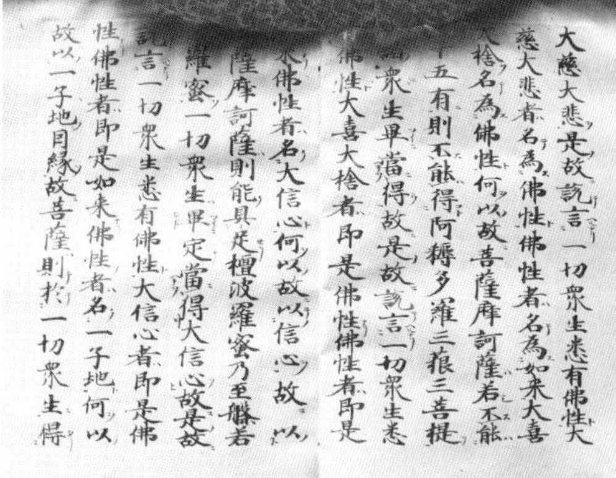
大慈大悲是故說言一切衆生悉有佛性大
慈大悲者名為佛性佛性者名為如來大喜
大捨名為佛性何以故菩薩摩訶薩若不能
捨二十五有則不能得阿耨多羅三藐三菩提
以諸衆生畢當得故是故說言一切衆生悉
有佛性大喜大捨者即是佛性佛性者即是
如來佛性者名大信心何以故以信心故
菩薩摩訶薩則能具足檀波羅蜜乃至般若
波羅蜜一切衆生畢定當得大信心故是故
說言一切衆生悉有佛性大信心者即是佛
性佛性者即是如來佛性者名一子地何以
故以一子地因緣故菩薩則於一切衆生得

信文類　本　30オ　　　29ウ

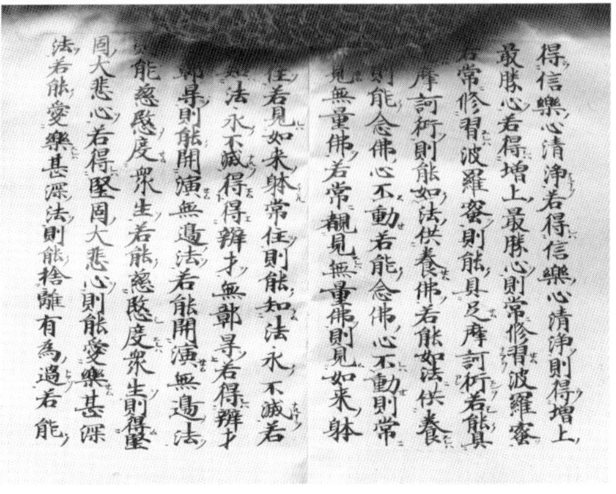
得信樂心清淨若得信樂心清淨則得增上
最勝心若得增上最勝心則常修習波羅蜜
若常修習波羅蜜則能具足摩訶衍若能具
足摩訶衍則能如法供養佛若能如法供養
佛則能念佛心不動若能念佛心不動則常
覩見無量佛若常覩見無量佛則見如來身
常住若見如來身常住則能知法永不滅若
能知法永不滅得得辯才無鄣㝵若得辯才
無鄣㝵則能開演無邊法若能開演無邊法
則能慈愍度衆生若能慈愍度衆生則得堅
固大悲心若得堅固大悲心則能愛樂甚深
法若能愛樂甚深法則能捨離有為過若能

信文類　本　34オ　　　33ウ

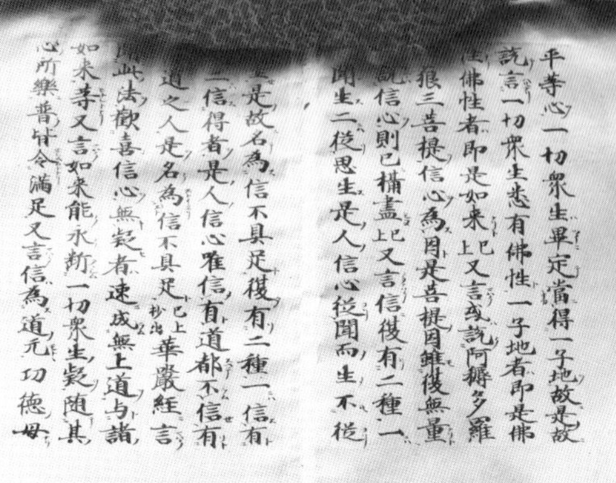
平等心一切衆生畢定當得一子地故是故
說言一切衆生悉有佛性一子地者即是佛
性佛性者即是如來已上又言或說阿耨多羅
三藐三菩提信心為因是菩提因雖復無量
若說信心則已攝盡已上又言信復有二種一
者從聞生二從思生是人信心從聞而生不從
思生是故名為信不具足復有二種一信有
道二信得者是人信心唯信有道都不信有
得道之人是名為信不具足已上抄出 華嚴經言
聞此法歡喜信心無疑者速成無上道与諸
如來等又言如來能永斷一切衆生疑隨其
心所樂普皆令滿足又言信為道元功德母

信文類　本　31オ　　　30ウ

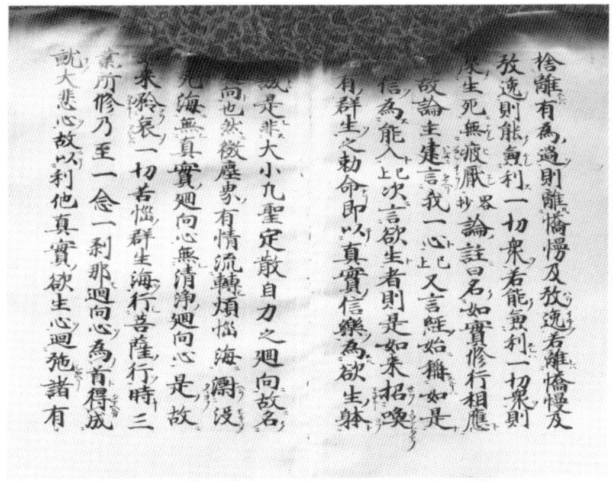
捨離有為過則離憍慢及放逸若離憍慢及
放逸則能兼利一切衆若能兼利一切衆則
處生死無疲厭已上抄要 論註曰名如實修行相應
故論主建言我一心又言經始稱如是
彰信為能入已上 次言欲生者則是如來招喚
諸有群生之勅命即以真實信樂為欲生躰
誠是非大小凡聖定散自力之迴向故名
不迴向也然微塵界有情流轉煩惱海漂沒
生死海無真實迴向心無清淨迴向心是故
如來矜哀一切苦惱群生海行菩薩行時三
業所修乃至一念一刹那迴向心為首得成
就大悲心故以利他真實欲生心迴施諸有

信文類　本　35オ　　　34ウ

長養一切諸善法斷除疑網出愛流開示涅
槃無上道信無垢濁心清淨滅除憍慢恭敬
本亦為法藏第一財為清淨手受衆行信能
惠施心無悋信能歡喜入佛法信能增長智
功德信能必到如來地信令諸根淨明利信
力堅固無能壞信能永滅煩惱本信能專向
佛功德信於境界無所著遠離諸難得無難
信能超出衆魔路示現無上解脫道信為功
德不壞種信能生長菩提樹信能增益最勝
智信能示現一切佛是故依行說次第信樂
最勝甚難得乃至若常信奉於諸佛則能興集
大供養若能興集大供養彼人信佛不思議

信文類　本　32オ　　　31ウ

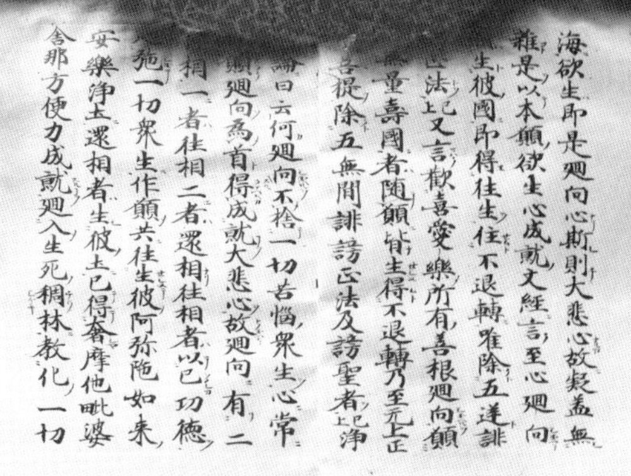

海欲生即是廻向心斯則大悲心故疑蓋無
雜是以本願欲生心成就文經言至心廻向
願生彼國即得往生住不退轉唯除五逆誹
謗正法已上又言歡喜愛樂所有善根廻向願
生無量壽國者隨願皆生得不退轉乃至无上正
菩提除五無間誹謗正法及謗聖者已上淨
論曰云何廻向不捨一切苦惱衆生心常
作願廻向為首得成就大悲心故廻向有二
種一者往相二者還相往相者以己功德
廻施一切衆生作願共往生彼阿弥陀如來
安樂淨土還相者生彼土已得奢摩他毗婆
舍那方便力成就廻入生死稠林教化一切

信文類　本　36オ　35ウ

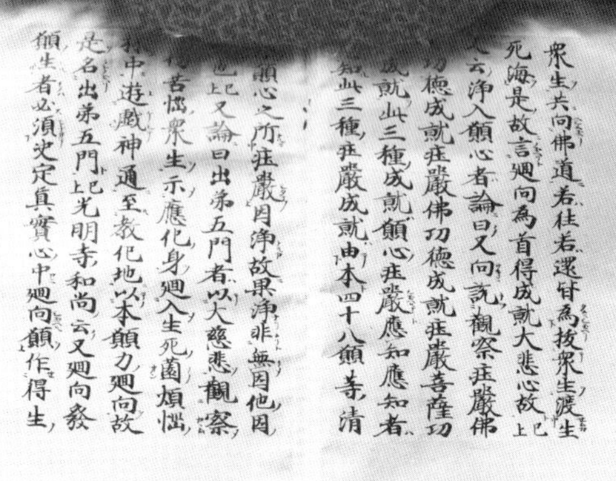

衆生共向佛道若往若還皆為拔衆生渡生
死海是故言廻向為首得成就大悲心故已上
又云淨入願心者論曰又向説觀察莊嚴佛
土功德成就莊嚴佛功德成就莊嚴菩薩功
德成就此三種成就願心莊嚴應知應知者
應知此三種莊嚴成就由本四十八願等清
淨願心之所莊嚴因淨故果淨非無因他因
有也已上又論曰出第五門者以大慈悲觀察
一切苦惱衆生示應化身廻入生死薗煩惱
林中遊戯神通至教化地以本願力廻向故
是名出第五門已上光明寺和尚云又廻向發
願生者必須決定真實心中廻向願作得生

信文類　本　37オ　36ウ

想此心深信由若金剛不為一切異見異學
別解別行人等之所動乱破壞唯是決定一
心投正直進不得聞彼人語即有進退心生
怯弱廻顧落道即失往生之大益也已上真知
又譬喩中言白道四五寸者白道者白之
言黒也白者即是選擇攝取之白業往相
廻向之淨業也黒者即是無明煩惱之黒業
二乗人天之雜善也道之言對路道者則是
本願一實之直道大般涅槃無上之大道也
路者則是二乗三乗萬善諸行之小路也言
四五寸者喩衆生四大五陰也言能生清淨
願心者獲得金剛真心也本願力廻向大信

信文類　本　38オ　37ウ

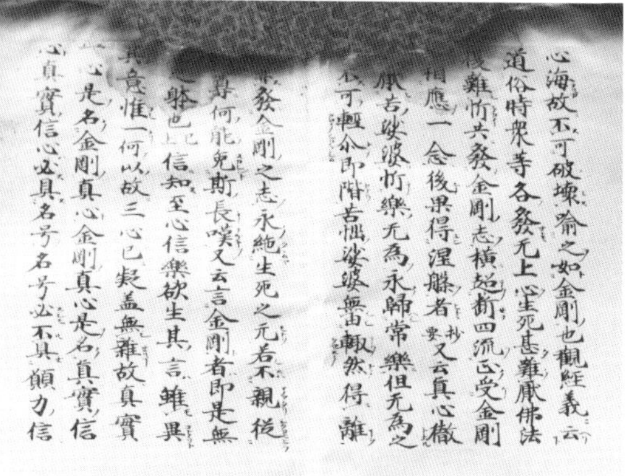

心海故不可破壞喩之如金剛也觀經義云
道俗時衆等各發无上心生死甚難厭佛法
復難忻共發金剛志横超斷四流正受金剛
心相應一念後果得涅槃者抄要又云真心徹
到厭苦娑婆忻樂无為永歸常樂但无為之
境不可輙尓即階苦悩娑婆無由輙然得離
自非發金剛之志永絶生死之元若不親從
慈尊何能免斯長歎又云言金剛者即是無
漏體也已上信知至心信樂欲生其言雖異
其意惟一何以故三心已疑蓋無雜故真實
一心是名金剛真心金剛真心是名真實信
心真實信心必具名号名号必不具願力信

信文類　本　39オ　38ウ

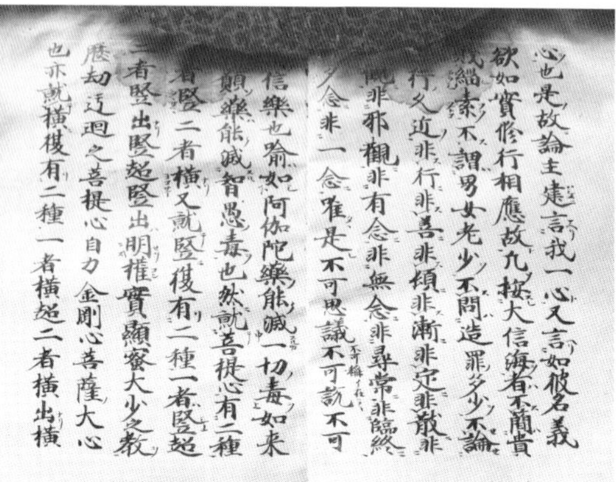

心也是故論主建言我一心又言如彼名義
欲如實修行相應故乃按大信海者不簡貴
賤緇素不謂男女老少不問造罪多少不論
修行久近非行非善非頓非漸非定非散非
正觀非邪觀非有念非無念非尋常非臨終
非多念非一念唯是不可思議不可説不可
稱信樂也喩如阿伽陀藥能滅一切毒如来
誓願藥能滅智愚毒也然就菩提心有二種
一者竪二者横又就竪復有二種一者竪超
二者竪出竪超竪出明権實顯密大少之教
歴劫迂廻之菩提心自力金剛心菩薩大心
也亦就横復有二種一者横超二者横出横

信文類　本　40オ　39ウ

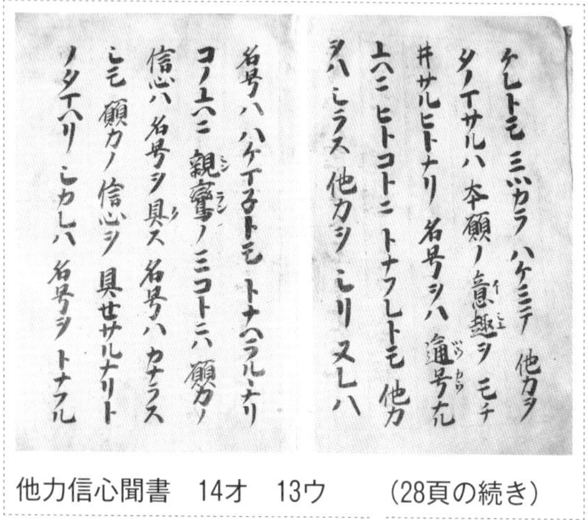

ケレトモ 三心カラ ハケミテ 他力ヲ
タノマサルハ 本願ノ意趣ヲ モチ
ヰサルヒトナリ 名号ヲシハ 通号九
ユヘニ ヒトコトニ トナフレトモ 他力
ヲハ シラス 他力ヲ シリ ヌレハ
名号ヲハ ハゲテ子トモ トナヘラルヽナリ
コノユヘニ 親鸞ノ ミコトニハ 願力ノ
信心ハ 名号ヲ 具ス 名号ハ カナラス
シモ 願力ノ 信心ヲ 具セサルナリト
ノタマヘリ シカレハ 名号ヲ トナフル

他力信心聞書　14オ　13ウ　(28頁の続き)

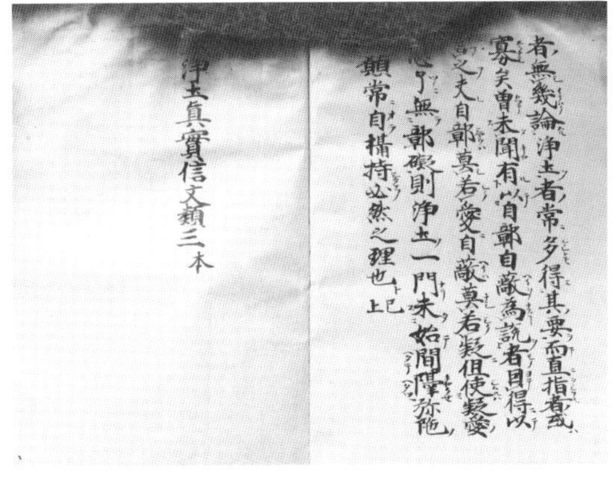

淨土眞實信文類三本

者無叙論淨土者常多得其要而直指者蓋寡矣曾未聞有以自鄣自蔽爲説者因得以言之夫自鄣莫若愛自蔽莫若疑但使疑愛心了無鄣礙則淨土一門未始間隔弥陀願常自攝持必然之理也已上

信文類　本　44オ　　43ウ

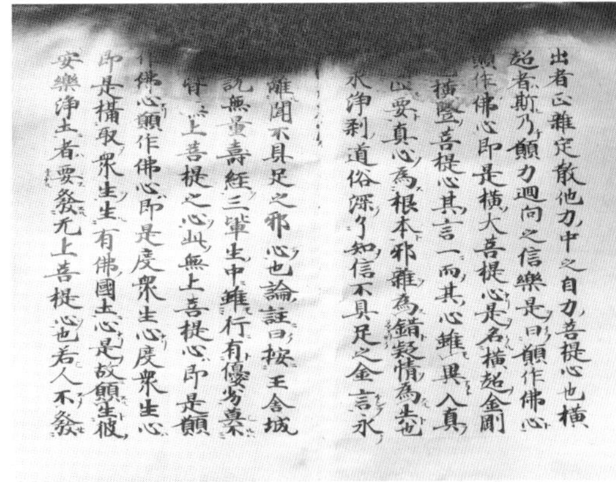

出者正雜定散他力中之自力菩提心也横超者斯乃願力廻向之信樂是曰願作佛心願作佛心即是横大菩提心是名横超金剛心也横豎菩提心其言一而其心雖異入眞爲正要眞心爲根本邪雜爲錯疑情爲失也欣求淨刹道俗深了知信不具足之金言永離聞不具足之邪心也論註曰按王舍城所説無量壽經三輩生中雖行有優劣莫不皆發無上菩提之心此無上菩提心即是願作佛心願作佛心即是度衆生心度衆生心即是攝取衆生生有佛國土心是故願生彼安樂淨土者要發无上菩提心也若人不發

信文類　本　41オ　　40ウ

信文類　本　45オ　　44ウ

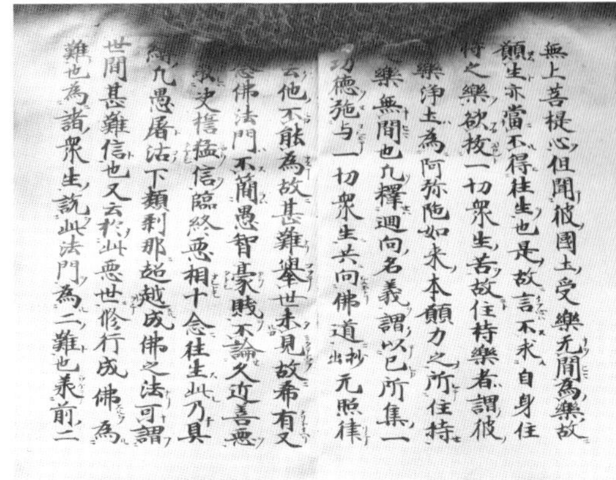

無上菩提心但聞彼國土受樂无間爲樂故願生亦當不得往生也是故言不求自身住持之樂欲拔一切衆生苦故住持樂者謂彼安樂淨土爲阿弥陀如來本願力之所住持受樂無間也凡釋廻向名義謂以已所集一切功德施與一切衆生共向佛道抄出 元照律師云他不能爲故甚難擧世未見故希有又云念佛法門不簡愚智豪賤不論久近善悪唯取決誓猛信臨終悪相十念往生此乃具縛凡愚屠沽下類刹那超越成佛之法可謂一切世間甚難信也又云於此悪世修行成佛爲難也爲諸衆生説此法門爲二難也兼前二

信文類　本　42オ　　41ウ

信文類　末

信文類　末　0表紙

難則彰諸佛所讃不虚意使衆生聞而信受已上 律宗用欽云説法難中良以此法轉凡成聖猶反掌乎大爲容易故凡淺衆生多生疑惑即大本云易往而無人故知難信矣聞持記云不簡愚智 性有利鈍 不擇豪賤 報有強弱 不論久近 功有淺深 不選善悪 行有好醜 取決誓猛信臨終悪相即觀經 下品下生 造衆悪 一時俱至 等 具縛凡愚 二惑全存故 屠沽下類刹那超越成佛之法可謂一切世間甚難信也 屠謂宰殺 沽即醞賣 如此悪人 止由十念 便得超往 豈非難信 阿弥陀如來号眞實明平等覺難思議畢竟依大應供大安慰無等等不可思議光已上 樂邦文類後序曰嘗 淨土者常多得其門而徑造

信文類　本　43オ　　42ウ

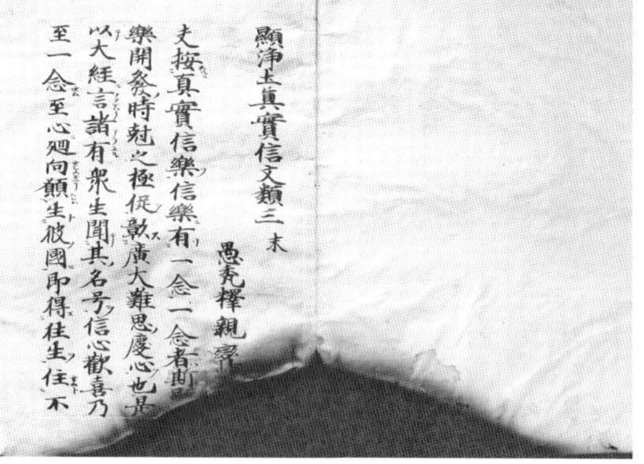
顯淨土真實信文類三 末
愚禿釋親鸞
夫按真實信樂信樂有一念一念者斯顯
樂開發時尅之極促彰廣大難思慶心也是
以大經言諸有衆生聞其名号信心歡喜乃
至一念至心廻向願生彼國即得往生住不

信文類　末　1オ　　　0ウ

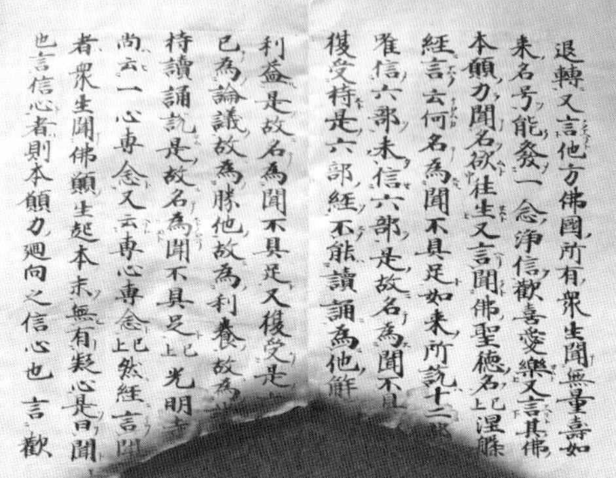
退轉又言他方佛國所有衆生聞無量壽如
來名号能發一念淨信歡喜愛樂又言其佛
本願力聞名欲往生又言聞佛聖徳名已 涅槃
經言云何名爲聞不具足如來所説十二部
唯信六部未信六部是故名爲聞不具
復受持是六部經不能讀誦爲他解
利益是故名爲聞不具足又復受是
已爲論議故爲勝他故爲利養故爲
持讀誦説是故名爲聞不具足已上 光明寺
尚云一心專念又云專心專念已上 然經言聞
者衆生聞佛願生起本末無有疑心是曰聞
也言信心者則本願力廻向之信心也 言歡

信文類　末　2オ　　　1ウ

喜者形身心悦豫之貌也言乃至者攝多少
之言也言一念者信心無二心故曰一念是
名一心一心則清淨報土真因也獲得金剛
真心者横超五趣八難道必獲現生十種
益何者爲十一者冥衆護持益二者至徳
益三者轉惡成善益四者諸佛護念益
諸佛稱讃益六者心光常護益七者
喜益八者知恩報徳益九者常行大悲
者入正定聚益也宗師云專念即是一行
專心即是一心也然者願成就一念即是
心專心即是深心深心即是深信深信即是
堅固深信堅固深信即是決定心決定心即

信文類　末　3オ　　　2ウ

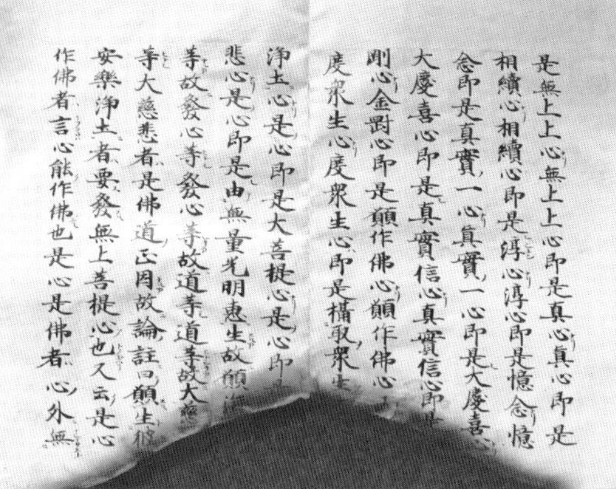
是無上上心無上上心即是真心真心即是
相續心相續心即是淳心淳心即是憶念憶
念即是真實一心真實一心即是大慶喜心
大慶喜心即是真實信心真實信心即是
剛心金剛心即是願作佛心願作佛心即
度衆生心度衆生心即是攝取衆生
淨土心是心即是大菩提心是心即
悲心是心即是由無量光明慧生故願海
等故發心等發心等故道等道等故大慈
等大慈悲者是佛道正因故論註曰願生彼
安樂淨土者要發無上菩提心也又云是心
作佛者言心能作佛也是心是佛者心外無

信文類　末　4オ　　　3ウ

佛也譬如火從木出火不得木也以不離
木故則能燒木木爲火燒木即爲火也 光明
云是心作佛是心是佛是心外無異佛已上 故
知一心是名如實修行相應即是正教是
義是正行是正解是正業是正智也三
一心一心即金剛真心之義答竟可
一云菩提者天竺語此稱道質多者
此方云心心者即慮知也已上 言横超斷四
者横超者横者對竪超竪出超者對迂對
之言竪超者大乘真實之教也竪出者大乘
權方便之教二乘三乘迂廻之教也横超者
即願成就一實圓滿之真教真宗是也亦復

信文類　末　5オ　　　4ウ

有横出即三輩九品定散之教化土懈慢迂
廻之善也大願清淨報土不云品位階次一
念須臾頃速疾超證無上正真道故曰横超
也大本言超發無上殊勝之願又言我建
超世願必至無上道名聲超十方究竟靡
有不成正覺又言必得超絶去往生安
横截五惡趣惡趣自然閉昇道無窮
而無人其國不逆違自然之所牽已上 大
陀經言 支謙三 可得超絶去往生阿彌陀
國横截於五惡道自然閉塞昇道之無極易
往無有人其國土不逆違自然之隨牽已上 言
斷者發起往相一心故無生而當受生無趣

信文類　末　6オ　　　5ウ

信文類　末　7オ　　6ウ

信文類　末　8オ　　7ウ

信文類　末　9オ　　8ウ

信文類　末　10オ　　9ウ

信文類　末　11オ　　10ウ

信文類　末　12オ　　11ウ

者則与菩提等即可獲得喜悟信之忍是爲
往相廻向之真心徹倒故稱不可思議之本
誓故也禅宗智覺讃念佛行者云奇哉佛力
難思古今未有律宗元照師云嗚呼明教
孰如智者乎臨終擧觀經讃浄土而長
逝法界孰如杜順乎勸四衆念佛陀
而西邁矣参禅見性孰如高玉智覺乎
社念佛而倶登上品矣業儒有才孰如
柳子厚白樂天乎然皆秉筆書誠而願生
土矣已上言假者即是聖道諸機浄土定散機
也故光明師云佛教多門八萬四正爲衆生
機不同又云方便假門等無殊又云門門不

信文類　末　16オ　　　　15ウ

信文類　末　13オ　　　　12ウ

信文類　末　17オ　　　　16ウ

信文類　末　14オ　　　　13ウ

信文類　末　18オ　　　　17ウ

信文類　末　15オ　　　　14ウ

法蔵館文庫

・増補 いざなぎ流 祭文と儀礼　斎藤英喜著／1500円
・仏性とは何か　高崎直道著、下田正弘解説／1200円
・老年の豊かさについて　キケロ著、八木誠一・綾子訳／800円
・アマテラスの変貌 中世神仏交渉史の視座　佐藤弘夫著／1200円
・正法眼蔵を読む　寺田 透著、林 好雄解説／1800円
・王法と仏法 中世史の構図　黒田俊雄著、平 雅行解説／1200円
・地獄　石田瑞麿著、末木文美士解説／1200円
・折口信夫の戦後天皇論　中村生雄著、三浦佑之解説／1300円
・禅仏教とは何か　秋月龍珉著、竹村牧男解説／1100円
・評伝J・G・フレイザー その生涯と業績 上・下　ロバート・アッカーマン著　小松和彦監修、玉井 暲監訳／各1700円
・増補 宗教者ウィトゲンシュタイン

青木 馨編
A級戦犯者の遺言
教誨師・花山信勝が聞いたお念仏
講演録音CD付き　2000円

瓜生 崇著
なぜ人はカルトに惹かれるのか
脱会支援の現場から
1600円

草野顕之編
本願寺教団と中近世社会
3500円

村岡 倫編　龍谷大学アジア仏教文化研究叢書⑯
最古の世界地図を読む
『混一疆理歴代国都之図』から見る陸と海
3200円

嵩 満也、吉永進一、碧海寿広編
日本仏教と西洋世界
龍谷大学アジア仏教文化研究叢書⑫
2300円

窪田和美著
近江商人の生活態度

新刊

室町時代の祇園祭

河内将芳著

今もなお人びとの注目を集める京都祇園祭。その長い歴史のなかで、最も盛大であった室町期の祇園祭(祇園会)に注目し、公武の権力者が京都に併存した室町期ならではの特徴を解き明かす。

1800円

近江商人の魂を育てた寺子屋

——川島俊蔵の教えに学ぶ

中野正堂著

近江商人発祥の地の一つ滋賀県五個荘地区では、江戸期より寺子屋教育が盛んに行われた。「三方よし」を育んだ豊かな精神の源を知る。2000円

「ぞめき」の時空間と如来教

——近世後期の救済論的転回

石原　和著

「身体」から「心」へ。19世紀初頭の名古屋を舞台に、如来教、民間信仰、真宗教学を巻き込んだ救済論のパラダイム転換を解明する。

4500円

好評辞典シリーズ

総合 佛教大辞典 新装版 全1巻
〈日本図書館協会選定図書〉 3刷
井ノ口泰淳、櫻部 建、薗田香融他編 28000円
■内容見本呈

新版 仏教学辞典 10刷
多屋頼俊、横超慧日、舟橋一哉編 5600円

新・梵字大鑑 全二巻
種智院大学密教学会編 40000円

真宗新辞典 机上版 13刷
金子大榮他監修【本文新字体】 18500円

華厳経入法界品 梵蔵漢対照索引
長谷岡一也著 62000円

密教大辞典 縮刷版 11刷
密教辞典編纂会編 25000円

密教辞典 14刷
〈日本図書館協会選定図書〉

―ご注文方法―

●小社出版物をお求めの際には、お近くの書店を通じてご注文下さい。地域差はありますが、十日から二週間程度でお手もとに届きます。

●直接のご注文もうけたまわっておりますが、送料をご負担いただきます。詳細については、小社までお問い合わせください。

●ウェブショップでは、他社の仏教書もご注文いただけます。ぜひご覧ください。

●ウェブショップ：
http://www.hozokanshop.com

価格はすべて税別です。

950000

〈送料・代引手数料〉
ご購入金額合計
・15000円(税別)未満
送料…409円+税
代引手数料…300円+税
・15000円(税別)以上
送料・代引手数料とも無料

料金受取人払郵便

京都中央局
承　　認

1989

差出有効期間
2022年3月
31日まで

(切手をはらずに
お出し下さい)

郵便はがき

6 0 0 8 7 9 0

1 1 0

京都市下京区
正面通烏丸東入

法藏館 営業部 行

愛読者カード

本書をお買い上げいただきまして、まことにありがとうございました。
このハガキを、小社へのご意見またはご注文にご利用下さい。

お買上 **書名**

＊本書に関するご感想、ご意見をお聞かせ下さい。

＊出版してほしいテーマ・執筆者名をお聞かせ下さい。

お買上
書店名　　区市町　　**書店**

◆新刊情報はホームページで　http://www.hozokan.co.jp
◆ご注文、ご意見については　info@hozokan.co.jp

14.3.50

ふりがな ご氏名	年齢　　歳　男・女
〒□□□-□□□□	電話
ご住所	
ご職業 (ご宗派)	所属学会等
ご購読の新聞・雑誌名 （ＰＲ誌を含む）	

ご希望の方に「法藏館・図書目録」をお送りいたします。
送付をご希望の方は右の□の中に✓をご記入下さい。　□

注 文 書

月　　日

書　　名	定　価	部　数
	円	部
	円	部
	円	部
	円	部
	円	部

配本は、○印を付けた方法にして下さい。

イ. **下記書店へ配本して下さい。**
（直接書店にお渡し下さい）

―（書店・取次帖合印）―

書店様へ＝書店帖合印を捺印の上ご投函下さい。

ロ. **直接送本して下さい。**
代金(書籍代＋送料・手数料)は、お届けの際に現金と引換えにお支払下さい。送料・手数料は、書籍代 計5,000円 未満630円、5,000円以上840円です(いずれも税込)。

＊お急ぎのご注文には電話、ＦＡＸもご利用ください。
電話 075-343-0458
FAX 075-371-0458

（個人情報は『個人情報保護法』に基づいてお取扱い致します。）

言衆生有能治者無有是處時有大臣名日
月稱往至王所在一面立白言大王何故愁
悴顔容不悦為身痛耶為心痛乎王答臣言
我今身心豈得不痛我父無辜横加逆害
從智者曾聞是義世有五人不脱地獄
逆罪我今已有無量無邊阿僧祇罪
心而得不痛又無良醫治我身心臣言大
莫大愁苦即説偈言若常愁苦愁遂增
人喜眠眠則滋多貪婬嗜酒亦復如是如
所言世有五人不脱地獄誰往見之來語王
耶言地獄者直是世間多智者説如王所言
世無良醫治身心者今有大醫名富蘭那一

信文類　末　19オ　　18ウ

切知見得自在定畢竟修習清浄梵行常為
無量無邊衆生演説無上涅槃之道為諸弟
子説如是法無有黒業無黒業報無有白業
無白業報無黒白業無黒白業報無有上業
及以下業是師今在王舍城中唯願大王
駕往彼可令是師療治身心時王答言
如是滅除我罪我當歸依復有一臣名
德復往王所而作是言大王何故面貌憔
脣口乾燋音聲微細乃至何所苦為身痛耶
心痛乎王即答言我今身心云何不痛我之
癡盲無有慧目近諸悪友而為善随提婆達
多悪人之言正法之王横加逆害我昔曾聞

信文類　末　20オ　　19ウ

智人偈説若於父母佛及弟子生不善心起
於悪業如是果報在阿鼻獄以是事故令我
心怖生大苦悩又無有良醫而見救療大臣復
言唯願大王且莫愁怖法有二種一者出家
二者王法王法者謂害其父則王國土雖
是逆實無有罪如迦羅羅虫要壊母腹
乃生生法如是雖破母身實亦無罪騾
妊等亦復如是治國之法法應如是雖
兄實無有罪出家法者乃至蚊蟻殺亦有
乃至如王所言世無良醫治身心者今有大師
名末伽梨拘賖梨子一切知見憐愍衆生猶
如赤子已離煩悩能抜衆生三毒利箭乃至是

信文類　末　21オ　　20ウ

師今在王舍大城唯願大王往至其所王若
見者衆罪消滅時王答言審能如是除滅我
罪我當歸依復有一臣名曰實德復到王所
即説偈言大王何故身脱瓔珞首髪蓬亂
乃至如是為是心痛耶為身痛耶王即
我今身心豈得不痛我父先王慈愛仁
見矜念實無辜往問相師相師答言是
已定當害父雖聞是語猶見瞻養曾聞
作如是言若人通母及汚比丘尼偸僧祇物
殺發無上菩提心人及殺其父如是之人必
定當随阿鼻地獄我今身心豈得不痛大臣
復言唯願大王且莫愁苦乃至一切衆生皆有

信文類　末　22オ　　21ウ

餘業以業縁故數數受生死若使先王有餘
業者王今殺之竟有何罪唯願大王寛意莫
愁何以故若常愁苦愁遂増長如人喜眠眠
則滋多貪婬嗜酒亦復如是乃至那闍耶毗羅
胝子復有一臣名悉知義即至王所作如
言乃至王即答言我今身心豈得無痛乃至
無辜横興逆害我亦曾聞智者説言若
父當於無量阿僧祇劫受大苦悩我今不
必堕地獄又無良醫救療我罪大臣即言
願大王放捨愁苦王不聞耶昔者有王名曰
羅摩害其父已得紹王位跋提大王毗樓真
王那睺沙王迦帝迦王毗舍佉王月光明王

信文類　末　23オ　　22ウ

日光明王愛王持多人王如是等王皆害其
父得紹王位然無一王入地獄者於今現在
毗瑠璃王優陀耶王悪性王鼠王蓮華王如
是等王皆害其父悉無一王生愁悩者雖
地獄餓鬼天中誰有見者大王唯有二有
者人道二者畜生雖有是二非因縁生非
縁死若非因縁何者有善悪唯願大王勿
愁怖何以故若常愁苦愁遂増長如人喜
眠則滋多貪婬嗜酒亦復如是乃至阿耆多翅
舍欽婆羅乃至復有大臣名曰吉徳乃至言地獄
者為有何義臣當説之地者名地獄者名破
破於地獄無有罪報是名地獄又復地者名

信文類　末　24オ　　23ウ

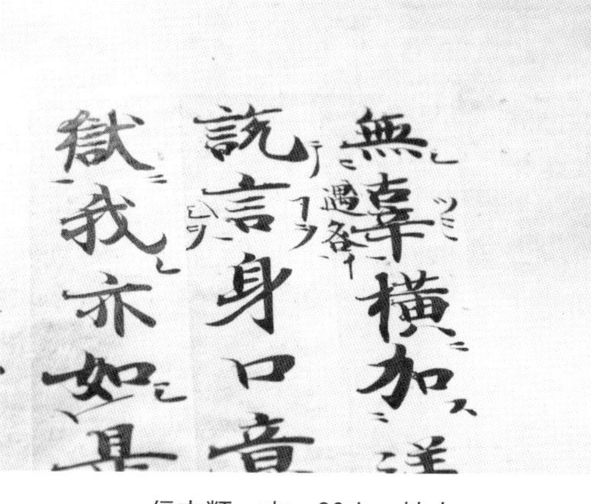

信文類　末　26ウ　拡大

信文類　末　25オ　　　　　　24ウ

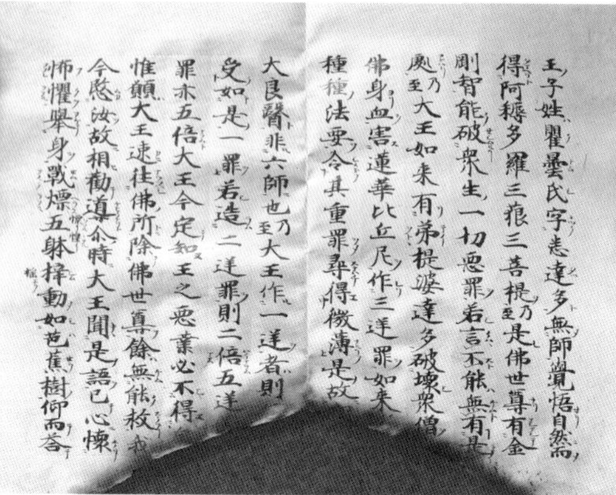

信文類　末　28オ　　　　　　27ウ

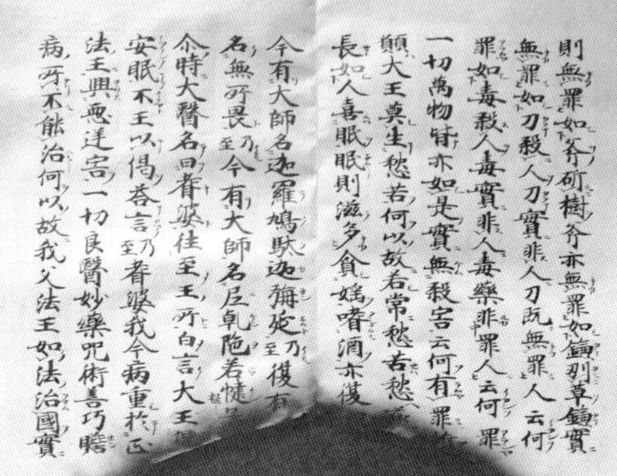

信文類　末　26オ　　　　　　25ウ

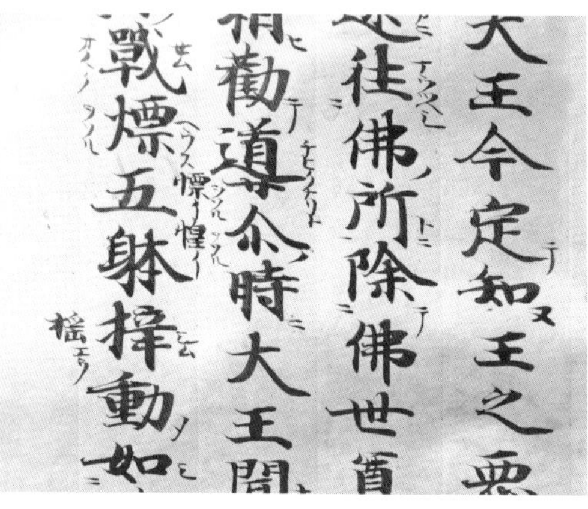

信文類　末　28オ　拡大

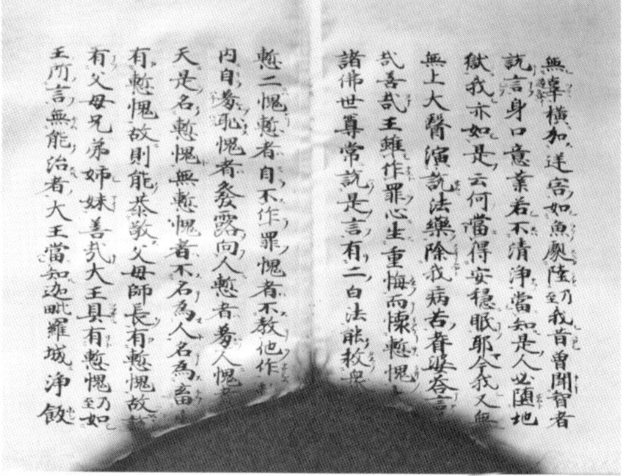

信文類　末　27オ　　　　　　26ウ

信文類　末　29オ　　28ウ

信文類　末　30オ　　29ウ

信文類　末　31オ　　30ウ

信文類　末　32オ　　31ウ

信文類　末　33オ　　32ウ

信文類　末　34オ　　33ウ

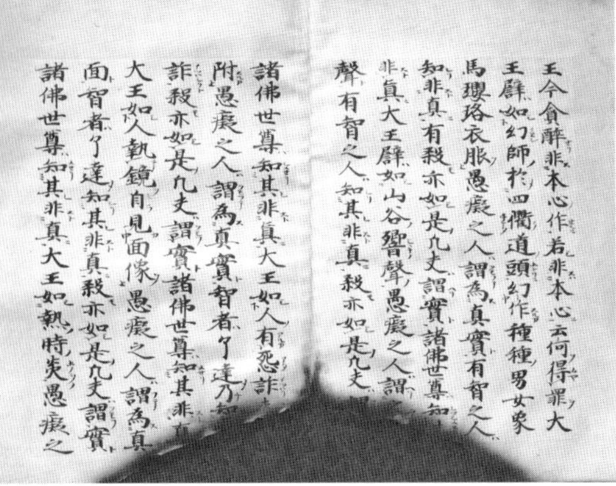

信文類　末　37オ　　36ウ

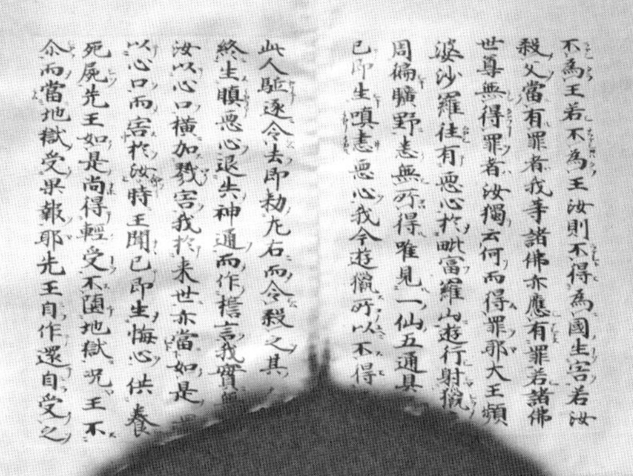

信文類　末　35オ　　34ウ

信文類　末　38オ　　37ウ

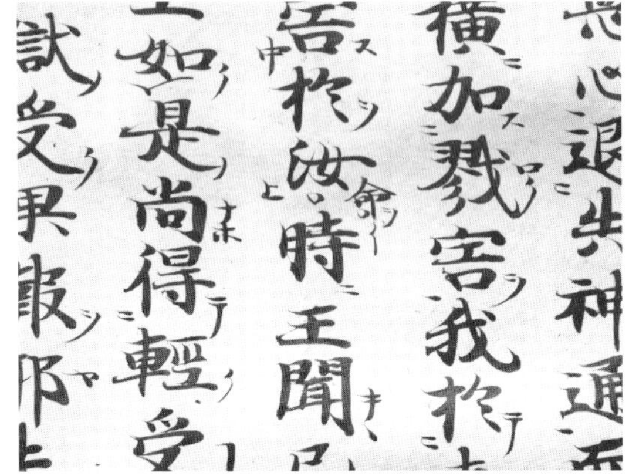

信文類　末　35オ　拡大

信文類　末　39オ　　38ウ

信文類　末　36オ　　35ウ

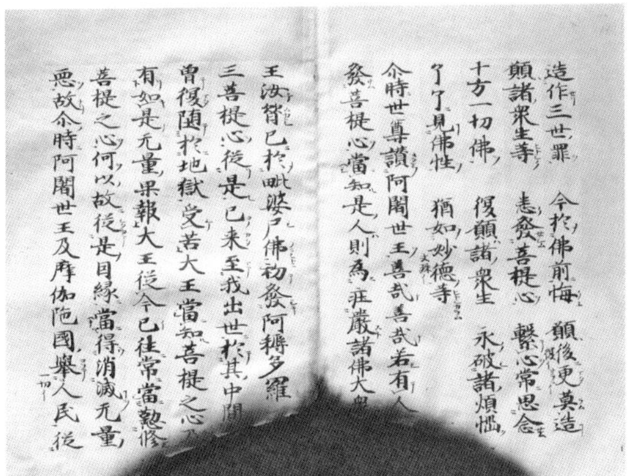

造作三世罪　今於佛前悔　願後更莫造
願諸衆生等　悉發菩提心　繫心常思念
十方一切佛　復願諸衆生　永破諸煩惱
了了見佛性　猶如妙徳等
尒時世尊讃阿闍世王善哉善哉若有人
發菩提心當知是人則為荘嚴諸佛大衆
王汝昔已於毗婆尸佛初發阿耨多羅
三菩提心從是已來至我出世於其中間
曾復隨於地獄受苦大王當知菩提之心乃
有如是无量果報大王從今已往常當懃修
菩提之心何以故從是因縁當得消滅无量
悪故尒時阿闍世王及摩伽陀國擧人民從

信文類　末　43オ　　42ウ

乃至世尊我見世間從伊蘭子生伊蘭樹不見
伊蘭生栴檀樹者我今始見從伊蘭子生栴
檀樹伊蘭子者我身是也栴檀樹者即是我
心無根信也無根者我初不知恭敬如来不
信法僧是名無根世尊我若不遇如来世
當於無量阿僧祇劫在大地獄受无量
今見佛以是見佛所得功徳破壊衆生所
悪心佛言大王善哉善哉我今知汝必能
壊衆生悪心世尊若我當能破壊衆生諸
心者使我常在阿鼻地獄無量劫中為諸衆
生受苦惱不以為苦尒時摩伽陀國無量人
民悉發阿耨多羅三藐三菩提心以如是等

信文類　末　40オ　　39ウ

座而起遶佛三帀辭退還宮已上　又言善男
子羅閲祇王頻婆沙羅其王太子名曰善見
業因縁故生悪逆心欲害其父而不得便尒
時悪人提婆達多亦因過去業因縁故復於
我所生不善心欲害於我即修五通不久
得与善見太子為親厚為太子故現作
種種神通之事從非門出從門而入從門
非門而入或時示現象馬牛羊男子之身
見太子見已即生愛心喜心敬信之心為是
本故嚴設種種供養之具而供養之又復白
言大師聖人我今欲見曼陀羅華時提婆達
多即便往至三十三天從彼天人而求索之

信文類　末　44オ　　43ウ

無量人民發大心故阿闍世王所有重罪即
得微薄王及夫人後宮采女悉皆同發阿耨
多羅三藐三菩提心尒時阿闍世王語耆婆
言耆婆我今未死已得天身捨於短命而得
長命捨無常身而得常身令諸衆生發
多羅三藐三菩提心乃至諸佛弟子説是
即以種種寶幢乃至復以偈頌而讃歎言
實語甚微妙　善巧於句義　甚深秘密藏
為衆故顯示　所有廣博言　為衆故略説
具足如是語　善能療衆生　若有諸衆生
得聞是語者　若信及不信　定知是佛説
諸佛常軟語　為衆故説麁　麁語及軟語

信文類　末　41オ　　40ウ

其福盡故都無与者既不得華作是思惟曼
陀羅樹無我我所若自取者當有何罪即前欲
取便失神通還見己身在王舍城心生慙愧
不能復見善見太子復作是念我今當往至
如来所求索大衆佛若聽者我當隨意
勅使舍利弗等尒時提婆達多便来我
如是言唯願如来以大衆付囑於我我
當種種説法教化令其調伏我言癡人舍利
弗等聽聞大智世所信伏我猶不以大衆付囑
况汝癡人食唾者乎時提婆達多復於我所
倍生悪心作如是言瞿曇汝今雖復調伏大
衆勢亦不久當見磨滅作是語已大地即時

信文類　末　45オ　　44ウ

皆歸弟一義　是故我今者　歸依於世尊
如来語一味　猶如大海水　是名弟一諦
故無無義語　如来今所説　種種無量法
男女大小聞　同獲弟一義　無因亦無果
無生亦無滅　是名大涅槃　聞者破諸結
如来為一切　常作慈父母　當知諸衆生
皆是如来子　世尊大慈悲　為衆修苦行
如人着鬼魅　狂乱多所為　我今得見佛
所得三業善　願以此功徳　迴向无上道
我今所供養　佛法及衆僧　願以此功徳
三寶常在世　我今所當獲　種種諸功徳
願以此破壊　衆生四種魔　我遇悪知識

信文類　末　42オ　　41ウ

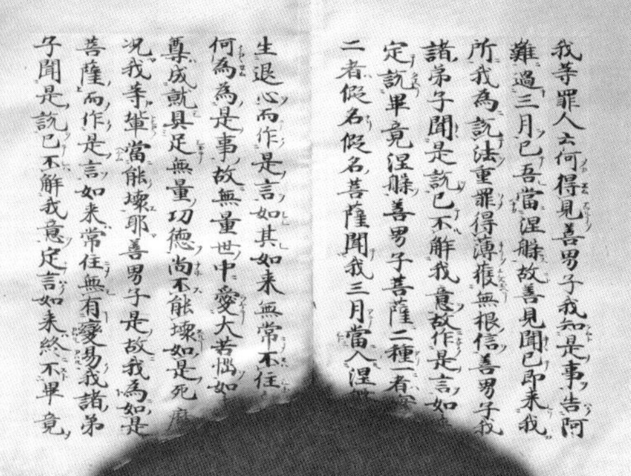

我等罪人云何得見善男子我知是事告阿
難過三月已吾當涅槃故善見聞已即来我
所我為說法重罪得薄痕無根信善男子我
諸弟子聞是說已不解我意故作是言如
定說畢竟涅槃善男子菩薩二種一者実
二者假名假名菩薩聞我三月當入涅
生退心而作是言如其如来無常不住
何為為是事故無量世中受大苦惱如
尊成就具足無量功德尚不能壊如是死魔
況我等輩當能壊耶善男子是故我為如是
菩薩而作是言如来常住無有變易我諸弟
子聞是說已不解我意定言如来終不畢竟

信文類　末　49オ　　48ウ

信文類　末　46オ　　45ウ

信文類　末　50オ　　49ウ

信文類　末　47オ　　46ウ

信文類　末　51オ　　50ウ

信文類　末　48オ　　47ウ

此愚痴人既生誹謗安有願生佛土之理假
使但貪彼土安樂而願生者亦如求非水之
氷無烟之火豈有得理問曰何等相是誹謗
正法荅曰若言無佛無佛法無菩薩無菩薩
法如是等見若心自解若從他受其心決
皆名誹謗正法問曰如是等計但是已

衆生有何苦惱踰於五逆重罪耶荅曰若
諸佛菩薩說世間出世間善道教化衆
豈知有仁義礼智信耶如是世間一切善
皆斷出世間一切賢聖皆滅汝但知五逆罪
為重而不知五逆罪從無正法生是故謗正
法人其罪最重問曰業道經言業道如秤重

信文類　末　52オ　　51ウ

者先牽如觀無量壽經言有人造五逆十惡
具諸不善應墮惡道逕歴多劫受無量苦臨
命終時遇善知識教稱南無無量壽佛如是
至心令聲不絶具足十念便得往生安
土即入大乘正定之聚畢竟不退与三塗
苦永隔先牽之義於理如何又曠劫已來

造諸行有漏之法繫屬三界但以十念
弥陀佛便出三界繫業之義復欲云何
汝謂五逆十惡繫業等為重以下下品人
念為輕應為罪所牽先墮地獄繫在三界者
今當以義挍量輕重之義在心在緣在決定
不在時節久近多少也云何在心彼造罪人

信文類　末　53オ　　52ウ

自依止虛妄顛倒見生此十念者依善知識
方便安慰聞實相法生一實一虛豈得相比
辟如千歲闇室光若暫至即便明朗闇豈得
言在室千歲而不去耶是名在心云何在
彼造罪人自依止妄想心依煩惱虛妄果
衆生生此十念者依止無上信心依阿

如来方便荘嚴真實清淨無量功德名
辟如有人被毒箭所中截筋破骨聞
皷即箭出毒除　首楞嚴經言辟如有薬名曰滅除若鬪戦時用以塗皷聞皷聲者箭出毒除菩薩摩訶薩亦復如是住首楞嚴三昧聞其名者三毒之箭自然拔出
豈可得言彼箭深毒厲聞皷音聲不能拔箭
去毒耶是名在緣云何在決定彼造罪人依

信文類　末　54オ　　53ウ

止有後心有間心生此十念者依止無後心
無間心生是名決定挍量三義十念者重重
者先牽能出三有兩經一義耳問曰幾時名
為一念荅曰百一生滅名一剎那六十剎那
名為一念此中云念者不取此時節也但言
憶念阿弥陀佛若總相若別相隨所觀

無他想十念相續名為十念但稱名号
如是問曰心若他緣攝之令還可知念
少但知多少復非無間若凝心注想復依
可得記念之多少荅曰經言十念者明業事
成辦耳不必須知頭數也如言蟪蛄不識春
秋伊虫豈知朱陽之節乎知者言之耳十念

信文類　末　55オ　　54ウ

業成者是亦通神者言之耳但積念相續不
緣他事便罷復何假須知念之頭數也若必
須知亦有方便必須口授不得題之筆點已上
光明寺和尚云問曰如四十八願中唯除五
逆誹謗正法不得往生今此觀經下品下
中簡誹謗攝五逆者有何意也荅曰此

就抑止門中解如四十八願中除謗法五
者然此之二業其鄣極重衆生若造直
鼻歴劫周章無由可出但如来恐其造斯
過方便止言不得往生亦不是不攝也又下
品下生中取五逆除謗法者其五逆已作不
可捨令流轉還發大悲攝取往生然謗法之

信文類　末　56オ　　55ウ

罪未為又止言若起謗法即不得生此就未
造業而解也若造還攝得生雖得生彼華合
逕於多劫此等罪人在華内時有三種鄣一
者不得見佛及諸聖衆二者不得聽聞正法
三者不得歴事供養除此已外更無諸苦
云猶如比丘入三禪之樂也應知雖在華

多劫不開可不勝阿鼻地獄之中長時永
受諸苦痛也此義就抑止門解竟已上又云
絶譏嫌等無憂惱人天善悪皆得往到彼
殊齊同不退何意然者乃由弥陀因地世饒
王佛所捨位出家即起悲智之心廣弘四十
八願以佛願力五逆之与十惡罪滅得生謗

信文類　末　57オ　　56ウ

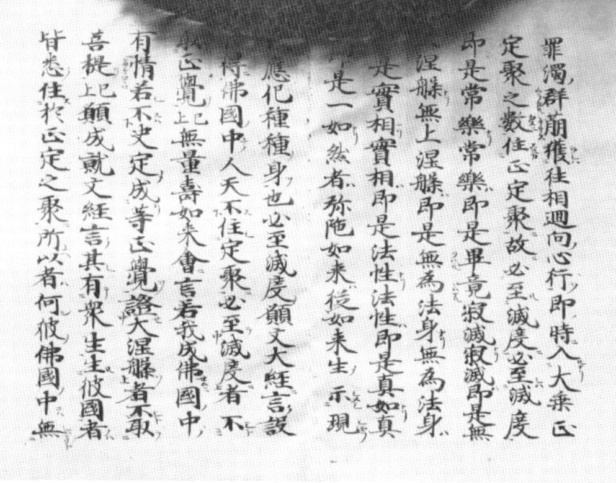

証文類　2オ　　　　　　　1ウ

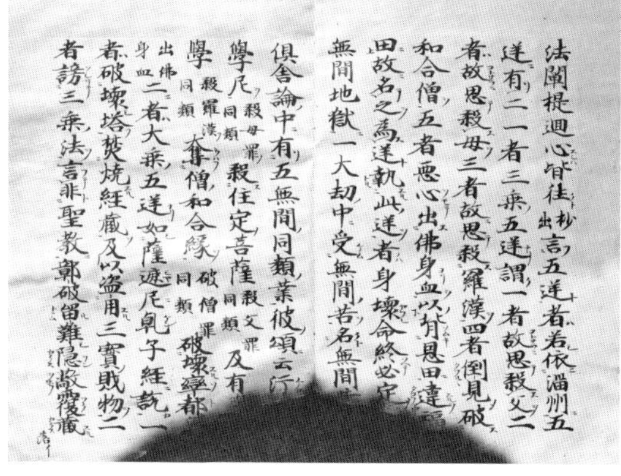

信文類　末　58オ　　　　　57ウ

証文類　3オ　　　　　　　2ウ

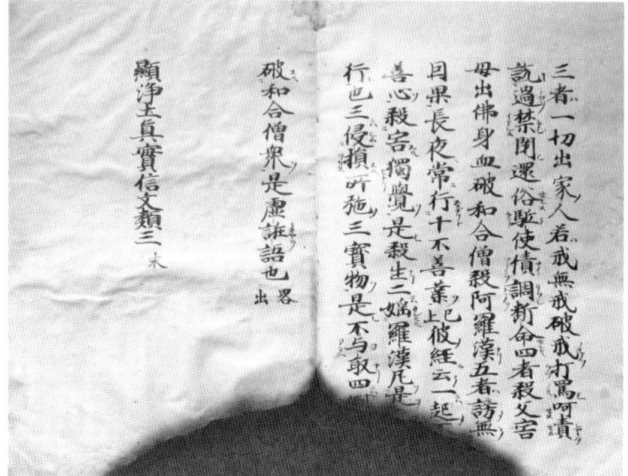

信文類　末　59オ　　　　　58ウ

証文類　4オ　　　　　　　3ウ

証文類

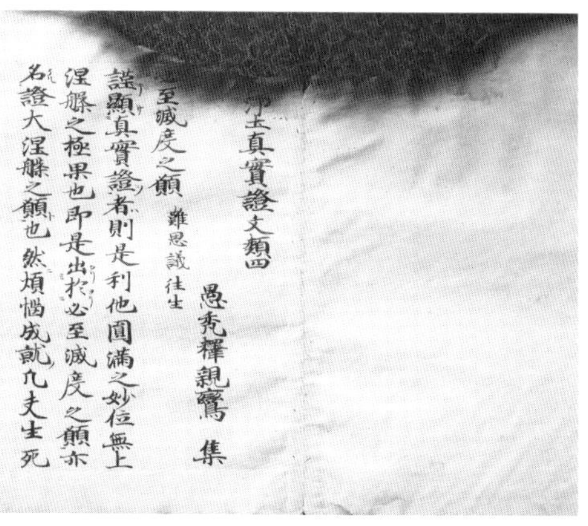

証文類　1オ　　　　　　　0ウ

属若干苦樂萬品以雜業故彼安樂國土莫
非是阿弥陁如来正覺淨華之所化生同一
念佛無別道故遠通夫四海之内皆為兄弟
眷属無量焉可思議又言願往生者本則
三三之品今無一二之殊亦如淄澠食陵反一
味焉可思議又論曰荘嚴清淨功徳成就者
偈言觀彼世界相勝過三界道故此云何不
思議有凡夫人煩悩成就亦得生彼淨土三
界繋業畢竟不牽則是不斷煩悩得涅槃分
焉可思議已上抄要安樂集云然二佛神力應亦
齊等但釋迦如来不申己能故顯彼長欲使
一切衆生莫不齊歸是故釋迦處處嘆歸須

証文類　5オ　　4ウ

知此意也是故曇鸞法師正意歸西故傍大
經奉讃曰安樂聲聞菩薩衆人天智恵咸洞
達身相荘嚴無殊異但順他方故列名顔容
端正無可比精微妙軀非人天虚無之身無
極體是故頂礼平等力已上光明寺疏云言弘
願者如大經說一切善悪凡夫得生者莫不
皆乘阿弥陁佛大願業力為増上縁也又佛
密意弘深教門難暁三賢十聖弗測所闚況
我信外輕毛敢知旨趣仰惟釋迦此方發遣
弥陁即彼國来迎彼喚此遣豈容不去也唯
可勤心奉法畢命為期捨此穢身即證彼法性
之常樂又云西方寂静無為樂畢竟逍遥離

証文類　6オ　　5ウ

有無大悲薫心遊法界分身利物等無殊或
現神通而說法或現相好入無餘變現荘嚴
隨意出群生見者罪皆除又賛云歸去来魔
郷不可停曠劫来流轉六道盡皆逕到處無
餘樂唯聞愁嘆聲畢此生平後入彼涅槃城
已上夫案真宗教行信證者如来大悲廻向
之利益故若因若果無有一事非阿弥陁如
来清淨願心之所廻向成就因淨故果亦淨
也應知　二言還相廻向者則是利他教化
地益也則是出於必至補處之願亦名一生
補處之願亦可名還相廻向之願也顯註論
故不出願文可披論註淨土論曰出第五門

証文類　7オ　　6ウ

者以大慈悲觀察一切苦悩衆生示應化身
廻入生死薗煩悩林中遊戯神通至教化地
以本願力廻向故是名出第五門已上論註曰
還相者生彼土已得奢摩他毘婆舎那方便
力成就廻入生死稠林教化一切衆生共向
佛道若往若還皆為抜衆生渡生死海是故
言廻向為首得成就大悲心故又言即見彼
佛未證淨心菩薩畢竟得證平等法身与淨
心菩薩与上地諸菩薩畢竟同得寂滅平等
故平等法身者八地已上法性生身菩薩也
寂滅平等之法也以得此寂滅平等法故名
為平等法身以平等法身菩薩所得故名為

証文類　8オ　　7ウ

寂滅平等法也此菩薩得報生三昧以三昧
神力能一處一念一時徧十方世界種種供
養一切諸佛及諸佛大會衆海能於無量世
界無佛法僧處種種示現種種教化度脱一
切衆生常作佛事初無往来想供養想度脱
想是故此身名為平等法身此法名為寂滅
平等法也未證淨心菩薩者初地已上七地以
還諸菩薩也此菩薩亦能現身若百若千若
萬若億若百千萬億無佛國土施作佛事要
須作心入三昧乃能非不作心以作心故名為
未證淨心此菩薩願生安樂淨土即見阿弥
陁佛見阿弥陁佛時与上地諸菩薩畢竟身

証文類　9オ　　8ウ

等法等龍樹菩薩婆藪槃頭菩薩輩願生彼
者當為此耳問曰案十地經菩薩進趣階級
漸有無量功勲逕多劫數然後乃得此云何
見阿弥陁佛時畢竟与上地諸菩薩身等法
等耶答曰畢竟者未言即等也畢竟不失此
等故言等耳問曰若不即等復何得言菩薩
但登初地以漸増進自然當与佛等何假言
与上地菩薩等答曰菩薩於七地中得大寂
滅上不見諸佛可求下不見衆生可度欲捨
佛道證於實際尒時若不得十方諸佛神力
加勧即便滅度与二乘無異菩薩若往生安
樂見阿弥陁佛即無此難是故須言畢竟平

証文類　10オ　　9ウ

等復次無量壽經中阿弥陀如来本願言設
我得佛他方佛土諸菩薩衆来生我國究竟
必至一生補處除其本願自在所化為衆生
被弘誓鎧積累德本度脱一切遊諸佛國
菩薩行供養十方諸佛如来開化恒沙無
衆生使立無上正真之道超出常倫諸地

現前修習普賢之德若不尒者不取正
按此經推彼國菩薩或可不従一地至一
言十地階次者是釋迦如来於閻浮提一
應化道耳他方淨土何必如此五種不思議
中佛法最不可思議若言菩薩必従一地至
一地無超越之理未敢詳也譬如有樹名曰

証文類　11オ　　10ウ

好堅是樹地生百歳乃具一日長高百丈日
日如此計百歳之長豈類脩松耶見松生長
日不過寸聞彼好堅何能不疑即日有人聞
迦如来證羅漢於一聽制無生於終朝謂
按誘之言非稱實之説聞此論事亦當不
信非常之言不入常人之耳謂之不然亦

宜也略説八句示現如来自利利他功
莊嚴次第成就應知此云何次第前十七
是莊嚴國土功德成就既知國土相應知
國土之主是故次觀佛莊嚴功德彼佛若為
莊嚴於何處坐是故先觀座既知座已宜知
座主是故次觀佛莊嚴身業既知身業應知

証文類　12オ　　11ウ

有何聲名是故次觀佛莊嚴口業既知名聞
宜知得名所以是故次觀佛莊嚴心業既知
三業具足應為人天大師堪受化者是誰
是故次觀大衆功德既知大衆有無量功德
宜知上首者誰是故次觀上首上首是佛既
知上首恐同長劫是故次觀主既知是主　主

德增上是故次觀莊嚴不虛作住持八句
廣成也觀菩薩者云何觀察菩薩莊嚴功
德成就觀察菩薩莊嚴功德成就者觀彼菩
薩有四種正修行功德成就應知真如是諸
法正體體如而行則是不行不行而行名如
實修行體唯一如而義分為四是故四行以

証文類　13オ　　12ウ

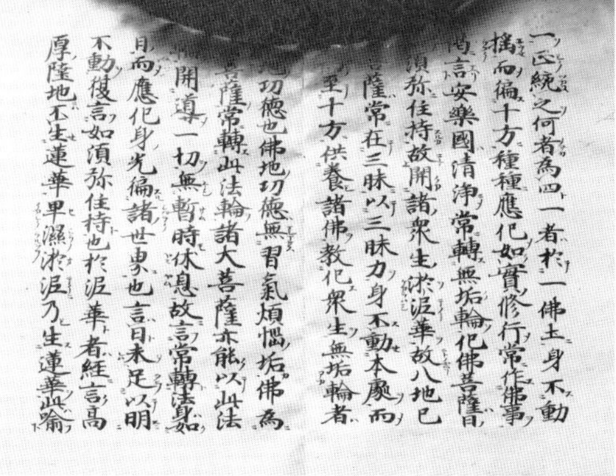
一正統之何者為四一者於一佛土身不動
搖而徧十方種種應化如實修行常作佛事
偈言安樂國清淨常轉無垢輪化佛菩薩日
須弥住持故開諸衆生淤泥華故八地已
上菩薩常在三昧以三昧力身不動本處而
能徧至十方供養諸佛教化衆生無垢輪者

佛地功德也佛地功德無習氣煩惱垢佛為
諸菩薩常轉此法輪諸大菩薩亦能以此法
輪開導一切無暫時休息故言常轉法身如
日而應化身光徧諸世界也言日未足以明
不動復言如須弥住持也淤泥華者經言高
原陸地不生蓮華卑濕淤泥乃生蓮華此喩

証文類　14オ　　13ウ

凡夫在煩惱泥中為菩薩開導能生佛正覺
華諒夫紹隆三寶常使不絶二者彼應化身
一切時不前不後一心一念放大光明悉能
徧至十方世界教化衆生種種方便修行所
作滅除一切衆生苦故偈言無垢莊嚴光一
念及一時普照諸佛會利益諸群生故上言

不動而至容或至有前後是故復言一念一
時無前無後也三者彼於一切世界無餘照
諸佛會大衆無餘廣大無量供養恭敬讃歎
諸佛如来功德偈言雨天樂華衣妙香等供
養讃諸佛功德無有分別心故無餘者明徧
至一切世界一切諸佛大會無有一世界一

証文類　15オ　　14ウ

佛會不至也肇公言法身無像而殊形並應
至韻無言而玄籍弥布冥權無謀而動与事
會蓋斯意也四者彼於十方一切世界無三
寶處住持莊嚴佛法僧寶功德大海徧示令
解如實修行偈言何等世界無佛法功德寶
我願皆往生示佛法如佛故上三句雖言徧

至是有佛國土若無此句便是法身有所
不法上善有所不善觀行體相竟已下是解
義中第四重名為淨入願心淨入願心者又
向説觀察莊嚴佛土功德成就莊嚴佛功德
成就莊嚴菩薩功德成就此三種成就願心
莊嚴應知應知者應知此三種莊嚴成就由

証文類　16オ　　15ウ

16ウ　　証文類　17オ

17ウ　　証文類　18オ

18ウ　　証文類　19オ

19ウ　　証文類　20オ

20ウ　　証文類　21オ

21ウ　　証文類　22オ

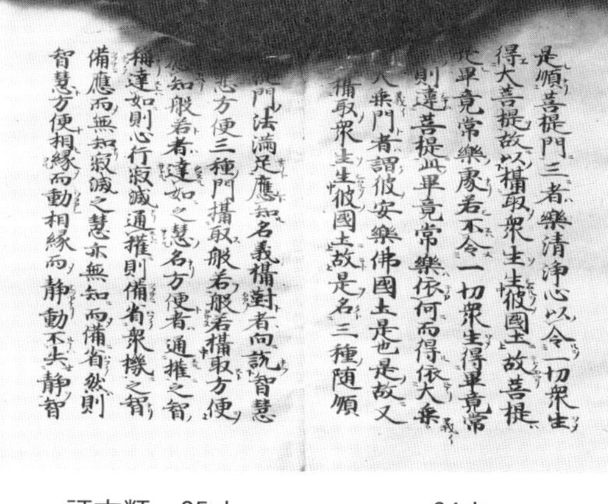

証文類　25オ　　24ウ

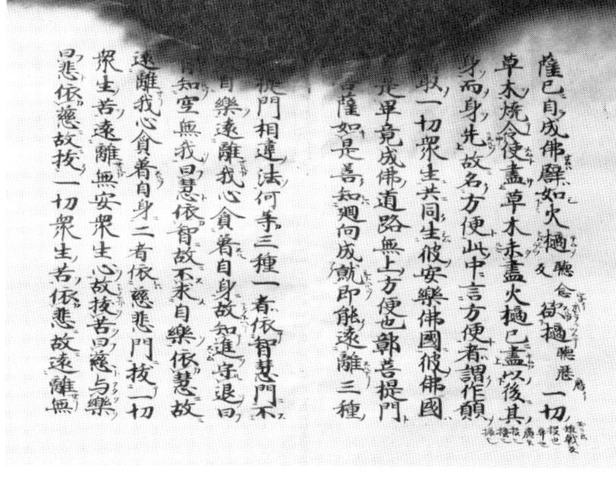

証文類　23オ　　22ウ

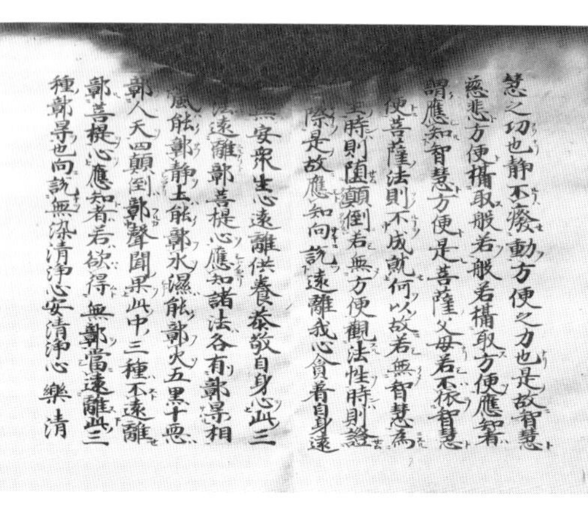

証文類　26オ　　25ウ

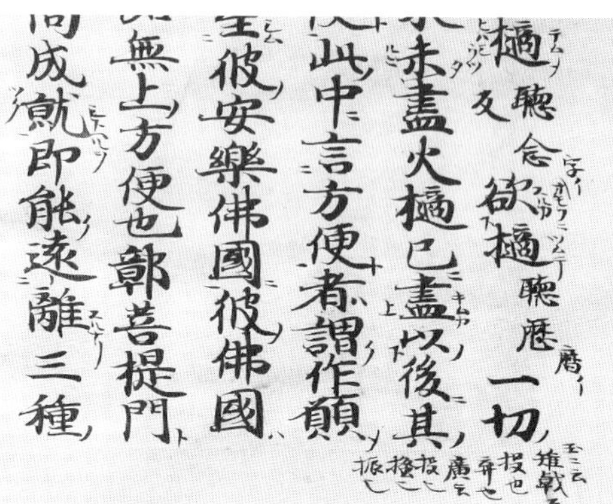

証文類　22ウ　拡大

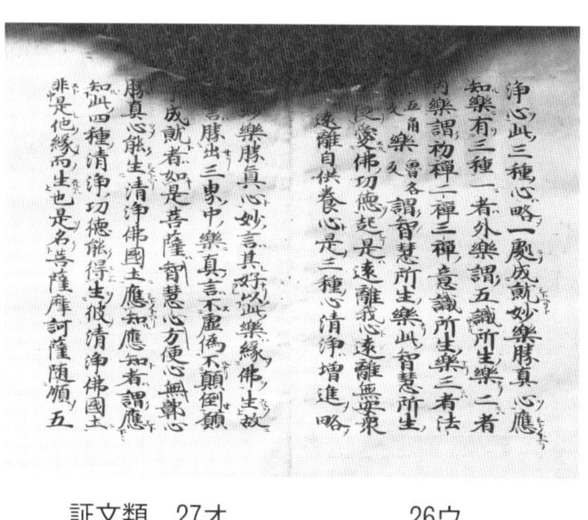

証文類　27オ　　26ウ

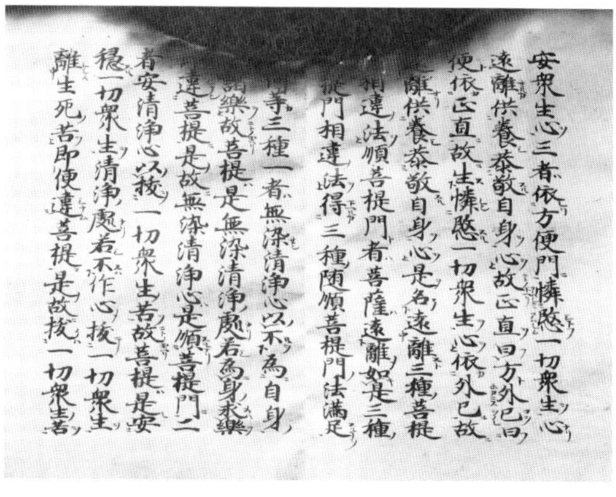

証文類　24オ　　23ウ

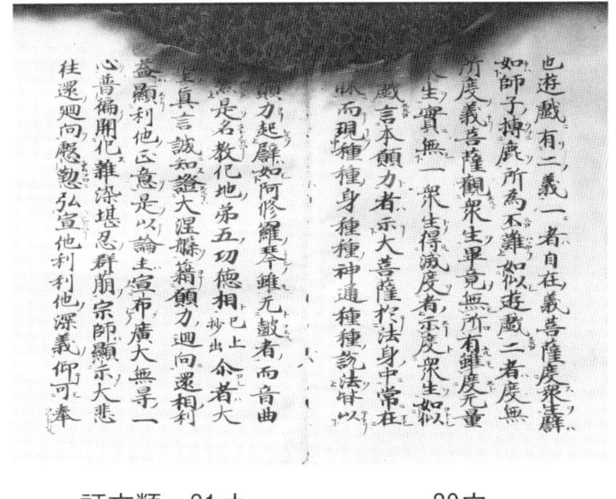

証文類　31オ　　30ウ

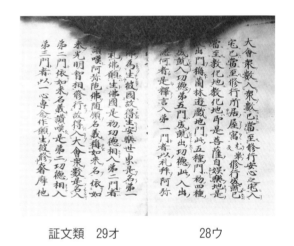

証文類　28オ　　27ウ

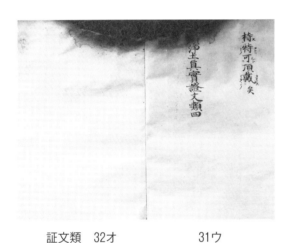

証文類　32オ　　31ウ

証文類　29オ　　28ウ

真仏土文類

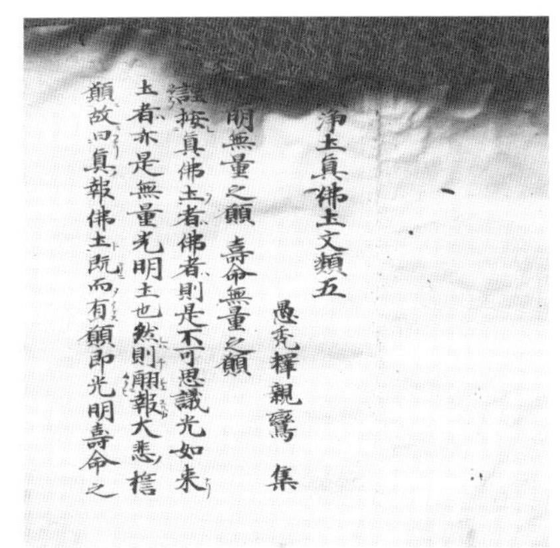

真仏土文類　1オ　　0ウ

証文類　30オ　　29ウ

願是也大經言設我得佛光明有能限量下至不照百千億那由他諸佛國者不取正覺又願言設我得佛壽命有能限量下至百千那由他劫者不取正覺願成就文言佛告阿難無量壽佛威神光明最尊第一諸佛光明所不能及 乃至 是故無量壽佛号無量光佛無邊光佛無碍光佛無對光佛炎王光佛清淨光佛歡喜光佛智慧光佛不斷光佛難思光佛無稱光佛超日月光佛其有衆生遇斯光者三垢消滅身意柔軟歡喜踊躍善心生焉若在三塗懃苦之處見此光明皆得休息無復苦惱壽終之後皆蒙解脫無量壽佛光

真仏土文類　2オ　　　　1ウ

明顯赫照耀十方諸佛國土莫不聞焉不但我今稱其光明一切諸佛聲聞緣覺諸菩薩衆咸共嘆譽亦復如是若有衆生聞其光明威神功德日夜稱說至心不斷隨意所願得生其國為諸菩薩聲聞大衆所共歎譽稱其功德至其然後得佛道時普為十方諸佛菩薩歎其光明亦如今也佛言我說無量壽佛光明威神巍巍殊妙晝夜一劫尚未能盡佛語阿難無量壽佛壽命長久不可勝計汝寧知乎假使十方世界無量衆生皆得人身悉令成就聲聞緣覺都共集會禪思一心竭其智力於百千萬劫悉共推算計其壽命長遠

真仏土文類　3オ　　　　2ウ

之數不能窮盡知其限極 乃至 抄出 無量壽如來會言阿難以是義故無量壽佛復有異名謂無量光無邊光無著光無碍光光照王端嚴光愛光喜光可觀光不思議光無等光不可稱量光映蔽日光映蔽月光掩奪日月光彼之光明清淨廣大普令衆生身心悅樂復令一切佛剎中天龍夜叉阿修羅等皆得歡悅 無量清淨平等覺經言 略出 速疾超便可到安樂國之世界至無量光明土供養於無數佛 已上 佛說諸佛阿弥陀三耶三佛薩樓佛檀過度人道經 略出 言佛言阿弥陀佛光明最尊第一無比諸佛光明皆所不及也八方

真仏土文類　4オ　　　　3ウ

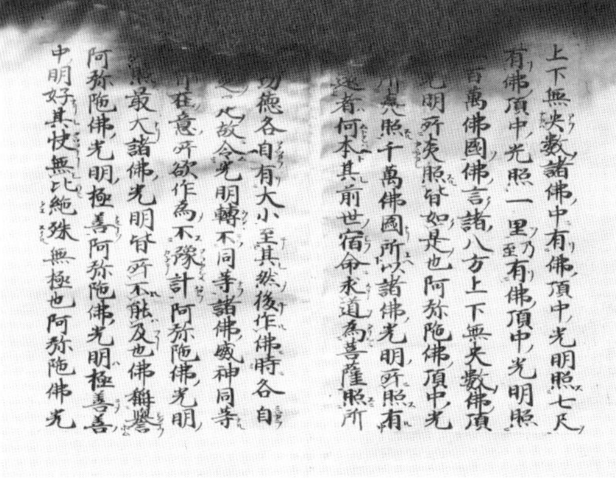
上下無央數諸佛中有佛頂中光明照七丈有佛頂中光照一里 乃至 有佛頂中光明照百萬佛國佛言諸八方上下無央數佛頂中光明所焰照皆如是也阿弥陀佛頂中光明所焰照千萬佛國所以諸佛光明所照有近遠者何本其前世宿命求道為菩薩所願功德各自有大小至其然後作佛時各自得之是故令光明轉不同等諸佛威神同等耳自在意所欲作為不豫計阿弥陀佛光明所照最大諸佛光明皆所不能及也佛稱譽阿弥陀佛光明極善阿弥陀佛光明極善中明好甚快無比絶殊無極也阿弥陀佛光

真仏土文類　5オ　　　　4ウ

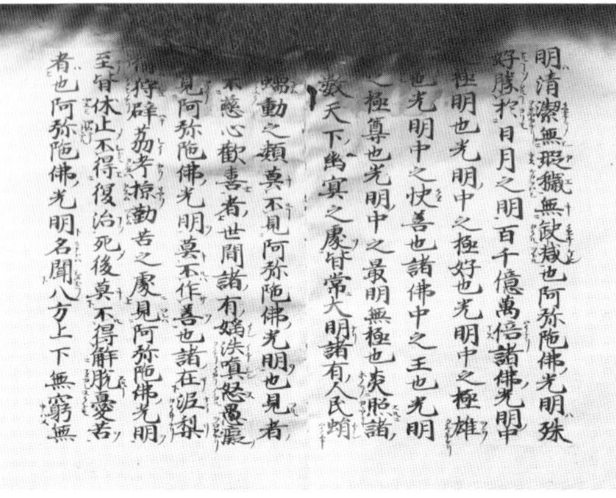
明清潔無瑕穢無缺減也阿弥陀佛光明殊好勝於日月之明百千億萬倍諸佛光明中之極明也光明中之極好也光明中之極雄傑也光明中之快善也諸佛中之王也光明中之極尊也光明中之最明無極也炎照諸無數天下幽冥之處皆常大明諸有人民蜎飛蠕動之類莫不見阿弥陀佛光明也見者莫不慈心歡喜者世間諸有婬泆瞋怒愚癡者見阿弥陀佛光明莫不作善也諸在泥犁禽獸薜荔考掠勤苦之處見阿弥陀佛光明至皆休止不得復治死後莫不得解脫憂苦者也阿弥陀佛光明名聞八方上下無窮無

真仏土文類　6オ　　　　5ウ

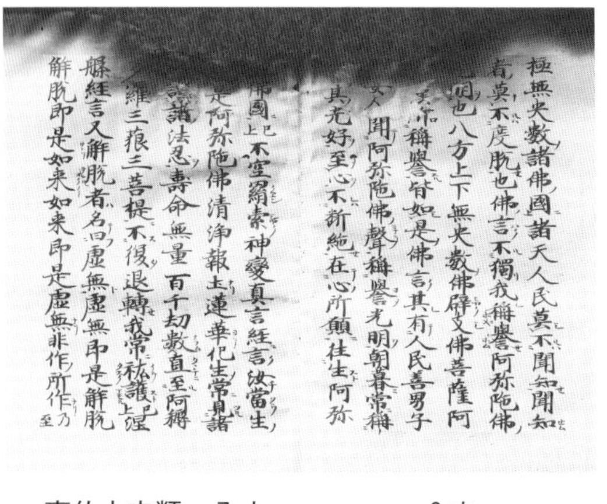
極無央數諸佛國諸天人民莫不聞知聞知者莫不度脫也佛言不獨我稱譽阿弥陀佛光明也八方上下無央數佛辟支佛菩薩阿羅漢所稱譽皆如是佛言其有人民善男子善女人聞阿弥陀佛聲稱譽光明朝暮常稱譽其光好至心不斷絶在心所願往生阿弥陀佛國 已上 不空羂索神變眞言經言汝當生處是阿弥陀佛清淨報土蓮華化生常見諸佛證諸法忍壽命無量百千劫數直至阿耨多羅三藐三菩提不復退轉我常祐護 已上 涅槃經言又解脫者名曰虛無虛無即是解脫解脫即是如來如來即是虛無非作所作 乃至

真仏土文類　7オ　　　　6ウ

真解脫者不生不滅是故解脫即是如來如
來亦尒不生不滅不老不死不破不壞非有
為法以是義故名曰如來入大涅槃乃至又解
脫名無上上乃至無上上者即真解脫真解
脫者即是如來乃至若得成於阿耨多羅三藐
三菩提已無愛無疑無愛無疑即真解脫真
解脫者即是如來乃至如來者即是涅槃涅槃
者即是無盡無盡者即是佛性佛性者即是
決定決定者即是阿耨多羅三藐三菩提迦
葉菩薩白佛言世尊若涅槃佛性決定如來
是一義名云何說言有三歸依佛告迦葉善
男子一切衆生怖畏生死故求三歸以三歸

真仏土文類　８オ　　　７ウ

故則知佛性決定涅槃善男子有法名一義
異有法名義倶異名一義異者佛常法常比
丘僧常涅槃虛空皆亦是常是名名一義異
義倶異者佛名為覺法名不覺僧名和合
涅槃名解脫虛空名非善亦名無㝵是為名
義倶異善男子三歸依者亦復如是略出又言
光明者名不羸劣不羸劣者名曰如來又光
明者名為智慧上已又言善男子一切有為皆
是無常虛空無為是故為常佛性無為是故
為常虛空者即是佛性佛性者即是如來如
來者即是無為無為者即是常常者即是法
法者即是僧僧即無為無為者即是常乃至善

真仏土文類　９オ　　　８ウ

男子譬如從牛出乳從乳出酪從酪出生蘇
從生蘇出熟蘇從熟蘇出醍醐醍醐最上若
有服者衆病皆除所有諸藥悉入其中善男
子佛亦如是從佛出十二部經從十二部經
出脩多羅從脩多羅出方等經從方等經出
般若波羅蜜從般若波羅蜜出大涅槃猶如
醍醐言醍醐者喩於佛性佛性者即是如來
善男子如是義故說言如來所有功德無量
無邊不可稱計抄出又言善男子道有二種一
者常二者無常菩薩之相亦有二種一者常
二者無常涅槃亦尒外道道名為無常內道
道者名之為常聲聞緣覺所有菩提名為無

真仏土文類　10オ　　　９ウ

常菩薩諸佛所有菩提名之為常外解脫者
名為無常內解脫者名之為常善男子道与
菩提及以涅槃悉名為常一切衆生常為無
量煩惱所覆無慧眼故不能得見而諸衆生
為欲見故修戒定慧以修行故見道菩提及以
涅槃是名菩薩得道菩提涅槃道之性相實
不生滅以是義故不可捉持乃至道者雖無色
像可見稱量可知而實有用乃至如衆生心雖
非是色非長非短非麁非細非縛非解非見
而亦是有抄出又言善男子有大樂故名大
涅槃涅槃無樂以四樂故名大涅槃何等為
四一者斷諸樂故不斷樂者則名為苦若有

真仏土文類　11オ　　　10ウ

苦者不名大樂以斷樂故則無有苦無苦無
樂乃名大樂涅槃之性無苦無樂是故涅槃
名為大樂以是義故名大涅槃復次善男子
樂有二種一者凡夫二者諸佛凡夫之樂無
常敗壞是故無樂諸佛常樂無有變易故名
大樂復次善男子有三種受一者苦受二者
樂受三者不苦不樂受不苦不樂是亦為苦
涅槃雖同不苦不樂然名大樂以大樂故名
大涅槃二者大寂靜故名為大樂涅槃之性
是大寂靜何以故遠離一切憒閙法故以大
寂故名大涅槃三者一切智故名為大樂非
一切智不名大樂諸佛如來一切知故名為

真仏土文類　12オ　　　11ウ

大樂以大樂故名大涅槃四者身不壞故名
為大樂身若可壞則不名樂如來之身金剛
無壞非煩惱身無常之身故名大樂以大樂
故名大涅槃上已又言不可稱量不可思議故
名為大般涅槃以純淨故名大涅槃云何
純淨淨有四種何等為四一者二十五有名
不淨能永斷故得名為淨淨即涅槃如是
涅槃亦得名有而是涅槃實非是有諸佛如
來隨世俗故說涅槃有譬如世人非父言父
非母言母實非父母而言父母涅槃亦尒隨
世俗故說言諸佛有大涅槃二者業清淨故
一切凡夫業不清淨故無涅槃諸佛如來業

真仏土文類　13オ　　　12ウ

清淨故名大淨以大淨故名大涅槃三者
身清淨故身若無常則名不淨如来身常故
大淨以大淨故名大涅槃四者心清淨故
有漏名曰不淨佛心無漏故名大淨以
淨故名大涅槃善男子是名善男子善女
又言善男子諸佛如来煩悩不起是名
槃所有智慧於法無㝵是為如来如来非
凡夫聲聞緣覺菩薩是名佛性如来身心
慧徧滿無量無邊阿僧祇土無所鄣㝵是
名虚空如来常住無有變易名曰實相以是
義故如来實不畢竟涅槃是名菩薩已上又言
迦葉菩薩言世尊佛性者常猶如虚空何故

真仏土文類　14オ　13ウ

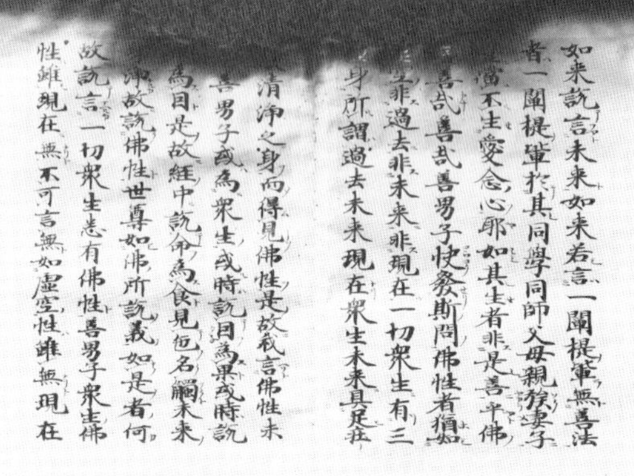

如来説言未来如来若言一闡提輩無善法
者一闡提輩於其同學同師父母親族妻子
當不生愛念心耶如其生者非是善乎佛
善哉善哉善男子快發斯問佛性者猶如
非過去非未来非現在一切衆生有三
身所謂過去未来現在衆生未来具足荘
清淨之身而得見佛性是故我言佛性未
善男子或為衆生或時説因為果或時説
為因是故經中説命為食見色名觸未来
淨故説佛性世尊如佛所説義如是者何
故説言一切衆生悉有佛性善男子衆生佛
性雖現在無不可言無如虚空性雖無現在

真仏土文類　15オ　14ウ

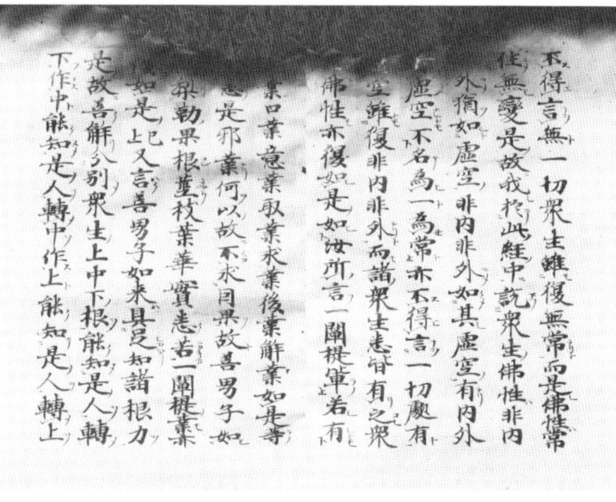

不得言無一切衆生雖復無常而是佛性常
住無變是故我於此經中説衆生佛性非内
外猶如虚空非内非外如其虚空有内外
虚空不名為一為常亦不得言一切處有
空雖復非内非外而諸衆生悉皆有之衆
佛性亦復如是如汝所言一闡提輩若有
業口業意業取業求業後業解業如是等
悪是邪業何以故不求因果故善男子如
梨勒果根莖枝葉華實悉苦一闡提業
如是已上又言善男子如来具足知諸根力
是故善解分別衆生上中下根能知是人轉
下作中能知是人轉中作上能知是人轉上

真仏土文類　16オ　15ウ

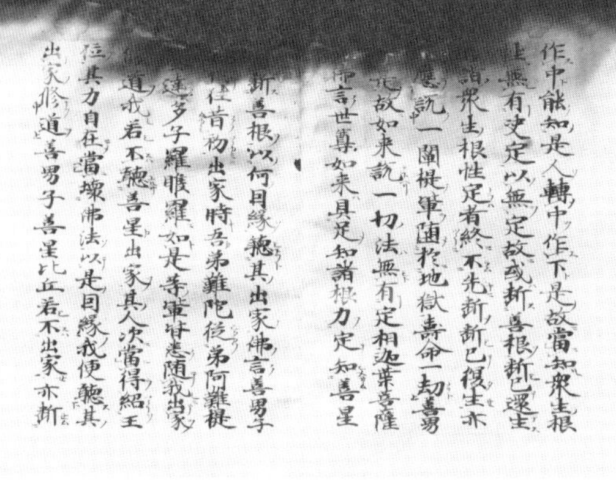

作中能知是人轉中作下是故當知衆生根
性無有決定以無定故或斷善根斷已還生
諸衆生根性定者終不先斷斷已復生亦
應説一闡提輩墮於地獄壽命一劫善男
是故如来説一切法無有定相迦葉菩薩
佛言世尊如来具足知諸根力定知善星
斷善根以何因緣聽其出家佛言善男子
往昔初出家時吾弟難陀從弟阿難提
達多子羅睺羅如是等輩皆悉隨我出家
道我若不聽善星出家其人次當得紹王
位其力自在當壞佛法以是因緣我便聽其
出家修道善男子善星比丘若不出家亦斷

真仏土文類　17オ　16ウ

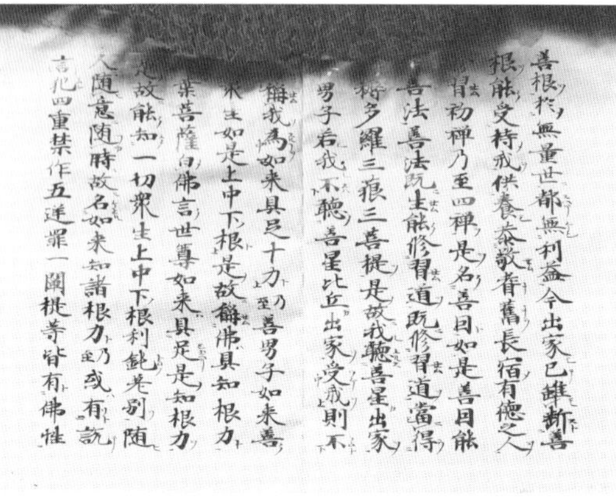

善根於無量世都無利益今出家已雖斷善
根能受持戒供養恭敬耆舊長宿有德之人
習初禪乃至四禪是名善因如是善因能
善法善法既生能修習道既修習道當得
多羅三藐三菩提是故我聽善星出家
男子若我不聽善星比丘出家受戒則不
稱我為如来具足十力乃至善男子如来善
知衆生如是上中下根是故稱佛具知根力
葉菩薩白佛言世尊如来具足是知根力
是故能知一切衆生上中下根利鈍差別隨
人隨意隨時故名如来知諸根力乃至或有説
言犯四重禁作五逆罪一闡提等皆有佛性

真仏土文類　18オ　17ウ

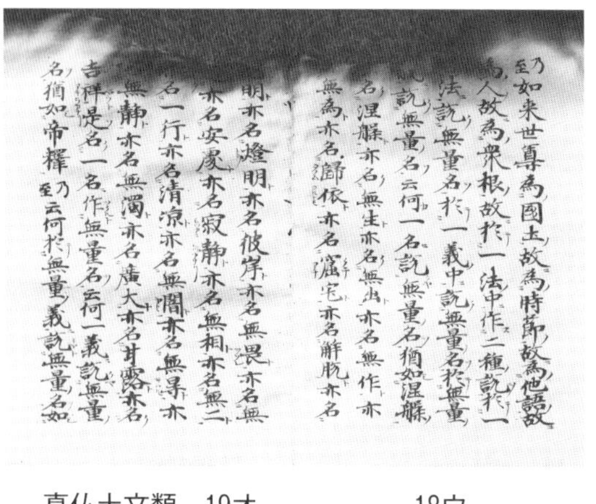

乃至如来世尊為國土故為時節故為他語故
人故為衆根故於一法中作二種説於一
法説無量名於一義中説無量名於無量
説無量名云何一名説無量名猶如涅槃
名涅槃亦名無生亦名無出亦名無作亦
無為亦名歸依亦名窟宅亦名解脱亦名
明亦名燈明亦名彼岸亦名無畏亦名無
亦名安處亦名寂靜亦名無相亦名無二
名一行亦名清涼亦名無闇亦名無㝵亦
無諍亦名無濁亦名廣大亦名甘露亦名
吉祥是名一名作無量名云何一義説無量
名猶如帝釋乃至云何於無量義説無量名如

真仏土文類　19オ　18ウ

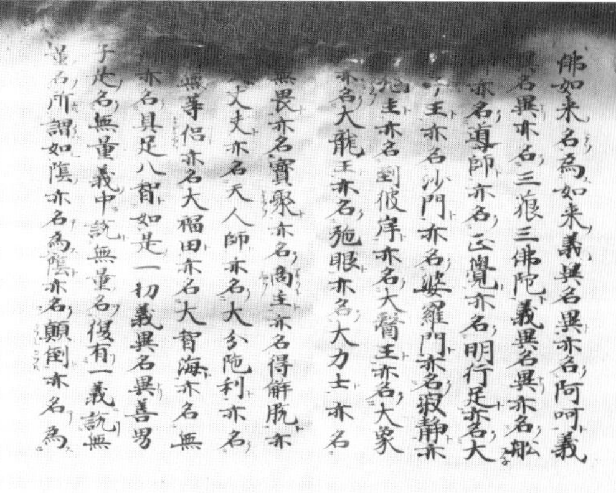
佛如来名為如来義異名異亦名阿呵義
異名異亦名三藐三佛陀義異名異亦名船
師亦名導師亦名正覺亦名明行足亦名大
師子王亦名沙門亦名婆羅門亦名寂静亦
名施主亦名到彼岸亦名大醫王亦名大象
王亦名大龍王亦名施眼亦名大力士亦名
大無畏亦名寶聚亦名商主亦名得解脱亦
名大丈夫亦名天人師亦名大分陀利亦名
無等侶亦名大福田亦名大智海亦名無
相亦名具足八智如是一切義異名異善男
子是名無量義中説無量名復有一義説無
量名所謂如陰亦名為陰亦名顛倒亦名為

真仏土文類　20オ　　19ウ

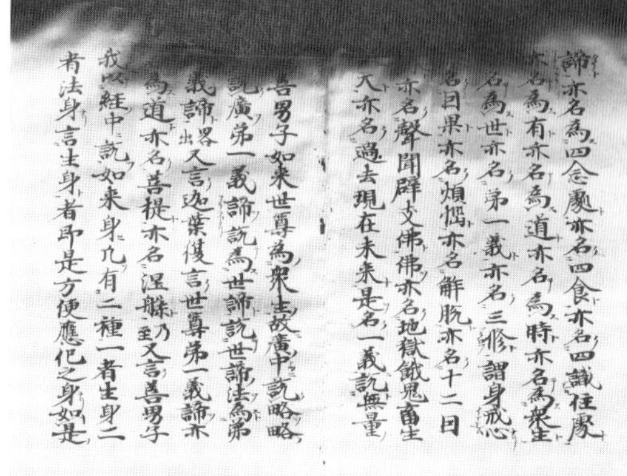
諦亦名為四念處亦名四食亦名四識住處
亦名為有亦名為道亦名為時亦名為衆生
亦名為世亦名第一義亦名三修謂身戒心
亦名因果亦名煩惱亦名解脱亦名十二因
縁亦名聲聞辟支佛亦名佛亦名地獄餓鬼畜生
人天亦名過去現在未来是名一義説無量
善男子如来世尊為衆生故廣中説略略
中説廣第一義諦説為世諦説世諦法為第
一義諦 出 又言迦葉復言世尊第一義諦亦
名為道亦名菩提亦名涅槃 乃至 又言善男子
我於経中説如来身凡有二種一者生身二
者法身言生身者即是方便應化之身如是

真仏土文類　21オ　　20ウ

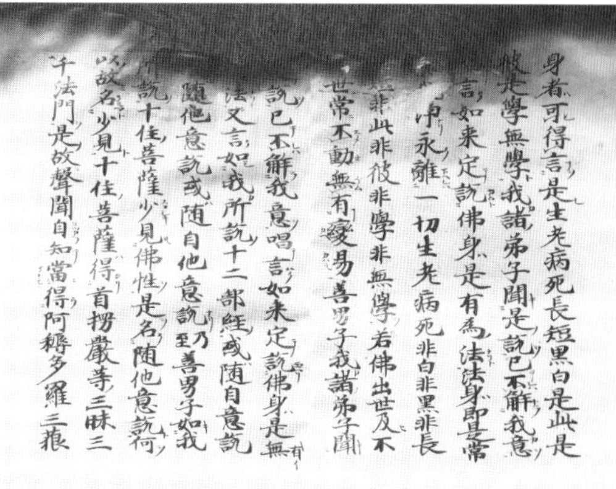
身者可得言是生老病死長短黒白是此是
彼是學無學我諸弟子聞是説已不解我意
唱言如来定説佛身是有為法法身即是常
樂我淨永離一切生老病死非白非黒非長
非短非此非彼非學非無學若佛出世及不
出世常不動無有變易善男子我諸弟子聞
是説已不解我意唱言如来定説佛身是無
為法 又言如我所説十二部経或随自意説
或随他意説或随自他意説 乃至 善男子如我
所説十住菩薩少見佛性是名随他意説何
以故名少見十住菩薩得首楞嚴等三昧三
千法門是故聲聞自知當得阿耨多羅三藐

真仏土文類　22オ　　21ウ

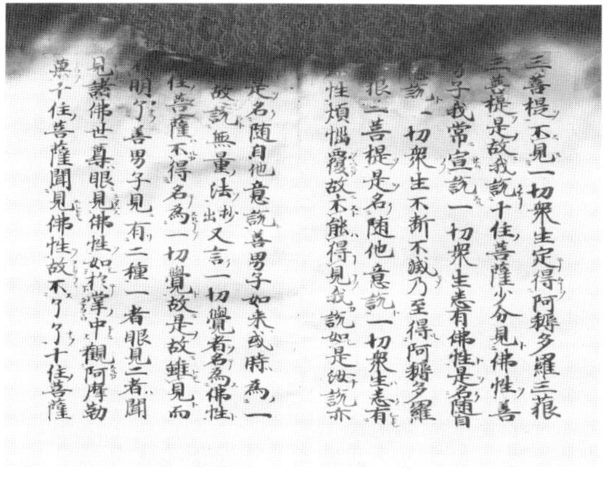
三菩提不見一切衆生定得阿耨多羅三藐
三菩提是故我説十住菩薩少分見佛性善
男子我常宣説一切衆生悉有佛性是名随
自意説一切衆生不斷不滅乃至得阿耨多羅
三藐三菩提是名随他意説一切衆生悉有
佛性煩惱覆故不能得見我説如是汝説亦
如是是名随自他意説善男子如来或時為一
法故説無量法 抄出 又言一切覺者名為佛性
十住菩薩不得名為一切覺故是故雖見而
不明了善男子見有二種一者眼見二者聞
見諸佛世尊眼見佛性如於掌中觀阿摩勒
菓十住菩薩聞見佛性故不了了十住菩薩

真仏土文類　23オ　　22ウ

唯能自知定得阿耨多羅三藐三菩提而不
能知一切衆生悉有佛性善男子復有眼見
諸佛如来十住菩薩眼見佛性復有聞見一
切衆生乃至九地聞見佛性菩薩若聞一切
衆生悉有佛性心不生信不名聞見 乃至 師子
吼菩薩摩訶薩言世尊一切衆生不能得知
如来心相當云何觀而得知耶善男子一切
衆生實不能知如来心相若欲觀察而得知
者有二因縁一者眼見二者聞見若見如来
所有身業當知是則為如来也是名眼見若
觀如来所有口業當知是則為如来也是名
聞見若見色貌一切衆生無与等者當知是

真仏土文類　24オ　　23ウ

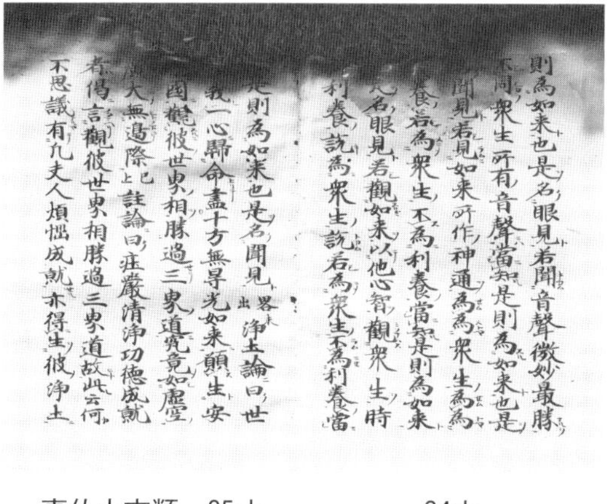
則為如来也是名眼見若聞音聲微妙最勝
不同衆生所有音聲當知是則為如来也是
名聞見若見如来所作神通為為衆生為為
利養若為衆生不為利養當知是則為如来
是名眼見若觀如来以他心智觀衆生時
為利養説為衆生説若為衆生不為利養當
知是則為如来也是名聞見 抄出 淨土論曰世
尊我一心歸命盡十方無导光如来願生安
樂國 觀彼世界相勝過三界道究竟如虚
空廣大無邊際 已上 註論曰荘嚴清淨功徳成就
者偈言觀彼世界相勝過三界道故此云何
不思議有凡夫人煩惱成就亦得生彼淨土

真仏土文類　25オ　　24ウ

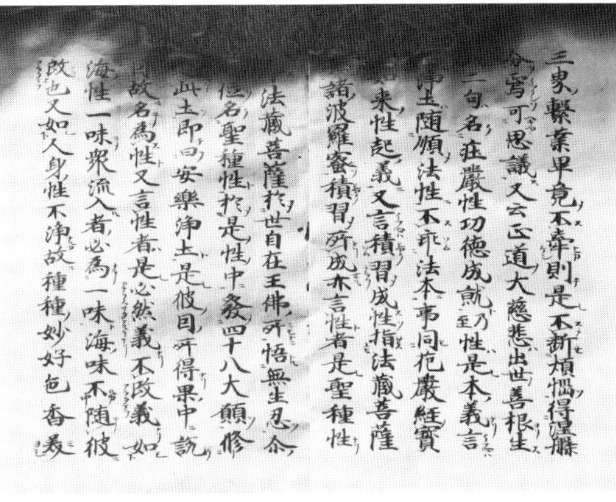

三界繋業畢竟不牽則是不斷煩惱得涅槃
分寧可思議又云正道大慈悲出世善根生
二句名莊嚴性功德成就乃至性是本義言
此淨土隨順法性不乖法本事同花嚴經寶
王如来性起義又言積習成性指法藏菩薩
集諸波羅蜜積習所成亦言性者是聖種性
序法藏菩薩於世自在王佛所悟無生忍爾
時位名聖種性於是性中發四十八大願修
起此土即曰安樂淨土是彼因所得果中說
因故名為性又言性者是必然義不改義如
海性一味衆流入者必為一味海味不隨彼
改也又如人身性不淨故種種妙好色香美

真仏土文類　26オ　　　25ウ

味入身皆為不淨安樂淨土諸往生者無不
淨色無不淨心畢竟皆得清淨平等無為法
身以安樂國土清淨性成就故正道大慈悲
出世善根生者平等大道也平等道所以名
為正道者平等是諸法躰相以諸法平等故
發心等發心等故道等道等故大慈悲等大
慈悲是佛道正因故言正道大慈悲慈悲有
三縁一者衆生縁是小悲二者法縁是中悲
三者無縁是大悲大悲即是出世善也安樂
淨土從此大悲生故故謂此大悲為淨土之
根故曰出世善根生又云問曰尋法藏菩薩
本願力及龍樹菩薩所讚皆似以彼國聲聞

真仏土文類　27オ　　　26ウ

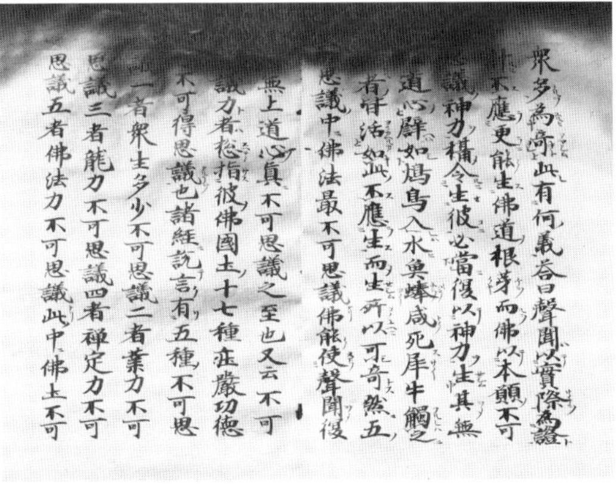

衆多為奇此有何義答曰聲聞以實際為證
計不應更能生佛道根芽而佛以本願不可
思議神力攝令生彼必當復以神力生其無
上道心譬如鴆鳥入水魚蚌咸死犀牛觸之
死者皆活如此不應生而生所以可奇然五
不思議中佛法最不可思議佛能使聲聞復
生無上道心真不可思議之至也又云不可
思議力者總指彼佛國土十七種莊嚴功德
力不可得思議也諸經說言有五種不可思
議一者衆生多少不可思議二者業力不可
思議三者龍力不可思議四者禪定力不可
思議五者佛法力不可思議此中佛土不可

真仏土文類　28オ　　　27ウ

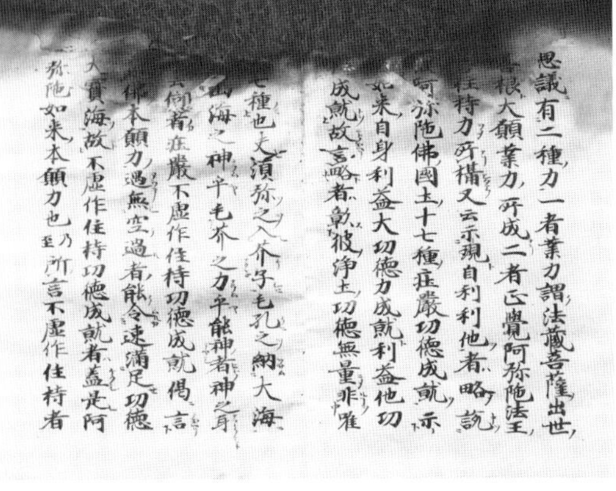

思議有二種力一者業力謂法藏菩薩出世
善根大願業力所成二者正覺阿弥陀法王
善住持力所攝又云示現自利利他者略說
彼阿弥陀佛國土十七種莊嚴功德成就示
現如来自身利益大功德力成就利益他功
德成就故言略者彰彼淨土功徳無量非唯
十七種也夫須弥之入芥子毛孔之納大海
豈山海之神乎毛芥之力乎能神者神之耳
又云何者莊嚴不虚作住持功德成就偈言
觀佛本願力遇無空過者能令速滿足功德
大寶海故不虚作住持功德成就者蓋是阿
弥陀如来本願力也乃至所言不虚作住持者

真仏土文類　29オ　　　28ウ

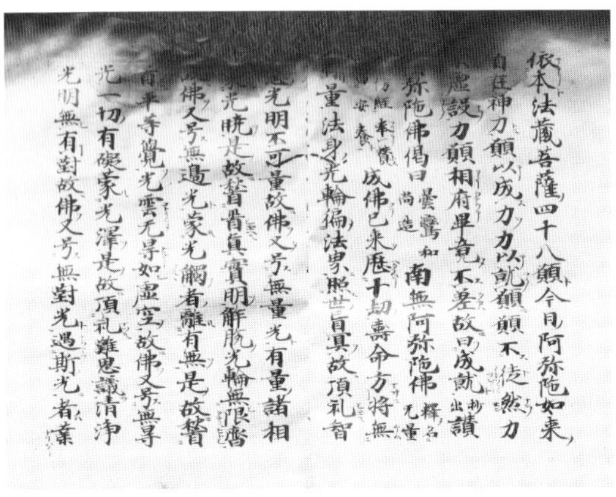

依本法藏菩薩四十八願今日阿弥陀如来
自在神力願以成力力以就願願不徒然力
虚設力願相府畢竟不差故曰成就抄出讃
阿弥陀佛偈曰曇鸞和尚造　南無阿弥陀佛釈名無量
乃経奉讃亦曰讃安養　成佛已来歷十劫壽命方將無
量法身光輪徧法界照世盲冥故頂礼智
慧光明不可量故佛又号無量光有量諸相
蒙光暁是故稽首真實明解脱光輪無限齊
故佛又号無邊光蒙光觸者離有無是故稽
首平等覺光雲无导如虚空故佛又号無导
光一切有导蒙光澤是故頂礼難思議清淨
光明無有對故佛又号無對光遇斯光者業

真仏土文類　30オ　　　29ウ

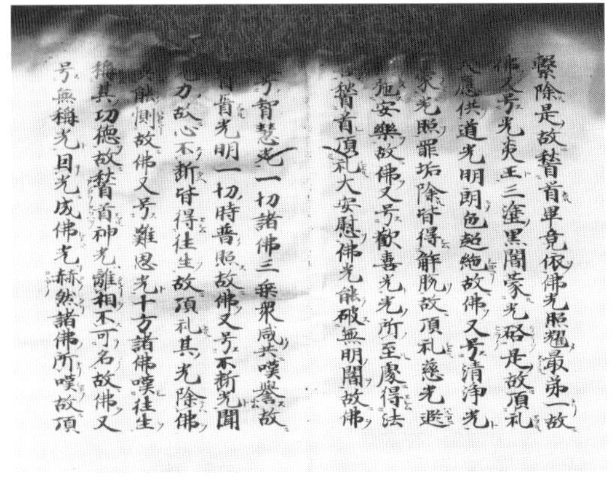

繋除是故稽首畢竟依佛光照耀最第一故
佛又号光炎王三塗黒闇蒙光啓是故頂礼
大應供道光明朗色超絶故佛又号清淨光
一蒙光照罪垢除皆得解脱故頂礼慈光遐
被施安樂故佛又号歡喜光光所至處得法
喜稽首頂礼大安慰佛光能破無明闇故佛
又号智慧光一切諸佛三乘衆咸共嘆譽故
稽首智光明一切時普照故佛又号不斷光聞
光力故心不斷皆得往生故頂礼其光除佛
莫能測故佛又号難思光十方諸佛嘆往生
稱其功德故稽首神光離相不可名故佛又
号無稱光因光成佛光赫然諸佛所嘆故頂

真仏土文類　31オ　　　30ウ

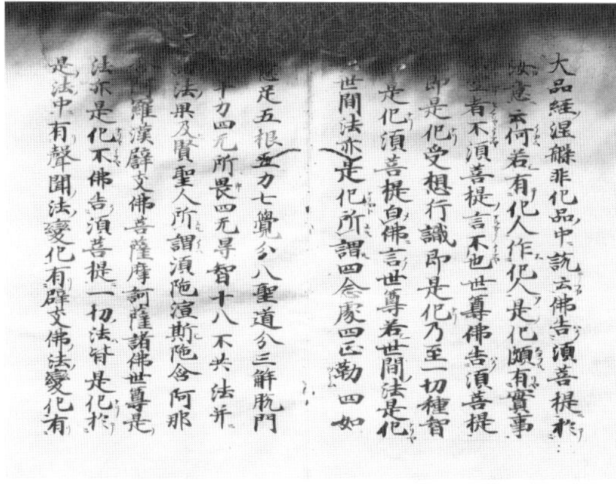

真仏土文類　35オ　34ウ

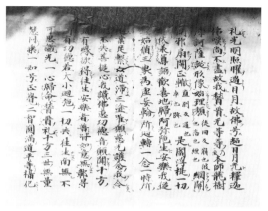

真仏土文類　32オ　31ウ

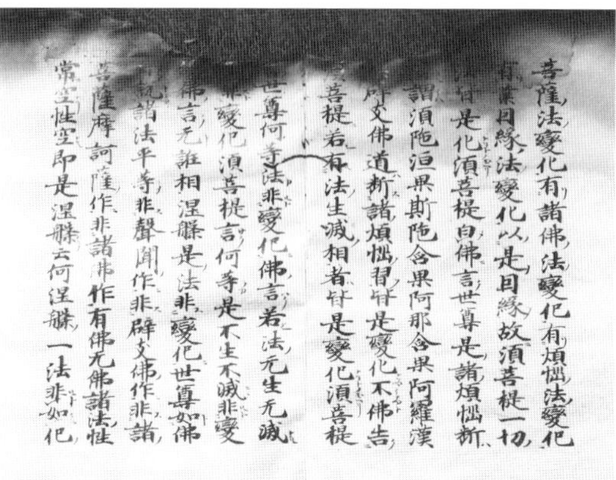

真仏土文類　36オ　35ウ

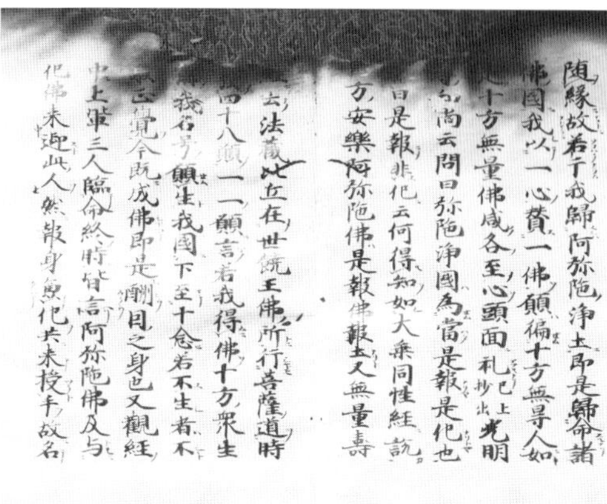

真仏土文類　33オ　32ウ

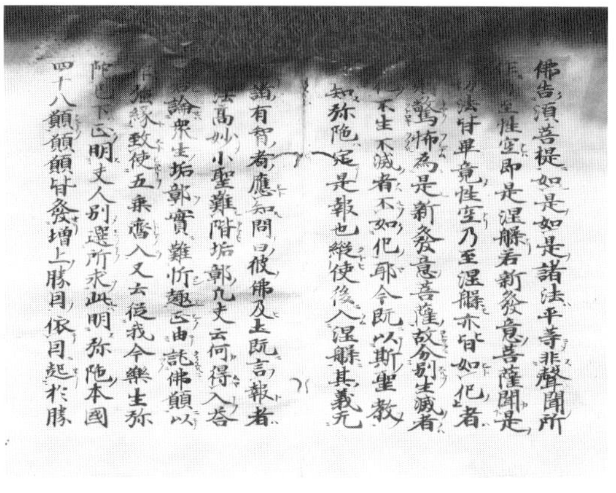

真仏土文類　37オ　36ウ

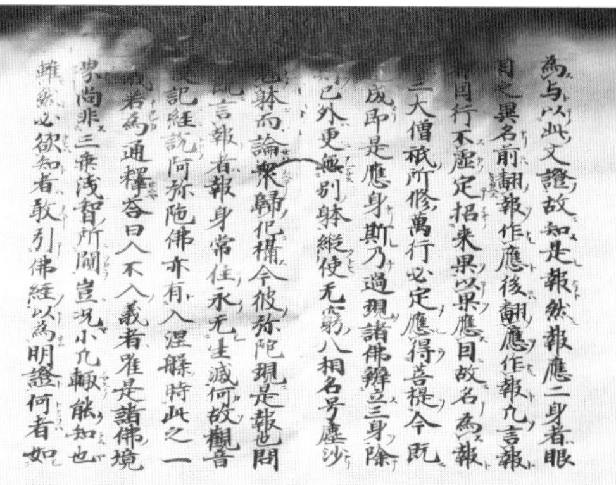

真仏土文類　34オ　33ウ

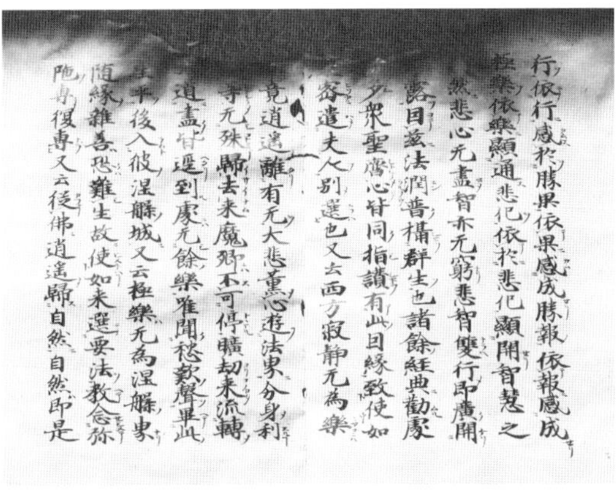
行依行感於勝果依果感成勝報依報感成極樂依樂顯通悲化依於悲化顯開智慧之門然悲心无盡智亦无窮悲智雙行即廣開甘露因茲法潤普攝群生也諸餘經典勸讚多衆聖齊心皆同指讚有此因緣致使如來密遣夫人別選也又云西方寂靜无為樂畢竟逍遙離有无大悲熏心遊法界分身利物等无殊歸去來魔郷不可停曠劫來流轉六道盡皆逕到處无餘樂唯聞愁歎聲畢此生平後入彼涅槃城又云極樂无為涅槃界隨緣雜善恐難生故使如來選要法教念弥陀專復專又云從佛逍遙歸自然自然即是

真仏土文類　38オ　　　　37ウ

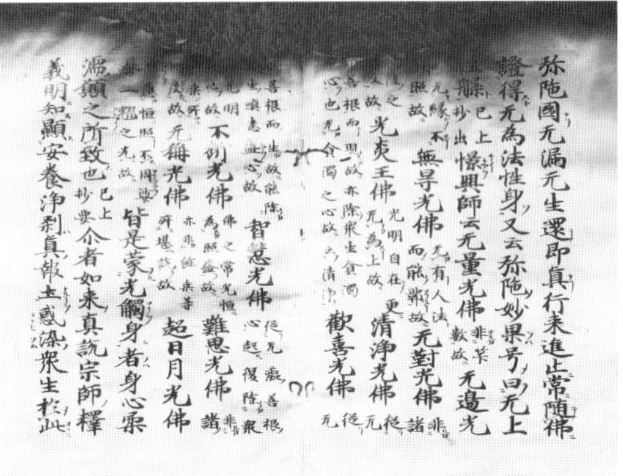
弥陀國无漏无生還即真行來進止常隨佛證得无為法性身又云弥陀妙果号曰无上涅槃已上憬興師云无量光佛非算數故无邊光佛无有緣不照故无礙光佛无有人法而能障故无對光佛非諸菩薩之所及故光炎王佛光明自在更无為上故清淨光佛從无貪善根而現故亦除衆生貪濁之心也无貪濁之心故云清淨歡喜光佛從无瞋善根而生故能除衆生瞋恚盛心故智慧光佛從无癡善根心起復除衆生无明品心故不斷光佛佛之常光恒照益故難思光佛諸二乘等所不測度故无稱光佛亦非餘乘等所堪說故超日月光佛日應恒照不周娑婆一耀之光故皆是光觸身者身心柔軟之所致也已上抄要今者如來真說宗師釋義明知顯安養淨刹真報土惑染衆生於此

真仏土文類　39オ　　　　38ウ

不能見性所覆煩惱故經言我說十住菩薩少分見佛性故知到安樂佛國即必顯佛性由本願力迴向故亦經言衆生未來具足莊嚴清淨之身而得見佛性起信論曰若知雖說无有能說可說雖念亦无能念可念名為隨順若離於念名為得入得入者真如三昧也況无念之位在於妙覺蓋以了心初生之相而言知初相者所謂无念非菩薩十地所知而今之人尚未階十信即不依馬鳴大士從說入無說從念入於無念略抄夫按報者由如來願海酬報果成土故曰報也然就願海有真有假是以復就佛土有真有假由選擇

真仏土文類　40オ　　　　39ウ

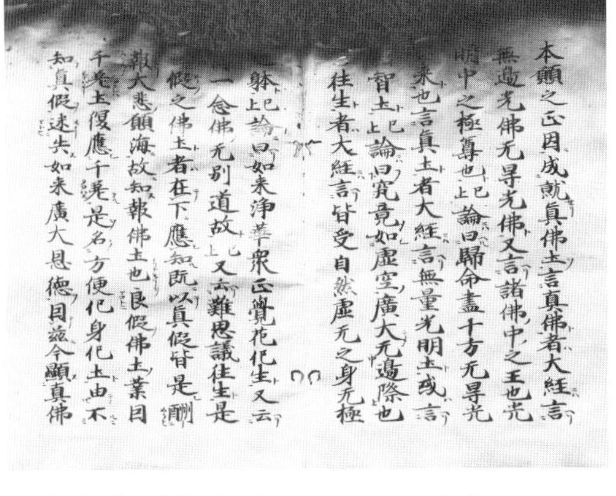
本願之正因成就真佛土言真佛者大經言无邊光佛无礙光佛又言諸佛中之王也光明中之極尊也已上論曰歸命盡十方无礙光如來也言真土者大經言无量光明土或言諸智土已上論曰究竟如虛空廣大无邊際也言往生者大經言皆受自然虛无之身无極之體已上論曰如來淨華衆正覺華化生又云同一念佛无別道故已上又云難思議往生是也言假之佛土者在下應知既以真假皆是酬報大悲願海故知報佛土也良假佛土業因千差土復應千差是名方便化身化土由不知真假迷失如來廣大恩德因茲今顯真佛

真仏土文類　41オ　　　　40ウ

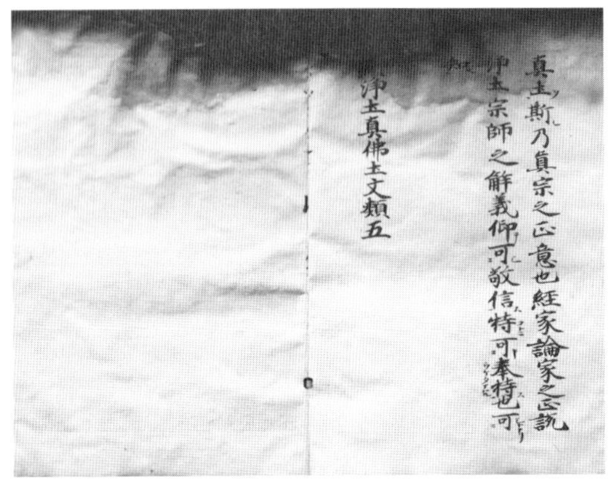
真土斯乃真宗之正意也經家論家之正說淨土宗師之解義仰可敬信特可奉持也可知

淨土真佛土文類五

真仏土文類　42オ　　　　41ウ

化身土文類　本

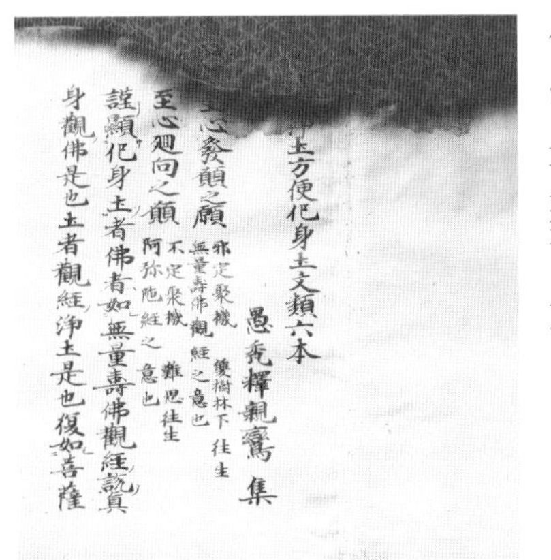
淨土方便化身土文類六本

愚禿釋親鸞集

至心發願之願　邪定聚機　雙樹林下往生　無量壽佛觀經之意也

至心迴向之願　不定聚機　難思往生　阿弥陀經之意也

謹顯化身土者佛者如無量壽佛觀經說真身觀佛是也土者觀經淨土是也復如菩薩

化身土文類　本　1オ　　　0ウ

化身土文類　本　2オ　1ウ

化身土文類　本　3オ　2ウ

化身土文類　本　4オ　3ウ

化身土文類　本　5オ　4ウ

化身土文類　本　6オ　5ウ

化身土文類　本　7オ　6ウ

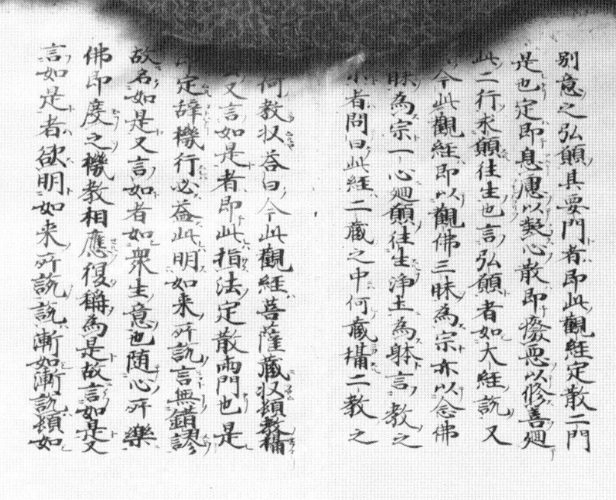

化身土文類　本　11オ　　　　　10ウ

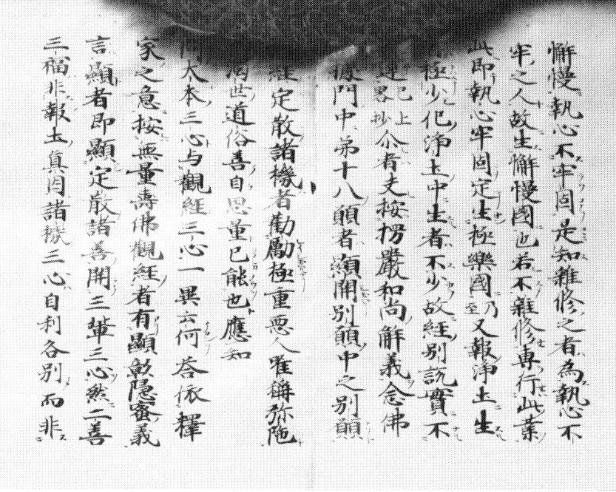

化身土文類　本　8オ　　　　　7ウ

化身土文類　本　12オ　　　　　11ウ

化身土文類　本　9オ　　　　　8ウ

化身土文類　本　13オ　　　　　12ウ

化身土文類　本　10オ　　　　　9ウ

心中意業輕賤厭捨此生死三界等自他依
正二報乃至又決定深信釋迦佛説此觀經三
福九品定散二善證讃彼佛依正二報使人
欣慕乃至又深心深信者決定建立自心順教
修行永除疑錯不為一切別解別行異學異
見異執之所退失傾動也乃至次就行立信者
行有二種一者正行二者雜行言正行者
專依往生經行行者是名正行何者是也一
心專讀誦此觀經彌陀經無量壽經等一心
專注思想觀察憶念彼國二報莊嚴若禮即
一心專禮彼佛若口稱即一心專稱彼佛若
讃嘆供養即一心專讃嘆供養是名為正又

化身土文類　本　14オ　13ウ

就此正中復有二種一者一心專念彌陀名
號行住坐臥不問時節久近念念不捨者是
名正定之業順彼佛願故若依禮誦等即名
為助業除此正助二行已外自餘諸善悉名
雜行若修前正助二行心常親近憶念不斷
名為無間也若行後雜行即心常間斷雖可
廻向得生衆名疎雜之行也故名深心三者
廻向發願心言廻向發願心者過去及以今
生身口意業所修世出世善根及隨喜他一
切凡聖身口意業所修世出世善根以此自
他所修善根悉皆真實深信心中廻向願生
彼國故名廻向發願心也又云定善示觀縁

化身土文類　本　15オ　14ウ

又云散善顯行縁又云淨土之要難逢抄出又
云如觀經説先具三心必得往生何等為三
一者至誠心所謂身業禮拜彼佛口業讃嘆
稱揚彼佛意業專念觀察彼佛凡起三業必
須真實故名至誠心乃至三者廻向發願心所
作一切善根悉皆廻願往生故名廻向發願
心具此三心必得生也若少一心即不得生
如觀經具説應知乃至又菩薩已免生死所作
善法廻求佛果即是自利教化衆生盡未來
際即是利他然今時衆生悉為煩惱繋縛未
免惡道生死等苦隨縁起行一切善根具速
廻願往生阿彌陀佛國到彼國已更無所畏

化身土文類　本　16オ　15ウ

如上四修自然任運自利利他無不具足應
知又云若欲捨專修雜業者百時希得一二
千時希得五三何以故乃由雜縁亂動失正
念故与佛本願不相應故与教相違故不順
佛語故係念不相續故憶想間斷故廻願不
慇重真實故貪瞋諸見煩惱來間斷故無有
慚愧懺悔心故懺悔有三品乃至上中下上品
懺悔者身毛孔中血流眼中血出者名上品
懺悔中品懺悔者遍身熱汗從毛孔出眼中
血流者名中品懺悔下品懺悔者遍身徹熱
眼中淚出者名下品懺悔此等三品雖有差
別是久種解脱分善根人致使今生敬法重

化身土文類　本　17オ　16ウ

人不惜身命乃至小罪若懺即能徹心徹髓能
如此懺者不問久近所有重障頓皆滅盡若
不如此縱使日夜十二時急走終是無益差
作者應知雖不能流淚流血等但能真心
徹到者即与上同已上又云總不論照攝餘雜
業行者又云如來出現於五濁隨宜方便化
群萌或説多聞而得度或説少解證三明或
教福慧雙除障或教禪念坐思量種種法門
皆解脱又云萬劫修功實難續一時煩惱百
千間若待娑婆證法忍六道恒沙劫未期門
門不同名漸教萬劫苦行證無生畢命為期
專念佛須臾命斷佛迎將一食之時尚有間

化身土文類　本　18オ　17ウ

如何萬劫不貪瞋貪瞋障受人天路三惡四
趣内安身抄要又云定散倶廻入寶國即是如
來異方便韋提即是女人相貪瞋具足凡夫
位已上論註曰有二種功徳相一者從有漏心
生不順法性所謂凡夫人天諸善人天果報
若因若果皆是顛倒皆是虚偽故名不實功
徳已上安樂集云引大集經月藏分言我末法
時中億億衆生起行修道未有一人得者當
今末法是五濁惡世唯有淨土一門可通入
路又云未滿一萬劫已來恒未免火宅顛倒
墜墮故各用功至重獲報偽也已上然今據大
本起發真實方便之願亦觀經顯彰方便眞

化身土文類　本　19オ　18ウ

實之教小本唯開眞門無方便之善是以三經眞實選擇本願為宗也復三經方便即是修諸善根為要也依此按方便之願有假有眞亦有行有信願者即是臨終現前之願也行者即是修諸功德之善也信者即是至心發願欲生之心也依此願之行信顯開淨土要門方便權假從此要門出正助雜三行此正助中有專修有雜修就機有二種一者定機二者散機也又有二種三心亦有二種往生二種三心者一者定三心二者散三心定散心者即自利各別心也二種往生者一者即往生二者便往生便往生者即是胎

化身土文類　本　20オ　19ウ

生邊地雙樹林下往生也即往生者即是報土化生也亦此經有眞實斯乃開金剛眞心欲顯攝取不捨斯者濁世能化釋迦善逝宣說至心信樂之願心報土眞因信樂為正故是以大經言信樂如來誓願疑蓋無雜故言信也觀經說深心對諸機淺信故言深也小經言一心一行無雜故言一也復就一心有深有淺深者利他眞實之心是也淺者定散自利之心是也依宗師意云依心起於勝行門餘八萬四千漸頓則各稱所宜隨緣者則皆蒙解脱然常沒凡愚定心難修息慮凝心故散心難行廢惡修善故是以立相住心

化身土文類　本　21オ　20ウ

尚難成故言縱盡千年壽法眼未曾開何況無相離念誠難獲故言如來懸知末代罪濁凡夫立相住心尚不能得何況離相而求事者如似無術通人居空立舍也言門餘者門即八萬四千假門也餘者則本願一乘海也言就一代教此界中入聖得果名聖道門云難行道就此門中有大小漸頓一乘二乘三乘權實顯密竪出竪超則是自力利他教化地方便權門之道路也於安養淨刹入聖證果名淨土門云易行道就此門中有横出横超假眞漸頓助正雜行雜修專修也正者五種正行也助者除名号已外五種是也

化身土文類　本　22オ　21ウ

雜行者除正助已外悉名雜行此乃横出漸教定散三福三輩九品自力假門也横超者憶念本願離自力之心是名横超他力也斯即專中之專頓中之頓眞中之眞乘中之一乘斯乃眞宗也已顯眞實行之中畢夫雜行雜修其言一而其意惟異於雜之言攝入萬行對五種正行有五種雜行雜言人天菩薩等解行雜故曰雜自本非往生因種廻心廻向之善故曰淨土之雜行也復就雜行有專行有專心復有雜行有雜心專行者專修一善故曰專行專心者專廻向故曰專心雜行雜

化身土文類　本　23オ　22ウ

心者諸善兼行故曰雜行定散心雜故曰雜心也亦就正助有專修有雜修就此雜修有專心有雜心就專修有二種一者唯稱佛名二者有五專就此行業有專心有雜心五專者一專禮二專讀三專觀四專名五專讚嘆是名五專修專修其言一而其意惟異即是專修復散專修也專心者專五正行而無二心故曰專心即是定專心復是散專心也雜修者助正兼行故曰雜修雜心者定散心雜故曰雜心也應知凡於淨土一切諸行綽和尚云萬行導和尚稱雜行感禪師云諸行信和尚依感師空聖人依導和尚也據經家

化身土文類　本　24オ　23ウ

披師釋雜行之中雜行雜心雜行專心專行雜心亦正行之中專修專心專修雜心雜修雜心此皆邊地胎宮懈慢界業因故雖生極樂不見三寶佛心光明不照攝餘雜業行者假令之誓願良有由哉假門之教忻慕之釋是弥明也二經之三心依顯之義異也依彰之義一也三心一異之義答竟又大本觀經三心与小本一心一異云何今就方便眞門誓願有行有信亦有眞實有方便願者即植諸德本之願是也行者此有二種一者善本二者德本也信者即至心廻向欲生之心是也二十願也就機有定有散往

化身土文類　本　25オ　24ウ

化身土文類　本　26オ　　25ウ

化身土文類　本　27オ　　26ウ

化身土文類　本　28オ　　27ウ

化身土文類　本　29オ　　28ウ

化身土文類　本　30オ　　29ウ

化身土文類　本　31オ　　30ウ

悪煩悩悪邪無信盛時指讃弥陀名号勧励
衆生称念必得往生即其証也又十方仏等
恐畏衆生不信釈迦一仏所説即共同心同
時各出舌相徧覆三千世界説誠実言汝等
衆生皆応信是釈迦所説所讃所証一切凡
夫不問罪福多少時節久近但能上尽百年
下至一日七日一心専念弥陀名号定得往
生必無疑也是故一仏所説一切仏同証誠
其事也此名就人立信也抄要又云然望仏願
意者唯勧正念称名往生義疾不同雑散之
業如此経及諸部中処処広歎勧令称名将
為要益也応知又云従仏告阿難汝好持是

化身土文類　本　32オ　　　　31ウ

語已下正明付属弥陀名号流通於遐代上
来雖説定散両門之益望仏本願意在衆生
一向専称弥陀仏名又云極楽無為涅槃界
随縁雑善恐難生故使如来選要法教念弥
陀専復専又云劫欲尽時五濁盛衆生邪見
甚難信専専指授帰西路為他破壊還如故
曠劫已来常如此非是今生始自悟正由不
逢好強縁致使輪廻難得度又云種種法門
皆解脱無過念仏往西方上尽一形至十念
三念五念仏来迎直為弥陀弘誓重致使凡
夫念即生又云一切如来設方便亦同今日
釈迦尊随機説法皆蒙益各得悟解入真門

化身土文類　本　33オ　　　　32ウ

乃至仏教多門八万四正為衆生機不同欲覓
安身常住処先求要行入真門又云尒比日
自見聞諸方道俗解行不同専雑有異但使
専意作者十即十生修雑不至心者千中無
一已上元照律師弥陀経義疏云（智昇法師懺儀文云光孔寺也）
如来欲明持名功勝先貶余善為少
善根所謂布施持戒立寺造像礼誦坐禅懺
念苦行一切福業若無正信廻向願求皆為
少善非往生因若依此経執持名号決定往
生即知称名是多善根多福徳也昔作此解
人尚遅疑近得襄陽石碑経本文理冥符始
懐深信彼云善男子善女人聞説阿弥陀仏

化身土文類　本　34オ　　　　33ウ

一心不乱専称名号以称名故諸罪消滅即
是多功徳多善根多福徳因縁已上孤山疏云
執持名号者執謂執受持謂住持信力故執
在心念力故住持不忘已上大本言如来興
世値難見諸仏経道難得難聞菩薩勝法
波羅蜜得聞亦難遇善知識聞法能行此
為難若聞此経信楽受持難中之難無過
此難是故我法如是作如是説如是教応当
信順如法修行已上涅槃経言如経中説一切
梵行因善知識一切梵行因雖無量説善知
識則已摂尽如我所説一切悪行邪見一切
悪行因雖無量若説邪見則已摂尽或説阿

化身土文類　本　35オ　　　　34ウ

耨多羅三藐三菩提信心為因是菩提因雖
復無量若説信心則已摂尽又言善男子信
有二種一者信二者求如是之人雖復有信
不能推求是故名為信不具足信復有二種
一従聞生二従思生是人信心従聞而生不
従思生是故名為信不具足復有二種一信
有道二信得者是人信心唯信有道都不信
有得道之人是名為信不具足復有二種一
信正二者信邪言有因果有仏法僧是名
信正言無因果三宝性異信諸邪語富蘭那
等是名信邪是人雖信仏法僧宝不信三宝
同一性相雖信因果不信得者是故名為信

化身土文類　本　36オ　　　　35ウ

不具足是人成就不具足信乃至善男子有四
善事獲得悪果何等為四一者為勝他故読
誦経典二者為利養故受持禁戒三者為他
属故而行布施四者為非想非非想処故繋
念思惟是四善事得悪果報若人修習如是
四事是名没没已還出出已還没何故名没
楽三有故何故名出以見明故明者即是聞
戒施定何以故還出没増長邪見生憍慢故
是故我於経中説偈若有衆生楽諸有為有
造作善悪業是人迷失涅槃道是名暫出還
復没行於黒闇生死海雖得解脱雑煩悩是
人還受悪果報是名暫出還復没如来則有

化身土文類　本　37オ　　　　36ウ

二種涅槃一者有為二者無為有為涅槃無
常常楽我浄無為涅槃有常人深信是二種
戒倶有因果是故名為戒不具足是人不
具信戒二事所楽多聞亦不具足云何名為
聞不具足如来所説十二部経唯信六部未
信六部是故名為聞不具足雖復受持是六
部経不能讀誦為他解説無所利益是故名
為聞不具足又復受是六部経已為論議故
為勝他故為利養故為諸有故持讀誦説是
故名為聞不具足 抄略 又言善男子第一真實
善知識者所謂菩薩諸佛世尊何以故常以
三種善調御故何等為三一者畢竟軟語二

化身土文類　本　38オ　　37ウ

者畢竟呵責三者軟語呵責以是義故菩薩
諸佛即是真實善知識也復次善男子佛及
菩薩為大醫故名善知識何以故知病知藥
應病授藥故譬如良醫善八種術先觀病相
相有三種何等為三謂風熱水風病之人授
之蘇油熱病之人授之石蜜水病之人授之
薑湯以知病根授藥得差故名良醫佛及菩
薩亦復如是知諸凡夫病有三種一者貪欲
二者瞋恚三者愚癡貪欲病者教觀骨相瞋
恚病者觀慈悲相愚癡病者觀十二縁相以
是義故諸佛菩薩名善知識善男子譬如船
師善度人故名大船師諸佛菩薩亦復如是

化身土文類　本　39オ　　38ウ

度諸衆生生死大海以是義故名善知識 抄出
華嚴経言汝念善知識生我如父母養我如
乳母増長菩提分如醫療衆疾如天灑甘露
如日示正道如月轉浄輪又言如来大慈悲
出現於世間普為諸衆生轉無上法輪如来
無数劫勤苦為衆生云何諸世間能報大師
恩 光明寺和尚云唯恨衆生疑不疑浄土
對面不相忤莫論弥陀攝不攝意在専心廻
不廻或道従今至佛果長劫讃佛報慈恩不
蒙弥陀弘誓力何時何劫出娑婆何期今日
至寶國實是娑婆本師力若非本師知識勧
弥陀浄土云何入得生浄土報慈恩又云佛

化身土文類　本　40オ　　39ウ

世甚難値人有信慧難遇聞希有法此復最
為難自信教人信難中轉更難大悲弘 智昇法師
普化真成報佛恩 懺儀文也 又云歸去来他郷不
可停従佛歸本家還本國一切行願自然成
悲喜交流深自度不因釋迦佛開悟弥陀名
願何時聞仰佛慈恩實難報又云十方六道
同此輪廻無際循循沈愛波而沈苦海佛道
人身難得今已得浄土難聞今已聞信心難
發今已發真知専修而雑心者不獲大慶
喜心故宗師云無念報彼佛恩雖作業行心
生軽慢常与名利相應故人我自覆不親近
同行善知識故楽近雑縁自障障他往生正

化身土文類　本　41オ　　40ウ

行故悲哉垢障凡愚自従無際已来助正間
雑定散心雑故出離無其期自度流轉輪廻
超過微塵劫叵歸佛願力叵入大信海良可
傷嗟深可悲歎凡大小聖人一切善人以本
願嘉号為己善根故不能生信不了佛智不
能了知建立彼因故無入報土也是以愚禿
釋鸞仰論主解義依宗師勧化久出萬行諸
善之假門永離雙樹林下之往生廻入善本
徳本真門偏発難思往生之心然今特出方
便真門轉入選擇願海速離難思往生心欲
遂難思議往生果遂之誓良有由哉爰久入
願海深知佛恩為報謝至徳摭真宗簡要恒

化身土文類　本　42オ　　41ウ

常称念不可思議徳海弥喜愛斯特頂戴斯
也信知聖道諸教為在世正法而全非像末
法滅之時機已失時乖機也浄土真宗者在
世正法像末法滅濁悪群萌斉悲引也是以
拠経家披師釋辨説人差別者凡諸経起説
不過五種一者佛説二者聖弟子説三者天
仙説四者鬼神説五者變化説爾者四種所
説不足信用斯三経者則大聖自説也大論
釋四依云欲入涅槃時語諸比丘従今日應
依法不依人應依義不依語應依智不依識
應依了義経不依不了義依法者法有十二
部應随此法不應随人依義者義中無諍好

化身土文類　本　43オ　　42ウ

悪罪福虚實故語已得義義非語也如人以
指指月以示教我看視指而不視月人語言
我以指指月令汝知之汝何看指而不視月
亦如是語為義指語非義也以此故不應
語依智者智能籌量分別善悪識常求樂
入正要是故言不應依識依了義經者有
智人佛第一切諸經書中佛法第一
切衆中比丘僧第一無佛世衆生佛為此
非不種見佛善根人已上尒者末代道俗善
可知四依修法也
然據正真教意披古德傳説顯開聖道淨土
真假教誡邪偽異執外教勘決如来涅槃之

化身土文類　本　44オ　　43ウ

時代開示正像末法旨際是以玄忠寺綽和
尚云然修道之身相續不絶逕一萬劫始證
不退位當今凡夫現名信想輕毛亦曰假名
名不定聚亦名外凡夫未出火宅何以得
彼菩薩瓔珞經具辨入道行位法尒故名
行道又云有明教興所由約時被機勸歸
土者若機教時乖難修難入正法念經云
者一心求道時常當觀察時方便若不得
無方便是名為失不名利何者如攅濕木
求火火不可得非時故若折乾薪以覓水
水不可得无智故大集月藏經云佛滅度後
第一五百年我諸弟子學慧得堅固第二五

化身土文類　本　45オ　　44ウ

百年學定得堅固第三五百年學多聞讀誦
得堅固第四五百年造立塔寺修福懺悔得
堅固第五五百年白法隠滞多有諍訟微有
法得堅固計今時衆生即當佛去世後第
五百年正是懺悔修福應稱佛名号時者
念稱阿弥陀佛即能除却八十億劫生死
罪一念既尒況修常念即是恒懺悔人也
辨經住滅者謂釋迦牟尼佛一代正法
百年像法一千年末法一萬年衆生減盡
諸經悉滅如来悲哀痛燒衆生特留此經止
住百年又云大集經云我末法時中億億衆
生起行修道未有一人得者當今末法是五

化身土文類　本　46オ　　45ウ

濁悪世唯有淨土一門可通入路已上尒者穢
悪濁世群生不知末代旨際毀僧尼威儀今
時道俗思量已分按三時教者勘如来般涅
時代當周第五主穆王五十一年壬申從
壬申至我元仁元年後堀川院諱茂仁聖代也甲申二
百八十三歳也又依賢劫經仁王經涅
等説已以入末法六百八十三歳也披閲
燈明記最澄製作曰夫範衛一如以流化者
王光宅四海以乘風者仁王然則仁王法
互顯而開物真諦俗諦遞因而弘教所以
玄籍盈宇内嘉猶溢天下爰愚僧等率容天
網俯仰嚴科未遑寧處然法有三時人亦三

化身土文類　本　47オ　　46ウ

品化制之旨依時興讃毀讃之文逐人取捨
夫三古之運減衰不同後五之機慧悟又異
豈據一途濟就一理盤乎故詳正像末之旨
試敍破持僧之事於中有三初决正像末
定破持僧事後舉教比例初决正像末出
説不同且述一説大乗基引賢劫經言佛
槃後正法五百年像法一千年此千五百
後釋迦法滅盡不言末法准餘所説尼不
敬而懈怠故法不更増故不依彼又涅
槃經於末法中有十二萬大菩薩衆持法不
滅此據上位故亦不同問曰若尒者千五百年
之内行事云何答依大術經佛涅槃後初五

化身土文類　本　48オ　　47ウ

百年大迦葉等七賢聖僧次第持正法不滅
五百年後正法滅盡至六百年後九十五種
外道競起馬鳴出世伏諸外道七百年中龍
出世摧邪見幢於八百年比丘縦逸僅一
得道果至九百年奴為比丘婢為尼一
千年中聞不淨觀瞋恚不欲千一百年僧尼
娶毀謗僧毗尼千二百年諸僧尼等俱有
息千三百年袈裟變白千四百年四部弟
皆如獵師賣三寶物爰曰千五百年拘睒
彌國有二僧互起是非遂殺害仍教法藏於
龍宮也涅槃十八及仁王等復有此文准此
等經文千五百年後無有戒定恵也故大集

化身土文類　本　49オ　　48ウ

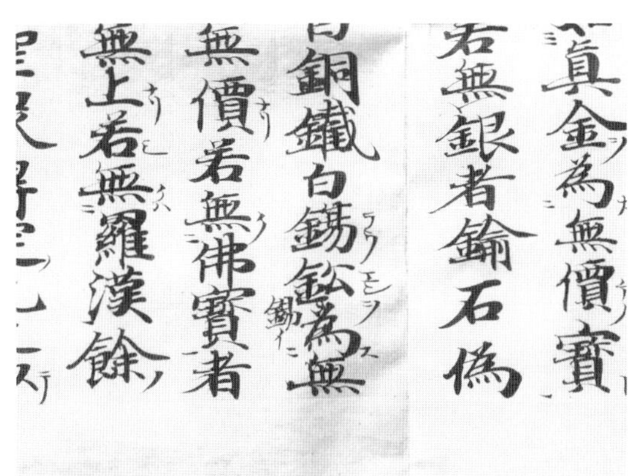
眞金為無價寶
若無銀者鍮石偽
銅鐵白鑞鉛為無
無價若無佛寶者
無上若無羅漢餘

化身土文類　本　52オ　拡大

經五十一言我滅度後初五百年諸比丘等
於我正法解脫堅固（初得聖果名為解脫）次五百年禪
定堅固次五百年多聞堅固次五百年造寺
堅固後五百年闘諍堅固白法隱沒云云此
意三分五百年如次戒定慧三法堅固得
即上所引正法五百年像法一千二時是
造寺已後並是末法故基般若會釋云正
法五百年像法一千年此千五百年後正
法滅盡故知已後是屬末法問若爾者今世
正當何時答滅後年代雖有多說且舉兩說
一法上師等依周異說言佛當第五主穆王
滿五十一年壬申入滅若依此說從其壬申

化身土文類　本　50オ　49ウ

除鬚髮身著袈裟名字比丘為無上寶比餘
九十五種異道最為第一應受世供為物初
福田何以故破能身衆生所怖畏故有護持
養育安置是人不久得忍地已上經文此文中有
八重無價所謂如來像緣覺聲聞及前三果
定凡夫持戒破戒無戒名字如其次名為
像末之時無價寶也初四正法時次三像
法時後一末法時由此明知破戒無戒咸是
眞寶問伏觀前文破戒名字莫不眞寶何故
涅槃大集經國王大臣供破戒僧國起三災
遂生地獄破戒尚爾何况無戒而爾如來於
一破戒或毀或讚豈一聖之說有兩判之失

化身土文類　本　53オ　52ウ

至我延暦二十年辛巳一千七百五十歲二
費長房等依魯春秋佛當周第二十主匡王
班四年壬子入滅若依此說從其壬子至我
延暦二十年辛巳一千四百十歲故如今時
是最末時也彼時行事既同末法然則於末
法中但有言教而無行證若有戒法可有破
戒既無戒法由破何戒而有破戒破戒尚無
何况持戒大集云佛涅槃後無戒滿州云云
問諸經律中廣制破戒不聽入衆破戒尚
爾何况無戒而今重論末法無戒豈無瘡自
以傷哉答此理不然正像末法所有行事廣
載諸經内外道俗誰不披誦豈貪求自身邪

化身土文類　本　51オ　50ウ

答此理不然涅槃等經且制正法之破戒非
像末代之比丘其名雖同而時有異隨時制
許是大聖旨故於世尊無兩判失問若爾以
何知涅槃等經但制正法所有破戒非像
末僧答如所引大集所說八重眞寶是其證
也為當時無價故但正法時破戒比丘穢
淨衆故佛固禁制不入衆所以然者涅槃
云如來今以無上正法付屬諸王大臣
宰相比丘比丘尼乃至有破戒毀正法者王及
大臣四部衆應當苦治如是王臣等得無量
功德乃至是我弟子真聲聞也得福無量乃至如
是制文法往往衆多皆是正法所明之制文

化身土文類　本　54オ　53ウ

活隱蔽持國之正法乎但今所論末法唯有
名字比丘此名字為世眞寶無福田設末法
中有持戒者既是怪異如市有虎此誰可信
問像末事已見衆經末法名字為世眞寶
出聖典答大集第九云譬如眞金為無價寶
若無眞金銀為無價寶若無銀者鍮石偽
寶為無價若無偽寶赤白銅鐵白鑞鉛錫為無
價如是一切世間寶佛法無價若無佛寶者
緣覺無上若無緣覺羅漢無上若無羅漢餘
賢聖衆以為無上若無餘賢聖衆得定凡夫以
為無上若無得定凡夫淨持戒以為無上若
無淨持戒漏戒比丘以為無上若無漏戒剃

化身土文類　本　52オ　51ウ

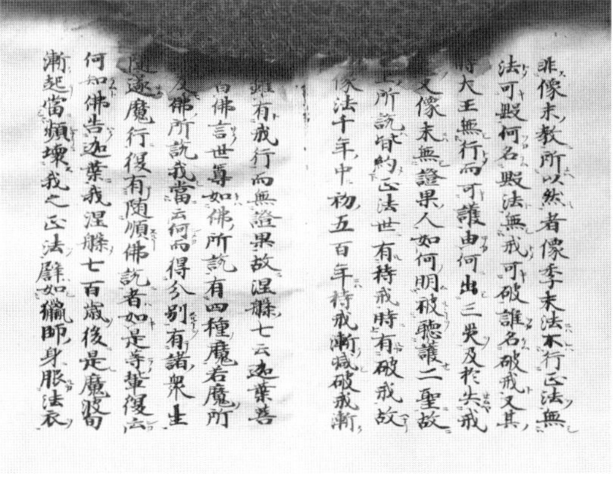

非像末教所以然者像季末法不行正法無
法可毀何名毀法無戒可破誰名破戒又其
時大王無行可護由何出三災及於失戒
又像末無證果人如何明破聽護二聖故
上所說皆約正法世有持戒時有破戒故
像法千年中初五百年持戒漸減破戒漸
增有戒行而無證果故涅槃七云迦葉菩
白佛言世尊如佛所說有四種魔若魔所
說及佛所說我當云何得分別有諸衆生
隨逐魔行復有隨順佛說者如是等輩復云
何知佛告迦葉我涅槃七百歲後是魔波
漸起當壞我之正法譬如獵師身服法衣

化身土文類　本　55オ　　　　　54ウ

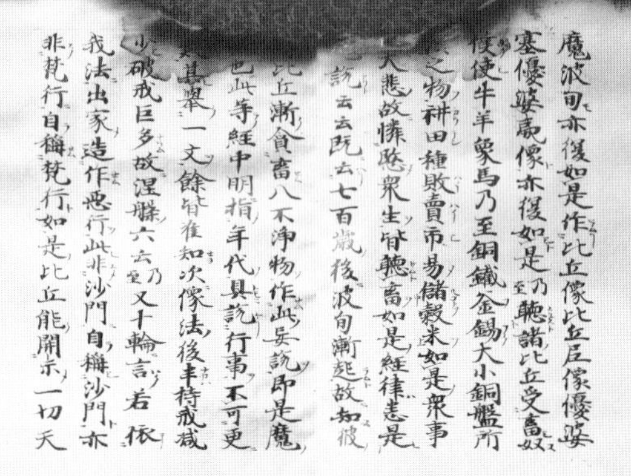

魔波旬亦復如是作比丘像比丘尼像優婆
塞優婆夷像亦復如是乃至聽諸比丘受畜奴
僕使牛羊象馬乃至銅鐵釜鍑大小銅盤所
須之物耕田種殖販賣市易儲穀米如是衆事
大悲故憐愍衆生皆聽畜如是經律悉是
說云既云七百歲後波旬漸起故知彼
比丘漸貪畜八不淨物作此妄說即是魔
也此等經中明指年代具說行事不可更
其衆一文餘皆准知次像法後半持戒減
少破戒巨多故涅槃六云乃至又十輪云若依
我法出家造作惡行此非沙門自稱沙門亦
非梵行自稱梵行如是比丘能開示一切天

化身土文類　本　56オ　　　　　55ウ

龍夜叉一切善法功德伏藏為衆生善知識
雖不少欲知足剃除鬚髮被著法服以是因
緣故能為衆生增長善根於諸天人開示善
道乃至破戒比丘雖是死人而戒餘才如牛
死牛黄雖死而人故取之亦如麝香後有用云
既云迦羅林中有一鎮頭迦樹此喩像運
末破戒濁世僅有一二持戒比丘又云破
戒比丘雖是死人猶如麝香死而有用為衆
善知識明知此時漸許破戒為世福田同
前大集次像季後全是無戒佛知時運為濟
末俗讃名字僧為世福田又大集五十二云
若後末世於我法中剃除鬚髮身著袈裟名

化身土文類　本　57オ　　　　　56ウ

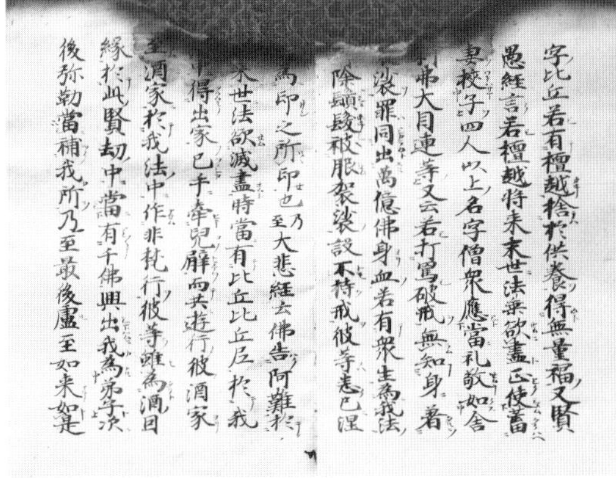

字比丘若有檀越捨於供養得無量福又賢
愚經言若檀越將來末世法欲盡正使畜
妻挾子四人以上名字僧衆應當礼敬如舍
利弗大目連等又云若打罵破戒無知身著
袈裟罪同出萬億佛身血若有衆生為我法
除頭鬚被服袈裟設不持戒彼等悉已涅
槃印之所印也乃至大悲經云佛告阿難於
未世法欲滅盡時當有比丘比丘尼於我
法中得出家已手牽兒臂而共遊行彼酒家
至酒家於我法中作非梵行彼等雖為酒因
緣於此賢劫中當有千佛興出我為第四次
後彌勒當補我所乃至最後盧至如來如是

化身土文類　本　58オ　　　　　57ウ

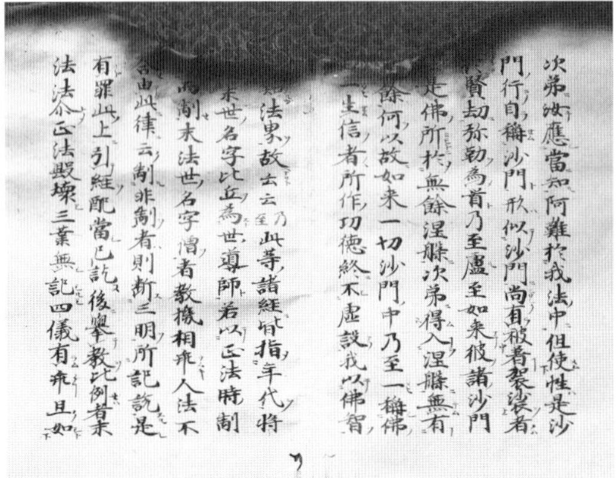

次第汝應當知阿難於我法中但使性是沙
門行自稱沙門形似沙門當有被著袈裟者
於賢劫彌勒為首乃至盧至如來彼諸沙門
是佛所於無餘涅槃次第得入涅槃無有
餘何以故如來一切沙門中乃至一稱佛
名一生信者所作功德終不虛設我以佛智
測知法界故云乃至此等諸經皆指年代將
來末世名字比丘為世尊師若以正法時制
文制末法世名字僧者教機相乖人法不
合由此律云制非制者則斯三明所記說是
有罪此上引經配當已訖後舉教比例者來
法法令正法毀壞三業無記四儀有乖且如

化身土文類　本　59オ　　　　　58ウ

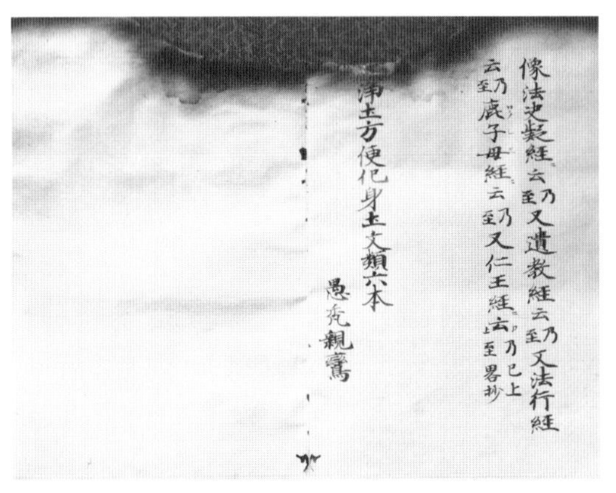

像法決疑經云乃至又遺教經云乃至又法行經
云乃至底子母經云乃至又仁王經云乃至略抄已上

浄土方便化身土文類六本

愚禿親鸞

化身土文類　本　60オ　　　　　59ウ

化身土文類　末

化身土文類　末　1オ　　0ウ

化身土文類　末　4オ　　3ウ

化身土文類　末　2オ　　1ウ

化身土文類　末　5オ　　4ウ

化身土文類　末　3オ　　2ウ

化身土文類　末　6オ　　5ウ

更為波旬而説偈言若有衆生歸佛者彼人
不畏千億魔何况欲度生死流到於無為涅
槃岸若有能以一香華持散三寶佛法僧衆
堅固勇猛心一切衆魔不能壊乃至我等過
量悪一切亦滅無有餘至誠專心歸佛
得阿耨菩提果尒時魔王聞是偈已倍
忿怖畏顫心懷悕憂愁獨坐宮内是時
菩薩摩訶薩聞佛説法一切衆生盡離
縁得四梵行乃至應淨洗浴著鮮潔衣素食
長齋勿噉辛臭於寂靜處莊嚴道場正念結
跏或行或坐念佛身相無使亂心更莫他縁
念其餘事或一日夜或七日夜不作餘業至

化身土文類　末　7オ　　6ウ

心念佛乃至見佛小念見小大念見大乃至
无量念者見佛色身无量无邊 略出 日藏經巻
第十護塔品第十三言時魔波旬与其眷屬
十億衆前後圍遶往至佛所到已接足頂
世尊説如是偈乃至三世諸佛大慈悲愛我
一切歎法僧二寶亦復然至心歸依无
垢願我今日所供養恭敬尊重世尊師諸
盡不復生噫嘻歸依如來法時魔波旬
是偈已白佛言世尊如來於我及諸衆生
平等無二心常歡喜慈悲含忍佛言如是時
魔波旬生大歡喜發清淨心重於佛前接足
頂礼右遶三帀恭敬合掌却住一面瞻仰世

化身土文類　末　8オ　　7ウ

尊心无厭足 已上 抄出 大方等大集月藏經巻第
五諸悪鬼神得敬信品第八上言諸仁者於
彼遠離邪見因縁獲十種功徳何等為十一
者心性柔善伴侶賢良二者信有業報乃至
捨命不起諸悪三者歸敬三寶不信天神四
者入於正見不擇歳次日月吉凶五者常生
人天離諸悪道六者得賢善心明人讃譽七
捨世俗常求聖道八者離斷常見信因
縁法九者常与正信正行正發心人共相會
遇十者得生善道以是遠離邪見善根廻向
阿耨多羅三藐三菩提是人速滿六波羅蜜
於善淨佛土而成正覺得菩提已於彼佛土

化身土文類　末　9オ　　8ウ

功徳智慧一切善根莊嚴衆生來生其國不
信天神離悪道畏於彼命終還生善道 略出 月
藏經巻第六諸悪鬼神得敬信品第八下言
佛出世甚難法僧亦復難衆生淨信難離諸
八難亦難衆生悲愍衆生難知足第一難得聞正法
能修第一難得知難乎等於世常受樂此
乃至慶智者常速知乃至尒時世尊於彼諸
悪鬼神衆中説法時於彼諸悪鬼神衆中從
諸悪鬼神首於佛法作决定信彼於後時近悪
知識心見他過以是因縁生悪鬼神 略出 大方
等大集經巻第六月藏分中諸天王護持品
第九言尒時世尊示世間故問娑婆世界主

化身土文類　末　10オ　　9ウ

大梵天王言此四天下是誰作護持養育
時娑婆世界主大梵天王作如是言大徳婆
伽婆兜率陀天王共无量百千兜率陀天子
護持養育北鬱單越他化自在天王共无量
他化自在天子護持養育東弗婆提化
王共无量百千化樂天子護持養育南
浮提須夜摩天王共无量百千須夜摩天
護持養育西瞿陀尼大徳婆伽婆毘沙門
天王共无量百千諸夜叉衆護持養育北鬱
單越提頭頼吒天王共无量百千乾闥婆衆
護持養育東弗婆提毘樓勒叉天王共无量百
千鳩槃荼衆護持養育南閻浮提毘樓博叉

化身土文類　末　11オ　　10ウ

天王共无量百千龍衆護持養育西瞿陀尼
大徳婆伽婆天仙七宿三曜三天童女護持
養育北鬱單越彼天仙七宿者虚危室壁奎
婁胃三曜者鎮星歳星熒惑星三天童女者
鳩尸弥那迷沙大徳婆伽婆彼天仙七宿中
危室三宿是鎮星土境鳩槃是辰壁奎二
宿是歳星土境弥那是辰婁胃二宿是熒惑
星土境迷沙是辰大徳婆伽婆是天仙七宿
三曜三天童女護持養育北鬱單越大徳婆
伽婆天仙七宿三曜三天童女護持養育東
弗婆提彼天仙七宿者昴畢觜参井鬼柳三
曜者太白星歳星月三天童女者毘利沙弥

化身土文類　末　12オ　　11ウ

化身土文類　末　13オ　12ウ

化身土文類　末　14オ　13ウ

化身土文類　末　15オ　14ウ

化身土文類　末　16オ　15ウ

化身土文類　末　17オ　16ウ

化身土文類　末　18オ　17ウ

化身土文類　末　19オ　　18ウ

化身土文類　末　20オ　　19ウ

化身土文類　末　21オ　　20ウ

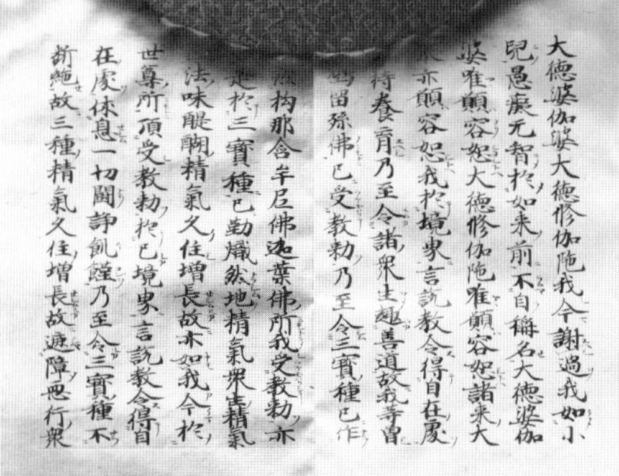

化身土文類　末　22オ　　21ウ

化身土文類　末　23オ　　22ウ

化身土文類　末　24オ　　23ウ

化身土文類　末　28オ　　27ウ

化身土文類　末　25オ　　24ウ

化身土文類　末　29オ　　28ウ

化身土文類　末　26オ　　25ウ

化身土文類　末　30オ　　29ウ

化身土文類　末　27オ　　26ウ

不為惱或現天像菩薩像亦作如来像相好
具足若説陀羅尼若説布施持戒忍辱精進
禅定智慧或説平等空无相无願无怨无親
无因无果畢竟空寂是真涅槃或令人知宿
命過去之事亦知未来之事得他心智辯才
无礙能令衆生貪着世間名利之事又令使
人數嗔數喜性无常准或多慈愛多睡多病
其心懈怠或卒起精進後便休廢生於
不信多疑多慮或捨本勝行更修雑業若著
世事種種牽纏亦能使人得諸三昧少分相
似皆是外道所得非真三昧或復令人若一
日若二日若三日乃至七日住於定中得自

化身土文類　末　34オ　　　33ウ

化身土文類　末　31オ　　　30ウ

化身土文類　末　35オ　　　34ウ

化身土文類　末　32オ　　　31ウ

化身土文類　末　36オ　　　35ウ

化身土文類　末　33オ　　　32ウ

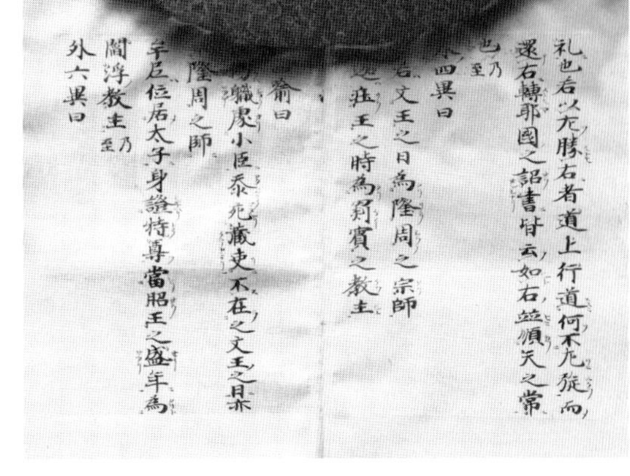

化身土文類　末　37オ　　　　36ウ

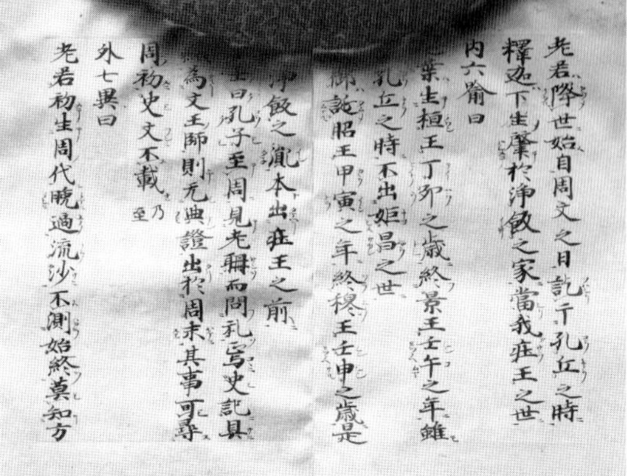

化身土文類　末　38オ　　　　37ウ

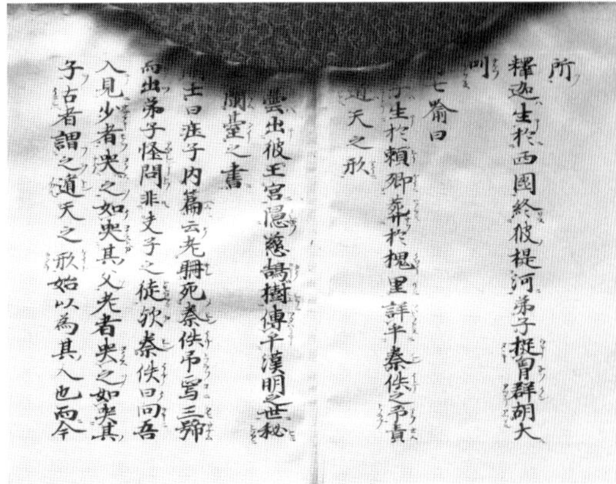

化身土文類　末　39オ　　　　38ウ

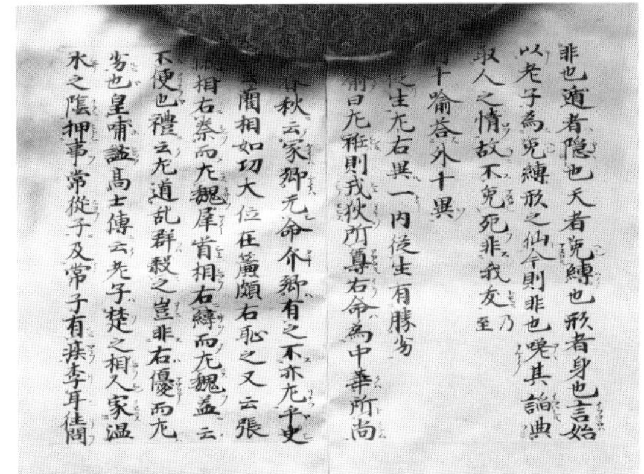

化身土文類　末　40オ　　　　39ウ

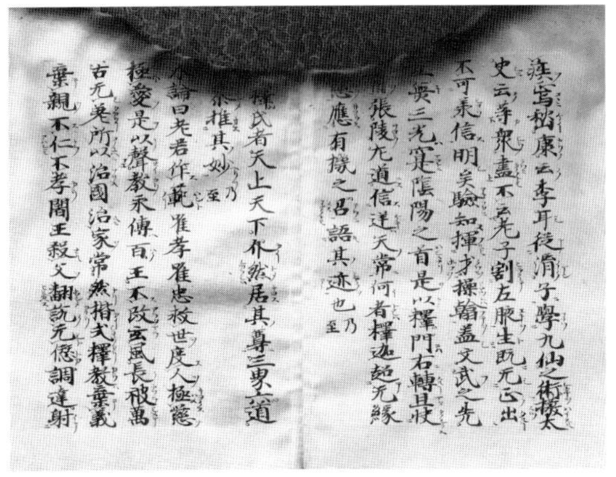

化身土文類　末　41オ　　　　40ウ

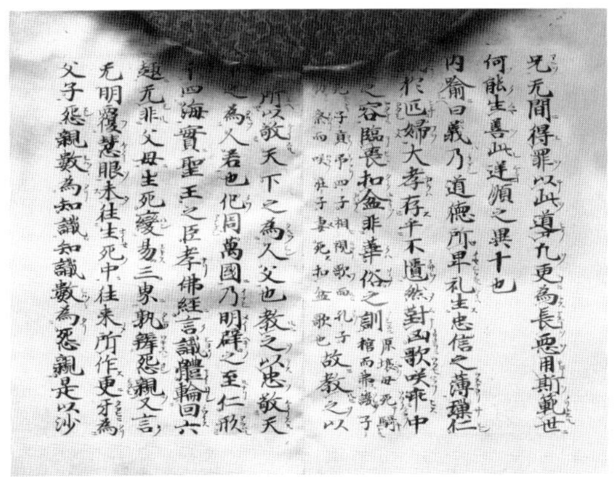

化身土文類　末　42オ　　　　41ウ

化身土文類　末　43オ　　42ウ

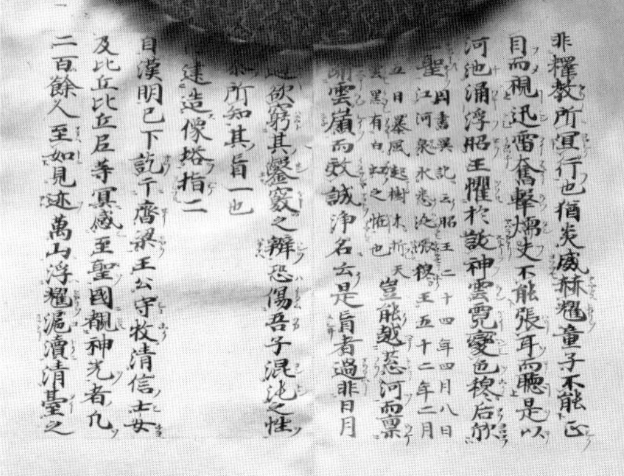

化身土文類　末　44オ　　43ウ

化身土文類　末　45オ　　44ウ

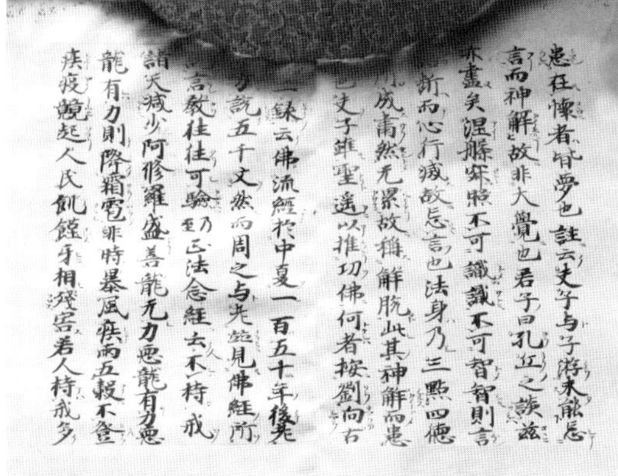

化身土文類　末46オ　　45ウ

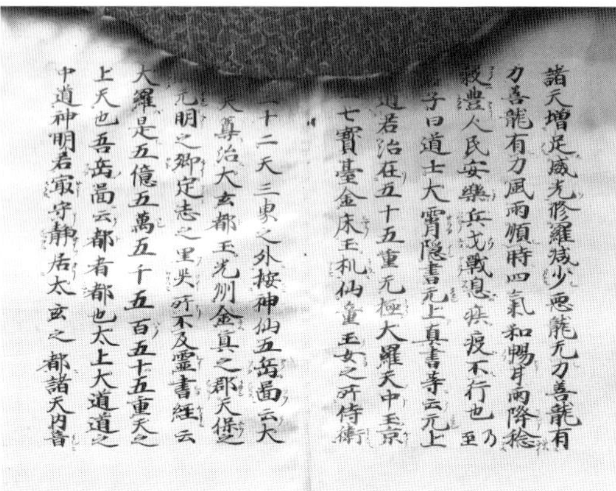

化身土文類　末　47オ　　46ウ

化身土文類　末　48オ　　47ウ

化身土文類　末　49オ　48ウ

化身土文類　末　50オ　49ウ

化身土文類　末　51オ　50ウ

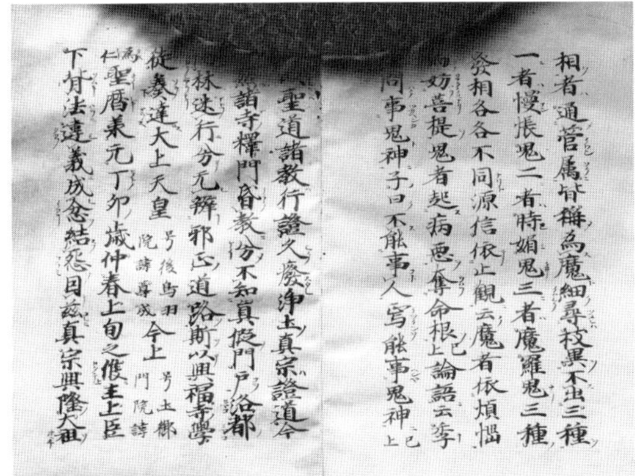

化身土文類　末　52オ　51ウ

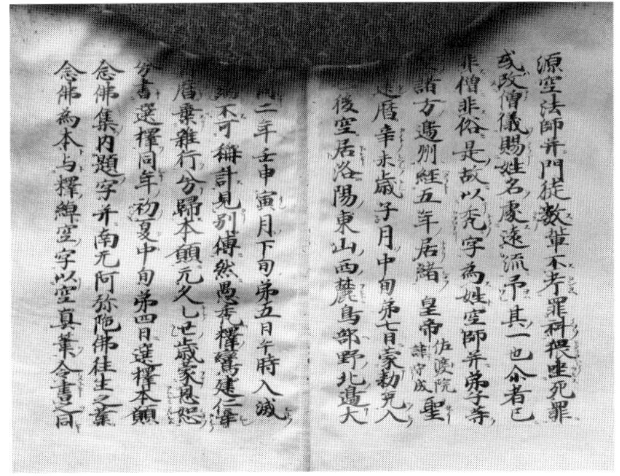

化身土文類　末　53オ　52ウ

化身土文類　末　54オ　53ウ

化身土文類　末　裏表紙

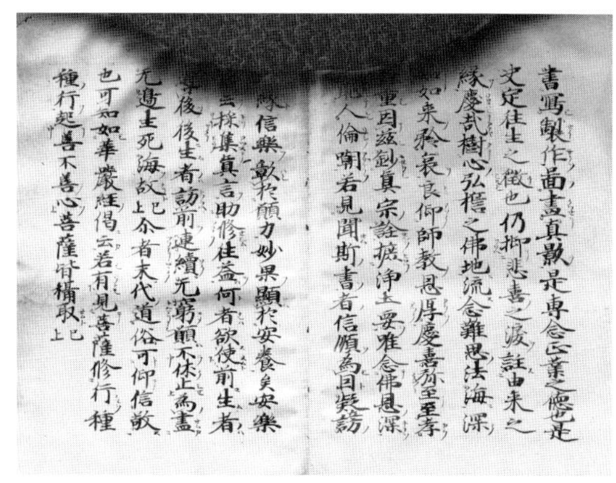

書冩製作畫盡眞影是專念正業之德是
決定往生之徴也仍抑悲喜之涙註由来之
縁慶哉樹心弘誓之佛地流念難思法海深
知如来矜哀良仰師教恩厚慶喜弥至孝
重因玆鈔眞宗詮摭淨土要唯念佛恩深
不恥人倫嘲若見聞斯書者信順爲因疑謗
爲縁信樂彰於願力妙果顯於安養矣安樂
集云採集眞言助修往益何者欲使前生者
導後後生者訪前連續无窮願不休止爲盡
无邊生死海故已上爾者末代道俗可仰信敬
也可知華嚴經偈云若有見菩薩修行種
種行起善不善心菩薩皆攝取已上

化身土文類　末　55オ　　　　54ウ

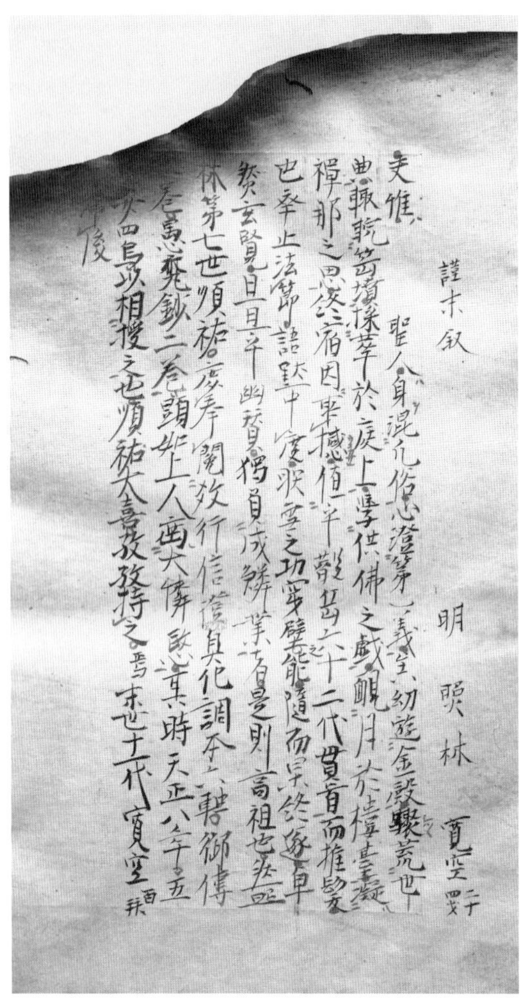

化身土文類　末　56ウ　拡大

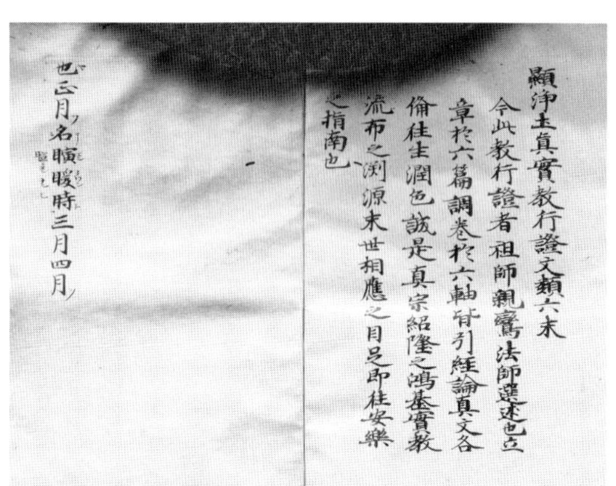

顯淨土眞實教行證文類六末
今此教行證者祖師親鸞法師選述也立
章於六篇調巻於六軸皆引經論眞文各
備往生潤色誠是眞宗紹隆之鴻基實教
流布之淵源末世相應之目足即往安樂
之指南也

也正月名臘時三月四月

化身土文類　末　56オ　　　　55ウ

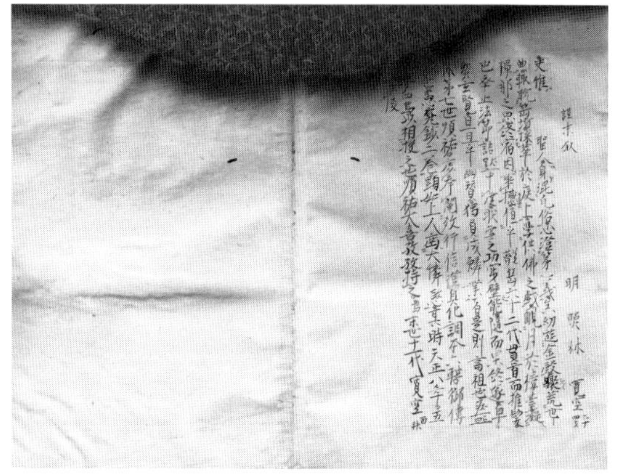

化身土文類　末　56ウ

《聖教十一》御伝鈔

御伝鈔　上

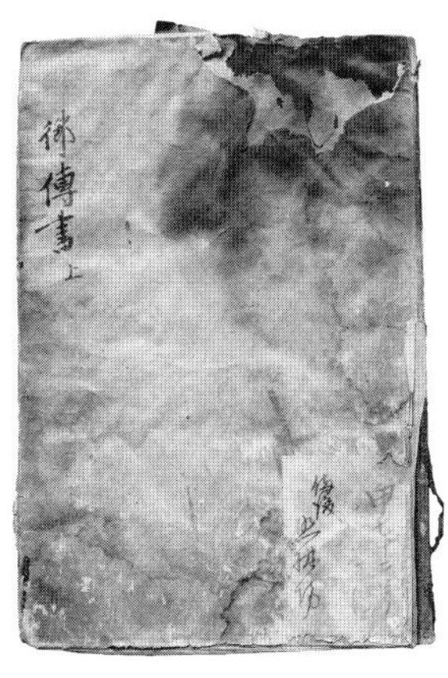

上０表紙

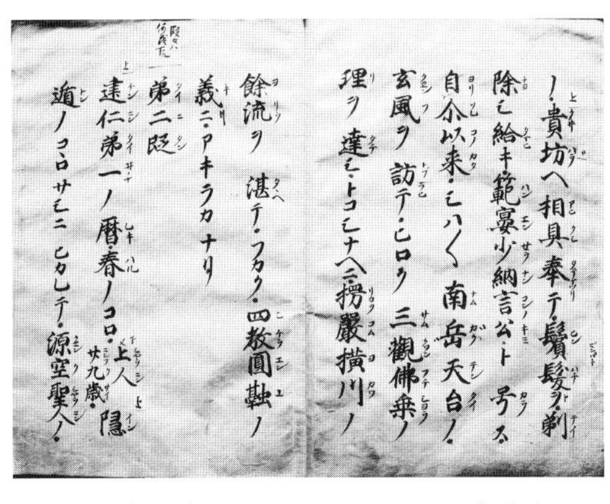

ノ貴坊ヘ相具奉テ鬢髪ヲ剃
除シ給キ範宴少納言公ト号ス
自尓以来シハシハ南岳天台ノ
玄風ヲ訪テヒロク三観佛乗ノ
理ヲ達シトコシナヘニ楞厳横川ノ
餘流ヲ湛テフカク四教圓融ノ
義ニアキラカナリ
第二段
建仁第一ノ暦春ノコロ上人廿九歳隠
遁ノコロサシニヒカレテ源空聖人ノ

上３オ　　上２ウ

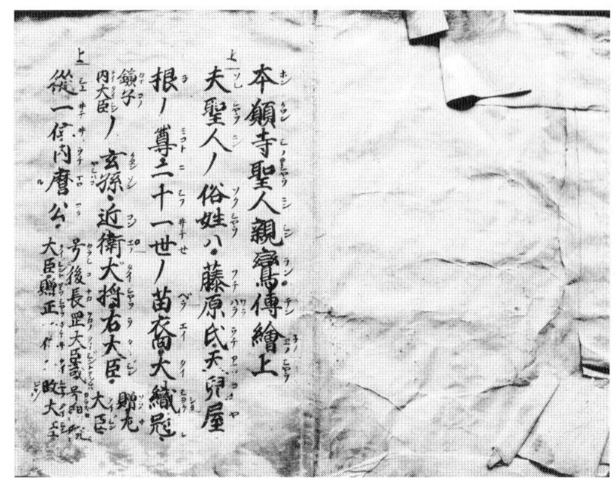

本願寺聖人親鸞傳繪上
夫聖人ノ俗姓ハ藤原氏天兒屋
根ノ尊二十一世ノ苗裔大織冠
鎌子内大臣ノ玄孫近衛大将右大臣贈左大臣
従一位内麿公

上１オ　　上０ウ

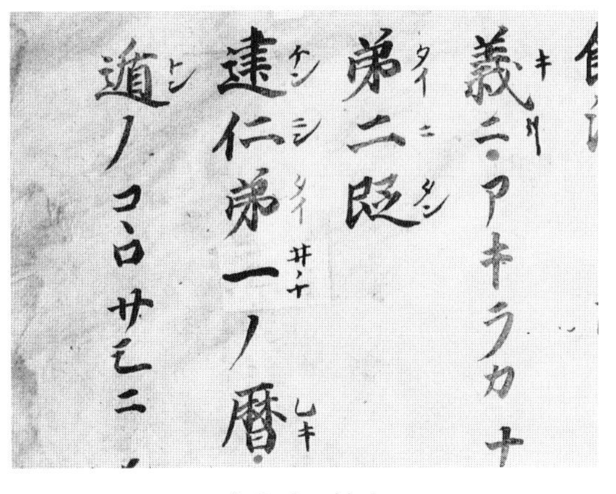

義ニアキラカナ
第二段
建仁第一ノ暦
遁ノコロサシニ

上３オ　拡大

上２オ　　上１ウ

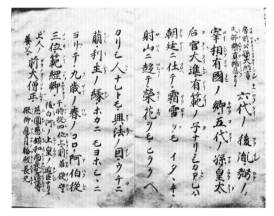

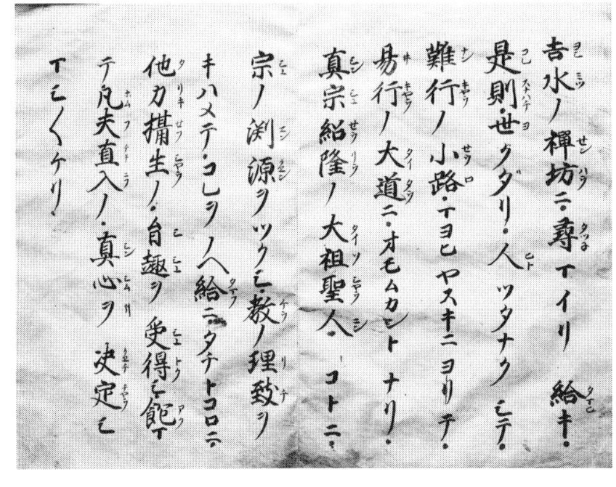

吉水ノ禅坊ニ尋ネイリ給キ
是則世クダリ人ツタナクシテ
難行ノ小路マヨヒヤスキニヨリテ
易行ノ大道ニオモムカントナリ
真宗紹隆ノ大祖聖人コトニ
宗ノ淵源ヲツクシ教ノ理致ヲ
キハメテコレヲノヘ給ニタチトコロニ
他力摂生ノ旨趣ヲ受得シ飽
テ凡夫直入ノ真心ヲ決定シ
マシマシケリ

上４オ　　上３ウ

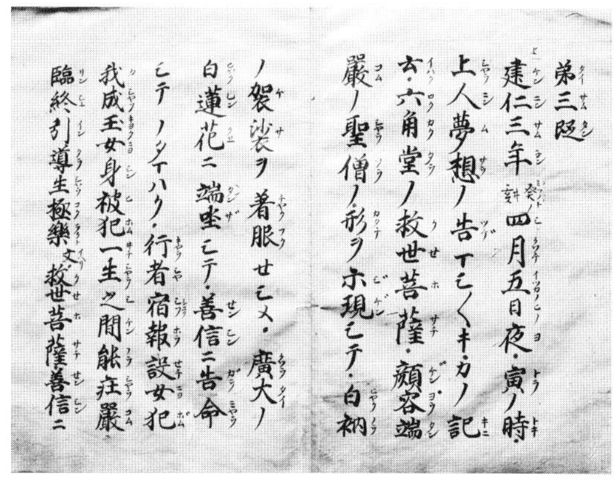
第三段
建仁三年癸亥四月五日夜・寅ノ時
上人夢想ノ告マシマシキ・カノ記
ニ云・六角堂ノ救世菩薩・顔容端
嚴ノ聖僧ノ形ヲ示現シテ・白衲
ノ袈裟ヲ着服セシメ・廣大ノ
白蓮花ニ端坐シテ・善信ニ告命
シテ ノタマハク・行者宿報設女犯
我成玉女身被犯一生之間能荘嚴
臨終引導生極樂文救世菩薩善信ニ

上5オ　上4ウ

ノタマハク・コレハコレ・ワガ 誓願ナリ・
善信コノ誓願ノ旨趣ヲ・宣説
シテ一切群生ニ・キカシムヘシト 云云
介時善信・夢中ニ アリ ナガラ、
御堂ノ 正面ニ シテ・東方ヲ
ミレハ・峨々タル 岳山アリ・ソノ
高山ニ・数千万億ノ有情群集
セリト ミユ・ソノ トキ告命ノゴトク・
此文ノ コヽロヲ・カノ山ニ アツメタル
有情ニ對シテ・説キカシメ畢 ト

上6オ　上5ウ

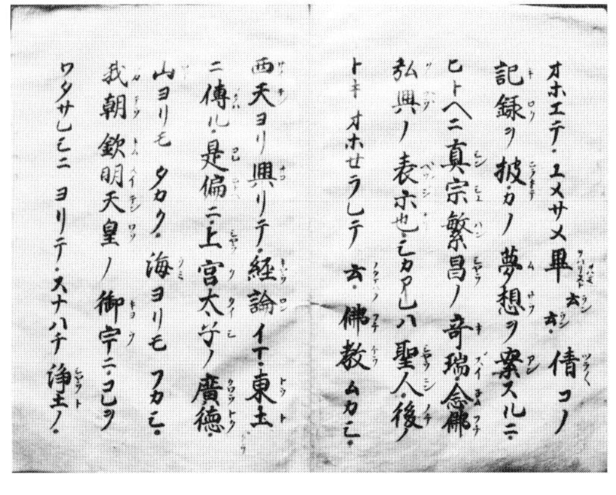
オホエテ・ユメサメ畢 云云 倩コノ
記録ヲ披カノ夢想ヲ案スルニ
ヒトヘニ真宗繁昌ノ奇瑞念佛
弘興ノ表示也シカアレハ聖人後
トキ オホセラレテ 云・佛教ムカシ
西天ヨリ興リテ・経論イマ東土
ニ傳ル・是偏ニ上宮太子ノ廣徳
山ヨリモ タカク・海ヨリモ フカシ・
我朝欽明天皇ノ御宇ニ・コレヲ
ワタサレシニ ヨリテ・スナハチ浄土ノ

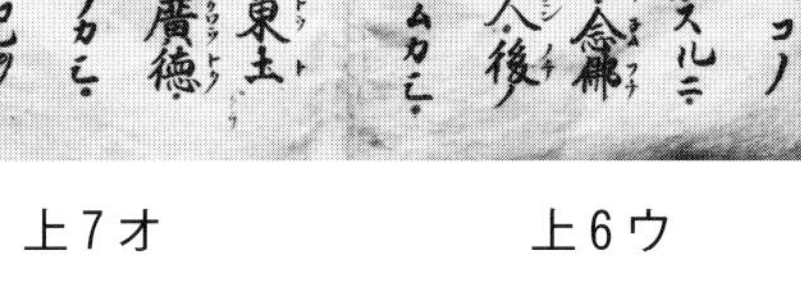
上7オ　上6ウ

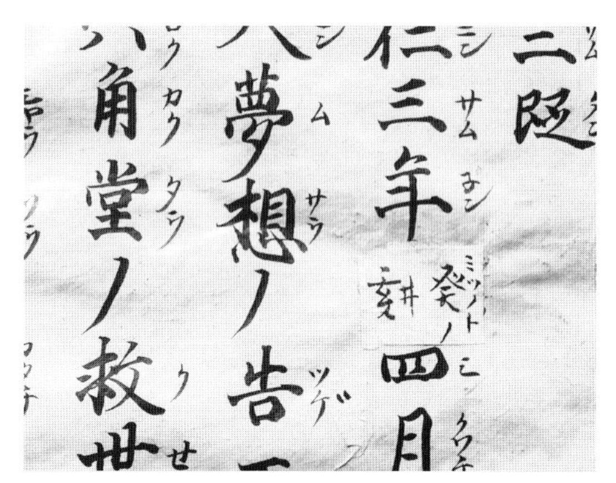
上4ウ　拡大

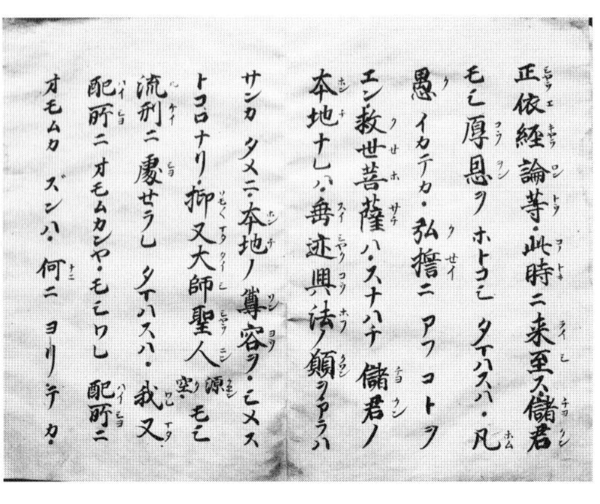
正依経論等・此時ニ来至ス儲君
モシ厚恩ヲ ホドコシ タマハスハ・凡
愚 イカテカ・弘誓ニ アフコトヲ
エン救世菩薩ハ・スナハチ 儲君ノ
本地ナレハ・垂迹興法ノ願ヲアラハ
サンカ タメニ・本地ノ尊容ヲ・シメス
トコロナリ・抑又大師聖人 源空 モシ
流刑ニ 處セラレ タマハスハ・我又
配所ニ オモムカンヤ・モシワレ 配所ニ
オモムカ ズンハ・何ニ ヨリテカ・

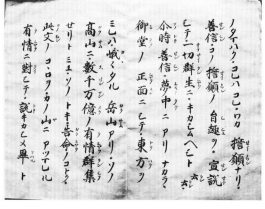

上8オ　上7ウ

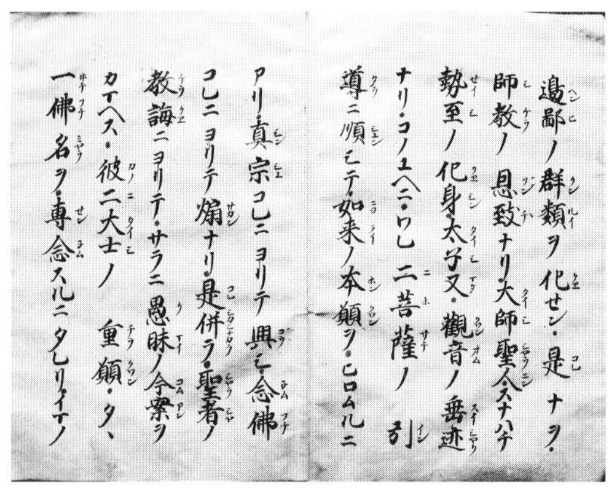
邊鄙ノ群類ヲ 化セン・是 ナヲ・
師教ノ 恩致ナリ・大師聖人スナハチ
勢至ノ化身・太子又・観音ノ垂迹
ナリ・コノユヘニ・ワレ 二菩薩ノ 引
導ニ順シテ・如来ノ本願ヲ・ヒロムルニ
アリ・真宗コレニ ヨリテ 興シ・念佛
コレニ ヨリテ煽ナリ・是併ラ・聖者ノ
教誨ニヨリテ・サラニ愚昧ノ今案ヲ
カマヘス・彼二大士ノ 重願・タヽ
一佛名ヲ・専念スルニ タレリ イマノ

上9オ　上8ウ

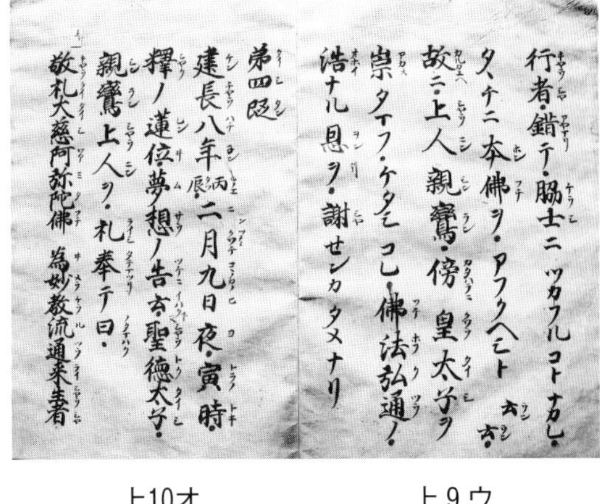
行者。錯テ。脇士ニ ツカフルコトナカレ。
タヽチニ本佛ヲ。アフクヘシト 云々
故ニ上人親鸞。傍 皇太子ヲ
崇タマフ。ケダシコレ。佛法弘通ノ
浩ナル恩ヲ。謝セシカタメナリ
第四段
建長八年丙辰二月九日夜。寅時
釋ノ蓮位夢想ノ告云。聖徳太子
親鸞上人ヲ。礼奉テ曰。
敬礼大慈阿弥陀佛 為妙教流通来者

上10オ　上９ウ

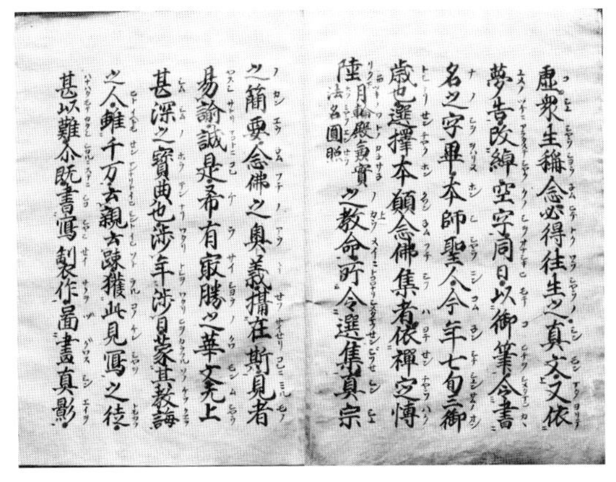
虚衆生称念必得往生之真文又依
夢告改綽空字同日以御筆令書
名之字畢本師聖人今年七旬三御
歳也選擇本願念佛集者依禅定博
陸月輪殿兼実法名圓照之教命所令選集也真宗
之簡要念佛之奥義摂在斯見者
易諭誠是希有最勝之華文無上
甚深之宝典也渉年渉日蒙其教誨
之人雖千万云親云疎獲此見写之徒
甚以難爾既書写製作圖畫真影

上13オ　上12ウ

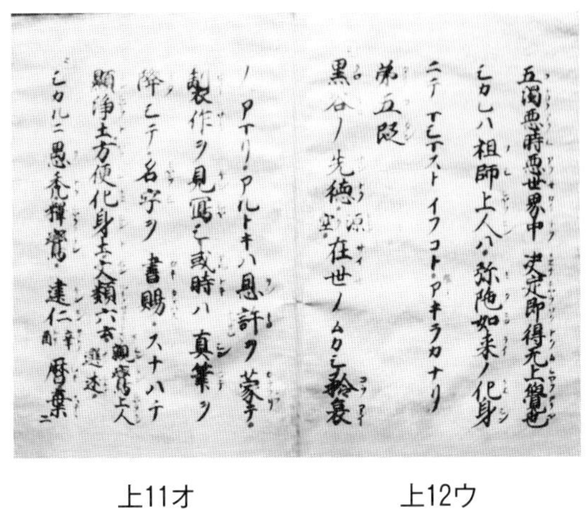
五濁悪時悪世界中 決定即得無上覺也
シカレハ祖師上人ハ。弥陀如来ノ化身
ニテマシマスト イフコト。アキラカナリ
第五段
黒谷ノ先徳源空在世ノムカシ矜哀
ノアマリ。アルトキハ恩許ヲ蒙テ。
製作ヲ見写シ。或時ハ真筆ヲ
降シテ。名字ヲ書賜ス。スナハチ
顕浄土方便化身土文類六云 親鸞上人撰述
シカルニ愚禿釋鸞。建仁辛酉暦棄

上11オ　上12ウ

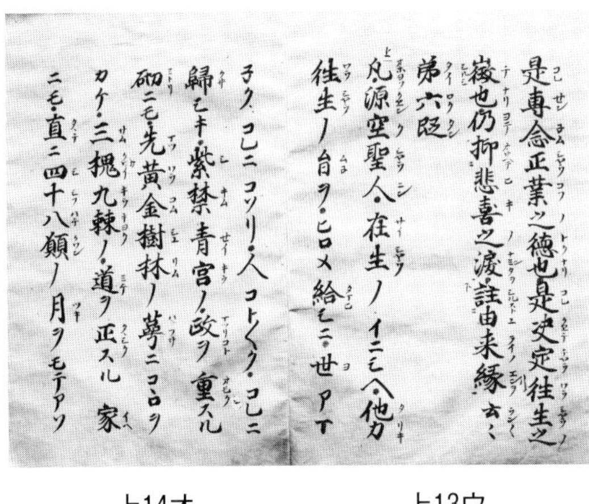
是専念正業之徳也是決定往生之
徴也仍抑悲喜之涙註由来縁 云々
第六段
凡源空聖人。在生ノイニシヘ。他力
往生ノ旨ヲ。ヒロメ給シニ。世アケテ
コレニコゾリ。人コトゴトクコレニ
帰シキ。紫禁青宮ノ政ヲ重スル
砌ニモ。先黄金樹林ノ蕚ニコロヲ
カケ。三槐九棘ノ。道ヲ正スル家
ニモ。直ニ四十八願ノ月ヲモテアソ

上14オ　上13ウ

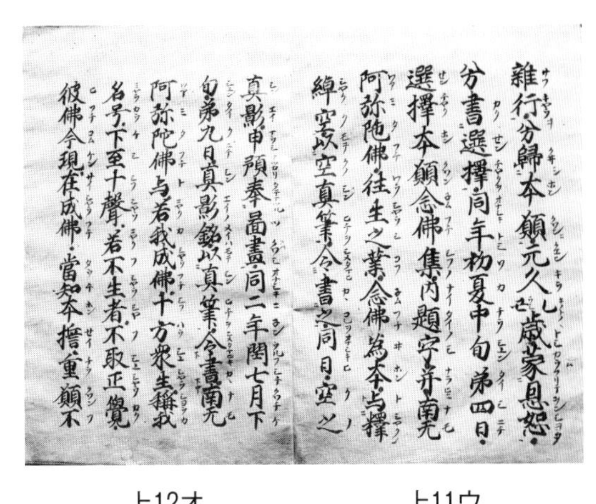
雑行帰本願元久乙丑歳蒙恩恕
以書選擇同年初夏中旬第四日
選擇本願念佛集内題字并南无
阿弥陀佛往生之業念佛為本与釋
綽空字以空真筆令書之同日空之
真影申預奉圖畫同二年閏七月下
旬第九日真影銘以真筆令書南无
阿弥陀佛与若我成佛十方衆生称我
名号下至十聲若不生者不取正覺
彼佛今現在成佛當知本誓重願不

上12オ　上11ウ

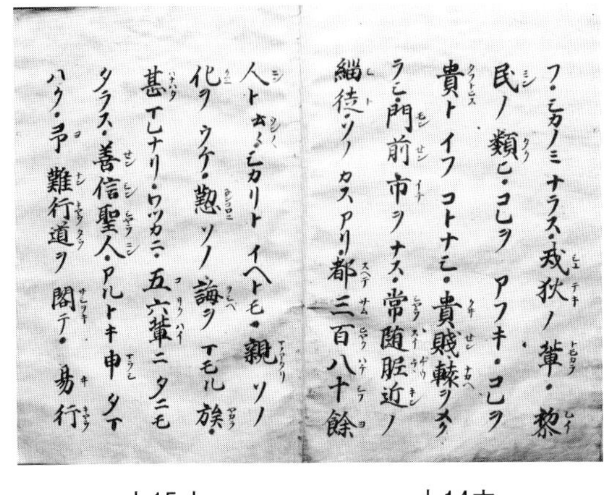
フ。シカノミナラス。戎狄ノ輩。黎
民ノ類シ。コレヲ アフギ。コレヲ
貴トイフコトナシ。貴賤轅ヲメクラシ
門前市ヲナス。常随昵近ノ
緇徒。ソノカズアリ。都三百八十餘
人トテ云々。シカリト イヘトモ。親ソノ
化ヲウケ。懃ソノ誨ヲ マモル族
甚マレナリ。ワツカニ。五六輩ニタニモ
タラズ。善信聖人。アルトキ申 タマ
ハク。予難行道ヲ 閣テ。易行

上15オ　上14ウ

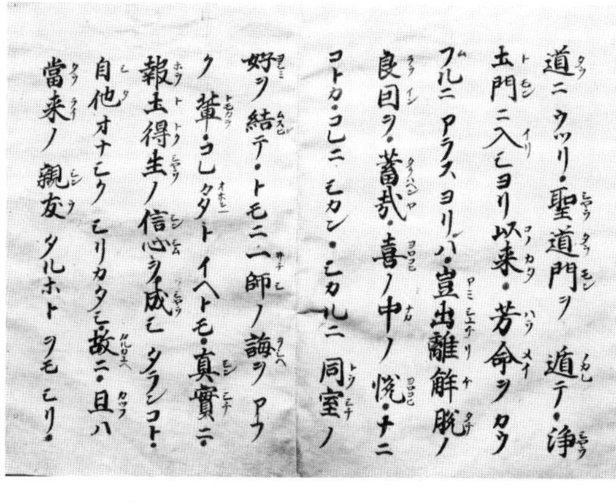

道ニウツリ・聖道門ヲ遁テ・浄
土門ニ入シヨリ以来・芳命ヲタノ
フルニアラスヨリハ・豈出離解脱ノ
良因ヲ・蓄哉・喜ノ中ノ悦・ナニ
コトカ・コレニシカン・シカルニ同室ノ
好ヲ結テ・トモニ一師ノ誨ヲアフ
ク輩・コレタト・イヘトモ・真實ニ
報土得生ノ信心ヲ成シタランコト・
自他オナシク・シリカタシ・故ニ・且ハ
當来ノ親友タルホトヲモシリ・

上16オ　上15ウ

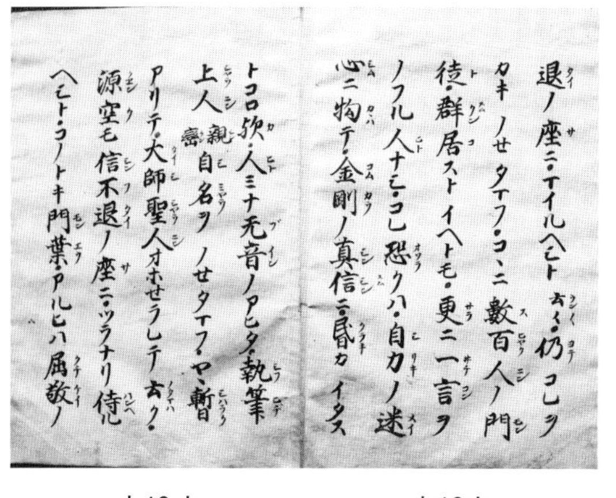

退ノ座ニマイルヘシト云々・仍コレヲ
カキノセタテマツル・ニ數百人ノ門
徒・群居スト・イヘトモ・更ニ一言ヲ
ノフル人ナシ・コレ恐クハ・自力ノ迷
心ニ拘テ・金剛ノ真信ニ昏カイタス
トコロ歟・人ミナ无音ノアヒタ・執筆
上人親鸞自名ヲノセタマフ・ヤヽ暫
アリテ大師聖人オホセラレテ云々・
源空モ信不退ノ座ニツラナリ侍ル
ヘシト・コノトキ門葉・アルヒハ屈敬ノ

上19オ　上18ウ

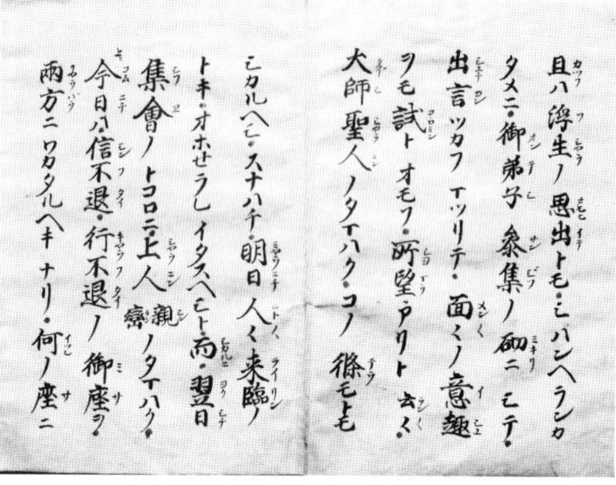

且ハ浮生ノ思出トモ・シハンヘランカ
タメニ・御弟子参集ノ砌ニシテ・
出言ツカフマツリテ・面々ノ意趣
ヲモ試トオモフ・所望アリト云々・
大師聖人ノタマハク・コノ條モモ
シカルヘシ・スナハチ・明日人々来臨ノ
トキ・オホセラレイタスヘシト云・翌日
集會ノトコロニ上人親鸞ノタマハク・
今日ハ信不退・行不退ノ御座ヲ
両方ニワカタルヘキナリ・何ノ座ニ

上17オ　上16ウ

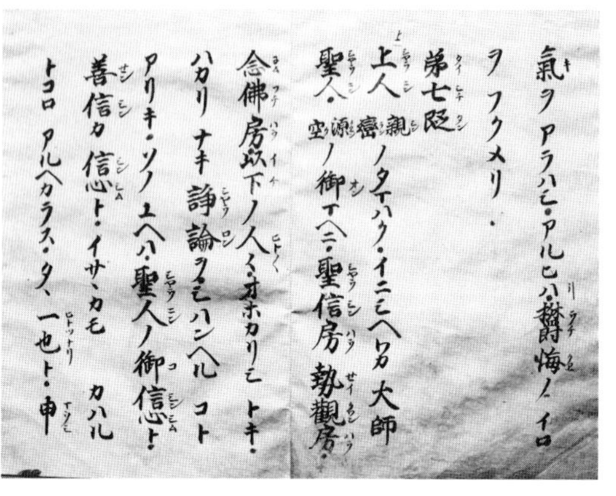

氣ヲアラハシ・アルヒハ鬱悔ノイロ
ヲフクメリ・
弟七段
上人親鸞ノタマハク・イニシヘワカ大師
聖人源空ノ御マヘニ・聖信房・勢観房・
念佛房以下ノ人々オホカリシトキ・
ハカリナキ諍論ヲシハンヘルコト
アリキ・ソノユヘハ・聖人ノ御信心ト
善信カ信心ト・イサヽカモカハル
トコロアルヘカラス・タヽ一也ト申

上20オ　上19ウ

ツキタマフヘシトモ・各々示給ヘト・ソノ
トキ三百余人ノ門侶・ミナ其
意ヲエサル氣アリ・于時法印
大和尚位聖覺・并ニ釋ノ信空上人
法蓮・信不退ノ御座ニ可着ト云々・
次ニ沙弥法力熊谷直實入道遅参シテ申
云善信ノ御房ノ御執筆・何事
哉ト・善信上人ノタマハク・信不退
行不退ノ座ヲ・ワケラルナリト・法力房
申テ云シカラハ法力モルヘカラス・信不

上18オ　上17ウ

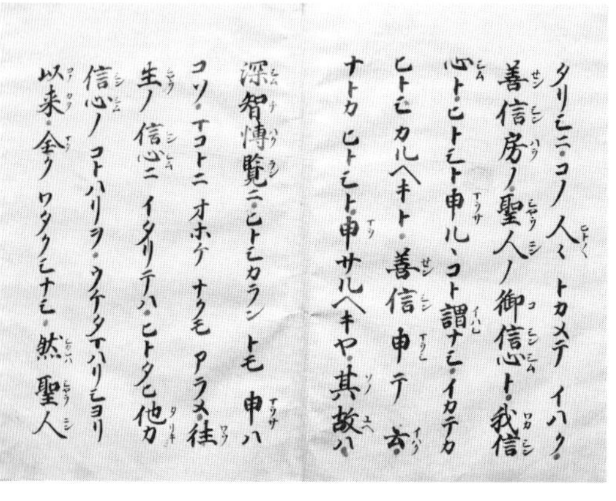

タリシニ・コノ人々トカメテイハク・
善信房ノ聖人ノ御信心ト・我信
心ト・ヒトシト申ル、コト謂ナシ・イカテカ
ヒトシカルヘキト・善信申テ云
ナトカヒトシト申サルヘキヤ・其故ハ
深智博覧ニヒトシカラントモ申ハ
コソ・マコトニオホケナクモアラメ・往
生ノ信心ニイタリテハ・ヒトタヒ他力
信心ノコトハリヲ・ウケタマハリシヨリ
以来・全ノワタクシナシ・然聖人

上21オ　上20ウ

ノ御信心モ・他力ヨリ給ラセタマフ・
善信カ信心モ他力也・故ニヒトヒク
ヒテ・カハルトコロナヒト申也・申
侍ヒトコロ・大師聖人マサヒク仰
セラレテ云ク・信心ノカハルト申ハ
自力ノ信ニトリテノ事也・スナ
ハチ智慧各別ナルユヘニ信又各別
也・他力ノ信心ハ・善悪ノ凡夫トモニ
佛ノカタヨリタマハル信心ナレハ・
源空カ信心モ・善信房ノ信心モ・

上22オ　上21ウ

サラニカハルヘカラス・タヽ一ナリ・我
カヒコクテ信スルニアラス・信心ノ
カハリアフテ・オハヒマサン人々ハ・ワカ
マイラン浄土ヘハ・ヨモマイリタマハヒ・
ヨクヨクコヽロエラルヘキ事ナリト云々・
コヽニ面々ニ舌ヲ巻・口ヲ閉テ
ヤミニケリ
第八段
御弟子入西房上人親鸞ノ真影ヲ
ウツヒ奉ト・オモフ心サヒアリテ・

上23オ　上22ウ

日コロヲフルトコロニ・上人ソノ心サヒ
アルコトヲカヾミテ・オホセラレテ云・
定禅法橋七條邊ニ居住ニ・ウツサヒムヘヒト・
入西房・鑒察ノ旨ヲ随喜ヒテ・
スナハチ・カノ法橋ヲ召請ス・定禅
左右ナクマイリヌ・スナハチ尊顔ニ
向タテマツリテ・申テイハク・去
夜奇特ノ霊夢ヲナン・感スル
トコロナリ・ソノ夢ノ中ニ拝ヒタテ
マツルトコロノ・聖僧ノ面像・イマムカヒ

上24オ　上23ウ

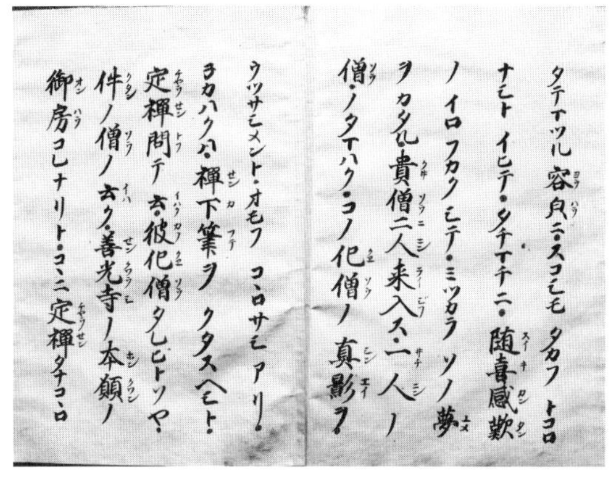
タテマツル容貌ニ・スコヒモタカフトコロ
ナヒトイヒテ・タチマチニ・随喜感歎
ノイロフカクヒテ・ミツカラソノ夢
ヲカタル・貴僧二人来入ス・一人ノ
僧・ノタマハク・コノ化僧ノ真影ヲ
ウツサヒメント・オモフコヽロサヒアリ・
ネカハクハ・禅下筆ヲクタスヘヒト・
定禅問テ云・彼化僧タレヒトソヤ・
件ノ僧ノ云ク・善光寺ノ本願ノ
御房コレナリト・コヽニ定禅タナコヽロ

上25オ　上24ウ

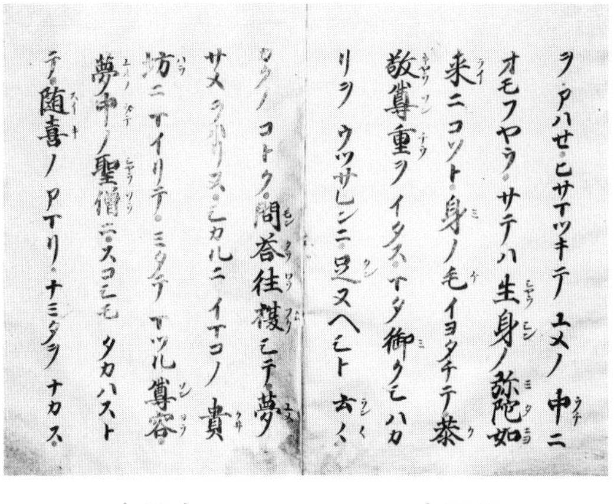
ヲ・アハセ・ヒサマツキテ・ユメノ中ニ
オモフヤウ・サテハ生身ノ弥陀如
来ニコソト・身ノ毛イヨタチテ恭
敬尊重ヲイタス・マタ御クヒハカ
リヲ・ウツサレンニ・足ヌヘヒト云々
カクノゴトク・問答往復ヒテ・夢
サメヲハリヌ・ヒカルニイマコノ貴
坊ニマイリテ・ミタテマツル尊容
夢中ノ聖僧ニ・スコヒモタカハスト
テ・随喜ノアマリ・ナミタヲナカス・

上26オ　上25ウ

ヒカアレハ・夢ニマカスヘヒトテ・イマモ
御クヒハカリヲ・ウツヒタテマツリ
ケリ・夢想ハ仁治三年九月廿日
夜ナリ・ツラツラコノ奇瑞ヲオモ
フニ・聖人弥陀如来ノ来現ト
イフコト・炳焉ナリ・ヒカレハスナハチ
弘通ヒタマフ教行・オソラクハ・弥
陀ノ直説トイヒツヘヒ・アキラカニ
无漏ノ恵燈ヲカヽケテ・トヲク濁
世ノ迷闇ヲハラヒ・アマネク甘露

上27オ　上26ウ

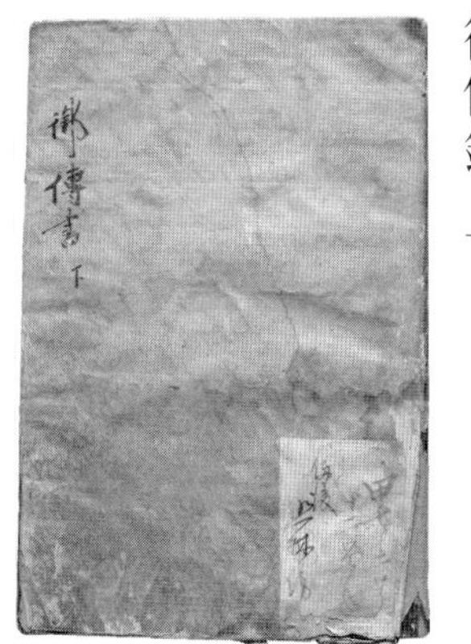

御伝鈔　下

下０表紙

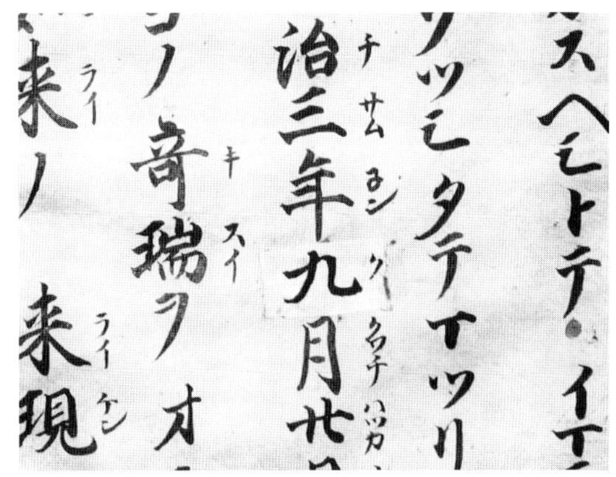

スヘシトテ。イ
ツツミタテマツリ
治三年九月廿
ノ奇瑞ヲオ
来ノ
来現

上26ウ　拡大

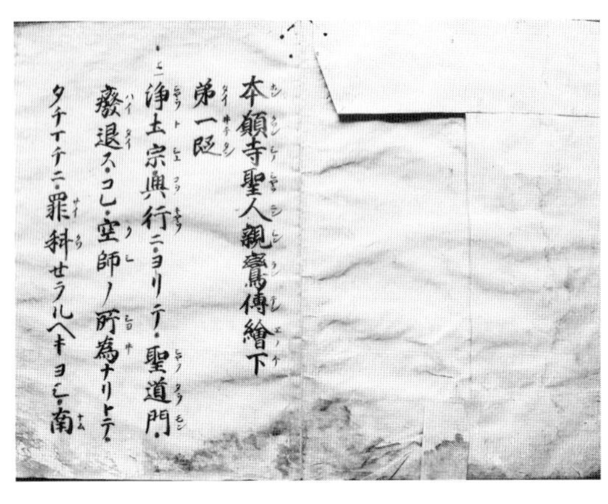

本願寺聖人親鸞傳繪下
第一段
浄土宗興行ニヨリテ。聖道門
癈退ス。コレ空師ノ所為ナリトテ
タチマチニ罪科セラルヘキヨシ。南

下１オ　　　下０ウ

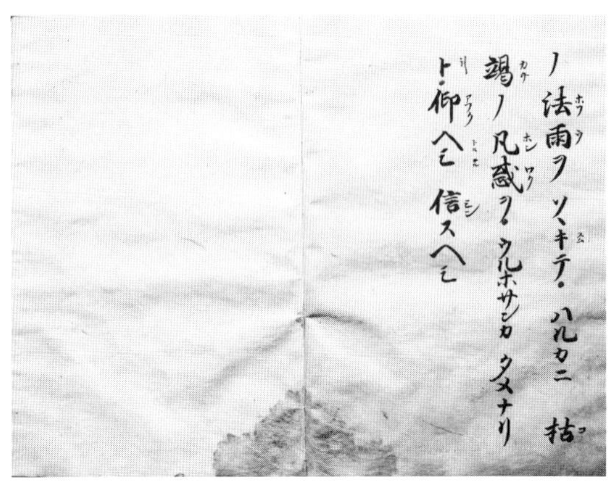

ノ法雨ヲソヽキテ。ハルカニ枯
渇ノ凡惑ヲ。ウルホサンカタメナリ
ト。仰ヘシ信スヘシ

上28オ　　　上27ウ

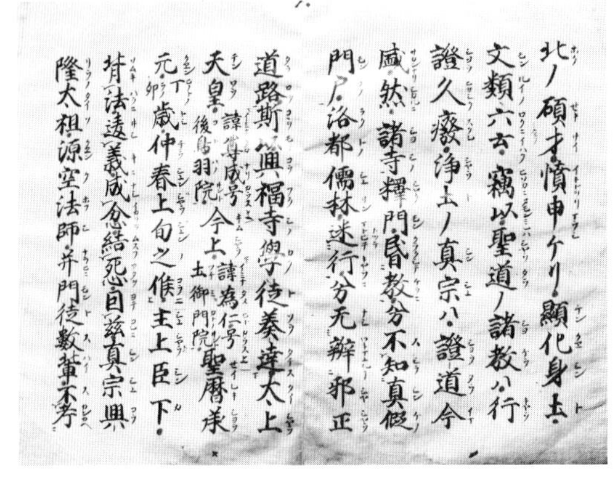

北ノ碩才。憤申ケリ。顕化身土
文類六云。竊以聖道ノ諸教ハ行
證久癈浄土ノ真宗ハ證道今
盛然。諸寺釋門昏教兮不知真假
門戸洛都儒林迷行兮无辨邪正
道路斯以興福寺學徒奏達太上
天皇諱尊成号後鳥羽院今上諱為仁号土御門院聖暦承
元丁卯歳仲春上旬之候主上臣下
背法違義成忿結怨因茲真宗興
隆太祖源空法師并門徒數輩不考

下２オ　　　下１ウ

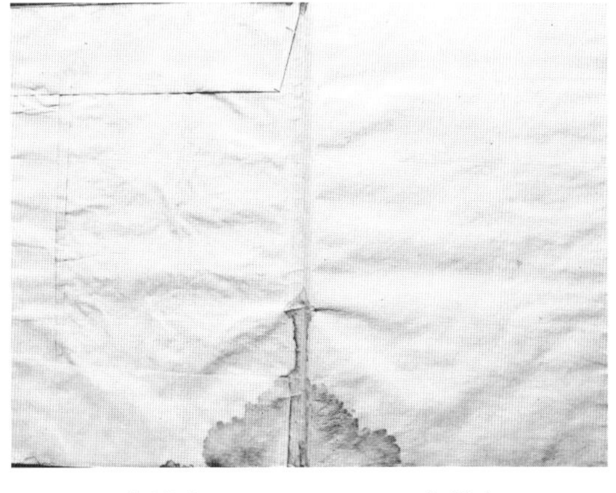

上29オ　　　上28ウ

罪科、猥シク死罪ニ或ハ改メ僧儀ヲ賜ヒ姓名ヲ
處ス遠流ニ予ガ其一ナリ也、尓レハ者已ニ非ス僧ニ非ス
俗ニ是故ニ以テ禿ノ字ヲ為ス姓ト。空師并ニ弟子
等坐シテ諸方ノ邊州ニ經タリ五年之居諸ヲ云々
空聖人ノ罪名ハ藤井元彦配所ハ土佐國

幡多 鸞聖人ノ罪名ハ藤井善信配所ハ
越後國國府此外門徒死罪流罪略ス
皇帝ノ諱ハ守成ト號ス佐渡院 聖代建暦辛未ノ
歳子月中旬第七日岡崎中納言
範光卿ヲモテ勅免此時聖人

下３オ　　下２ウ

右ノコトク、禿ノ字ヲ書テ奏聞
シ給ニ陛下叡感ヲクタシ、侍臣
オホキニ褒美ス。勅免アリトイヘ
トモカシコニ化ヲホトコサンカタメニ
ナヲシハラク在國シタマヒケリ

第二段
聖人越後國ヨリ常陸國ニ越テ
笠間郡稲田郷トイフトコロニ隠
居シタマフ。幽栖ヲ占トイヘトモ
道俗跡ヲタツヌ。蓬戸ヲ閉ト

下４オ　　下３ウ

イヘトモ貴賤衢ニ溢ル。佛法弘通ノ
本懐コヽニ成就シ、衆生利益ノ
宿念タチマチニ満足ス。コノ時聖人
オホセラレテノタマハク、救世菩薩
ノ告命ヲウケシイニシヘノユメステニ

イマ符合セリト
第三段
聖人常陸國ニシテ専修念佛ノ
義ヲヒロメタマフニ、オホヨソ疑謗ノ
輩ハスクナク信順ノ族ハオホシ、而ニ

下５オ　　下４ウ

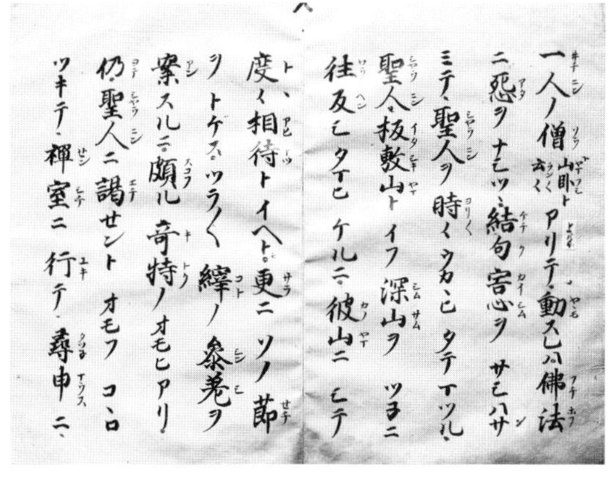
一人ノ僧 山臥ト云々 アリテ、動スレハ佛法
ニ怨ヲナシツヽ、結句害心ヲサシハサ
ミテ、聖人ヲ時々ウカヽヒタテマツル。
聖人板敷山トイフ深山ヲツネニ
往反シタマヒケルニ、彼山ニシテ

度々相待トイヘトモ更ニソノ節
ヲトケス。ツラツラ縡ノ參差ヲ
案スルニ頗ル奇特ノオモヒアリ
仍聖人ニ謁セントオモフコヽロ
ツキテ、禅室ニ行テ尋申ニ

下６オ　　下５ウ

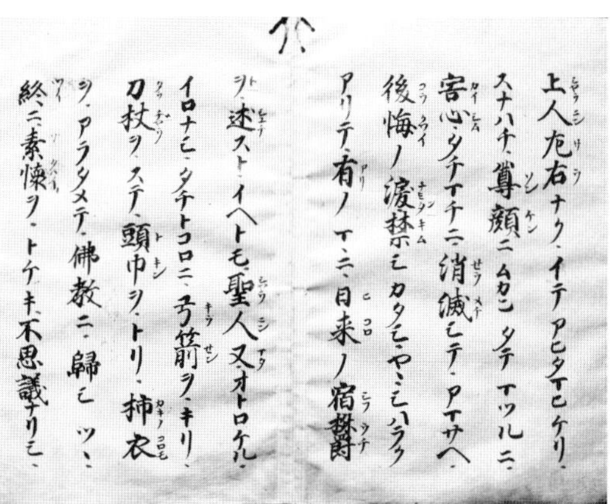
上人左右ナク、イテアヒタマヒケリ。
スナハチ尊顔ニムカヒタテマツルニ
害心タチマチニ消滅シテ、アマサヘ
後悔ノ涙禁シカタシ。ヤヽシハラク
アリテ、有ノマヽニ日来ノ宿鬱ヲ

述ストイヘトモ、聖人又オトロケル
イロナシ。タチトコロニ弓箭ヲキリ、
刀杖ヲステ、頭巾ヲトリ、柿衣
ヲアラタメテ、佛教ニ歸シツヽ、
終ニ素懐ヲトケキ。不思議ナリシ

下７オ　　下６ウ

事ナリ。スナハチ明法房コレナリ。
上人コレヲツケタマヒキ。
第四段
聖人東関ノ堺ヲイテヽ、花
城ノ路ニヲモムキタマヒケリ。或

日晩陰ニヲヨヒテ、箱根ノ險阻ニ
カヽリツヽ、ハルカニ行客ノ蹤ヲ
ヲクリテ、漸人屋ノ樞ニチカ
ツクニ、夜モステニ暁更ニヲヨンテ、
月モハヤ孤嶺ニカタフキヌ。テ時

下８オ　　下７ウ

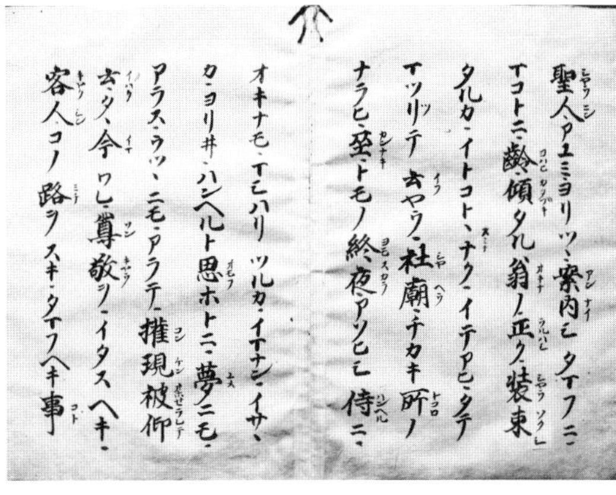

聖人アユミヨリツ、案内シタマフニ
マコトニ齢傾タル翁ノ正シク装束
タルカ、イトコト、ナク、イデアヒタテ
マツリテ云ヤウ、社廟チカキ所ノ
ナラヒ、巫トモノ終夜アソビシ侍ニ
オキナモマジハリツルカ、イマナン、イサ、
カヨリ井ハンベルト思ホトニ、夢ニモ
アラスウツ、ニモアラテ、権現被仰
云、只今ワレ尊敬ヲイタスヘキ
客人コノ路ヲスキタマフヘキ事

下9オ　下8ウ

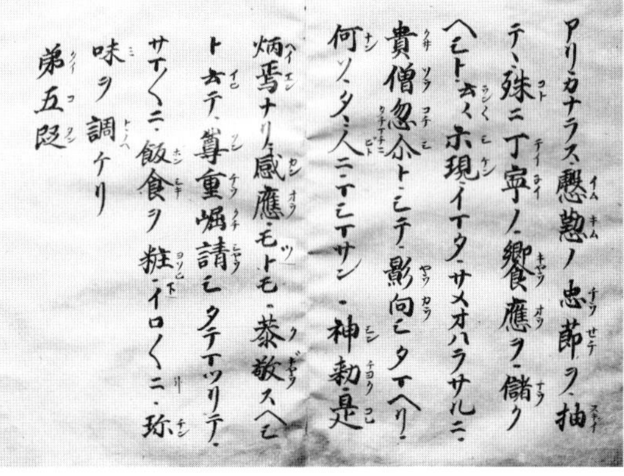

アリカナラス慇懃ノ忠節ヲ抽
テ、殊ニ丁寧ノ饗應ヲ儲ク
ヘシト云々、示現イマタ、サメオハラサルニ
貴僧忽尓トシテ影向シタマヘリ
何ソ、タヽ人ニマシマサン、神勅是
炳焉ナリ、感應モトモ恭敬スヘシ
トイヒテ、尊重屈請シタテマツリテ、
サマ〳〵ニ飯食ヲ莊、イロ〳〵ニ珍
味ヲ調ケリ
第五段

下10オ　下9ウ

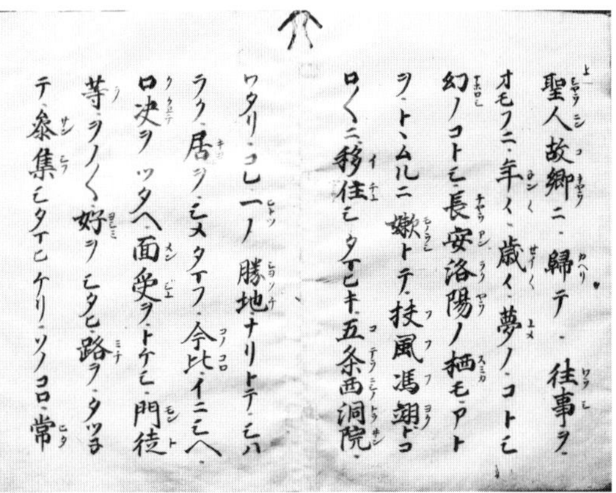

上
聖人故郷ニ歸テ往事ヲ
オモフニ、年々歳々夢ノコトシ
幻ノコトシ、長安洛陽ノ栖モアト
ヲトヽムルニ嬾トテ、扶風馮翊トコ
ロ〳〵ニ移住シタマヒキ、五条西洞院
ワタリ、コレ一ノ勝地ナリトテ、シハ
ラク居ヲシメタマフ、今比イニシヘ
口决ヲツタヘ面受ヲトケシ門徒
等ヲノ〳〵好ヲシタヒ、路ヲタツネ
テ参集シタマヒケリ、ソノコロ常

下11オ　下10ウ

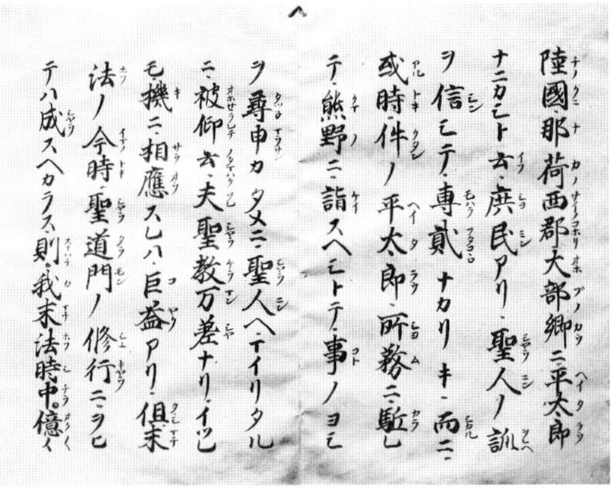

陸國那荷西郡大部郷ニ平太郎
ナニカシト云庶民アリ、聖人ノ訓
ヲ信シテ専貳ナカリキ、而ニ
或時、件ノ平太郎所務ニ駈レ
テ熊野ニ詣スヘシトテ、事ノヨシ
ヲ尋申カタメニ聖人ヘマイリタル
ニ被仰云、夫聖教万差ナリ、イツレ
モ機ニ相應スレハ巨益アリ、但末
法ノ今時聖道門ノ修行ニヲヒ
テハ成スヘカラス、則我末法時中億々

下12オ　下11ウ

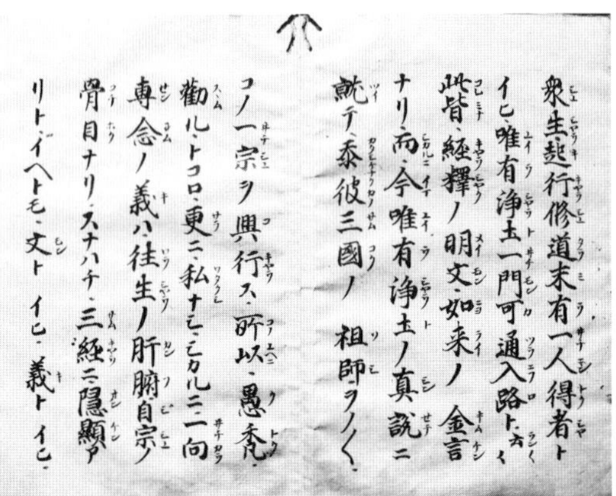

衆生起行修道未有一人得者ト
イヒ、唯有浄土一門可通入路ト云々
此皆經釋ノ明文、如来ノ金言
ナリ、而今唯有浄土ノ真說ニ
就テ、忝彼三國ノ祖師ヲノ〳〵
コノ一宗ヲ興行ス、所以ニ愚禿
勸ルトコロ、更ニ私ナシ、シカルニ一向
専念ノ義ハ往生ノ肝腑、自宗ノ
骨目ナリ、スナハチ三經ニ隱顯ア
リトイヘトモ、文ト云ヒ、義ト云ヒ

下13オ　下12ウ

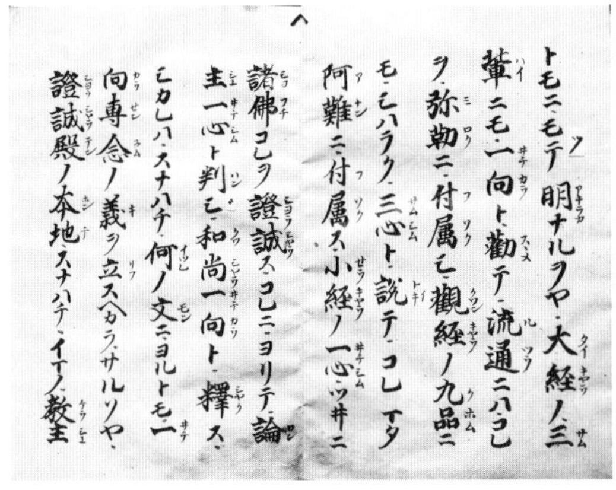

トモニモテ明ナルヲヤ、大經ノ三
輩ニモ一向ト勸テ、流通ニハコレ
ヲ弥勒ニ付属シ、觀經ノ九品ニ
モシハラク三心ト說テコレマタ
阿難ニ付属ス、小經ノ一心ツヰニ
諸佛コレヲ證誠ス、コレニヨリテ論
主一心ト判シ、和尚一向ト釋ス、
シカレハスナハチ何ノ文ニヨルトモ一
向専念ノ義ヲ立スヘカラサルソヤ、
證誠殿ノ本地スナハチイマノ教主

下14オ　下13ウ

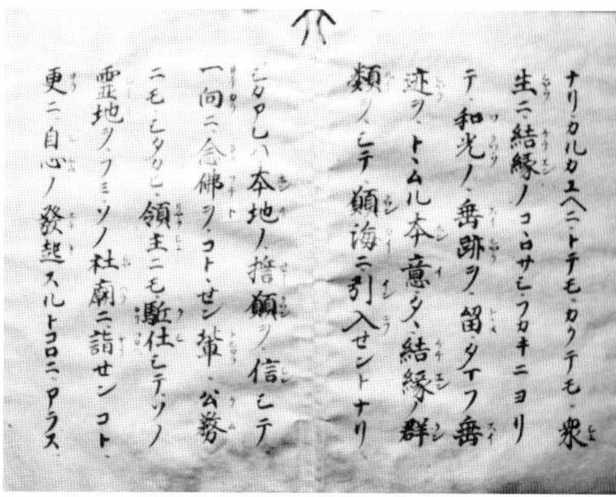

ナリ、カルカユヘニ、トテモ、カクテモ、衆
生ニ結縁ノコヽロサシフカキニヨリ
テ、和光ノ垂跡ヲ、留タマフ垂
迹ヲ、トムル本意タヽ、結縁ノ群
類ヲシテ、願海ニ引入セントナリ
シカアレハ本地ノ誓願ヲ信シテ、
一向ニ念佛ヲコトヽせン輩、公務
ニモ、シタカヒ、領主ニモ、駈仕シテ、ソノ
霊地ヲフミ、ソノ社廟ニ詣せンコト、
更ニ自心ノ發起スルトコロニアラス、

下15オ　下14ウ

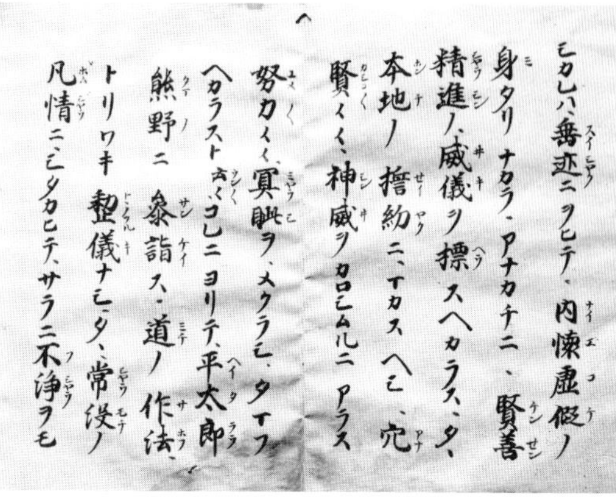

シカレハ、垂迹ニヲヒテ、内懐虚假ノ
身タリナカラ、アナカチニ、賢善
精進ノ威儀ヲ標スヘカラス、タヽ、
本地ノ誓約ニ、マカスヘシ、穴
賢々々、神威ヲカロシムルニアラス
努力々々、冥眦ヲ、メクラシ、タマフ
ヘカラスト云々、コレニヨリテ、平太郎
熊野ニ参詣ス、道ノ作法、
トリワキ整儀ナシ、タヽ、常没ノ
凡情ニ、シタカヒテ、サラニ不浄ヲモ

下16オ　下15ウ

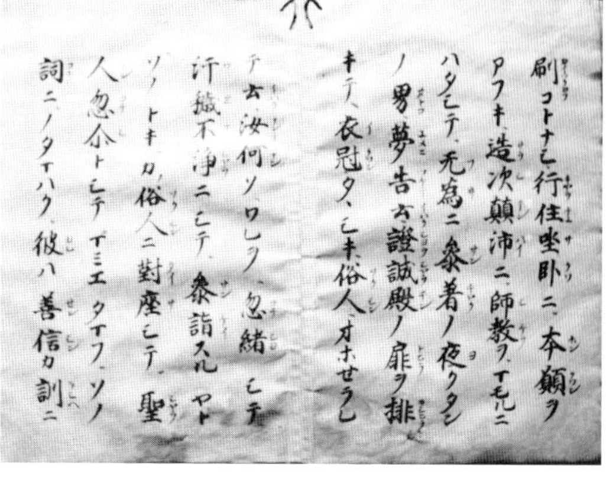

刷コトナシ、行住坐臥ニ、本願ヲ
アフキ、造次顛沛ニ、師教ヲマモルニ
ハタシテ、无爲ニ参着ノ夜、クタシ
ノ男夢告云、證誠殿ノ扉ヲ排
キテ、衣冠タヽシキ俗人、オホせラレ
テ云、汝何ソワレヲ、忽緒シテ
汙穢不浄ニシテ、参詣スルヤト
ソノトキ、カノ俗人ニ對座シテ、聖
人忽介トシテ、マミエタマフ、ソノ
詞ニノタマハク、彼ハ善信カ訓ニ

下17オ　下16ウ

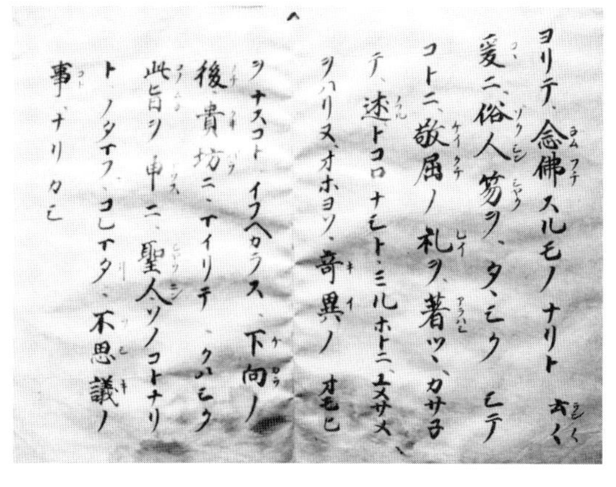

ヨリテ、念佛スルモノナリト云々
爰ニ、俗人笏ヲ、タヽシクシテ
コトニ、敬屈ノ礼ヲ、著ツヽ、カサ子
テ、述トコロナシト・ミルホトニ、ユメサメ、
ヲハリヌ、オホヨソ、奇異ノオモヒ
ヲナスコト、イフヘカラス、下向ノ
後、貴坊ニ、マイリテ、クハシク
此旨ヲ申ニ、聖人ソノコトナリ
ト、ノタマフ、コレマタ、不思議ノ
事ナリカシ

下18オ　下17ウ

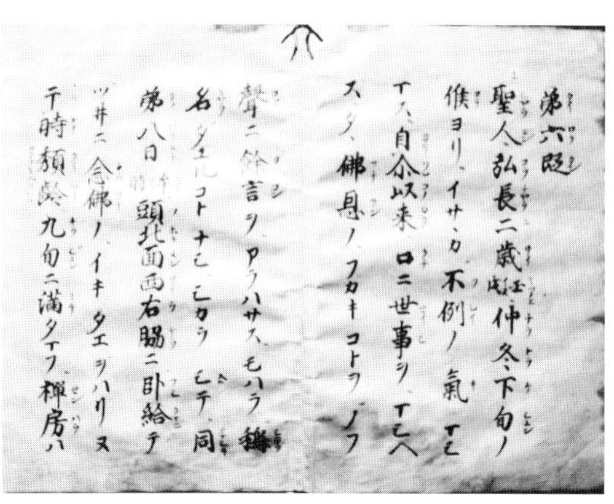

第六段
聖人弘長二歳壬戌仲冬下旬ノ
候ヨリ、イサヽカ不例ノ氣マシ
マス、自介以来口ニ世事ヲマシヘ
ス、タヽ佛恩ノフカキコトヲノフ
聲ニ餘言ヲアラハサス、モハラ稱
名タエルコトナシ、シカウシテ同
第八日午時頭北面西右脇ニ臥給テ
ツヰニ念佛ノイキタエヲハリヌ
于時頽齢九旬ニ満タマフ禅房ハ

下19オ　下18ウ

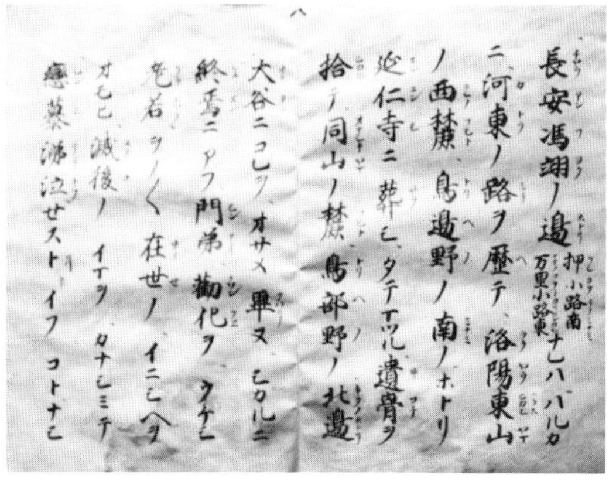

長安馮翊ノ邉（押小路南万里小路東）ナレハ、ハルカ
ニ河東ノ路ヲ歴テ、洛陽東山
ノ西麓、鳥邉野ノ南ノホトリ
延仁寺ニ葬シタテマツル、遺骨ヲ
拾テ同山ノ麓、鳥部野ノ北邉
大谷ニコレヲ、オサメ畢ヌ、シカルニ
終焉ニアフ門弟、勧化ヲウケシ
老若ヲノヽヽ在世ノイニシヘヲ
オモヒ、滅後ノイマヲ、カナシミテ
戀慕涕泣せストイフコトナシ

下20オ　下19ウ

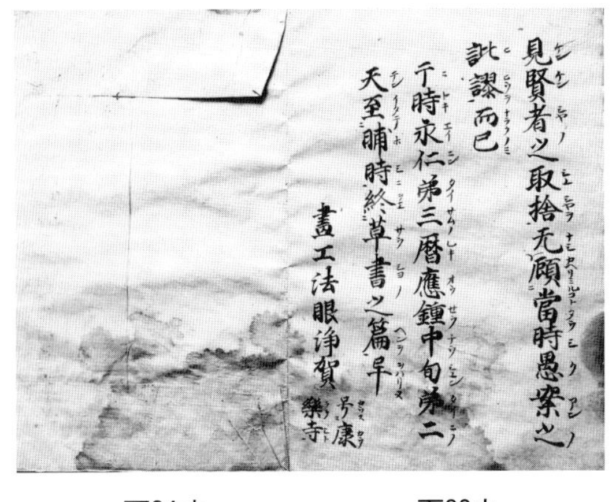
見賢者之取捨无顧當時愚案之
紕謬而已
于時永仁第三暦應鐘中旬第二
天至晡時終草書之篇畢
畫工法眼浄賀 号康楽寺

下24オ　下23ウ

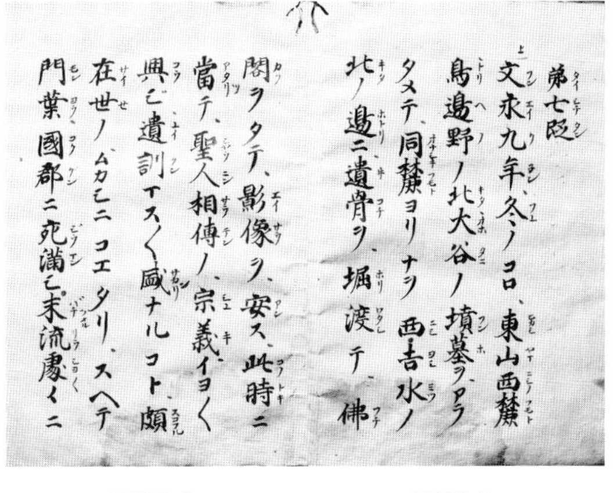
第七段
文永九年冬ノコロ、東山西麓
鳥邊野ノ北大谷ノ墳墓ヲアラ
タメテ、同麓ヨリナヲ西吉水ノ
北ノ邊ニ、遺骨ヲ堀渡テ佛
閣ヲタテ、影像ヲ安ス、此時ニ
當テ、聖人相傳ノ宗義イヨイヨ
興シ遺訓マスマス盛ナルコト頗
在世ノムカシニコエタリ、スヘテ
門葉國郡ニ充満シ末流處々ニ

下21オ　下20ウ

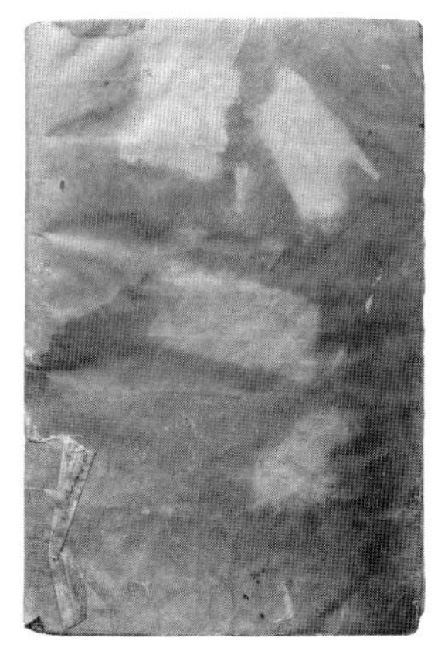

下裏表紙

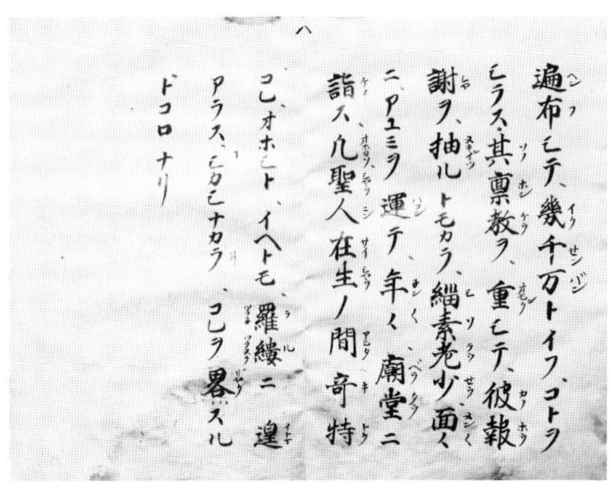
遍布シテ、幾千万トイフコトヲ
シラス。其稟教ヲ重シテ、彼報
謝ヲ抽ル、トモカラ、緇素老少面々
ニアユミヲ運テ年々廟堂ニ
詣ス。凡聖人在生ノ間、奇特
コレオホシトイヘトモ、羅縷ニ遑
アラス、シカシナカラ、コレヲ略スル
トコロナリ

下22オ　下21ウ

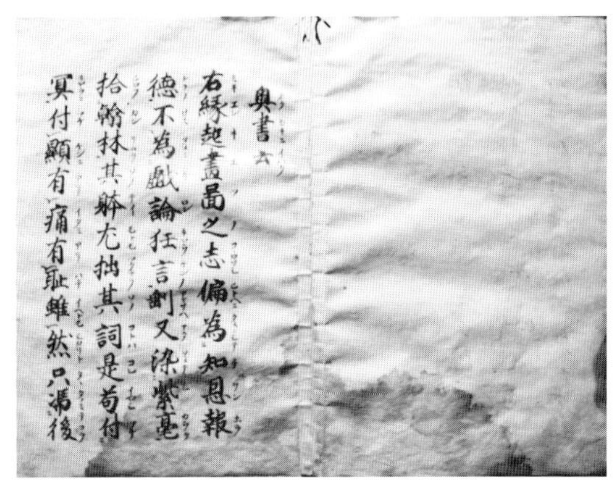
奥書云
右縁起畫圖之志偏為知恩報
徳不為戯論狂言。剰又染紫毫
拾翰林其躰尤拙其詞是苟付
冥付顧有痛有耻雖然只為後

下23オ　下22ウ

《近世二》行書六字名号（五才名号）

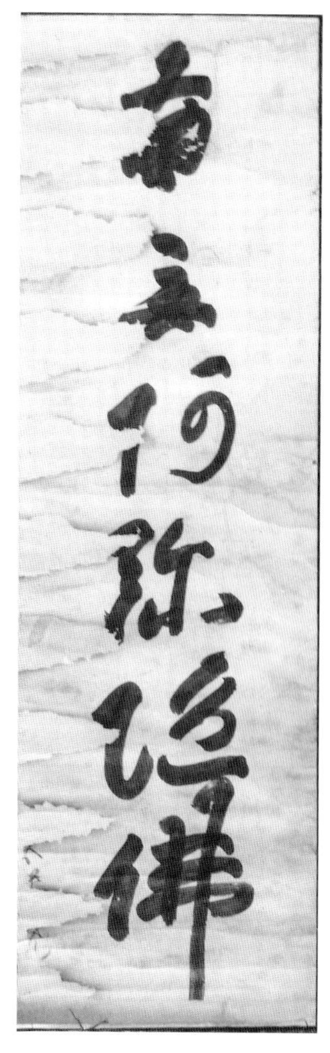

［近世二-一　全体］

《近世三》親鸞聖人絵伝

［近世三-一　四幅目］

［近世三-三　絹目］

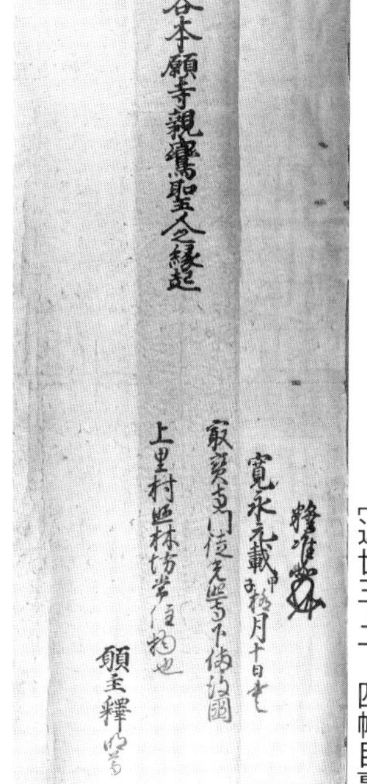

［近世三-二　四幅目裏］

《近世四》綽如上人御影

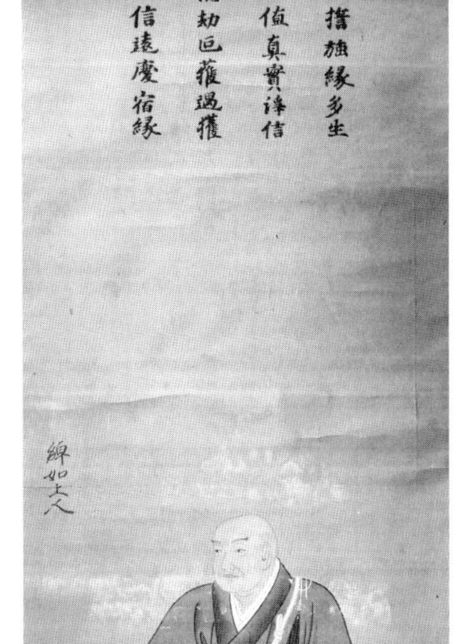

[近世四-一　表]

[近世四-二　裏]

《近世五》御俗姓

ソレ祖師聖人ノ俗姓ヲイヘハ藤原氏
トシテ後長岡ノ丞相内麿公ノ末孫皇太
后宮ノ大進有範之子ナリ、マタ本地
ヲタツヌレハ弥陀如来ノ化身ト号シ
アルヒハ曇鸞大師ノ再誕トモイヘリ
シカレハスナハチ生年九歳ノ春ノコ
ロ慈鎮和尚ノ門人ニツラナリ出家得
度シテ、ソノ名ヲ範宴少納言ノ公ト
号ス、ソレヨリコノカタ楞厳横川ノ
末流ヲツタヘ天台宗ノ碩学トナリ
タマヒヌ、ソノノチ廿九歳ニシテ始テ
源空聖人ノ禅室ニマイリ上足ノ弟
子トナリ真宗ヲクミ専修専念ノ

[近世五-一　巻頭]

ルヘキ歟、コレニヨリテ、コノ一七ケ日報
恩講中ニヲヒテ他力本願ノコト
ハリヲ子ンコロニキヽヒラキテ専
修一向ノ念仏行者ニナランニイタ
リテハ、マコトニ今月聖人ノ御正
日ノ素意ニアヒカナフヘシ、コレシカ
シナカラ真實々々報恩謝徳ノ
御仏事トナリヌヘキモノナリ
アナカシコアナカシコ
于時文明九十一月初比俄為
報恩謝徳染翰記之者也

[近世五-二　巻末]

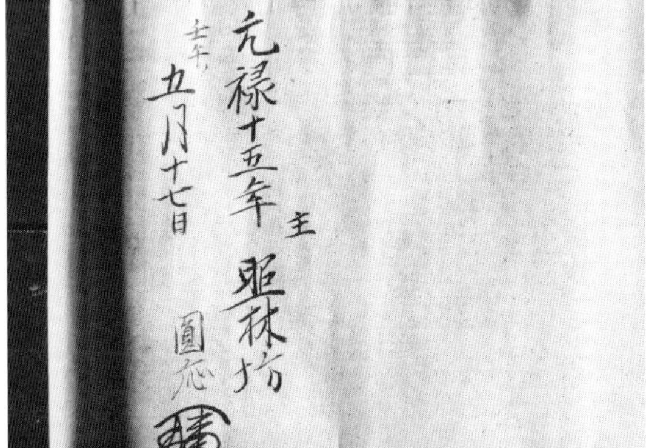

[近世五-三　巻止]

《近世六》刺繡観音菩薩像

[近世六-一　全体]

[近世六-二　絹目]

《近世七》行書六字名号（九条尚忠筆）

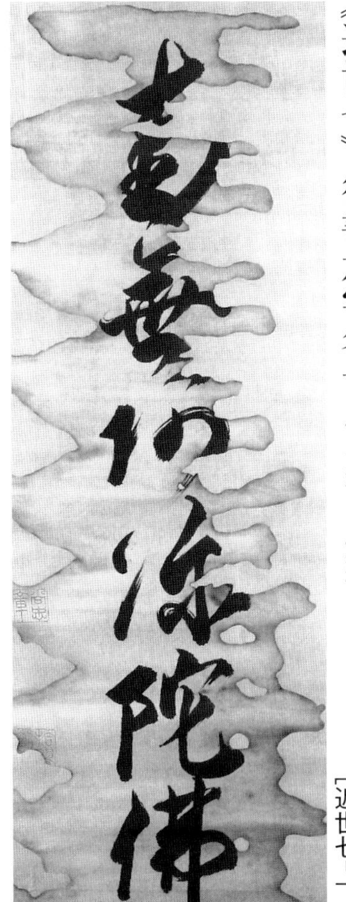

[近世七-一　全体]

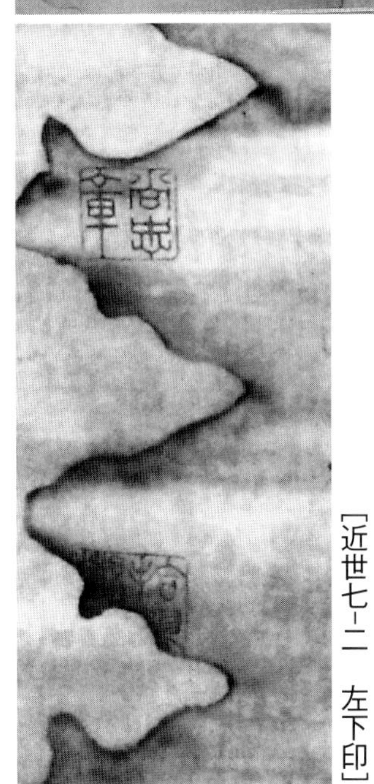

[近世七-二　左下印]

《近世八》十字尊号略縁起

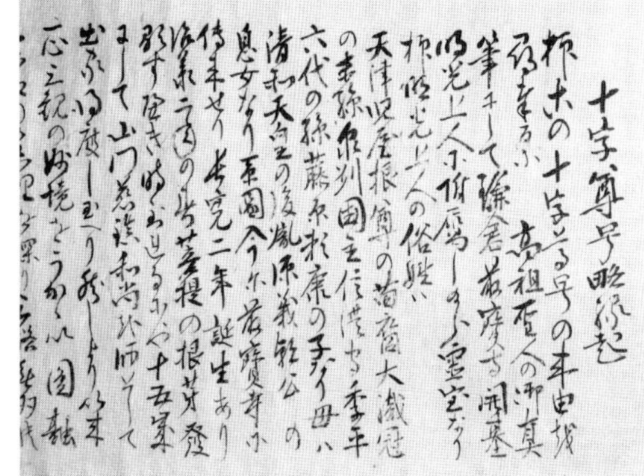

[近世八-一]

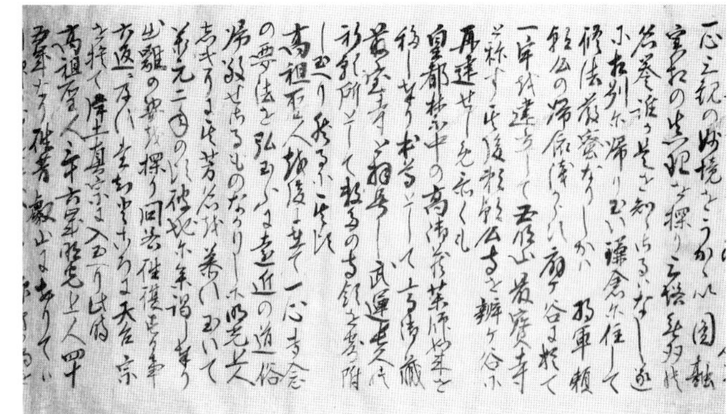

[近世八-二]

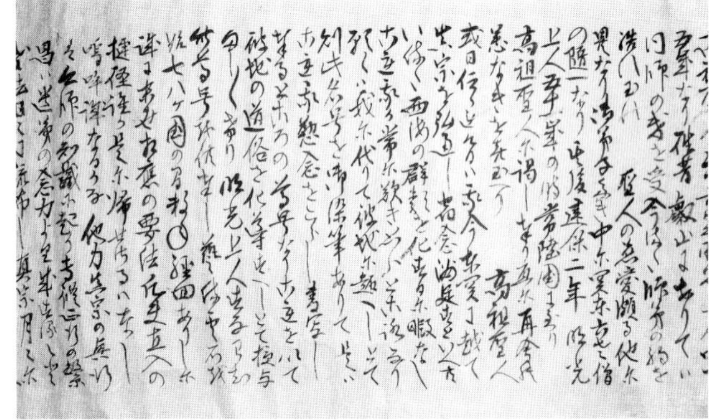

[近世八-三]

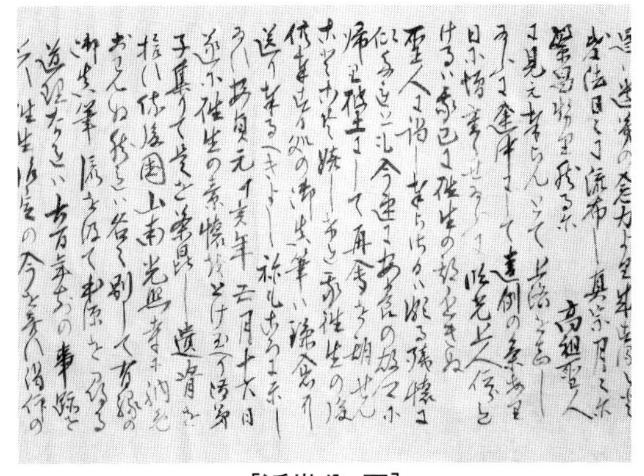

[近世八-四]

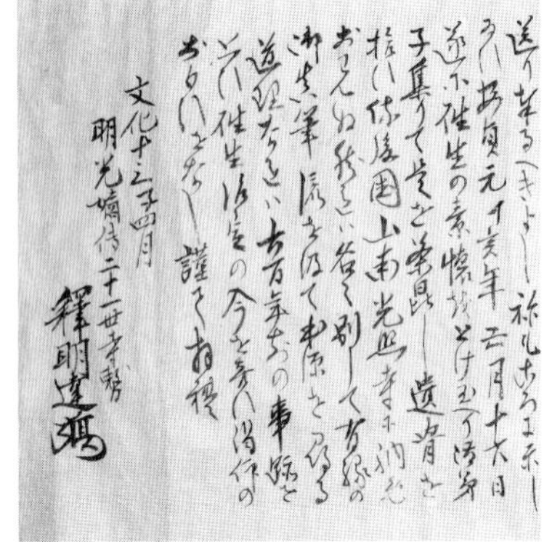

[近世八-五]

《保留二》本願寺・照林坊遺骨関係

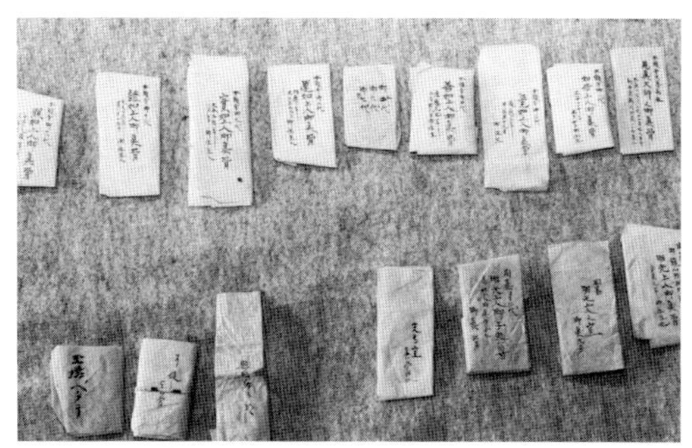

[保留二-三　各遺骨包紙]

[保留二-一　親鸞聖人遺骨]

寶塔ニ納メ奉ルハ祖師聖人ノ御真
骨ナリ浄教西方ノ先達真宗弘通
ノ明師ナリ濁世末代ノ衆生ヲ深ク
哀愍シ安養世界ヨリ今此粟散
片州ニ御誕生アラセラレ満九十年
[illegible]ノ御苦労ハ皆ワレラ

[保留二-四　親鸞聖人遺骨縁起（巻頭）]

[保留二-二　明光遺骨]

《目録一》
寛保二年　明鏡山宝物目録

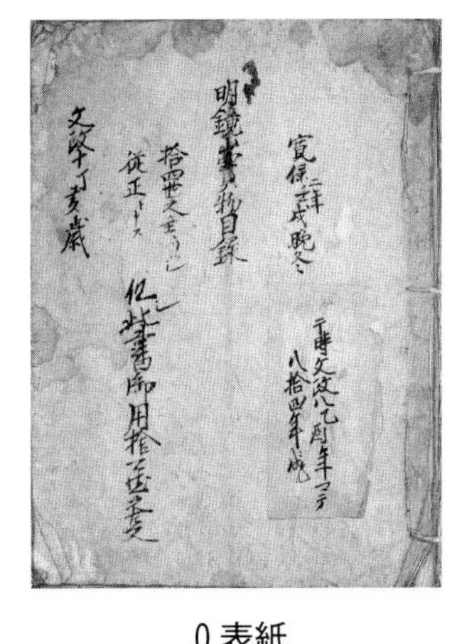

0表紙

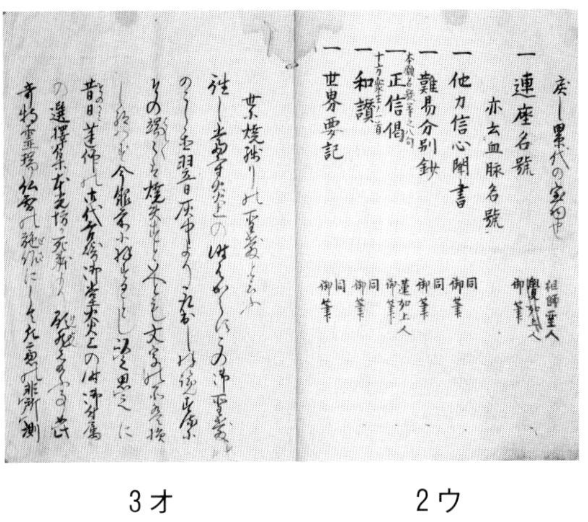

3オ　　2ウ

1オ

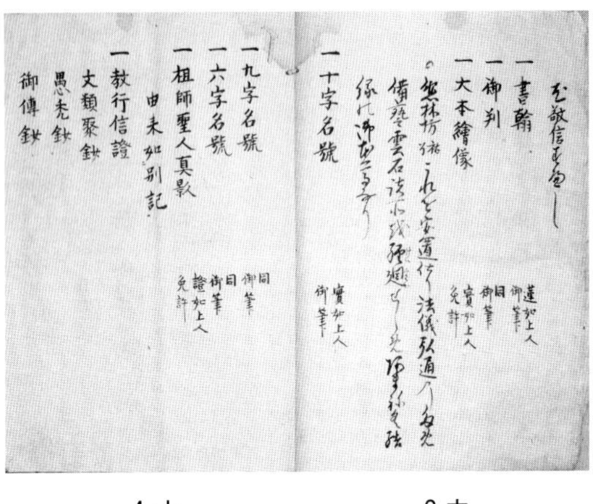

4オ　　3ウ

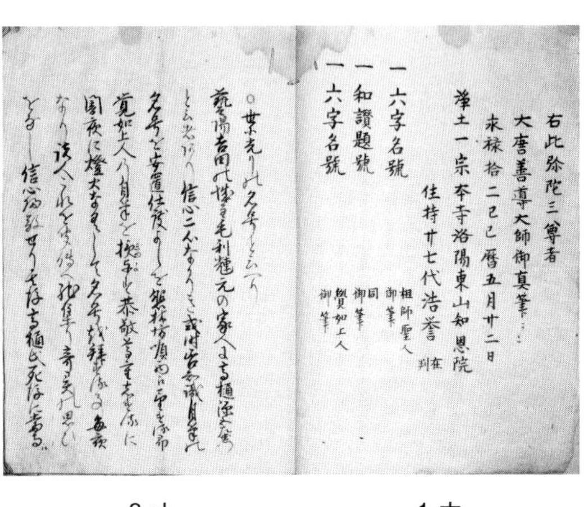

2オ　　1ウ

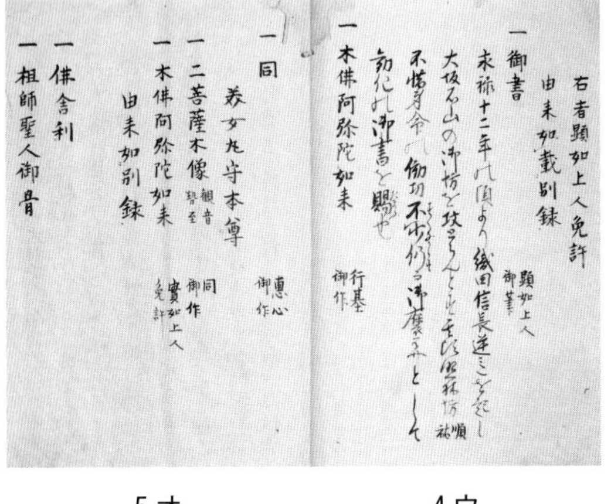

5オ　　4ウ

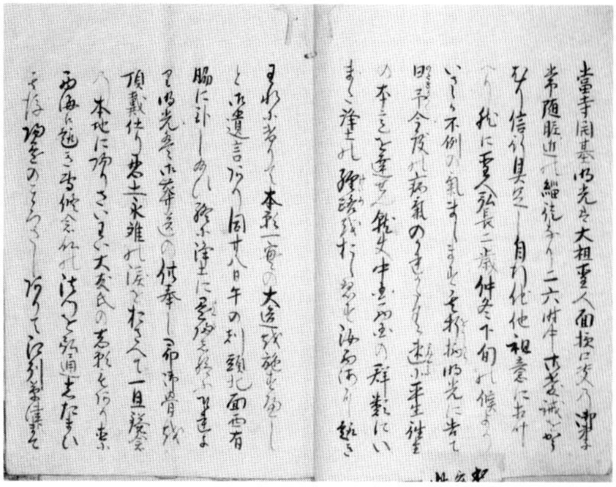

9オ　8ウ　6オ　5ウ

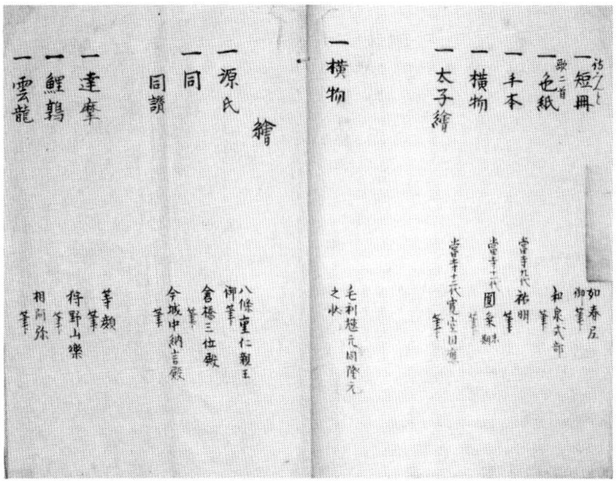

10オ　9ウ　7オ　6ウ

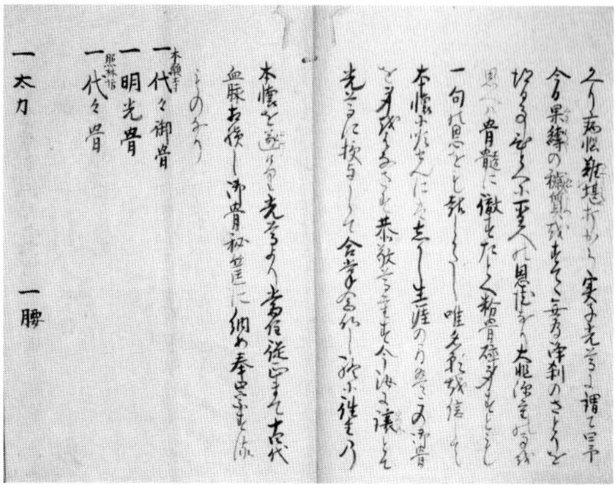

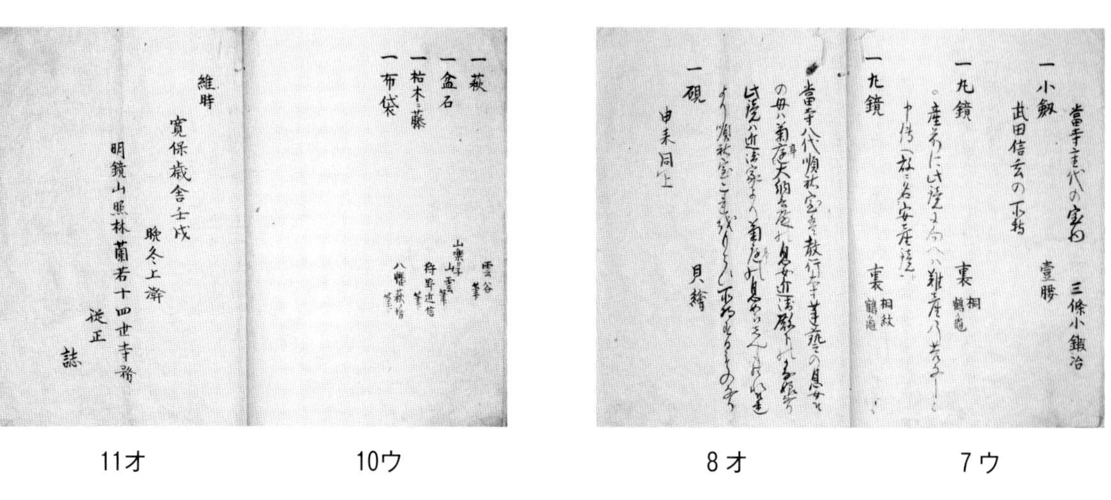
維時
寛保歳舎壬戌
賤冬上澣
明鏡山照林蘭若十四世寺務
従正
誌

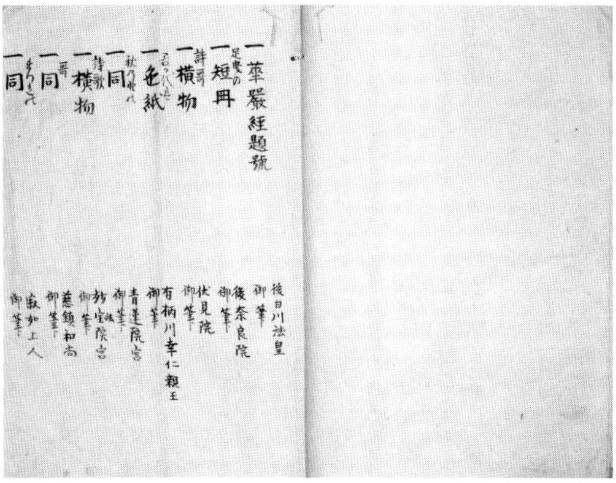

一萩
一盆石
一枯木ニ藤
一布袋

11オ　10ウ　8オ　7ウ

《目録二＝由緒一》宝暦六年　宝物由来略

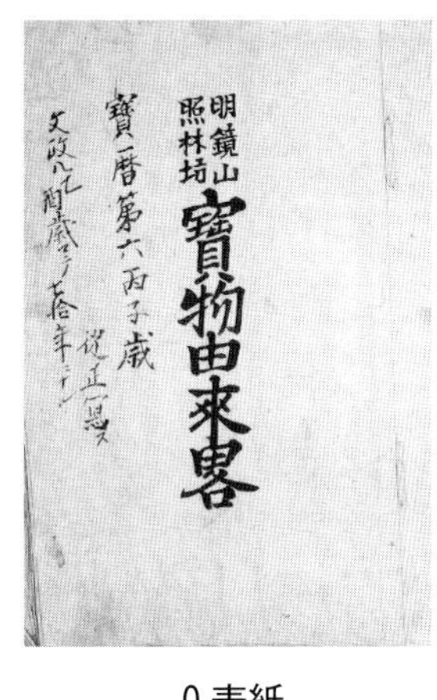

0表紙

0ウ

1オ

御裏書云
右此弥陀三尊者
大唐善導大師御真筆也
永禄拾二己巳暦五月廿二日
浄土一宗本寺洛陽東山
智恩院住持廿七代浩誉 判在

1ウ

2オ

2ウ

3オ

3ウ

4オ

4ウ

5オ

9オ　8ウ　6オ　5ウ

10オ　9ウ　7オ　6ウ

11オ　10ウ　8オ　7ウ

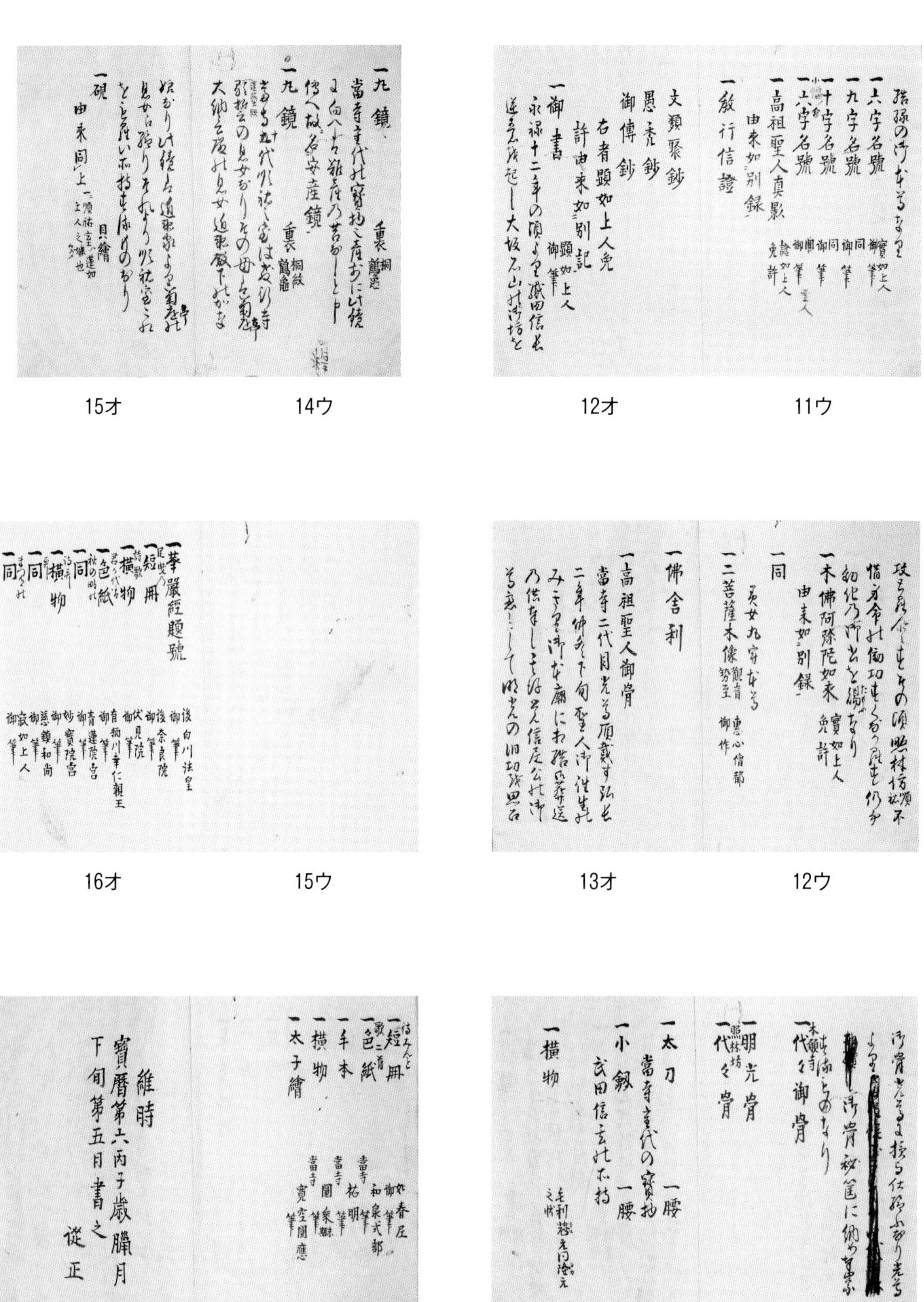

15オ　14ウ　12オ　11ウ

16オ　15ウ　13オ　12ウ

17オ　16ウ　14オ　13ウ

《目録三》文政八年　什物目録（抄）

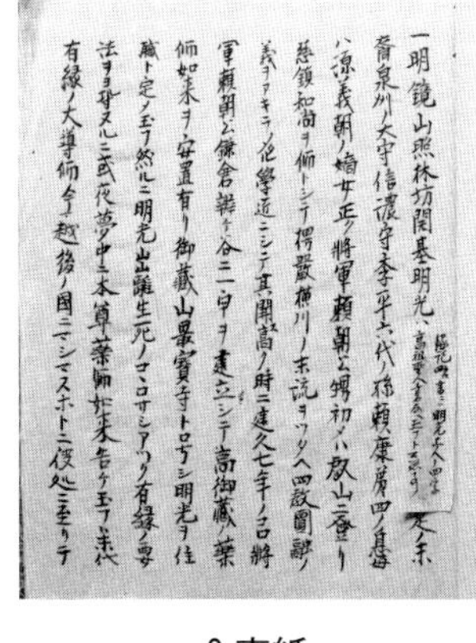

0表紙

4オ　　3ウ

2オ　　1ウ

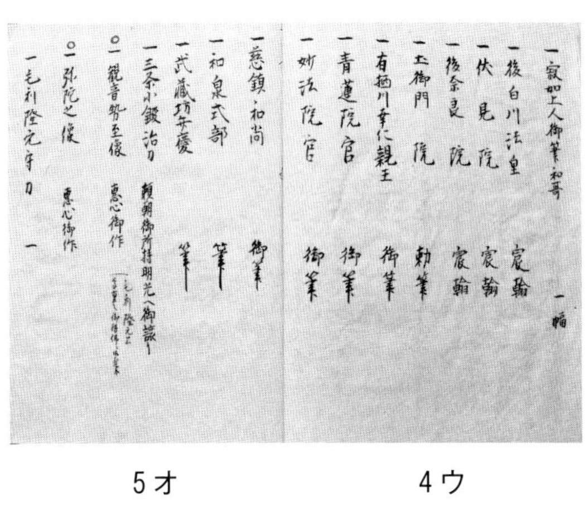

5オ　　4ウ

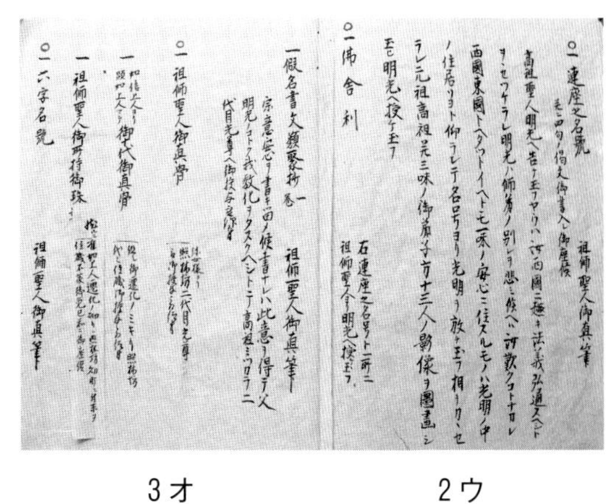

3オ　　2ウ

6オ　　5ウ

《由緒二》
文政八年　照林坊由緒全（抄）

（０表紙）

２ウ

３オ

０ウ

１オ

３ウ

４オ

１ウ

２オ

４ウ

５オ

9オ　8ウ

6オ　5ウ

10オ　9ウ

7オ　6ウ

11オ　10ウ

8オ　7ウ

《由緒三》明鏡山照林坊（抄）

0表紙

3オ　　2ウ

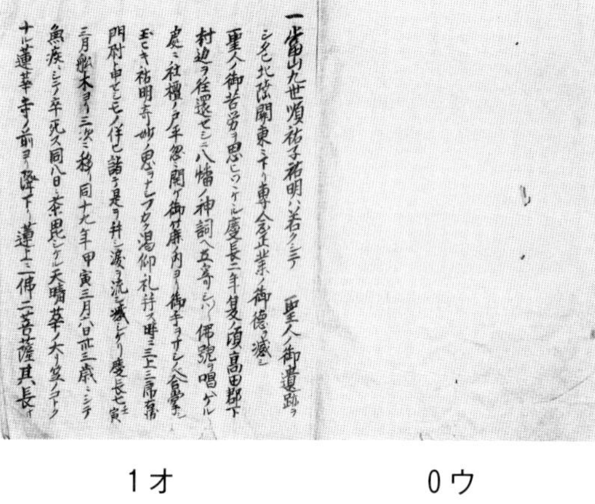

1オ　　0ウ

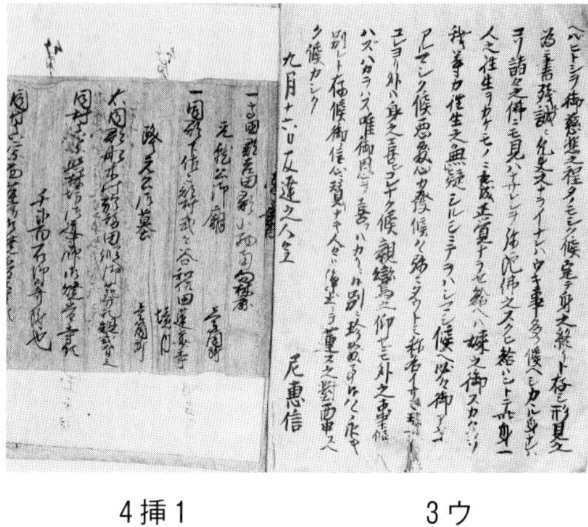

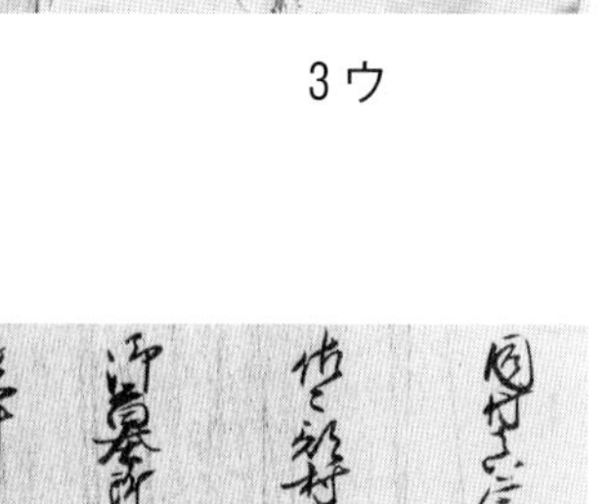

4挿1　　3ウ

2オ　　1ウ

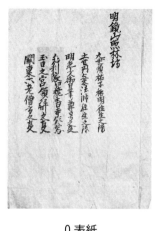

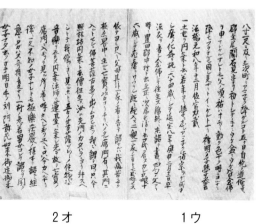

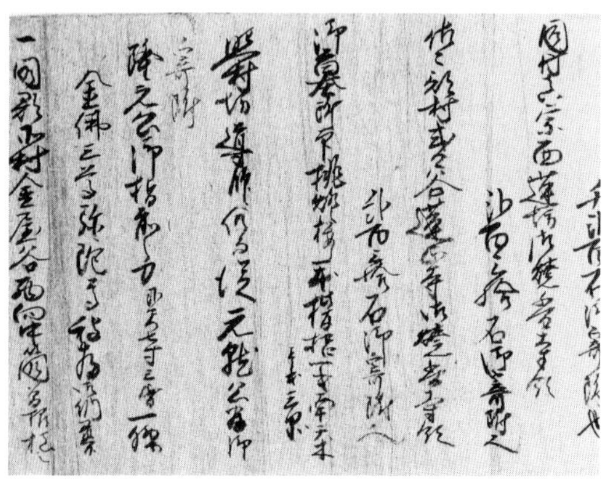

4挿2

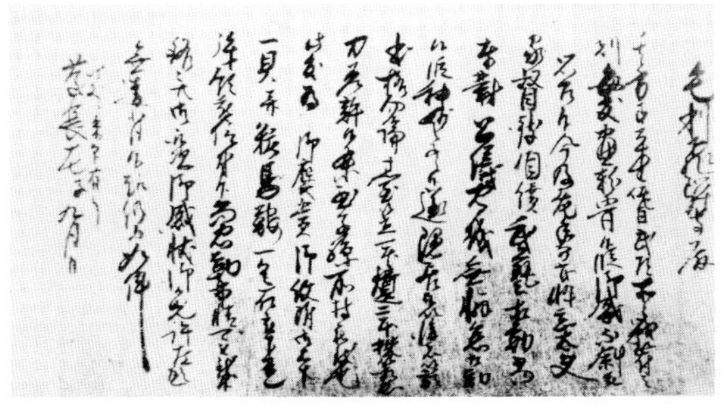

4挿6

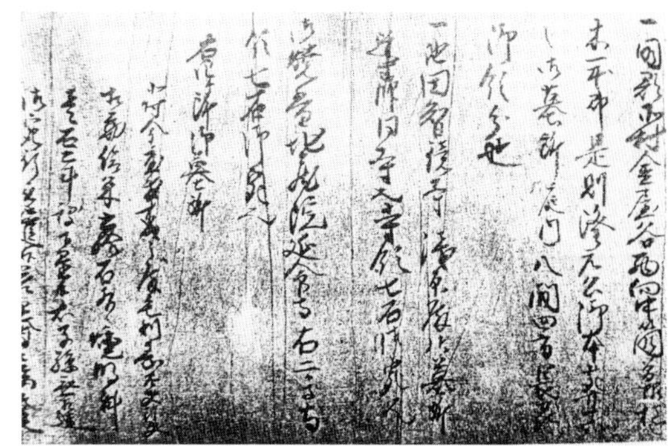

4挿3

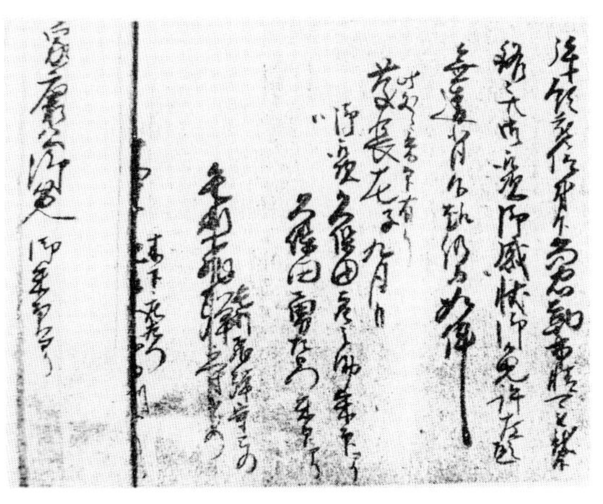

4挿7

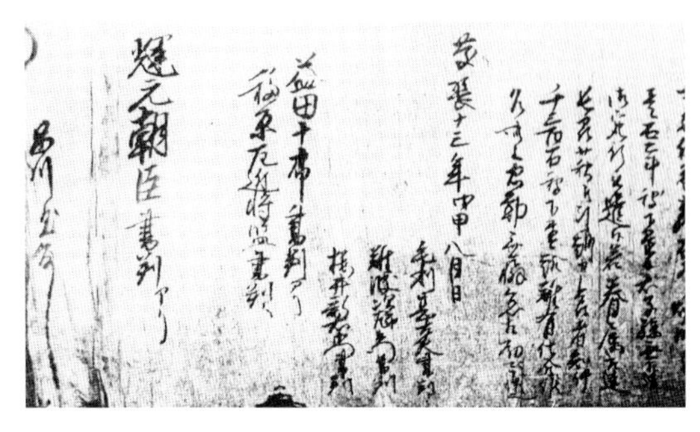

4挿4

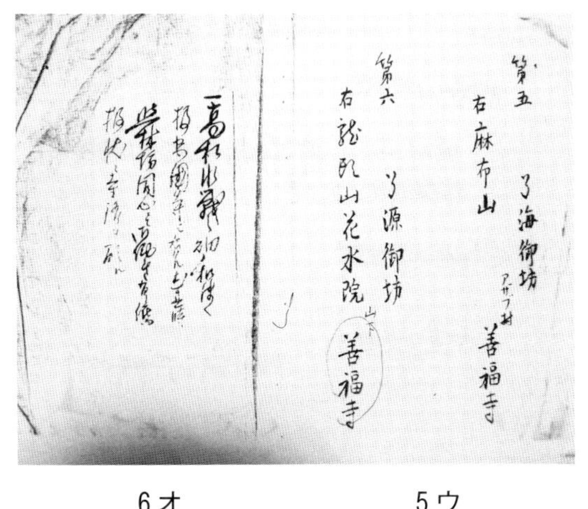

第五
右麻布山 了海御坊
アザブ村 善福寺

第六
右龍臥山花水院 了源御坊
山下 善福寺

6オ　　5ウ

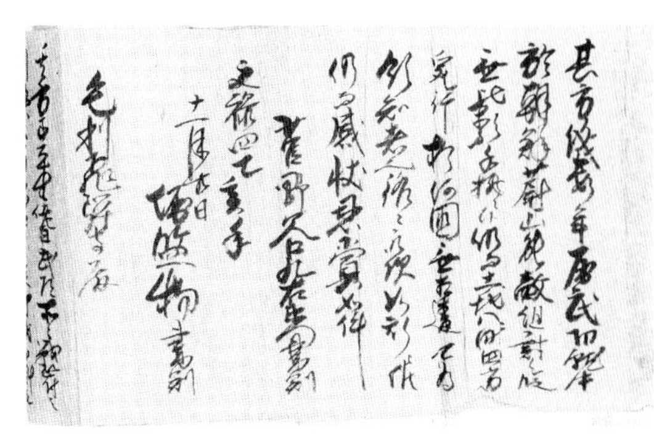

4挿5

《由緒四》弘化二年明鏡山世代逝去録（抄）

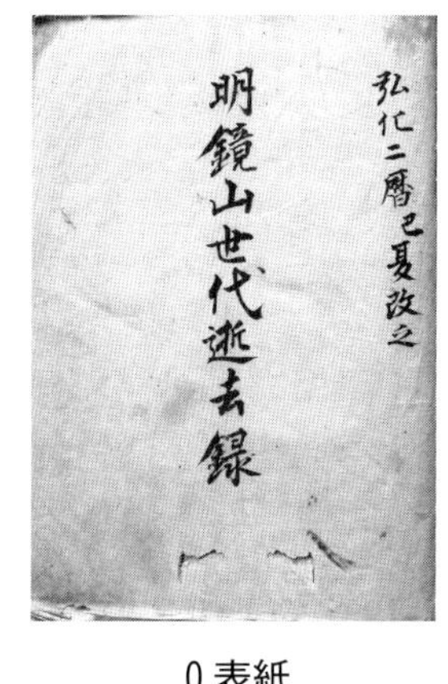
弘化二暦巳夏改之
明鏡山世代逝去録

0表紙

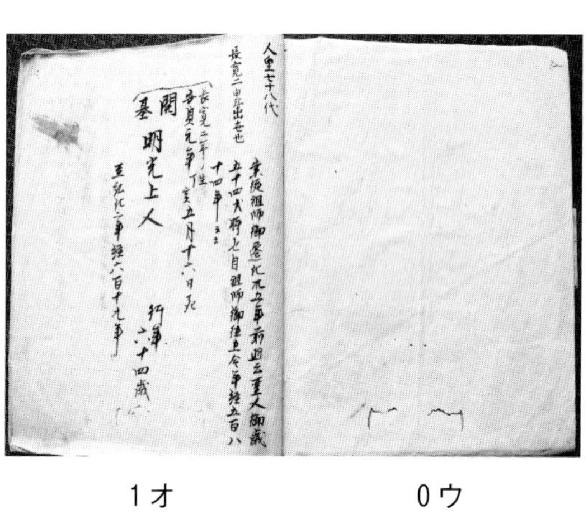

1オ　0ウ

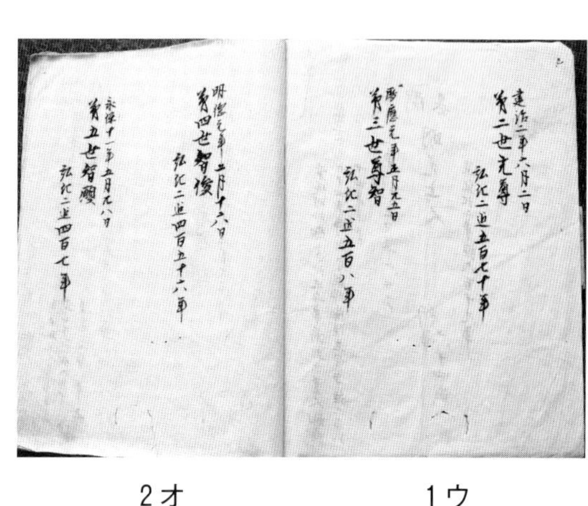

2オ　1ウ

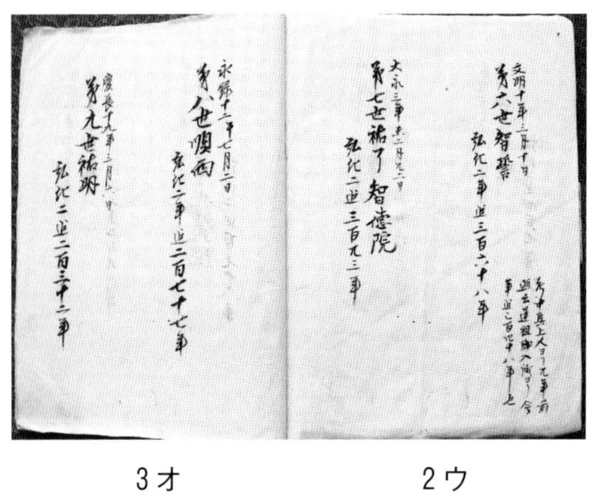

3オ　2ウ

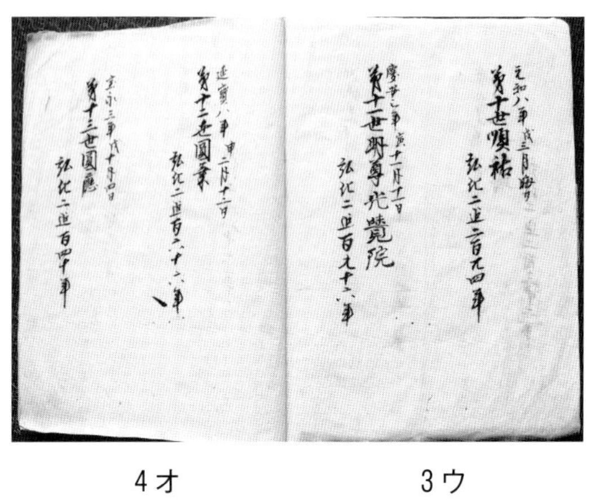

4オ　3ウ

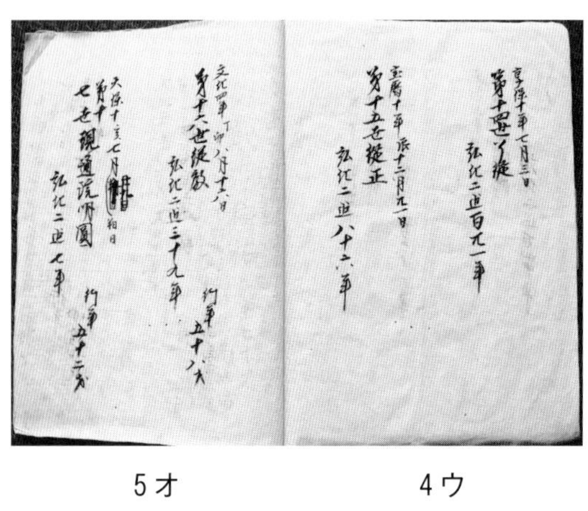

5オ　4ウ

本文編

凡　例

・本文編のうち、岡本は《聖教一》から《聖教十》までを執筆し、それ以外は金龍が執筆した。

・本文編の文章は、●・○・◎・△の印で、適宜文脈を分けた。

・写真版は、［　］記号を用いた。

・岡本執筆分は、次の略称を用いた。

『真宗聖教現存目録』→『現存目録』
『浄土真宗聖教全書』→『浄真全』
『大正新脩大蔵経』→『大蔵経』
『龍谷大学善本叢書21　三帖和讃』
　→『龍大善本叢書21　三帖和讃』
『龍谷大学善本叢書27　選択本願念仏集（延書）』
　→『龍大善本叢書27　選択集（延書）』
『龍谷大学善本叢書32　選択註解鈔』
　→『龍大善本叢書32　選択註解鈔』
『龍谷大学善本叢書34　顕浄土真実教行証文類』
　→『龍大善本叢書34　教行証文類』

・『教行証文類』諸本の略称

『親鸞聖人真蹟集成　第一巻・第二巻　教行信証』→坂東本(坂)
『本願寺蔵　顕浄土真実教行証文類　縮刷本上下』→西本願寺本(西)
『龍谷大学善本叢書34　顕浄土真実教行証文類』（三八七～五九二頁）所収「本派本願寺蔵存如授与本」→存如授与本(存)

一　法物類の解説・解析・考察

《法物一》　【法物一-一】

絹本着色先徳連座紺地金泥六字名号

●史料情報　○全寸、縦一三三・五センチ（以下センチ略）×四五・四。○構図は、上部に籠文字金泥の楷書六字名号、蓮台見えず。その下に七（あるいは九）光明の放射。下讃付。左右に計十四名の先徳を上から交互に描く（札銘なし）。◎同一構図は類例なし。奇数の光明数は古形（真上・真下型）。○縦糸二本一組×横糸一本の手織り絵絹で、一センチ当たり二一〜二二組。横糸の間隔は狭く、糸は極めて細い【法物一-二】。

●下讃文の分析　○下讃上段。白地描表装。縦一〇・七×四三・二。◎赤外線で精査も、文字痕見られず。◎全十四人のうち、右下の二人と左下の一人の計三人が、それより上部の人物との間隔が狭くなっている。この点を踏まえると、下の二人の下半身を下讃上段の白地で塗り潰したと見るのでなく、当初十一名で出来上がった本品を、左6の人物が所持した後のある時点で、法脈上の後継者三人を追加して描き込んだものと想定できる。

○下讃下段。縦一二・一×三八・七。白地描表装。釈文「釈親鸞偈曰／□彼如来本願□／□愚遇无空過□／□心専念速満□／□実功□大宝□」の入出二門偈文【法物一-三】。

◎同一の讃文例は、福島市康善寺蔵先徳連座像下讃文（『真宗重宝聚英』八、一二八頁。令和元年九月、実見が叶った）・茨城県那珂市上宮寺蔵先徳連座像（同一三二頁）。ともに行間隔が広い点でも共通。

●連座の人物　○明光系の法脈と弘化二（一八四五）年「明鏡山世代逝去録」を元に、人物をはめ込むと、左上1源空（椅子、顔相×）→右上1親鸞（帽子大、五狭間カ、顔相×）→左2真仏（顔相×）→右2源海（顔相良）→左3了海（顔相良）→右3誓海（顔相良）→左4明光（顔相×）→右4光尊（顔相良）→左5尊智（顔相良）→右5智俊（顔相良）→左6智願（顔相良）→右6智誓（顔相×）→左7祐了（顔相×）→右7順西（顔相×）となる【参考一】。各人は威儀紐が細く、真仏以下は低い礼盤（古形）か上畳に座す。唇は朱、両手は平行。

◎明光以下を「世代逝去録」に拠ると、最後の順西は戦国期の人物なので、この種の連座像を新規に作成せんとする意識を起こすには無理がある。従って、明光以下の人物は、照林坊歴代の「血縁系譜」ではなく、明光門下の「法脈系譜」と見るべきである。

◎幸いに、福山周辺には、類似の先徳連座像などが所々に存在する。そのうちで、福山市宝田院蔵先徳連座像【参考二】と同院蔵光明本尊【参考三】の各先徳の顔相を対比してみた。顔相が似ているか否かは、かなり主観的ではあるが、照林坊の右4は信光・左5良誓・右5明尊に相当すると推測したい。宝田院の絵系図に、良誓（宝田院）→明尊（光照寺）→尊智（ニイヤ）と記されたものがあり、これに信を置くと、左6は尊智となる。すると、新屋の尊智が照林坊の本品の所持者と確定でき、後に右6・左7・右7の三名が書き加えられたこととなる。
◎この事は、必ずしも「世代逝去録」の明光→光尊→尊智が誤りと言うものではない。血縁三代、法脈五代と見ることも可能だからである。すると本品の成立時期は、南北朝期ごろとの推測が可能になる。本品の各顔相は精緻で、鎌倉期の「似絵」の手法も幾分かは継承されている点も、南北朝期の推測を補強する。なお本品において、源空・親鸞・真仏・明光という主要人物の顔相が消されている。理由は判然としない。

●先行紹介例　『中世大東の歴史と信仰』一二頁。『本願寺ゆかりの美術』（呉市立美術館）九二頁写真版。『同朋大学仏教文化研究所紀要』（以下、『同朋紀要』）二六、三二六頁。『釈尊と親鸞』（龍谷ミュージアム）二、二〇頁写真（南北朝と記す）。照林坊蔵寛保二（一七四二）年目録は「連座名号、亦血脈名号」・文政八（一八二五）年明鏡山照林坊什物目録は「連座之名号　祖師聖人御真筆」と記し、明光への授与と記す。

●追記　対比可能な連座像として、他に笠岡市浄心寺連座像、尾道市福善寺光明本尊、福山市明泉寺連座像がある。令和元年六月、浄心寺・明泉寺・宝田院の調査をさせていただけた。この場を借り、謝意を表したい。

《法物二》 方便法身尊像　［法物二―一］

●史料情報　○表絵。縦九〇・七×四〇・二。全高五六・四、身高四一・六、光輪幅一九・七。田相部→卍紋。裾→石畳紋、裾下・腹部→亀甲紋。上部六・五光明、下部一〇・五光明、眉間からの放光型。○裏書［法物二―二］。唐紙、縦五六・四×三一・九。年干支。釈文「大谷本願寺釈実如（花押）／永正十三（一五一六）年〔丙／子〕八月十日／光照寺門徒安芸国／方便法身尊像／高田郡原田／願主釈祐了」。
◎「如」のヘンの一画目・二画目が立っており、年次に合致。字体は実如筆。絹目計測を失念。◎現在のところ、広島県内の絵像本尊中、呉市光明寺蔵明応五（一四九六）年七月廿四日絵像本尊に次いで二番目の古さ。

●先行紹介　『広島県史古代中世資料編』四、一〇五八頁。北西弘『一向一揆の研究』七一四頁。『真宗重宝聚英』三、五九頁。『本願寺ゆかりの美術』九一頁・一〇六頁表写真。『同朋紀要』二六、三二六頁。照林坊蔵寛保二年目録に「大本絵像、実如上人免許～祐了」とあり。

《法物三》

紙本墨書草書六字名号

［法物三-一］

●史料情報　○縦八七・七×三三・〇。黒点あり［法物三-二］。◎南無の二文字が接近、無がお碗型、弥のツクリ下部が鋭角に跳ねず。陀のツクリの上部の点が横に並ぶ、仏のツクリが片仮名の「ム」。共に実如宗主筆六字の典型的特徴。

●先行紹介　『同朋紀要』二六、三二六頁。照林坊蔵寛保二年目録に、実如上人筆十字・九字・六字名号ありと、文政八年明鏡山照林坊什物目録に「蓮如上人御筆」と記す。

《法物四》

紙本墨書正信偈文

［法物四-一］

●史料情報　○縦八七・一×横右一五・八+横左一五・三。斐交楮紙。黒点ほぼなし。二幅貼り合わせ（焼け痕の残りが左右で違う）。◎字体は、筆の太さ、弥陀の書き癖等で、実如筆確実。○釈文。「如来所以興出世（右上）唯説弥陀本願海（右下）業至心信楽願為因（左上）必至滅度願成就（左下）」。

◎二幅対が通例で、本来の一幅目の「如来所以～如実言」の正信偈文四句の内、前二句を右上・右下に貼り付け。本来の二幅目の「本願名号正定業　至心信楽願為因　成等覚証大涅槃　必至滅度願成就」の四句の内、一句目最後の「業」と二句目をつないで（左上）、三句目を除き、四句目を貼り付ける（左下）。

●先行紹介　文政八年明鏡山照林坊什物目録に、正信偈文二幅対（蓮如筆）とあり。◎この段階では二幅存在。明治二十五（一八九二）年の火災時（箱蓋裏墨書）［法物四-二］に二幅一対の正信偈文が破損し、焼け残りの部分を貼り合わせて一幅としたものと推測。但し、寛保二年目録にも、本願名号～以下八句、蓮如筆、焼残りの聖教とも記す。寛保二年以前に焼けるも二幅対で残り、明治の火災後の修復で一幅になったものか。

《法物五》

親鸞聖人御影

［法物五］

●史料情報　○表絵。右向・右手上、帽子大、威儀紐細く肩で紐結び。二狭間・繧繝縁。◎現在、内陣安置のため、計測等ができず。

●先行紹介　『広島県史中世　通史二』八九八頁に表写真版で紹介。◎顔相や衣・袈裟の線は、現在の安置御影と同一で、畳の繧繝縁の模様のみが相違。塗り直し補修後のものが内陣安置のもので、補修前のものが県史写真版と推測。

◎本願寺史料研究所架蔵写真帳（白黒写真の時代）に添えられている調書（写真版はなし）に、裏書には「証如の花押が見えるだけで他はなし」との記載あり。また寛保二年目録に「証如祖師聖人真影」と記載あり。以上から、本品を証如宗主授与御影と推測した。

◎なお、戦国期の歴代宗主が授与した御影類中で、証如宗主授与の御影類に限り、年月日・所付・願主項を記さない略式裏書の例が多数見られる。中国地方一帯の親鸞聖人御影は、証如宗主授与の広島別院（旧仏護寺）蔵のものと本品が、現存最古である。

《法物六》

実如上人御影　［法物六-一］

●史料情報　○表画。縦一〇二・二×四四・六。身高三三・二。裾幅四一・〇。青系強衣（僧綱襟）、赤茶系袈裟、袈裟・衣に鶴丸紋。左向、両手平行、数珠左手。檜扇右手。威儀紐若干太い、袈裟端を直接結び腕掛け。絵絹二一組［法物六-二］。上讃↓「弘誓強縁多生／難値真実浄信／億劫難獲遇獲／行信遠慶宿縁」（教行信証総序文）［法物六-三］。銘↓実如上人。

◎銘の「人」や讃の「生・浄信・慶」等の筆致から、証如宗主筆確実。◎天文六（一五三七）年以後の銘は「実如上人」。それ以前は「本願寺前住釈実如」「本願寺前住釈実如上人」「釈実如上人」。銘と年次が合致。◎青木馨「教行寺実誓影像とその周辺」『蓮如上人研究』三〇三～四頁（思文閣出版）によると、鶴丸紋単独は実如影像にのみ見られ、証如影像は鶴丸紋＋八藤紋を併用、顕如影像以後は八藤紋と記す。従って紋も合致。

○裏書［法物六-四］。別置。縦六八・二×三二・一。年干支。釈文「釈証如（花押）／天文十六年［丁／未］四月十六日／江州志賀郡／実如上人真影／堅田新在家／願主釈実誓」。◎全文証如宗主筆。花押下半分は丸型（天文中～後期型）で、年次と合致。近江堅田称徳寺（のち慈敬寺と改）実誓は元亀四（一五七三）年七月歿。

●照林坊蔵へ至る推察　西本願寺蔵「准如様御筆御影御賛御裏書」に「堅田治部卿安置」とあり。従って、近世初期の十二代准如宗主の段階では、まだ堅田慈敬寺にあった可能性あり。ただし、慈敬寺証智（実誓の子）は教如派として、一時広島に滞在（慶長三〈一五九八〉年歿）。顕如・准如派の長男顕智は滋賀県高島市黒谷に住し、教如派の四男教尊は高島市船木（のち鴨へ）に住し、慈敬寺は分裂。慶長三年七月顕智事書写（黒谷慈敬寺蔵）に「我等兄弟中末子教尊と申候者、親（証智）之ゆつりとして、我等方へ一言之無届、仏法領之道具、其外何も」持ち出したとあり、本品も証智・教尊の手に渡った可能性がある。その後、本品の行方はわからないが、照林坊の寛保二年目録・文政八年什物目録には、まだ記載がない。よって、その後のいつかの時点で照林坊に入ったものと推測してみたい。

●先行紹介　『広島県史古代中世資料編』四、一〇五七頁。『真宗重宝聚英』九、六四頁。『釈尊と親鸞』二、一五頁表写真。『同朋紀要』二六、三二七頁。

《法物七》

顕如上人消息　［法物七-一］

●**史料情報**　○本紙、縦一一・四×四五・四。包紙、縦一六・七×横未測。斐交楮紙。○釈文「（包紙ウワ書）芸州坊主衆中へ／門徒中へ　顕如／（本文）近年者各法義無沙／汰の由聞及候無勿躰／次第候。後生の大事／をはいかゝ心得られ候／哉。浅間敷候。老少不定／の界出いきは入をま／たさるならひなれは／急々信心決定候て極楽／の往生をとけられ候へく候／此上にハ仏恩報謝の／ためにハ念仏申され／候ハんする事肝要候／次当流に被定置処之／可被守掟事ありか／たかるへく候。此通細々に／談合候て、可被嗜候也／あなかしこ／々々／五月廿三日顕如（花押）／芸州／坊主衆中へ／門徒中へ」。◎花押は天正五・六年型［法物七-二］。◎御杖御書の通称あるも、石山合戦に直接言及する文言（もんごん）はなし。なお「心」の形は、「正信偈文」の筆者確定に必須。

●**他例**　福山市光照寺蔵同月日同文言で「備後／坊主衆中へ／門徒中へ」（『備後光照寺』一三六頁写真版、一一・七×四六・〇）。大谷派本願寺蔵同月日同文言で「長州／坊主衆中へ／門徒中へ」（『大谷大学博物館展』四九頁写真版、一一・七×四五・五）あり。◎中国地方各地に一斉に出された可能性。

●**先行紹介**　寛保二年目録は「永禄十二（一五六九）年の頃より織田信長逆意を起し、大坂石山の御坊を攻とらんとす～順祐不惜身命の働」きでたまわると記す。長沼賢海『日本宗教史の研究』六二〇頁。東京大学史料編纂所影写本（明治二十九年）。◎『同朋紀要』二六、三三〇頁は「写」と記すも、根拠の提示なし。原本と思われる。

《法物八》

蓮如上人御影　［法物八-一］

●**史料情報**　○表画。縦九七・二×三七・五。左向、右手上、威儀紐細く、下結び、袈裟端は紐で肩掛け。右顎に髭。白カビ点在。銘↓蓮如上人、讃↓「樹心弘誓仏地／流念難思法海／帰依意无他事／渇仰思无余念」の破邪顕正鈔文［法物八-三］。◎海のツクリの下部横線が平行なのは、准如宗主筆の特徴。无の一・二画目が「二」型。

○裏書　縦五八・六×三三・〇。釈文「釈准如（花押）／慶長十一（一六〇六）年四月十一日／□□□（最宝寺）門徒□～□（光照寺下備後国）／蓮如上人真影／三次郷上里村照林坊常□／願主釈□□」［法物八-二］。◎剥落が進み、一部推測する。

●**先行紹介**　『広島県史古代中世資料編』四、一〇五七頁。『同朋紀要』二六、三三〇頁（九六・五×三八・五）。

二　聖教類の解説・解析・考察

《聖教一》難易分別鈔

●**史料情報**　○縦二三・八×横一六・三。冊子、粘葉装。斐紙系、雲母なし。半葉五行、一行一二〜一七字。分別書法、ルビあり。罫線天〇・九〜一・二、地一・五〜一・八、天地間二〇・九〜二一・〇。手垢多し。何度も読まれた痕跡。

◎『同朋紀要』二六、三三八頁。粘帖装。二三・七×一六・二、鳥の子、一面五行、一行一二字、篦界線、界高（文字の範囲）二一・三×一三・四、墨付二七丁。

◎（表紙）「難易分別鈔　　林」

（裏表紙貼紙）「難易分別鈔」

（奥書）「　康永二天辛未十月十二日
　　書写訖安置之
　　　主蓮性〈本文と同筆か〉
　　（削除痕）」

（裏表紙）「　　当寺住物〈別筆〉
明光ヨリ御□□〈県史は門弟と読むも不明〉
御開山様御骨
如信様　御骨
覚如様　御骨
善如様　御骨
コノ外[代々?]善知識[之?]御骨□□□　祐了」

◎康永二（一三四三）年は、現存では最古の書写本。識語は、他例（一）に次ぐ古さ。年号の十干の辛は、癸の誤り。作者は不記。「主蓮性」の主は、書写・所有を表すか。

◎照林坊本は、以下の諸本とも系統が異なる貴重本である。

△他例（一）柏原市光徳寺蔵。◎『現存目録』二一一頁。室町末、粘葉綴、二二・七×一五・四、二三紙、五行、一四字内外、振仮名左訓あり。◎奥書「本云／暦応二歳〔巳卯／｣〕九月三日奉／書写安置之　釈性覚」。◎暦応二（一三三九）年は、最古の識語。その性覚書写本の写本。書写年代・筆者は不明。

△他例（二）彦根市高宮円照寺蔵。◎『現存目録』二七二頁、室町末期、粘葉綴、二四・八×一八・〇。一六紙。七行、一五字内外。振仮名なし。（奥書）本文と同筆。「康永四歳〔乙／酉〕九月上旬候、奉書写／授与之而已」。

△他例（三）永正十七（一五二〇）年九月実悟筆『聖教目録聞書』（城端別院善徳寺蔵）「難易分別抄一巻」（『浄真全』六、一二八二頁）。

●**活字本**　『真宗史料集成』五、五九四〜五九七頁。

●**解説**　諸本に根本奥書がなく、著者も制作年時も不明。僧樸の『管窺録』は、存覚の真撰とする（『真宗全書』七四、八七頁）。

僧鎔の『真宗法要左券』には存覚五十六歳の述とし、慧琳の『浄土真宗書目』には、慧空の説により撰者未詳とする（『仏教大辞彙』五、三五五五頁）。

暦応元（一三三八）年存覚四十九歳、備後国で法華宗と対論した時に、明空または慶空の所望で著したものが『歩船鈔』である（『一期記』『浄典目録』、『浄真全』四、一四一五頁、『同書』六、一二六八～六九頁）。

『難易分別鈔』の最古の写本が翌年。文章も類似の所があり、『難易分別鈔』は『歩船鈔』の順序を変えて略述したものであろう。

内容は、聖道門の真言宗・天台宗・華厳宗・三論宗・法相宗・律宗・倶舎宗・成実宗の八宗に、仏心宗を加えて九宗の教義の概要を述べ、末法の世に凡夫が速かに悟りを開くのは浄土門以外にないと、『安楽集』聖浄二門判（『浄真全』一、六一二頁）によって論述する。

この書に法然・親鸞の名前は見えない。最後に浄土門の系統を曇鸞・道綽・恵心（源信）・永観とする。しかし親鸞は永観を相承の祖師としない。『教行証文類』信文類、逆謗摂取釈に永観の『往生十因』を引用しながら（『浄真全』二、一二九頁）、その書名さえ出さない。それは法然と永観の念仏が、本質的に違うからである。

『歩船鈔』に永観の名前はない。本書の著者は存覚ではなく、浄土宗西山派の影響を受けた荒木系の学匠と推定される。

書写者は、奥書に蓮性とある。次行に削除痕あり、本文と奥書の永や蓮の辶の字体が違うが、安は同形で、紙質も墨跡も本文と同質なので、蓮性書写の所持本と思われる。

なお裏表紙に祐了が、明光より本願寺歴代の御骨を頂く旨を記す。祐了は、弘化二（一八四五）年の「世代逝去録」には、第七世で、大永三（一五二三）年寂。寺伝では、山科の蓮如に務めていたというが、明光と年代は合わない。

明光は『佛光寺系譜』では文和二（一三五三）年寂、善如の往生は康応元（一三八九）年。明光が善如の御骨を授けるのは無理か。蓮如以前に門主の御骨を迎えるのは、新潟県上越市浄興寺と照林坊のみか。安置の意味は何であったか［保留二］。

《聖教二》
還相廻向聞書

●史料情報　○縦二三・七×横一六・五。写本一冊、粘葉装。斐紙系、鳥の子。半葉五行、一行一五字内外。分別書法、ルビあり。罫線天一・三、地一・一、天地間二〇・一。外題・内題・奥書なし。裏表紙に別紙貼紙で追記。

◎『同朋紀要』二六、三三一頁。二三・〇×一六・四、罫界線、界高二〇・〇×一三・四、墨付三二丁。

◎文字メモ。浄・土・修・行・念・无等の独特の筆致は『難易分別鈔』と類似。无が無でないのは、親鸞の用例に近い。一は

『難易分別鈔』が刎ねるのに、本書は刎ねない。別人の書写。
◎本文と「主浄覚」の字体は同じ。書写者は浄覚。
△他例（一）京都大学附属図書館蔵。二三・〇×一五・〇。紙本墨書、粘葉綴。奥書「正安二年五月廿九日釈了海〔六十／二歳〕書之／釈空心相伝之」。京都大学貴重資料デジタルアーカイブ全文公開。『佛光寺の歴史と信仰』一〇〇頁、巻頭・巻末写真版。首題・尾題なし。
◎正安二（一三〇〇）年に了海自身が書き、空心が相伝したもの。元来は空心開基の大和の上牧光専寺蔵。大行寺をへて、京大図書館に渡る（『佛光寺の歴史と教学』一二三頁）。
◎巻頭巻末に「南無阿弥陀仏」。末尾に置く例は関東門流系に多くあるが、両具はないか。
△他例（二）京都市久遠院蔵。二五・〇×一五・〇。紙本墨書、粘葉綴。了源筆と伝えるが、平松令三は乗専の筆跡とする。『佛光寺の歴史と信仰』一〇一頁。巻頭・巻末写真版。首題・尾題なし。
△他例（三）姫路市本徳寺蔵。二三・〇×一五・二、全二三葉中、一七葉現存。最初のみ乱丁。ルビ左訓あり。奥書「本云／建武三歳〔丙子／｜〕十二月九日／奉書写安置之／釈妙真／（次紙）右於写本者〔本遇寺也江／｜〕存覚上人之／以御自筆本、令書写訖／于時文安五年十月十九日／於灯下、終筆功畢／蓮如（U字型）」。◎建武三（一三三六）年の妙真写本を存覚が写し、それを文安五（一四四八）年に蓮如が写す。「還相廻向聞書」の尾題あり。
△他例（四）龍谷大学図書館蔵。室町時代末期写本。京大本と同じ奥書。首題に「還相廻向聞書」。『真宗史料集成』五の底本（解題　三三三頁）。
△他例（五）大谷大学図書館蔵（恵空伝写本）。◎『現存目録』九五頁。奥書「一本、于時延徳二〔戊／戌〕年二月初日　蓮如上人七十六歳、又一本　延徳四〔壬／子〕年改元号明応」。
△他例（六）龍大図書館022／15／。刊本『還相廻向聞書』。表紙に朱筆で「古写本校異本」。大正五年、鷲尾教導が京大本により刊本に朱を入れたもの。◎龍大図書館　貴重資料画像データベース「龍谷蔵」に全文公開。

●活字本　『真宗史料集成』五、一一七～一二二頁。

●諸本対校　内容により、それぞれ二類に分けられる。

A類（語末が「ム」。南無）――京大本（了海筆）
・真宗史料集成本（写者不明）
B類（語末が「ン」。南无）――久遠院本（乗専筆）
・本徳寺本（妙真→存覚→蓮如筆）・照林坊本（浄覚筆）
題号なし――京大本・久遠院本・照林坊本。
題号あり――真宗史料集成本（首題）・本徳寺本（尾題）。
「ヒトツ・フタツ」――京大本・本徳寺本・久遠院本。
「一」「二」――真宗史料集成本・照林坊本。
「自力」――京大本・本徳寺本・真宗史料集成本。
「自身」――照林坊本（久遠院本は不明）。

「自身ヲ供養恭敬スル」［17オ］が正しい。京大本が間違ったので、諸本がそのまま書写した。

諸本の中に照林坊本の原本はない。乗専書の久遠院本は、題号がなく、字形も似ている。関連があるか。

●解説　阿佐布（麻布）門徒を形成した了海（一二三九～一三二〇）の書。次の『他力信心聞書』も同じ。真仏、源海、了海、誓海、明光、了源という、いわゆる佛光寺教団とその源流となった門徒集団の中で形成され伝持された、知識帰命の思想信仰をまとめたもの。了海六十二歳の正安二（一三〇〇）年制作。

『但信抄』とも称し、本文中に「還相廻向」の語はない。この書が善知識を教化地の菩薩とし、方便法身とすることから、教化地を『論註』では還相廻向というので、善知識を還相の菩薩とみることによってうまれた題名か。題名者は不明。年代が明確なものでは、建武三（一三三六）年の妙真の書写本（本徳寺本）に初見する。

文中に『論註』を『註論』というのは、曇鸞の書を菩薩の論なみに扱う親鸞の用例（「証文類」還相廻向釈など）。二種法身は『論註』（『浄真全』一、五一六頁）に説くが、法性法身を「顕出」というのは『安楽集』（『浄真全』一、五八五頁）。この引文は『論註』『安楽集』の合成。善導の「直為弥陀弘誓重」の釈は、親鸞の『一念多念文意』（『浄真全』二、六七二頁）を受けて展開している。作者の了海は『論註』『安楽集』『教行証文類』『一念多念文意』などを読んでいた学匠であった。

内容は、『論註』浄入願心章の二種法身、障菩提門の智慧・慈悲・方便によって、独自の善知識論を展開する。

まず二種法身の法性法身を弥陀、方便法身を善知識とし、善知識は弥陀の使者として、智慧・慈悲・方便の三徳を具足した自利利他円満の人である。この師資相承の善知識にあい、真向の弥陀である善知識が、本願を直説するのを信ずるのが他力信心であると説く。これらは当時流行していた時衆に対抗するものであった。

この書は後の江戸宗学から異義書として批判される。すでに覚如も『改邪鈔』第十八条（『浄真全』四、三二一～三二四頁）にこのような善知識観を批判している。

覚如が批判するように、善知識をそのまま仏と見てそれに帰依するようにと勧める思想は親鸞にはない。だがその親鸞を師と仰ぐ人はたくさんいた。八十八歳頃の和讃に「是非シラス　邪正モワカヌ　コノミナリ　小慈小悲モナケレドモ　名利ニ人師ヲコノムナリ（『浄真全』二、五三一頁）と嘆ずるのは、逆に慕う人が多くいたことを表している。カリスマ的存在によって宗教は広まるが、またそこに危うさを秘めている。すべての宗教が持つ光と闇とを象徴するような書である。

この書を存覚・乗専・蓮如も書写し、『御一代聞書』末一二二には言葉を取り入れた箇所も見られる。

次の『他力信心聞書』も同様であるが、初期真宗は知識帰命的な信仰形態を包含していたことが窺える。

◎参考文献。鷲尾教導「了海上人の還相廻向聞書古写本に就て」『無尽灯』二一巻四号六二頁。渋谷晃「佛光寺の教化活動について―『還相廻向聞書』を中心に―」、佐々木乾三「『還相廻向聞書』―光明本尊の源流―」『佛光寺の歴史と教学』。梯實圓「初期真宗における善知識論の一形態―『還相回向聞書』をめぐって―」『浄土教学の諸問題』下巻、三～二四頁。藤原智「真宗教学史の転徹点」『近現代『教行信証』研究検証プロジェクト研究紀要』第二号。

《聖教三》
他力信心聞書（抄）

●史料情報　○縦二四・六×横一六・五。写本一冊、粘葉装。斐紙系、鳥の子。半紙五行、一行一三～一七字。分別書法、ルビあり。罫線天一・六、地二・二、天地間二〇・八。雲母なし。朱入り。本末のうち、本のみ。

◎『同朋紀要』二六、三三七頁。二四・六×一六・四、鳥の子、一面五行、一行一五字、篦界線、界高二一・一×一三・五、漢字片仮名、朱書入有、墨付三五丁。

◎『難易分別鈔』『還相廻向聞書』『他力信心聞書』は、三書とも罫線付料紙で共通しているので、同時期の三人による書写と推定される。『難易分別鈔』が蓮性、『還相廻向聞書』が浄覚、『他力信心聞書』は不明。

識語や書写の終わりの名前の上に「主」と記すのも、他には見られない特色。字体が似ているのは、原本が同一人の書写によるものか、同じ師について学んでいたか。原本は、乗専書写または存覚校閲、明光所持本か。三者と明光の関係は不明。三者が写し所持した書籍が照林坊になぜ伝えられているのかは、今後の課題である。

この三書と『選択集延書（せんじゃくしゅうのべがき）』が現在の形に修補されたのは、『還相廻向聞書』や『選択集延書』の裏表紙の別紙に記されるように昭和十五年七月。

△他例（一）了祥（りょうしょう）『異義集』巻五所収本。奥書「元亨三歳癸辰従釈了源相伝之訖　頼空」。末尾に他に専福寺には「元弘弐年三月晦日〔巳／時〕書写了〔明法之／宏円之〕の所伝本があると記す。（『真宗大系』三六、二一〇頁、『真宗史料集成』五、五四六頁）。◎了祥は、了源より相伝した頼空は、存覚『浄典目録』に、『決定抄』や『報恩記』を所望した願空ではないかと推定。◎元亨三（一三二三）年に、了源より願空が相伝した本。元弘二（一三三二）年に明法が書写した本もあるという。

△他例（二）京都市常楽寺蔵。奥書「永亨十一年〔己／未〕七月下旬書之」。◎『現存目録』一〇八頁。粘葉綴。二四・五×一五・七。三七紙、五行、ルビ。末なし。

◎永亨十一（一四三九）年書写本。山田文昭『真宗史の研究』三二〇頁に蓮如筆とするが、蓮如を示す字体なし。

1オ南无――南無。2オ「彼仏今現在世成仏（ひぶっこんげんざいせじょうぶつ）」の世（せ）なし。

33オ「往生ハサタマリヌ～」34オ「～願成就ナリ　衆生ノ」の一葉欠。文章の流れからすれば、ないと不自然。また次項に述べる対校（三）の石の喩えはない。

△他例（三）奈良県吉野町本善寺蔵。実孝筆「他力信心聞書校異留」（旧20-22）。端裏書「他力信心ノ相違也／乗専筆録ノ写」。◎乗専本と存覚本で十三カ所の相違を対校。16ウのもとの漢文「蚊虻附鳳翔　蒼天於九空文」が存覚本で、これを延書にしたのが乗専本という。これによれば、照林坊本は延書で乗専系。ただし漢文と延書といっても、延書にしたのはこの一ヶ所のみ。校異も十三ヶ所と少ないので、同一系統であろう。乗専本奥書は「嘉暦三歳〔戊／辰〕三月十四日奉書写」。

△他例（四）柏原市光徳寺蔵。粘葉綴、二二・八×一四・八、還相一七紙＋他力一八紙、七行。◎『現存目録』二〇六頁。識語「～文明三年五月廿九日」。

△他例（五）岡崎市上宮寺蔵。二七・八×二一・〇。識語「文明十五年〔癸／卯〕六月日／乗専以御自筆、奉書写之」。◎『上宮寺展』三六頁巻頭・巻末写真。◎乗専筆とするが、乗専ではない。その写本か。

△他例（六）西本願寺蔵。上下二巻、六行。表紙・内題・奥書に文言なし。◎調査票。粘葉綴、江戸初期カと記す。二五紙＋二一紙、二六・八×一七・五。楮紙。

●活字本　『真宗大系』三六、一九七～二一〇頁。『真宗史料集成』五、五三六～五四六頁。

●対校　『真宗史料集成』五（他例一）と対校。主な相違点。

（一）照林坊本は、漢字を片仮名で記す所が多い。集成本のセは誤り。近世初期までは「せ」しかない。

（二）**2オ**「彼仏今現在世成仏」と「世」がある。親鸞が法然から伝授された真影の讃に「世」はない（『浄真全』二、二五四頁）。「世」があるのは、本願寺系でないことを示しているか。

（三）**16オ**「十因ニノタマハク」に続けて「巨石モ舟ニ載ヌレハ大海ヲ万里ニスキ」とある。**16ウ**「九空ニ翔ル」に続けて「チ井サキ石ナレトモ水ニイルレハスナハチシツミ、オホキナル石ナレトモ舟ニノせヌレハ大海ヲモワタル、マタ」とある。

（四）**28ウ**「イノチハ弥陀ナリ」の次の「イマノ命ヲ本覚ノ弥陀ニ」から「阿弥陀仏ニイノチヲ」まで、粘葉装の第一六丁（四頁分）が落丁。前後があるので、火災で表装し直す際に失われたか。

（五）**31ウ**と**32オ**の間に、二頁落丁。照林坊本の丁数は続いているので、書写の原本ですでに失われていたのであろう。「ハル田ヲカヘス」「人トヨリアフテ」と、文脈は微妙に繋がっているので、気がつかなかったか。

◎照林坊本は、二ヶ所の落丁および末を欠く。『真宗史料集成』も（三）が欠落し、『真宗大系』所収の異義集によっているので、セも濁点もそのまま再録している。原典に忠実で総合的な新たな活字紹介が望まれる。

◎照林坊本の原本は不明。「彼仏今現在世成仏」の「世」があることや、『往生十因』の石の喩えなど、他例にはない特色がある。

上巻のみ。他例（二）常楽寺本も同じ。これは知識帰命説の濃い下巻を省略し、上巻だけで完本とした可能性はないか。

存覚は元亨四（一三二四）年に了源の要請によって『浄土文類集』を改訂し『浄土真要鈔』を制作する（『浄土真宗聖典』註釈版、九九五頁）。『他力信心聞書』にも同様な経緯があったものか。ただし「本一」「本二」と丁数を記しているので、単に下巻を火事で消失したと見るのが順当であろう。

●解説　前書と同じく了海の書。制作年時は不明。さらに善知識即仏が強調されるので、六十二歳以後か。

上巻七・下巻七の十四問答によって他力信心のいわれを表すという体裁をとり、教団の指導者である善知識こそ仏であるという、知識帰命説が説かれる。特に下巻は、これまで文字に表すことがなかった秘伝が明かされる。了海の曾孫弟子にあたる了源さえ、本所の阿佐布の道場に秘匿されていた書を、数年にわたってたびたび参向し、懇望して入手したという秘書であった。

本願他力を説いて人々に信心をおこさせる善知識は発遣の教主であり、『論註』にいう浄土より来現した教化地の菩薩である。その本体は自利利他円満の仏体で、法身報身応身の三身の徳をそなえ、空仮中の三諦円融の理をそなえて万機に応同する仏身であると説く。まったくの信後還相、善知識還相説である。ただし当時の真宗ではこれが真摯な教義として受容され、教えを説く側にも相当な覚悟があったことが知られる。

なおこの書の初めの第十八願文に「唯除五逆　誹謗正法」の文が省略されている。唯除の文を省略するのは、善導も、善導を慕った法然も同様である。しかし親鸞はその著書の中で、ほとんど唯除の文を省略することはない。冒頭の第十八願に唯除の文を省略するのは、了海が親鸞の門流といいながら、法然浄土系の流れに親しいことを想像させる。後の説明にも、六字釈の帰命を帰還命根と釈したり、本覚の弥陀と始覚の我らという本覚法門によって名号の意味を解釈するなど、『竹林章』などの西山派系の教学の影響を強く受けているようである。

関東の門流は単一の信仰形態ではなく、浄土宗西山派、時衆、真言宗、天台宗などと交渉があった。それが信心正因・称名報恩という統一の教義理解として確立していくのは、蓮如を待たなければならない。

なお福山市宝田院の光明本尊（『真宗重宝聚英』二、一五七頁）や、照林坊の流れとされる安芸高田市の高林坊に伝わる六字名号の讃（『真宗重宝聚英』一、一四七頁）の第十八願文にも、唯除の文が省略されている。このことがどのような意味を持つのかは今後の課題である。

またこの書には、親鸞の「真実信心必具名号　名号必不具願力信心」（『浄真全』二、九〇頁）の釈もある。この箇所は、本典の所に対比して掲載した（八八頁）。

◎参考文献。梯實圓「「他力信心聞書」の一考察」『浄土教学の諸問題』下巻、二五～五一頁。

《聖教四》

高僧和讃　題簽切

●史料情報　○外紙縦一五・九×横七・四。斐紙系、黒点膨大。内紙縦一〇・六×横四・四。楮紙系、雲母入、黒点なし。◎雲母入りの場合、黒点発生を抑える可能性あり。外紙の黒点膨大から、この表装は蓮如期かそれ以前は確実。『高僧和讃』の本文なし。あった可能性大。

◎字体はそれぞれ特徴あり。特に僧のツクリのカンムリ部分が「々」のような書き癖は特異。他例比較のうち、宝治二年専修寺蔵『三帖和讃』内題（『親鸞聖人真蹟集成』三、一四六頁）、永享九年金沢市専光寺蔵「存如書写本内題」（『龍大善本叢書21 三帖和讃』四六五頁）が比較的似る。他は似ない。冊子の表題であったか。

●解説　和讃の本文を表装することはあっても、表題のみを表装する例は知らない。歴代門主の直筆によるものか。第五代綽如、第六代巧如の可能性があるか。

《聖教五》

大方等大集　月蔵経　断簡

●史料情報　○軸装。縦九一・八×横六四・〇。四段。一段の界高一九・三。室町期の写経。元巻物。一行一七字。薄墨界、一行幅一九・五×一・八。四段目の界線の痛み具合から見ると、界に銀入りか。

◎『大方等大集月蔵経』巻十の残欠。巻末の音義の後に小さく「一校了」とあるのは、一回目の校正をしたもの。正式には別人が三校まで行う。『大正蔵』では『大集経』巻五十六に当たるが、巻末の音義は省いている（『大正蔵』一三、三七一下～三七三中、三八〇下～三八一下）。

◎二段目の焼け跡から、元巻物であったことが知られる。火災で残った部分を大きな堅紙に四段に表装した。

　第一段目は数行ごとに一八紙を順不同に貼付けている。二段目の第一行の次が、四段目の第一行に飛ぶ。ほかの二段から四段はほぼ連続しているが、三段目の一行目の次に「以一切風変為微妙　清浄　香風而供養仏於」（『大正蔵』一三、三八一上、一九～二〇行）の一行分がない。書き落としか、火事による消失か。寺伝では、照林坊が慶長二（一六〇二）年に三次に出て六、七十年後に火災に遭ったという。巻いていた軸の熱によって巻末の音義まで焼けている。火勢の凄まじさを物語る。

　丁寧な書写は、元は『大集経』三十巻（または四十巻）の全巻が存在していたことを想像させる。

◎各巻末に音義を付すのは、宋版大蔵経のなかで思渓版の特色である。思渓版をもとに、日本で鎌倉後期に春日版の五部大乗経が開版される。五部大乗経とは、智顗の『法華玄義』巻第五上（『大正蔵』三三、七三二下～七三三上）に、華厳・大集・

大品般若・法華・涅槃の五経を究竟大乗として述べることに基づいて、日本で成立した名称である。『大集経』には鬼神の擁護が説かれるので、国家護持や現世祈禱の目的でよく写経されていた。今本は線の細さや字形により、春日版ではなく、思渓版を書写したものと推測する。

●**解説**　『大集経』は、『教行証文類』化身土文類、外教釈に引用される（『浄真全』二、二二一〜二三九頁）。その意図は、神祇不拝に重ねて、善神擁護を顕すため。念仏者は神々を拝まないと批判されたのに対し、阿弥陀仏を礼拝すれば神々が護ることを明らかにした。

《聖教六》

選択本願念仏集延書（残欠本）

●**史料情報**　○写本一冊。粘葉装。斐紙。二三・九×一五・七。天一・三、地一・四、天地間の高二〇・九。半葉五行。一行一四〜一九字。分別書法、朱・ルビあり。

◎『同朋紀要』二六、三二八頁。初紹介。写本、零本一冊、粘帖装、二四・六×一六・四、鳥の子紙、五行一四字、箆界線界高二〇・九×一三・〇、漢字片仮名、朱書入有、墨付五四丁、遊紙無。

◎残存するのは、本願章の私釈「弥陀如来イツレノトキイツレノ仏ノミモトミシテカ　コノ願ヲオコシタマヘルヤ」の「タマヘルヤ」から、利益章の終わりまで。

ただし写真四一頁44ウ45オノドに二六丁、四二頁48ウ49オに二九丁とあるが、この文章はつながっていない。つまり三輩章の二五丁、三輩章から利益章にかけての二八丁が落丁である。

◎冊子末尾に、抹消した墨書痕あり。「□〜□十　念」。赤外線でも□〜□を読み取れず。

◎『難易分別鈔』『還相廻向聞書』『自力他力聞書』と罫線料紙は同じ。書写者、不明。

◎ツの字が三つ点、ユの字の書き始めに引っかけがないなど、十四世紀末から十五世紀初頭の鎌倉期に近い写本と思われる。

△他例（一）大谷大学禿庵文庫蔵。奥書「正元元歳九月朔日書之　愚禿親鸞　八十七歳」。◎鎌倉末期。上本のみ。表紙に「釈教智」の袖書。宗祖親鸞聖人七百五十回御遠忌記念『選択本願念仏集』一八九〜一九八頁。

△他例（二）高田専修寺蔵。奥書「正元元歳九月十日書之／愚禿親鸞　八十七歳／正安第四〔壬寅〕十一月二七日／書写之畢」。正安四（一三〇二）年顕智書写本。上巻二冊欠、下巻本末残存。粘葉綴、二六・〇×一六・四、鳥の子、半葉六行　一行一六〜二二字、朱文字・朱点。『影印高田古典（二）顕智上人集』上、三四五〜五九四頁。佐々木勇編著『専修寺蔵　選択本願念仏集　延書』七〜一三三頁。

以上二例は、親鸞八十七歳の延書によっている。活字『浄真全』三、七八三〜八五八頁。

△他例（三）龍大図書館021／154／4（写字台旧蔵）覚善本。延文元（一三五六）年写本。二四・五×一六・〇。半葉五行、一行一三～一七字。広本系。十六章のうち十章まで。○識語。本上「自存覚上人奉相伝之／釈覚善」。同裏、別筆「オウアン（応安）六ネン（ウシノ／トシ）正月二十八日／カクセンサウテンス／シヤクセンメウ（善明・禅明・善妙カ）ニ」。本下「延文元歳（丙／申）六月二十八日／自存覚上人奉相伝／之訖釈覚善」。末上「自存覚上人奉相伝之　釈覚善」。◎龍大図書館「龍谷蔵」で全文公開。『龍大善本叢書27　選択集（延書）』三～二四六頁。

△他例（四）龍大図書館021／155／3（写字台旧蔵）了宗本。半葉六行。一行一七～二二字。「龍谷蔵」で全文公開。◎『現存目録』六頁。室町末期。粘葉綴。二三・一×一八・〇。

△他例（五）大谷大学浅野文庫蔵。奥書「本云／暦応元歳戊寅仲春下旬、令感得／聖人御点秘本慮外加校点訖／又云／同第二暦己卯初夏中旬令借用／阿波聖人真本、重加校合而已／貞和二歳（丙／戌）卯月上旬之候、以彼／真名秘本阿（所カ）延写仮名也。尤可有／秘蔵而已。／右筆釈宗昭／願主釈明善」。奥書の意は、乗専が、暦応元（一三三八）年二月に親鸞訓点の『選択集』によって加点し、さらに翌年四月に阿波聖人（あわのしょうにん）といわれた幸西（こうさい）真筆の『選択集』を借用して校合し、貞和二（一三四六）年四月上旬に親鸞真筆の『選択集』を書き下し、明善の所望によって与えたという。「右筆釈宗昭」は、後の人が元の字を抹消して書き改めたもの（三栗章夫・高松俊景「『選択本願念仏集』延書本の意義」『龍大善本叢書27』六三二頁）。

△他例（六）滋賀県近江町福田寺蔵。奥書「暦応四歳（辛／巳）五月十四日、以聖人御／点之正本、依願主之所望、延呈干／仮名、加校合訖。努力不可有忽諸／之儀而已／願主釈唯仏」。◎『龍大善本叢書27』三四一～三七七頁。◎『現存目録』二七五頁。乗専筆。補写室町中期。粘葉綴、二三・八×一五・八、六六紙、五行。振仮名、左訓四声点（朱書）。

●活字本　『浄土真宗聖典　七祖篇』註釈版、一二〇二～一二一、一二二二～二四頁。

●解説　『選択集』は法然の主著であり、建久九（一一九八）年六十六歳で著された。親鸞は三十三歳の元久二（一二〇五）年四月十四日に法然から付属される。それを八十七歳の正元元（一二五九）年九月一日から十日にかけて延書にする。この両本とも現存しない。

八十七歳の写本は、別人の延書本を写したとされる（三栗・高松『前掲書』六三四頁）が、至誠心（しじょうしん）の釈も親鸞独自の読みであり、親鸞の制作と見なしてよいのではないか（佐々木『前掲書』二六五頁）。

親鸞延書本の奥書を有するのが、谷大禿庵文庫（他例一）や専修寺（他例二）に伝わる上本・上末・下本・下末の四冊本である。また存覚が覚善に相伝した本（他例三）や、乗専が明善（みょうぜん）に与えた本（他例五）は本上・本中・本下・末上・末中・末下の六冊本である。

いま照林坊本は、丁数は本願章の初めから始まっているが、「第四　三輩念仏往生ノ文」で分冊されていない（三九頁32ウ）ので、結構では四冊本の系統を受け継ぐものか。そうであれば、他例（一）と（二）の間をつなぐ可能性がある。

書写の原本は不明。初めに1オ「寿経ニイハク」とある。親鸞の用例では「ノタマハク」。1ウ「名ヲハ」（暦応四年版本と同じ。存覚相伝本は「ナツケテ」）。22ウ以後、振り仮名や左訓がなくなるが、原本にはあったであろう。時間の制約で写せなくなったものか。漢字全てに丁寧な振り仮名をつけ、左訓までそえるのは、親鸞の特徴と見ていい。本文左訓など、存覚相伝本とは異なるところが多い。

存覚は建武五（一三三八）年に備後で、光照寺慶願（明尊）のために『選択註解鈔』（写真版、『龍大善本叢書32』）を著す。この延書は、そのことと関連があるかもしれない。

《聖教七》尊号真像銘文（建長本）

●史料情報　○冊子一冊。楮交斐紙。雲母入り。粘葉装。半葉五行。二一・五×一五・四。押罫線なし。朱入り。朱の四声点。分別書法。ルビあり。墨付五六丁。文字上部二・六、下部一・八、界高約一七・三×一二・五。

◎『同朋紀要』二六、三二八頁で初紹介。粘帖装、二四・二×一六・八、鳥の子紙、五行一六字、界高一九・五×一三・〇、朱・墨書入有、墨付五六丁、遊紙無。

◎奥書「建長七歳〔乙／卯〕六月二日／愚禿親鸞〔八十／三歳〕（削痕あり、文字不明）」。同一の奥書なし。

△他例（一）柏原市光徳寺蔵。奥書「本二／建長七歳乙卯六月二日／愚禿親鸞〔八十／三歳〕／書写之」。『現存目録』一九八頁。

△他例（二）福井市法雲寺蔵。奥書「建長七歳乙卯六月二日／愚禿親鸞〔八十／三歳〕／書写之」。コロタイプ版（一九六七年）。

△他例（三）龍大図書館021／177／1。奥書「建長七歳〔乙／卯〕六月二日／愚禿親鸞〔八十／三歳〕／書写之」。◎龍大図書館「龍谷蔵」で全文公開。分別書法ではない。

△他例（四）和歌山市真光寺蔵。奥書「建長七歳〔乙卯／｜〕六月二日／愚禿親鸞〔八十／三歳〕／書写之」。

△他例（五）石川県志賀町西来寺蔵。奥書「建長七歳〔乙卯／｜〕六月二日／愚禿親鸞〔八十／三歳〕／書写之」。

●活字本　『浄真全』二、六〇二～六五五頁。

●解説　『尊号真像銘文』には、二本の親鸞真筆本が現存する。建長七（一二五五）年八十三歳を「略本」、正嘉二（一二五八）年八十六歳を「広本」と称してきた。最近では著述の順序や編集意図が異なるので、「建長本」「正嘉本」という。照林坊本は建長本系に当たる。

題号の「尊号」は阿弥陀仏の名号、「真像」は真宗先師の肖像画であり、「銘文」はその掛軸の天・地部に書かれた経・論・釈の讃銘である。その銘文を親鸞自身が解説したのが、『尊号真像銘文』である。

いま照林坊本は、朱による校正や四声点などを加えていて、正式な写本である。

24ウ「境」は、欠画文字。親鸞の用例に従ったもの。

◎参考文献。「尊号真像銘文　解説」『浄真全』二、六〇〇頁。

《聖教八》浄土文類聚鈔（じょうどもんるいじゅしょう）（顕如授写本）

●史料情報　○写本一巻一冊。斐交楮紙。雲母入り。粘葉装。半葉六行、一行一七字。二四・七×一六・五。押罫線あり。朱入。墨付二三丁。文字上部二・五、下部二・一。界高約一九・五×一三・〇。

◎『同朋紀要』二六、三二七～三二八頁。粘葉綴、二四・二×一六・八、鳥の子、六行一七字、篦界線、界高一九・五×一三・〇、漢字片仮名　朱・墨書入有、墨付二二丁。遊紙無。

◎雁点（かりがねてん）あり。十五世紀のものか。本願寺蔵の室町中期の写本（『現存目録』三七頁）の原本か、同系統の写本。

◎親鸞八十三歳以後の「旡」の字形（それまでは「无」）。

2オ「然本願力廻向有二種相　一者往相二者還相」の次に「一言(ニフ)二往相回向一者(ハイ)（イは朱書）」と、行間に異本の存在を追記する。

△他例。本願寺蔵。室町中期写本。粘葉綴。一五・一×一七・一。六行、一七字。『現存目録』三七頁。No.116

◎序文の「片洲」の「片」を「行」と書く（写誤）。照林坊本と問答分の途中まで改行同じ。字体も似る。

●活字本　『浄真全』二、二六〇～二七七頁。

●解説　『浄土文類聚鈔』は、その題名の通り『教行証文類』を要約したもの。制作年代は親鸞八十三歳頃。

内容は、三法列釈、念仏正信偈の偈頌、問答分の三部。まず教・行・証の三法によって念仏成仏の法義を顕し、次に念仏正信偈によって讃嘆し、最後に問答で信楽の一心こそ成仏の正因であることを明かす。最初の三法は「帰命尽十方無碍光如来」の名号に摂まり、最後の問答は「一心」を仏因とする①。つまりこの書は、法然の念仏成仏の教えを『浄土論』帰敬偈によって荘厳し、本願力廻向による仏道を闡明にしたものである。

問答分は、本典の「信文類」と「化身土文類」の隠彰の釈を合わせる。「化身土文類」顕説の内容を開いたのが『三経往生文類』であるから、『浄土文類聚鈔』と『三経往生文類』は同時期に門弟に与えられたものである②。

◎参考文献。①稲田静真「『浄土文類聚鈔』の基礎的研究」『龍谷教学』四六号。②藤澤桂珠『浄土文類聚鈔大炬録』一四頁。

《聖教九》

愚禿鈔（ぐとくしょう）（顕如授与本）

●史料情報　○写本二巻二冊。斐紙。雲母なし。粘葉装。半葉六行、一行一七字前後。朱点。上巻、二四・三×一六・八。罫線なし。墨付一九丁。文字上部二・二、下部二・〇、界高約二〇・一×一二・七。下巻、二四・〇×一六・八。罫線なし。墨付三二丁。文字上部二・〇、下部一・八、界高約二〇・五×一二・七。

◎『同朋紀要』二六、三二八頁。粘帖装、二四・三×一六・五、鳥の子、六行一七字前後、朱点、墨付一九丁。

◎奥書（上巻）「建長七歳乙卯八月廿七日書之
　　愚禿親鸞〔八十／三歳〕」
（下巻）「建長七歳乙卯八月廿七日書之
　　愚禿親鸞〔八十三歳／-〕」

「本奥云
　暦応三歳庚辰十二月廿五日書写之。件写本者、以右御真筆、所書写之本也。註龕以下、坐筆不思様之間、廻愚案住（任）自由書之。点又同前、不及写之者也。展転書写之間、非無其誤歟。但本失錯歟。自僻案歟。只就愚推之所、覃令自専計也。不須及他見而已。　存覚〔五十一歳／-〕」

◎他例。建長七年八月二十七日→暦応三年十二月二十五日、京都市常楽寺蔵下巻・門真市願得寺・柏原市光徳寺・奈良県吉野町本善寺・富山県南励市瑞泉寺・福井県坂井市勝授寺。建長七年八月二十七日→暦応三年十二月二十五日→文安三年一月仲旬、西本願寺下巻。建長七年八月二十七日→暦応三年十二月二十五日→文安三年一月仲旬→慶長二年仲冬下旬、西本願寺別下巻。

※この八本の内、照林坊本の奥書各行頭が一致の例なし。

◎奥書、存覚上人書写本の写とする。常楽寺所蔵本とは上巻末の識語が異なる。詳細に比べる必要あり。

●活字本　『浄真全』二、二八二～三〇九頁。

●解説　『愚禿鈔』は、上下二巻より成るので「二巻鈔」とも称される。上巻は二双四重の教判を示し、仏教全体の中で浄土真宗の位置づけを明確にする。下巻は善導大師の三心釈を通して、法然滅後に問題となっていた三心の内容を明らかにする。箇条書きにしたのは、関東から京都に上京する弟子に教えるための講義ノートの意味を持っていた。制作は、八十三歳頃。

　書写本の系統には、三～四種ある。覚如は正応二（一二八九）年十一月と、暦応四（一三四一）年閏四月に書写しているが、何れも現存しない。正応本の系統が西本願寺蔵応仁三（一四六九）年書写本と、和歌山市真光寺蔵室町末期書写本であり、歴応本の系統が新潟県上越市浄興寺蔵永享六（一四三四）年書写本である。照林坊本の系統は、今後の課題としたい。

　最初の読みに「愚禿ノ心」とある。通常は「愚禿ガ心」。

◎参考文献。「愚禿鈔　解説」『浄真全』二、二八〇頁。

《聖教十》

教行証文類（顕如授与本）

●**史料情報**　○写本六巻八冊。斐紙。粘葉綴。半葉六行、一行一七字。二五・○～二四、八×一七・○。焼け痕あり。押罫線、幅は約二・○～二・一。天二・一～三・三、地二・一～二・六。◎雁点あり。十五世紀のものか。◎八冊のうち七冊が上部、「信文類」末巻のみ下部焼け跡。◎本願寺八冊本の系統。①「総序」と「教文類」とが一冊に合冊。「信文類」「化身土文類」が本・末に分冊。②総序の題号の次に「大阿弥陀経　友謙三蔵訳／平等覚経　帛延三蔵訳」。③標列が、教文類初めと終わりの二ヶ所にある。この②と③の二ヶ所目は構成上は不要。西本願寺本が親鸞真蹟と信じられていたので、そのまま写される。実際は、文永十二（一二七五）年の写本。◎照林坊本は、本願寺蔵の宝徳三（一五四一）年蓮如書写・存如授与本や、九帖本（『現存目録』No.114）や伝善如書写本に似るが、別系統の貴重本。室町期における本典書写の一例か。◎化末奥書（写真一三二頁【化身土末55ウ】）。

「顕浄土真実教行証文類六末。

今此教行証者、祖師親鸞法師選述也。立章於六篇、調巻於六軸、皆引経論真文、各備往生潤色、誠是真宗紹隆之鴻基、実教流布之淵源、末世相応之目足、即往安楽之指南也。」◎各行頭の文字は諸本と一致。◎末尾の「也　正月名瞋暖時　三月四月」は、「化身土文類」末の最初の『大集経』の引文（写真一三三頁【化身土末2オ】）の写誤の再利用。墨の乾きを待たずに、左から右に写した跡。奥書の大切な場所に反故の紙を用いたのは、当初授与本として書写されたのが、何かの事情で本願寺に残されたものか。◎巻末識語。（写真一三三頁【化身土末56ウ】）

照林坊第十一世寛空二十四歳の巻末の「謹末叙」には、天正八（一五八〇）年五月二十四日に、顕如より七世順祐が『教行信証』『御伝鈔』『愚禿鈔』を授けられたと記す。顕如は四月九日に石山を退去し、翌日に紀伊鷺森に移っている。その直後に聖教の伝授が行われたことになる。

照林坊の弘化二（一八四五）年の「世代逝去録」には、順祐は第十世、寛空は歴代に名前がない。ただしこれは後世の記録であるから、今は識語に従いたい。

実如以後、聖教の伝授は蓮如の『御文』が中心となる（①）。照林坊の一連の聖教は、室町期の伝授聖教の形態を伝えるものか。顕如期の聖教下附や、石山合戦の功労者のなかでなぜ照林坊だけが授与されたのか等、残された課題は多い。ただ照林坊にはその成立当初から、聖教を大切にする歴史があった。

●**対校**　坂東本（㊎）・西本願寺本（㊍）・存如授与本（㊐）七三頁23オ「香気昌盛」の四声点、諸本に無し。

七五頁35オ「超殊　起ィ」(坂)・(西)「起」(存)「超」
七七頁44ウ「機与縁　與ィ」　諸本「与」
八一頁69オ「獲信見敬大慶喜　…(西)
見敬得大慶喜人ィ」…(坂)の訂正前 } (存)同じ
九六頁35オ「汝。命ィ」(坂)・(西)「汝」(存)「汝。」
一〇八頁16ウ最初の行　(存)は16オ最期に別紙貼り付け。

●解説　具題を『顕浄土真実教行証文類』という。嘉禄の法難に遭った隆寛の『顕選択』を受けた命名である。制作は親鸞五十五歳の嘉禄の法難以後であろう。「化身土文類」の「元仁元年」（親鸞五十二歳）は、延暦寺奏状を指している（②）。真蹟本の坂東本の八割が六十歳前後の筆跡であり（③）、関東の門弟が書写する最初は親鸞八十三歳の専海写本である。制作の始まりは関東時代であっても、完成は帰洛後と思われる。

内容は、教・行・信・証・真仏土・化身土の六巻で、教は仏語、行は仏行、信は仏心、証は仏果であり、本願力廻向の行信による大悲往還の仏道が顕されている。

制作の意図は、承元や嘉禄の法難の念仏弾圧の中で、師法然が開顕した選択本願による念仏成仏の教えこそが真実の仏道、真宗であることを宣言するものである（④）。

◎参考文献。①岡村喜史「蓮如自筆御文と御文流布の意義」『講座蓮如』第二巻。②梯實圓『法然教学の研究』五二九頁。③重見一行『教行信証の研究』六五頁。④岡本法治「『教行証文類』撰述の意図」『行信学報』通巻第二八号。

《聖教十一》

御伝鈔

●史料情報　○縦二四・五×一六・八。粘葉綴、斐紙、雲母入り。一五段本。上二七丁、下二三丁。半紙五行、ルビ・朱点・朱の書込み、「上」「下」等の貼紙あり。表紙貼紙「御伝書上・下」。内題「本願寺聖人親鸞伝絵上・下」。

○下巻奥書「奥書云／右縁起画図之志、偏為知恩報／徳、不為戯論狂言、剰又染紫毫／拾翰林、其躰尤拙、其詞是苟付／冥付顕、有痛有耻。雖然只憑後／見賢者之取捨、无顧当時愚案之／訛謬而巳／于時永仁弟三暦応鐘中旬弟二／天至晡時、終草書之篇畢／画工法眼浄賀〔号康／楽寺〕」。

●記載上の特徴　（1）内題と本文の間に「第一段」の文言欠[上1オ]。（2）上第五段（化身土文類六）と下第一段が漢文体[上11オ〜、下1ウ〜]。（3）上二段の「弟一」・上三段の「建仁三年〔辛／酉〕」の干支箇所、貼紙。〔癸／亥〕と訂正[上3オ拡大・上4ウ拡大]。（4）上第八段、仁治三（一二四二）年九月廿日の「九」が貼紙[上26ウ拡大]。◎元は五月と記してあった可能性大。◎（3）（4）の同一箇所に貼紙の例は、奈良県吉野町本善寺本（宗俊本）。（5）源空聖人→上六・七段。親鸞上人→上四・七段[上10オ・上13ウ・上19ウ]。◎（1）〜（4）の特徴は、宗俊本諸本（現在まで十六本）と同じ。照林坊本は、永仁三（一二九五）年奥書のみで、康永二

（一二四三）年奥書・宝徳二（一四五〇）年奥書（蓮如宗主が宗俊に授与、これを宗俊本と仮称）を欠くものの、宗俊本系であることを示す貴重な例。他の御伝鈔の再査時に、これらの特徴に留意すれば、宝徳二年奥書が欠でも、宗俊本系御伝鈔と見なすことができ（現在まで他に六本あり）、同系本の流布の様相とその意義を改めて検討できる可能性が出てくる。その点で、照林坊本の公表は、大きな意味を持つ。

●筆致上の特徴　室町～戦国期のほとんどの聖教（しょうぎょう）類が、「御」のツクリをコザトで書く異体字であるのに、当本は正字となっている。また、宗俊本系各本は、改行改頁位置まで同じなものが多いが、照林坊本はこれらと一致しない。現在のところ、福井市東超勝寺本（明応六〈一四九七〉年蓮如宗主が下間蓮応へ授与）は、落丁が多いものの、下巻のみに関しては、照林坊本と改行位置が完全に一致し、上巻での「御」が正字である点でも共通する。◎ただし、无の二画目の入りが「ム」でなく「二」。蓮如期以後は「ム」が通例。准如期の途中から「二」になる。「セ」の箇所は全て「せ」で、片仮名のセが登場する近世前期以前。◎以上から、照林坊本は、宗俊本のある元本を、准如期に書写したものと推測する。

●「御伝書」例　富山市聞名（もんみょう）寺蔵宝永六（一七〇九）年目録「御伝書〔上下／一〕覚従筆」。名古屋市興善寺由緒書「祖師聖人御伝書二巻蓮如真筆実照」（宗俊本）。◎いつから「御伝鈔」の通称が登場・定着したのかが課題。

●奥書の各行頭字の一致例　西本願寺蔵琳阿本伝絵。龍谷大学貴重資料画像データベース公開本。福井市東超勝寺蔵本。滋賀県高島市真光寺・京都市金宝寺（宗俊本）・摂津市明教寺（宗俊本）蔵本。

●先行紹介　寛保二年目録は、「顕如上人免許、由来如載別録」と記し、明治九年聚覧会法宝物控は覚如筆と記す。

●備考　解析・考察に関し、遠藤美保子氏の所見を得た。

《照林坊聖教類少括》

照林坊に伝わる聖教類は、大きく三群に分かれる。

第一群　明光関連の聖教。乗専・存覚の影響があるか。
『難易分別鈔』『還相廻向聞書』『他力信心聞書』
『選択集延書』

第二群　中間期の聖教
『高僧和讃題簽』（三帖和讃がそろっていたか）
『大集経』断簡（全巻そろっていたか）

第三群　石山合戦後、顕如から順祐に授与された聖教。
『教行証文類』『愚禿鈔』『御伝鈔』（識語）
『浄土文類聚鈔』『尊号真像銘文』
（これらもその時か、それ以前に授与されたもの）

年代的には、南北朝から室町時代にいたるものが多く、他に類例をみない貴重な聖教である。

法物との関連も考察する必要があるが、特に第一群は法物一の先徳連座六字名号との関係が深いと思われる。

これらは、照林坊が十六世紀末には真宗の主要な聖教を整備し、教学伝道の拠点であったことを示唆している。

三　近世の法物・聖教・記録類の紹介

照林坊には、近世の法物・聖教・記録類が多々現存している。それを逐一列記してみる。

《近世一》明光影像

○未計測。右向・左手上。左中銘「釈明光」。威儀紐は若干太く、袈裟端は紐で肩掛け。◎明治十年代の「諸建築寄附物記録」に「安永四（一七七五）年」と記す。◎ただし、いわゆる「左上御影」型なので、関東系あるいは原始門流時代の遺風を継承している可能性がうかがわれる。［近世一］。

《近世二》紙本墨書行書六字名号（五才名号）

○縦九三・一×二八・九。焼け痕あり。黒点ほんの僅か。左下「五才□～□」。◎文政八年什物目録に「浅野長治五歳御筆」と記す。浅野長治は、慶長十九（一六一四）年生～延宝三（一六七五）年歿、三次藩初代藩主。広島本家の浅野長晟の庶長子。［近世二］。

《近世三》親鸞聖人絵伝

○縦一三三・七×七七・五。機械織（近世の織り方）絵絹。四幅。○裏書。裏打ち紙に直接書く、一部木版。寛永元（一六二四）年、准如上人より備後国上里村照林坊明尊へ。［近世三］。

《近世四》綽如（しゃくにょ）上人御影

○寛文十二（一六七二）年、寂如上人より円乗へ。縦九〇・〇×四〇・三。機械織。裏書は裏紙に直接書く。［近世四］。

《近世五》御俗姓

○巻子。数値計測せず。絹本、縦二本・横二本の機械織。分別書法でなし、ルビはままあり、朱点あり。報恩謝徳の「徳」が欠。○識語「于也、文明九（一四七七）年十一月初比、俄為／報恩謝、染翰記之者也」「元禄十五（一七〇二）年〔主／丨〕照林坊／〔壬午ノ／丨〕五月十七日円応（花押）〔丨／年六十歳〕（別筆）。

◎この元本となるものが、どの程度古いものかの推測。本文文末が「可相叶」でなく「アヒカナフヘシ」で、識語が「于也」で、九年の「年」が欠で、報恩謝徳が識語二行目の頭にある例。石川県門前町本誓寺蔵実如証判（永正後期～大永期）御俗姓（『新修門前町史資料編』一、三八五頁末尾写真）。福山市光照寺蔵実如証判（文亀～永正前期）御俗姓が該当。元本は実如期の御俗姓の可能性あり。［近世五］。

《近世六》絹本着色刺繡観音菩薩像
○縦六七・〇×二七・四。内縦五一・八×内横二二・六。本体・上下讃とも刺繡、上讃に「阿利那」の文字。出拠不明。観音菩薩は右向。両手で蓮華、踏割り蓮台上に右斜めに立つ。機械織平絹（縦糸細・横糸太）。○箱墨書「玉日宮縫観音像」。明治四十三年法物蒐覧会陳列証に「恵信尼公縫観音尊像」と記す。◎通例の観音像は左向が多い。玉日宮・恵信尼公との関連は不明。観音・阿利那・多利の文言から、真言密教系あるいは渡来系の観音像の可能性はなしか。◎明治二十五年火災の焼け痕あり。［近世六］。

《近世七》絹本墨書行書六字名号（九条尚忠筆）
○縦一〇五・八×四一・一。絹本、機械織。焼残り痕。印上（縦三・四×三・八、印文尚忠章）・印下（縦不明×四・六）。◎幕末に九条尚忠あり。尚忠は、文政八年什物目録以後の人物なので、目録に記されず。明治十年代の諸建築寄附物記録に「安政二（一八五五）年九条尚忠筆、現住明忍代」と記す。［近世七］。

《近世八》十字尊号略縁起
○巻子。縦一六・三×二六・八。文化十三（一八一六）年、廿一世明達記。○概要。親鸞聖人が鎌倉最宝寺開基明光上人へ付属の物。明光は藤原（季平）頼康の子（系図は最宝寺に伝来）、母は源頼朝の女。慈鎮の元で出家。鎌倉扇ケ谷に一宇、五明山最宝寺と号。頼朝、弁ケ谷に再建し、宣都禁裏の高御蔵薬師如来を本尊とさせる（◎現神奈川県指定文化財）。承元二年、越後へ出向き、聖人に帰依。聖人三十六歳、明光四十五歳。関東六老僧の随一。建保二（一二一四）年明光、常陸で聖人に再謁、西海化導を勧められ十字尊号を賜る。［近世八］。
◎該当の十字名号は現存せず。この明光伝は近世後期の代表的な一例。

四　判断保留・存否不明分の紹介

《保留一》阿弥陀如来立像
○本堂内陣に安置。寸法未測。◎明治十年諸建築寄附物記録に「大永二（一五二二）壬午暦四月十四日木仏御免、右順西代」と記す。木仏裏書は非現存。◎現在安置の本尊が、これに該当するかは、知識欠で不明も、威風が感じられる。［保留一］。

《保留二》本願寺・照林坊歴代遺骨

○親鸞聖人～顕如宗主までの本願寺歴代と、明光・光尊等照林坊歴代の遺骨。◎本願寺歴代の遺骨に、従覚分がなく、蓮如宗主を八代とする。これは本願寺九代実如宗主以後の世代認識。遺骨の中に、高温で火葬したことを示唆する白色の遺骨あり。[保留二]。◎古遺骨については知識・知見欠。蒲池勢至「真宗の舎利信仰」『同朋仏教』五四号に、照林坊遺骨に関する詳細な記述がなされている。それを参照されたい。

《保留三》親鸞聖人遺骨縁起

○巻子。○概要。明光・光尊が、親鸞聖人に近侍。光尊、覚信尼より聖人遺骨をいただく。

《保留四》某上人御影

○未見。◎文政八（一八二五）年明鏡山照林坊由緒全に「証如上人寿像」ありと記す。明治十年諸建築寄附物記録に「証如上人御影」ありと記す。本願寺史料研究所の調査時（白黒写真の時代）の裏書調書に「大谷本願寺釈証如（花押）／光照寺門徒照林坊」と記す（写真版はなし）。『広島県史』第二編社寺志、六九八頁に「某上人画像裏面墨画銘、願主順正」と記す。◎所付の欠いた略式の御影裏書は、証如期特有のもの。証如上人寿像現存の可能性は高い。

五　各種目録の紹介

●照林坊には、各種目録が存在する。それを列記する。

（1）寛保二（一七四二）年明鏡山宝物目録。
（2）宝暦六（一七五六）年明鏡山照林坊宝物由来略。
（3）文政八（一八二五）年明鏡山照林坊什物目録。
（4）明治九（一八七六）年聚覧会法宝物控。
（5）明治十年諸建築寄附物。○十九世孝勧写替。明治二十四年まで追記。
（6）大正三年当山由緒並ニ宝物縁起書。

◎このうちの（1）～（3）を、写真版［目録一～三］で紹介する。また（1）～（5）を、**照林坊法物・聖教類目録一覧**で対照してみた。なお（6）は前記の目録をまとめたもので、略する。一覧中の●印は現存のものを、▲は現存と推測のものを示す。

●なお、選択集延書・還相回向聞書・尊号真像銘文・実如上人御影（願主実誓）・蓮如上人御影・大方等大集月経・十字名号略縁起は、各目録に記載がない。

●以上の一覧のうち、今次調査で半分ほどが実見できた。中には将来的に再発見されるものもあるかと推察されるが、過半は、

照林坊法物・聖教類目録一覧

法物・聖教	寛保二年宝物目録	宝暦六年宝物由来略	文政八年什物目録	明治九年聚覧会法宝物控◎ 明治十年諸建築寄附物記録○
○一向三尊	善導　秀吉安置	○弥陀三尊	×	◎一光三尊影像
○六字名号	祖師	○明光授与	○祖師	
●和讃題号	祖師	○	○高僧和讃	◎祖師御筆○
○六字名号	×	○法然＋詠歌	×	
○六字名号	覚如光り名号	○縁起付	○	
●連座名号	祖師血脈名号	○御形見名号	○	○
●他力信心聞書	覚如	○	○蓮如拝領	○
●難易分別鈔	覚如	○	○	○
●正信偈八句	蓮如　本願名号	○	○二幅対	○
○和讃一首	蓮如　十方衆生	○	○	
○世界要記	蓮如	○縁起付	×	◎
○書翰	蓮如	○	×	
○御判	蓮如	○	○	
●大本絵像	実如免許	○祐了頂戴	○	○
○十字名号	実如	○	○	
○九字名号	実如	○	○	
●六字名号	実如	○	×	○
○六字名号	×	○小幅親鸞	○覚如筆　蓮如拝領	
○六字名号	×	×	○二幅蓮如	
▲祖師聖人真影	証如	○	○月当番	○天文三年
●教行信証	顕如	○	×	○
●文類聚鈔	顕如	○	×	◎覚如筆○

○文類聚鈔	×	×	○親鸞延書	◎祖師筆
●愚禿鈔	顕如	○	×	○
●御伝鈔	顕如	○	×	◎覚如筆伝記○
●御書	顕如	○	×	◎顕如消息○
○木仏	行基	×	○行基なし	
○木仏	恵心美女丸守本尊	○縁起付	○恵心	
○観音勢至木像	恵心	○	○毛利隆元持仏	
●刺繡観音像	×	×	○	◎○
▲木仏	実如	○	○	○大永二年
○仏舎利	○	○	○	
●祖師御骨	光尊賜る	○縁起付	○	○
●本願寺代々御骨	○	○	○如信~顕如	○
●明光骨	○	○	○	○
●照林坊代々骨	○	○		○
○丸鏡・硯教行	教行寺蓮芸女持参	○縁起付	○顕如姫君持参	
○短冊	如春尼	×	×	
○祖師念珠	×	×	○准如歿時	
○六字名号	×	×	○浅野長治五歳	○
○七高僧・太子御影	×	×	×	○慶長七年
●御縁起（絵伝）	×	×	×	○寛永元年
●明光上人御影	×	×	×	○安永四年
●六字尊号（九条尚忠筆）	×	×	×	○安政二年
▲証如上人御影	×	×	×	○修復
●顕如上人御影	×	×	×	○修復

寛保二（一七四二）年以前の火災（［写真四‐二］参照）と明治二十五（一八九二）年の火災で、焼失等の被害を被ったものと想像できる。ちなみに寛保二年宝物目録に、『他力信心聞書』から『世界要記』までを「焼残聖教」と記している。この他にも、『教行信証』・『御伝鈔』や刺繡観音像・六字名号二幅（浅野長治五歳筆・九条尚忠筆）に焼け痕が見られ、『文類聚鈔』・『愚禿鈔』・『尊号真像銘文』には水のかぶった痕が見られる。

●各種目録に列記される法物・聖教・遺物類を通覧すると、文政八（一八二五）年什物目録までは、親鸞聖人・覚如上人らと明光・光尊との関係性を重視する視点で列記されており、明治期になると、その種の伝承よりも、現存の法物・聖教類を重視した記述へと変わっている。この点は、真宗史や寺史の歴史観・歴史認識を考える上で、興味深い変化と思われる。

六　照林坊の由緒と史実

●照林坊には、各種由緒書が存在する。その代表的なものを列記する。

（1）宝暦六（一七五六）年宝物由来略［由緒一＝目録二］

（2）文政八（一八二五）年明鏡山照林坊由緒全［由緒二］

（3）明鏡山照林坊（成立年次不詳、近世中期以後と推測）［由緒三］

（4）弘化二（一八四五）年明鏡山世代逝去録［由緒四］

（5）明鏡山照林坊血脈相続伝法之次第（大正期成立）

●最も成立時期の古いものが（1）。その記述のうち、明光伝の概略を記すと、源頼朝が、鎌倉弁ヶ谷に五明山最宝寺を創建し、明光を住まわす。明光は夢告で、相模滞在中の親鸞聖人を訪れ、弟子となる（貞安年中）。親鸞、明光に西国行きを勧める。明光、大友氏の志願で備後山南（さんな）へ行き、光照寺・照林坊の二カ寺を開創。光照寺は弟子の祐教に、照林坊は実子光尊に譲るとある。

●この明光伝は、（2）や文化十三（一八一六）年「十字尊号略縁起」（《近世七》）では、さらに新規の事項が付け加えられてくる。なお大友氏であるが、光照寺伝では、明光に嗣子がなく、大友家より一子を乞いて弟子となす（後の良誓）と記す（『備後光照寺』五六頁）。

●照林坊の各由緒書には、真仏→源海→了海→誓海という荒木門流に関わる記述がなく、明光伝は一貫して、親鸞聖人面受の直弟という前提で記されている。さらに、各種聖教を明光らに授与した存覚（覚如上人長男）への言及もない。十八世紀中期までには、荒木門流の存在自体が伝承から失せているということなのであろう。

●（3）は、狭義の由緒書には入らぬが、照林坊に伝わっていたと推測される伝承および諸資料の一部が集録されている。具体的には、（イ）「玉日之宮領解」と題する年不詳九月十六日尼恵信消息写（真偽未定）、（ロ）慶長十三（一六〇八）年八月毛利家墓所焼香ニ付寄附地証状写、（ハ）文禄四（一五九五）年十一月廿日毛利家感状写（毛利飛騨守あて、朝鮮蔚山出兵関係）他一通写などである。毛利氏研究に関しては門外漢なため、専門研究者に（ロ）（ハ）の解析をお願いしたい。

●（4）（5）は歴代系譜である。それよると、初代明光、二代光尊、三代尊智、四代智俊、五代智願、六代智誓（文明十年歿、已上六代山南住）、七代祐了（大永三年歿、出雲・石見・芸州移）、八代順西（永禄十二年歿）、九代祐明（慶長十九年歿、伝法之次第では九代順祐、已上三代高田郡船木住）、十代順祐（元和八年歿、伝法之次第では祐明、慶長七年三月三次に移）、十一代明尊（慶安三年歿）以下となっている。

●照林坊の寺基の移動は、（2）と（5）によると、当初は山南森脇に一宇を構え、のち備後御調（みつぎ）郡八幡へ、永正四年安芸高田郡原田（安芸高田市）へ、永正十四（一五一七）年船木（安芸高田市）へ、慶長七（一六〇二）年三月三次へ移ったとある。

●歴代系譜のうち、明光と尊智については既述したが、光尊および智俊以下の人物については、判然としない。ただ備後一帯にはこの前後の人物を描いた資料が残存している。それを検討してみると、笠岡市浄心寺蔵太子先徳連座像は、釈明光↓釈信光↓釈良誓↓（不明）↓（不明）とある。同寺は東西分派期に福山市宝田院から分寺したと言われる。各先徳に尊称がなく、最も古形を示している。福山市明泉寺蔵連座像は、明光聖人↓釈信光↓釈（不明）↓釈明尊↓釈（性）尊↓釈（勝）尊↓（不明）となっている。福山市宝田院蔵連座像は、釈明光↓釈信光↓（良）誓↓（不明）↓（不明）で、同院蔵光明本尊は、明光聖人↓釈（信光）↓良誓聖人↓明尊聖人↓釈性尊↓釈勝（尊）とある。

●これらの法脈系譜によると、備後明光系集団は、明光↓信光↓良誓にはじまったこととなる。この集団は、覚如上人長男の存覚の作になる『顕名鈔（けんみょうしょう）』等の「独自の聖教」を新たに持ち得たことで、新たな一派の形成が可能となった。ただし、備後での明光・信光の動向は、没年を含め、全くわからない。あるいは、実際に現地で教化を開始したのは、良誓とその元に集う人々だったのではなかろうか。さすれば、明光系集団と見なすより、良誓系集団と見た方が良いということとなる。

●先の法脈系譜のなかの明尊は、存覚の作成になる『選択註解鈔』奥書に「光照寺住持／慶願望〔明尊／-〕」と記されていることから、光照寺住持であることがわかる。この明尊の弟子として、光照寺を継いだ教空と性尊（宝田院）と尊智（照林坊）の三人がおり、彼らの活動により、現地での定着と教線の拡充が計られていったのだろう。ちなみに、室町朝以前の師匠と弟子の関係は、本寺と末寺との上下関係というより、共通の始祖伝承を有する擬似同族関係にあった。

●当時の明光系集団（良誓系集団）は、どのような性格の集団だったのだろうか。明光が備後山南の地に足掛かりを得たのは、近年の研究史で、大仏北条氏との関係によることがわかっている。大仏氏は鎌倉に悟真寺を建立するなど、関東浄土宗の大檀越であった。ここで、改めて照林坊の先徳連座六字名号に注目したい。全国各地に散在する古名号（量的には蓮如上人六字名号の残存数値に匹敵）のほとんどは九字か十字で、六字の例は極めて希である。南北朝・室町期の荒木・佛光寺門流は九字名号を、本願寺・磯部門流は十字名号を用い、六字名号は、主に浄土宗・時宗が用いていた。下部に長く伸びる光明線（これも特異）も、来迎図の長い光明線が連想される。この点から、浄土宗との親近性が感じ取られるのである（照林坊蔵古聖教類の出方も同じ）。

●さきに、備後の集団を良誓系集団と記したが、明光系集団は備後にだけ展開したのではない。摂津一帯に教線を展開した溝杭仏照寺や、近江南部に細かな教線を張った日野興敬寺も、ともに明光を祖師としており、また、旧地たる相模での集団も存在し続けていた。これら四集団の総体が、いわゆる明光系集団なのである。浄土宗的色彩が、他の三集団内からも検証されるか否かが、今後の課題の一つとなろう。

●照林坊歴代が「本願寺史」上に登場するのは、七代祐了以後である。彼は実如宗主から絵像本尊を授与され、八代順西は木仏裏書や親鸞聖人御影を授与され、天文畿内一向一揆時にも活躍。九代祐明代には七高僧・聖徳太子御影を授与されている。

●照林坊の教線が急速に拡大し出したのは、七代祐了の時期である。《由緒二》によると、彼は所々を遍歴し、最初に出雲赤名の禅僧の帰依を受け（島根県飯南町西蔵寺）、同地の城主・多賀豊後守も門徒に加わり、次に出雲大社の北嶋国造乗光の帰依を受け、以後照林坊の代替わり時には、大社門前での法談が旧例となった。次に石見へ入り、他宗の浄土寺（島根県美郷町）・満行寺（大田市仁摩町）等を勧化したと記す。既存の出雲大社や他宗寺院への積極的対応が伺われる。安芸では高田原城主福間民部少輔の帰依で高林坊（安芸高田市）が、小原城主三上豊後守の帰依で徳栄寺（現広島市）・光明坊（現山口県萩市光源寺）等が開創されたと記す（〔4ウ〕〜〔6ウ〕）。

●慶長十六（一六一一）年紀州性応寺了尊（御堂衆）の聞書に注目すべき一文がある（『西光寺古記』三三七頁）。それには「一　光照寺下／法伝院／新屋　中絶ノ後、照林坊新屋ニナル／借リ屋〔ハリマノ万福寺（現赤穂市）ノ先祖也／誓玄山科ニテ打死ノ忠ニヨテ直参ニ召上ラレ候〕／右三人共ニ光照寺ノ子息ト也」と記されている。誓玄打死の記事から、十代証如宗主の天文元年山科本願寺焼亡時のことと知られる。

●ここで注目すべき点は、光照寺・法伝院（宝田院）・照林坊が、単なる本寺・末寺の関係でなく、一族・同族という事実でである。この縁戚関係は、天文初期に初めて結ばれた一度限りの関係ではなく、それ以前もそれ以後も繰り返されていたものと見る方が自然である。同族という前提に立てば、弟の照林坊としても、兄の光照寺が手次先の本寺であることに、異論はなかったはずである。なお赤穂市万福寺の由緒書（成立年代不詳）では、同寺は出雲路乗専系としている。

●証如宗主の『天文日記』十七（一五四八）年八月廿日条に、本願寺で催された証如の父の円如忌の「斎（とき）」に、相伴衆として「安芸照林坊」が列座している。本末関係では光照寺門徒であるものの、九代実如宗主から親鸞聖人御影等を授与されており（《法物五》）、教団内身分としては「直参」となっていたためである。

●『天文日記』十一年十一月四日条に、渋川義正との交渉に照林坊が登場する。渋川氏（足利一族）の本拠地の御調郡八幡は、一時期照林坊が寺基をおいていた（『福山市史』上、一二三九頁）。当時の渋川氏は出雲尼子氏と行動をともにして、毛利氏と対峙していた。《由緒二》の出雲・石見一帯に教線を拡大していった背景には、この前後の時期に尼子氏と何らかの友誼関係を結んだこともあったのではと推測される。

●石山合戦末期には、出雲・石見坊主衆・門徒衆に対して、顕如宗主の使者として活躍している（島根県温泉津（ゆのつ）町西楽寺蔵〈天正八（一五八〇）年〉正月廿五日下間頼廉印判奉書等）。ちなみに、近世における照林坊の末寺は、出雲二九、石見四二、備後一九、安芸四の計九四カ寺に及ぶ（照林坊蔵安政七〈一八六〇〉年「六ケ国当院末寺御請印帖」）。出雲・石見の比重が抜きんでている。

●東西分派期の様相であるが、寛永七（一六三〇）年二月西本願寺院家・内陣衆書上（『別本本願寺文書』三、京都大学所蔵影写本）に列記される「内陣之衆」として、「アキノ照林坊明慶　広嶋仏護寺賢順」の名が見られる。一方、同年月付東本願寺一家衆書上（同上）には、「アキ光林坊宗誓　同照林坊回尊」という名が見られる。ともに歴代系譜には登場せず、しかも照林坊が東西に分裂していると記す点で、興味深い。

●以上、照林坊蔵諸史料群から、何がどこまで読みとれるかを主たる課題として、種々考察を加えてみた。あくまで一寺の例ではあるものの、従来の備後真宗史を幾分なりとも深化させることが叶ったのではないかと思っている。今後の課題は多々あるが、例えば備後・出雲・石見に展開した照林坊系諸寺の側からの逆考察も、一つの課題となる。ただそれには、長期にわたり地元で鋭意調査・研究に当たる人材が不可欠である。そういう若手の方の出現を期待し、本稿の責を終えたい。

合掌。

あとがき

岡本法治

このたびは、尊いご縁によって『照林坊史料集』を発行することができますこと、深く感謝申しあげます。

照林坊明山晃映ご住職には、貴重な史料の拝見・出版をご許可くださり、ありがとうございます。

また照林坊だけでなく、当時史料調査をご快諾くださいました高林坊、福泉坊、教徳寺、正善寺、照蓮寺、西向寺のご住職にも深く御礼申しあげます。お陰さまで、照林坊史料が、地域のなかで広がりをもっていたことを実感することができました。

また金龍静先生には、史料の見方や調査の方法だけでなく、史料に向きあう大切な姿勢をご指導くださり、深く感謝申しあげます。

金龍先生の全国を歩まれた膨大な研究がなければ、照林坊の史料がどれほど貴重な存在であるか、また南北朝期から近世にいたるまでの真宗教団のなかでの位置づけは不可能であったと思います。わたしの担当の論考も、先生の史料に一端を付したものに過ぎません。誤り多きことを畏れるばかりです。

史料調査に当たっては、真宗学寮講師の水戸浩文氏、米田順昭氏、法友の道教雅仁氏、伊川大慶氏、浄謙恵照氏、龍田淳心氏、枝廣大智氏、浄謙恵照氏、塩井信明氏、塩井佳代氏にご尽力をいただきました。

また史料の考察に当たっては、京都国立博物館の三島貴雄氏、上杉智英氏、本願寺史料研究所の岡村喜史氏、大和郡山市光慶寺の岩田淳尚氏、高松市常福寺の松本英司氏、聴徳院の河野義正氏、真宗学寮講師の中本尚樹氏ほか、多くのかたがご教授くださいました。厚く御礼申しあげます。

なお論考の作成には、米田順昭氏、善教寺の七里正親氏にたいへんお世話になりました。ありがとうございました。

また写真版の作成や校正は、法藏館の上山靖子氏にご苦労をおかけしました。深謝申しあげます。

お陰さまで、初期真宗の貴重な聖教を初め、尊い法物に触れることができましたこと、仏縁に感謝申しあげます。

なもあみだぶつ。

合掌称名。

二〇二〇年八月六日

編者略歴

金龍　静（きんりゅう　しずか）

1949年北海道生まれ。名古屋大学大学院文学研究科博士課程退学。同文学部助手を経て、浄土真宗本願寺派円満寺住職となり、現在に至る（法名・慶静）。現在、中央仏教学院講師、元本願寺史料研究所副所長。

主要著書：『歴史文化ライブラリー21　蓮如』（吉川弘文館、1997年）、『一向一揆論』（吉川弘文館、2004年）等。

岡本法治（おかもと　ほうじ）

1955年広島県生まれ。高校卒業後、広島仏教学院、中央仏教学院研究科、行信教校を経て、現在、真宗学寮教授、広島仏教学院講師。本願寺派輔教。本願寺派布教使。

主要論文：「親鸞の名告り」（『行信学報』通巻27号）、「『教行証文類』撰述の意図」（『同』28号）、「「生死いづべき道」と大悲往還の仏道」（『龍谷教学』第54号）、「信心仏性」（『宝章』第43号）、「報化二土」（『同』第44号）他。

照林坊史料集（しょうりんぼうしりょうしゅう）

令和二年十一月一日　初版第一刷発行

編　者　金龍　静
　　　　岡本法治

発行所　明鏡山照林坊
広島県三次市三次町一一二八〇番地
郵便番号　七二八－〇〇二一
電話　〇八二四－六二－二二八四

制作・発売　株式会社　法藏館
京都市下京区正面通烏丸東入
郵便番号　六〇〇－八一五三
電話　〇七五－三四三－〇〇三〇（編集）
　　　〇七五－三四三－五六五六（営業）

印刷・製本　中村印刷株式会社

ISBN 978-4-8318-6259-4 C3021